Klippert · Kommunikations-Training

Heinz Klippert

Kommunikations-Training

Übungsbausteine für den Unterricht II

Mit Illustrationen von Heinz Kähne

3. Auflage

Beltz Verlag · Weinheim und Basel

Über den Autor:

Heinz Klippert, Dr. rer. pol., Jg. 1948, Diplom-Ökonom, Lehrerausbildung und Lehrertätigkeit, seit 1977 Dozent für ökonomische und politische Bildung am Lehrerfortbildungsinstitut der evangelischen Kirchen in Rheinland-Pfalz, mit Sitz in Landau. Zahlreiche Veröffentlichungen zur Didaktik und Methodik des wirtschafts- und sozialkundlichen Unterrichts – Schwerpunkt: Handlungsorientiertes Lehren und Lernen.

3., unveränderte Auflage 1996

Lektorat: Peter E. Kalb

Herstellung: Klaus Kaltenberg
Satz (DTP): Satz- und Reprotechnik GmbH, Hemsbach
Druck: Druckhaus »Thomas Müntzer«, Bad Langensalza (Thüringen)
Umschlaggestaltung: Atelier Warminski, Büdingen
Umschlagillustration: Heinz Kähne, Boppard
Printed in Germany

ISBN 3-407-62312-7

Für Doris

Verständnisvolle Kommunikation ist eine Kunst,
die den sozialen Zusammenhalt begünstigt
und demokratisches Handeln fördert,
im Klassenraum und anderswo.
Wer daher die Schüler das Sprechen und Zuhören lehrt,
wer sie zum Argumentieren und Diskutieren befähigt,
der ist im besten Sinne des Wortes ein Förderer
des demokratischen Gemeinwesens.

Inhaltsverzeichnis

Vorwort

Die ersten Anstöße zu diesem Buch gingen von Lehrkräften aus, die anläßlich verschiedener Fortbildungstagungen die schwindende Kommunikationsfähigkeit und -bereitschaft ihrer Schüler* beklagten und als ausgesprochen belastend herausstellten. Die angeführten Beispiele und Unzulänglichkeiten konkretisierten die Kritik ebenso anschaulich wie überzeugend und legten von daher den Schluß nahe, den Schülern sei mehrheitlich in puncto Argumentation, Kommunikation und Interaktion nicht allzuviel zuzutrauen – also lasse man am besten die Finger davon. Diese pessimistisch-resignative Grundeinstellung, die in unseren Schulen recht verbreitet ist, hat mich aufgewühlt und angespornt, das Thema »Kommunikation im Unterricht« aufzugreifen und nach praktischen Wegen zu suchen, um die zu Recht beklagten Kommunikationsdefizite vieler Schüler abzubauen. Denn wo wird den Schülern eigentlich die Möglichkeit geboten, sich im freien Reden, im Argumentieren, Diskutieren und Vortragen zu üben? Wo werden ihnen entsprechende Aufgaben und Arrangements offeriert? Wo werden ihre Ängste und Unsicherheiten thematisiert? Wo werden Regeln für eine konstruktive Kommunikation erarbeitet? Wo werden entsprechende Strategien entwickelt, Routinen gebildet und nachhaltige kommunikative Kompetenzen aufgebaut? Die Schulen leisten diesbezüglich nach aller Erfahrung zuwenig. Die seltenen Gelegenheiten, die den Schülern im gängigen Unterricht eingeräumt werden, reichen ganz sicher nicht aus, um derartige Kompetenzen dauerhaft zu entwickeln. Im Gegenteil: Die gängigen Unterrichtsgespräche sind häufig alles andere als ein Nährboden für selbständiges und selbstbewußtes Sprechen der Schüler. Wenn jemand redet, dann vor allem einer: der Lehrer*. Schließlich gilt es – so die landläufige Auffassung – in der ohnehin knappen Unterrichtszeit möglichst viel Stoff und sonstige (Lehrer-)Weisheiten rüberzubringen. Das ist das Vermächtnis der tradierten Lehrerbildung bzw. -beurteilung und nicht zuletzt auch der Lehrpläne, von dem sich die meisten Lehrkräfte nur schwer freimachen können. Kein Wunder also, daß wissenschaftlichen Untersuchungen zufolge rund 60–80 Prozent der im Unterricht gesprochenen Worte von Lehrerseite kommen (vgl. Singer 1981, S. 130). Der Lehrer ist aktiv. Er doziert und argumentiert; er erzählt und fragt; er dirigiert und korrigiert. Vieles spricht dafür, daß diese »Hyperaktivität« der Lehrkräfte den Schülern nur zu oft die Sprache verschlägt und deren vielbeklagte Passivität und Redefaulheit maßgeblich mitbedingt.

* Im Interesse der besseren Übersichtlichkeit und Lesbarkeit des Textes wird in diesem Buch ziemlich durchgängig die männliche Sprachform verwandt. Alle Leserinnen bitte ich ausdrücklich um Verständnis und Nachsicht. Der Verfasser.

Wer die Schüler das Sprechen lehren will, der muß sie sprechen lassen und möglichst vielfältige Anlässe bieten, grundlegende kommunikative Fähigkeiten und Fertigkeiten einzuüben. Entsprechende didaktische, methodische und zeitliche Akzentverschiebungen sind vonnöten. Zugegeben, die damit verbundenen Umstellungen fallen vielen »altgedienten« Lehrkräften an unseren Schulen verständlicherweise nicht gerade leicht. Da muß nicht nur umgedacht, sondern auch unterrichtspraktisches Know-how und Material für ein entsprechendes Kommunikationstraining gesammelt und/oder entwickelt werden. Damit die daraus resultierende Klärungs- und Vorbereitungsarbeit nicht zur Überforderung gerät, wird mit dem vorliegenden Buch eine breite Palette erprobter und bewährter Übungsbausteine zum »Lernfeld Kommunikation« dokumentiert, auf die interessierte Lehrkräfte zurückgreifen können, um sich ihr Trainings-Menü wahlweise zusammenzustellen. Ein entsprechendes Trainingshandbuch des Verfassers zum Komplex »Methoden-Training« liegt bereits vor (vgl. Klippert 1994). Ein weiteres Trainingshandbuch zur »Teamentwicklung im Klassenraum« wird 1996/97 folgen.

Lohnend ist die nachdrückliche Förderung der Kommunikationsfähigkeiten und -bereitschaft der Schüler auf jeden Fall. Das zeigen die bisherigen Erfahrungen. Nur, wer betreibt diese? Wer fühlt sich in unseren Schulen zuständig für die Vermittlung grundlegender kommunikativer Fähigkeiten und Fertigkeiten? Die Deutschlehrer? Die Sozialkundelehrer? Die Religions- und/oder Ethiklehrer? Oder gar alle Fachlehrer? Richtig zuständig fühlt sich im Grunde genommen niemand. Denn weder die Lehrerausbildung noch die geltenden Curricula räumen dem Kommunikationstraining einen größeren Stellenwert ein. Und schon gar nicht werden klare Zuständigkeiten und Richtziele definiert, die bestimmte Lehrkräfte legitimieren, im kommunikativen Feld nachhaltig zu investieren, zu üben und zu qualifizieren. An diesem Zustand kann und muß etwas geändert werden! Das vorliegende Buch bietet diesbezüglich vielfältige Anregungen und praktische Hilfen.

Dank sagen möchte ich allen, die am Entstehen des Buches mit Rat und Tat beteiligt waren. Das sind einmal die vielen Lehrkräfte, die mir in meinen kommunikationszentrierten Lehrerfortbildungstagungen kritisch-konstruktives Feedback gegeben haben. Danken möchte ich weiterhin unseren EFWI-Mitarbeiterinnen, Frau Hastreiter und Frau Kunz, die mit viel Engagement und Geschick das Text-Layout zu den über hundert Bausteinen gestaltet haben. Und Dank sagen möchte ich auch und besonders Herrn Heinz Kähne, der mit seinen pointierten Illustrationen maßgeblich dazu beigetragen hat, daß ein »ansehnliches« Buch entstanden ist.

Meinen Töchtern Jana, Verena und Anna wünsche ich, daß sie von ihren Lehrer/innen möglichst oft so gefordert und gefördert werden, wie das im vorliegenden Buch ausgeführt und operationalisiert wird. Es wäre dies ein überzeugender Beitrag zur vielzitierten Lebensvorbereitung.

Landau, Februar 1995 Heinz Klippert

Einleitung

Die Kommunikationskompetenz vieler Schüler ist unbefriedigend. Das wird von verschiedenen Seiten bestätigt: von Lehrern wie von Eltern, von Ausbildern wie von Vertretern der Hochschulen. Mit den eher beiläufigen Sprechaktivitäten der Schüler im Fachunterricht ist es also offenbar nicht getan. Solange sich Lehrer und Schüler ganz vorrangig auf die Inhalte kaprizieren, so lange werden Kommunikationsfragen kaum wahrgenommen, geschweige denn thematisiert. Gesprochen wird zumeist zum Lehrer hin, denn dort spielt die Musik. Sofern die Schüler überhaupt zum Sprechen aufgefordert werden, geschieht dies in aller Regel mit dem Ziel, die vom Lehrer erwarteten und durch geschickte Fragen und Impulse eingefädelten Antworten zu geben. Dementsprechend wird von Lehrerseite häufig so eng und suggestiv gefragt, daß nur noch bestimmte Antworten möglich sind. Ja mehr noch: Oft sind nicht einmal mehr ganze Sätze zu formulieren, sondern nur noch Halbsätze oder Stichworte angebracht. Von daher müssen sich die betreffenden Pädagogen nicht wundern, wenn die mündlichen Beiträge vieler Schüler fragmenthaft ausfallen. Zwar ist die verbreitete Spracharmut der Schüler ganz sicher nicht allein auf die Deformierungsprozesse im Unterricht zurückzuführen, aber begünstigt und verstärkt wird sie durch die gängigen Frage- und Impulstechniken der Lehrkräfte ganz ohne Zweifel. Dies um so mehr, als rund die Hälfte der Unterrichtszeit mit besagten lehrergelenkten Unterrichtsgesprächen ausgefüllt ist (vgl. Hage u.a. 1985, S. 47). Die Gesprächsbeiträge der Schüler sind denn vielfach auch entsprechend farblos und bruchstückhaft – von den vielen »Schweigern« ganz abgesehen.

Dies alles spricht dafür, daß das Gros der Schüler auf »naturwüchsige« Weise zu keiner tragfähigen Kommunikationskompetenz gelangt. Die landläufige Unterstellung, daß es nun einmal sprachgewandte und sprachlich schwache Schüler gebe, ist wissenschaftlich zwar nicht ganz von der Hand zu weisen; aber sie verleitet doch vorschnell dazu, einen Zustand festzuschreiben, der bei genauer Betrachtung in hohem Maße veränderbar ist. Denn die sprachlichen Potentiale der meisten Schüler sind nicht im entferntesten ausgeschöpft, d.h., sie können potentiell in aller Regel sehr viel mehr als das, was sie im alltäglichen Unterrichtsbetrieb an Sprachkompetenz nachweisen. Oftmals sind es schlicht Momente wie Unsicherheit, Angst, Gewohnheit, Phlegma oder mangelnde Risikobereitschaft, die Schüler davon abhalten, ihre sprachlichen Potentiale offensiv zur Geltung zu bringen. Hinzu kommen die im Vorwort erwähnten Restriktionen (Stofforientierung, sprachliche Dominanz der Lehrkräfte), die die Sprechanlässe und die praktischen Übungsmöglichkeiten für die Schüler im allgemeinen sehr stark reduzieren. Unter diesen Umständen ist es für die eher zurückhaltenden

Schüler natürlich doppelt schwierig, ihr sprachliches Repertoire zu entwickeln. Sie üben sich darin, zu schweigen und Mitschüler wie Lehrer für sich reden zu lassen. Sie kultivieren die Defensive und gelangen von daher über kurz oder lang zu dem fatalen Schluß, im Mündlichen sei mit ihnen nicht viel los. Diese Self-Fulfilling-Prophecy gleicht einem Teufelskreis, den es zu durchbrechen gilt, sollen die Schüler ihr potentielles Sprachvermögen wenigstens annähernd entfalten. Wie erfolgreich und ermutigend ein konsequentes Kommunikationstraining für Schüler wie Lehrer sein kann, zeigt exemplarisch die Projektwoche Kommunikation, die in Teil III dieses Buches vorgestellt und dokumentiert wird. Der Zuwachs an Selbstvertrauen und sprachlicher Eloquenz, der bei den betreffenden Neuntklässlern eines pfälzischen Gymnasiums beobachtet werden konnte, war und ist faszinierend. Da waren Schüler, die zu Beginn der Projektwoche kundtaten, sie seien im Mündlichen eher schwach, nach gerade mal vier Tagen Intensivtraining bereit und in der Lage, vor einem größeren Auditorium am Rednerpult stehend, einen zwei- bis fünfminütigen Vortrag anhand von nur 5 Stichworten zu einem eng begrenzten ökologischen Thema zu halten (z.B. war ein Plädoyer für die Mehrwegflasche vorzutragen). Zudem war die Videokamera auf sie gerichtet, um den Vortrag zwecks späterer Analyse zu dokumentieren. Trotz dieser ganz sicher belastenden Rahmenbedingungen zog keiner der Schüler zurück, obwohl jedem die Möglichkeit dazu gelassen wurde. Sie alle stellten sich der Herausforderung und machten ihre Sache vergleichsweise gut (vgl. die näheren Ausführungen in Kapitel III).

Für diejenigen Schüler, die ihr kommunikatives Potential aus eigenen Stücken zu entwickeln vermögen, sind derartige »Trainings« nicht unbedingt notwendig. Sie werden ihre Sprachkompetenz entwickeln – mit oder ohne Lehrer. Sie werden sich selbstbewußt zu Worte melden und ihre Stimme erheben, auch wenn die Gelegenheiten dazu im Unterricht nicht sehr zahlreich gesät sind. Aber die anderen? Was wird aus den Potentialen der vielen Schüler, die sich an Unterrichtsgesprächen selten oder nie beteiligen? Die Erfahrung zeigt, daß sie sprachlich unsicher, unbeholfen und häufig zu passiv bleiben. Mit anderen Worten: Sie gewöhnen sich daran, daß sie nichts zu sagen haben und in der Regel auch nichts zu sagen brauchen, da die wenigen Aktivisten die anberaumten Gespräche und Vorträge schon bestreiten. Sie stehen mithin massiv in der Gefahr, mehr und mehr zu verstummen, zu resignieren und vorschnell abzuschalten, wenn mündliche Beteiligung gefragt ist. Auf jeden Fall bleiben sie aufgrund ihrer Passivität hinter ihren Möglichkeiten zurück. Ein kommunikationszentrierter Unterricht muß diese Passivität und Redefaulheit der betreffenden Schüler aufbrechen. Von daher sind im Unterricht verstärkt Kommunikationssituationen und -anlässe zu schaffen, die alle Schüler gleichermaßen zum freien Sprechen, zum Argumentieren und Diskutieren herausfordern. Die eher defensiven Schüler, die sich ans Schweigen und Zuhören gewöhnt haben, brauchen derartige Herausforderungen, damit sie über ihren Schatten springen und ihr kommunikatives Repertoire intensiver entwickeln. Schließlich wäre es fatal, würden sie es nicht tun. Denn spätestens im Berufsleben müssen sie Farbe bekennen. Kommunikationskompetenz wird in der modernen Berufs- und Arbeitswelt mittlerweile ausgesprochen großgeschrieben, da viele Probleme und Aufgaben heutzutage nur noch zu lösen sind, wenn mehrere »Sachverständige« zusammenarbeiten und konstruktiv miteinander reden können. Von daher ist es pädagogisch eigentlich unverantwortlich, daß im gängigen Unterricht so wenig Zeit und Raum für konstruktive Schülergespräche und -vorträge gelassen und so viele schweigsame Schüler wohlwollend geduldet werden. Diese Toleranz ist falsch und fatal zugleich. Falsch ist sie, weil sie die betreffenden Schüler davon abhält, ihre kommunikativen Fähigkeiten und Fertigkeiten offensiv zu entwickeln. Fatal ist sie deshalb, weil sie den irreführenden Eindruck hinterläßt, das Mündliche sei nicht so wichtig. So gesehen ist Umdenken angesagt. Das vorliegende Buch unterstützt diesen Prozeß des Umdenkens und zeigt praktische Wege und Übungen auf, wie den angedeuteten Kommunikationsdefiziten abgeholfen werden kann. Die vorgestellten Trainingsbausteine und -sequenzen sind vorrangig für die Sekundarstufe I entwickelt und dort auch erprobt worden. Einsetzbar sind sie zum größten Teil allerdings auch in der Sekundarstufe II. In vereinfachter und überarbeiteter Form ist das vorgestellte »Trainingsprogramm« auch bereits im Grundschulbereich umgesetzt und als hilfreich und wegweisend eingestuft worden.

Zum Aufbau des Buches im einzelnen:

- In Teil I wird die Notwendigkeit eines verstärkten Kommunikationstrainings näher verdeutlicht und mit Fakten und Argumenten untermauert. Herausgearbeitet werden sowohl die Chancen, die eine bewußte Kommunikationsschulung für die Schüler mit sich bringt, als auch die Perspektiven, die sich daraus für die verantwortlichen Lehrkräfte ergeben.

- In Teil II werden insgesamt 107 Übungsbausteine dokumentiert, mit deren Hilfe sich grundlegende kommunikative Einsichten, Fähigkeiten und Fertigkeiten auf Schülerseite entwickeln lassen. Diese mehr als hundert Kommunikationsanlässe/-arrangements können wahlweise im Fachunterricht wie auch in konzertierten Kommunikationstrainings eingesetzt werden. Sie verteilen sich auf insgesamt 5 Übungsfelder, als da sind: (a) propädeutische Übungen, die der Reflexion alltäglicher Kommunikationsprobleme und -perspektiven dienen, (b) Übungen zur Förderung des freien Sprechens und Erzählens, (c) Übungen zur Verbesserung der Gesprächs- und Diskursfähigkeit, (d) Übungen zur Vermittlung grundlegender rhetorischer Fähigkeiten und Fertigkeiten sowie (e) übergreifende Arrangements zur Einführung in vielschichtige Kommunikations- und Interaktionsprozesse (vgl. das 5-Stufen-Modell in Abb. 12 auf Seite 49).

- In Teil III wird eine komplette Projektwoche »Kommunizieren lernen« vorgestellt – inclusive der eingesetzten Materialien –, die der Verfasser im Februar 1994 in einer 9. Klasse eines rheinland-pfälzischen Gymnasiums durchgeführt hat und die zwischenzeitlich von mehreren Lehrkräften erfolgreich »kopiert« wurde. Mit diesem Praxisbericht sollen interessierte Lehrkräfte inspiriert und ermutigt werden, entsprechende Kompakttrainings an ihrer Schule zu versuchen.

- In Teil IV schließlich werden über die besagte Projektwoche hinaus praktikable Wege und Möglichkeiten aufgezeigt, wie das Kommunikationstraining im Schulalltag angebahnt und intensiviert werden kann. Diesbezüglich werden Erfahrungen mitgeteilt und Anregungen gegeben, die deutlich machen, daß das kommunikationszentrierte Lehren und Lernen mit ein wenig Phantasie und gutem Willen kräftig ausgebaut werden kann, ohne daß dadurch unzumutbare Belastungen für die zuständigen Lehrkräfte entstehen.

I. Plädoyer für ein verstärktes Kommunikationstraining im Unterricht

Kommunikation muß gelernt werden, kleinschrittig, durch vielfältige Übungen und themenzentrierte Sprechanlässe. Das ist in der Einleitung bereits angedeutet worden. Dementsprechend müssen im Unterricht vermehrt Sprechanlässe und -situationen, wie sie im nachfolgenden Abschnitt skizziert werden, angeboten und die korrespondierenden Fähigkeiten und Fertigkeiten auf Schülerseite möglichst konsequent und systematisch entwickelt werden. Denn Sprechen, Zuhören, Argumentieren und Miteinanderreden lernt man nun einmal am besten, indem man es tut. Auf diesem Wege können Ängste abgebaut, Routinen geschaffen und tragfähige kommunikative Kompetenzen entwickelt werden. Schüler wie Lehrer sind letztlich ganz elementar darauf angewiesen. Doch wer leistet diese Trainingsarbeit? Traditionelles Übungsfeld in Sachen Kommunikation ist der Deutschunterricht, für den das Lernziel Kommunikationsfähigkeit schon immer eine gewisse Rolle gespielt hat (vgl. Allhoff 1987, S. 135f.). Allerdings ging und geht es dort in erster Linie um Sprachgestaltung und weniger um praktisches Kommunikationstraining im Sinne des vorliegenden Buches. In anderen Fächern stehen derartige Trainings natürlich noch seltener auf dem Programm. Von daher ist ein verstärktes Kommunikationstraining in der Schule nachgerade geboten. Die Gründe, die dafür sprechen, werden in den Abschnitten 2ff. näher dargelegt.

1. Kommunikationsfähigkeit – was ist das?

Die kommunikativen Fähigkeiten und Fertigkeiten, die die Schüler früher oder später brauchen, sind recht vielfältig. Sie reichen vom freien Sprechen, Berichten, Argumentieren und Vortragen über Partner- und Gruppengespräche bis hin zum kontrollierten Zuhören, Diskutieren, Debattieren und Verhandeln (vgl. Abb. 1). Diesbezüglich muß sowohl die Bereitschaft verbessert als auch das praktische Repertoire entwickelt werden, damit die Schüler stärker als bisher in die Lage versetzt werden, selbstbewußt, engagiert, überzeugend, sensibel und konstruktiv zu kommunizieren. So gesehen geht es bei dem hier anvisierten Kommunikationstraining um zweierlei: zum einen um die Verbesserung der sprachlichen und rhetorischen Kompetenz der Schüler, zum anderen um das Bewußtmachen grundlegender nichtsprachlicher Elemente wie Gestik, Mimik und Körpersprache (vgl. Abb. 2). Die Wichtigkeit dieser letztgenannten nonverbalen Gesichtspunkte darf nicht unterschätzt werden, denn durch Mimik, Gestik und andere Signale mehr kann die Wirkung einer Rede oder der Verlauf eines Gesprächs erheblich beeinträchtigt oder aber begünstigt werden. »Die im engen Sinn ›nichtsprachlichen

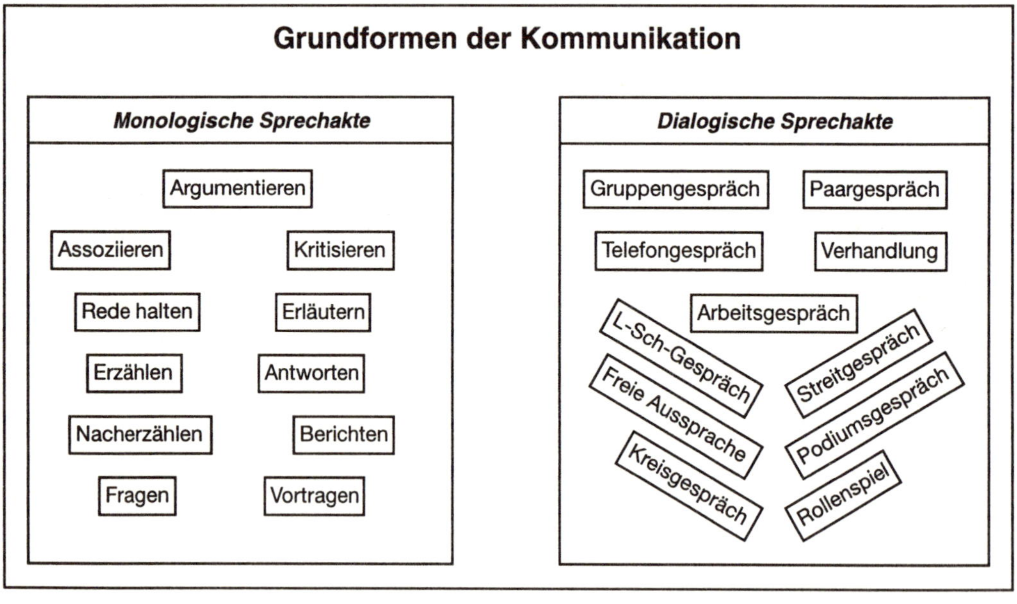

Abb. 1

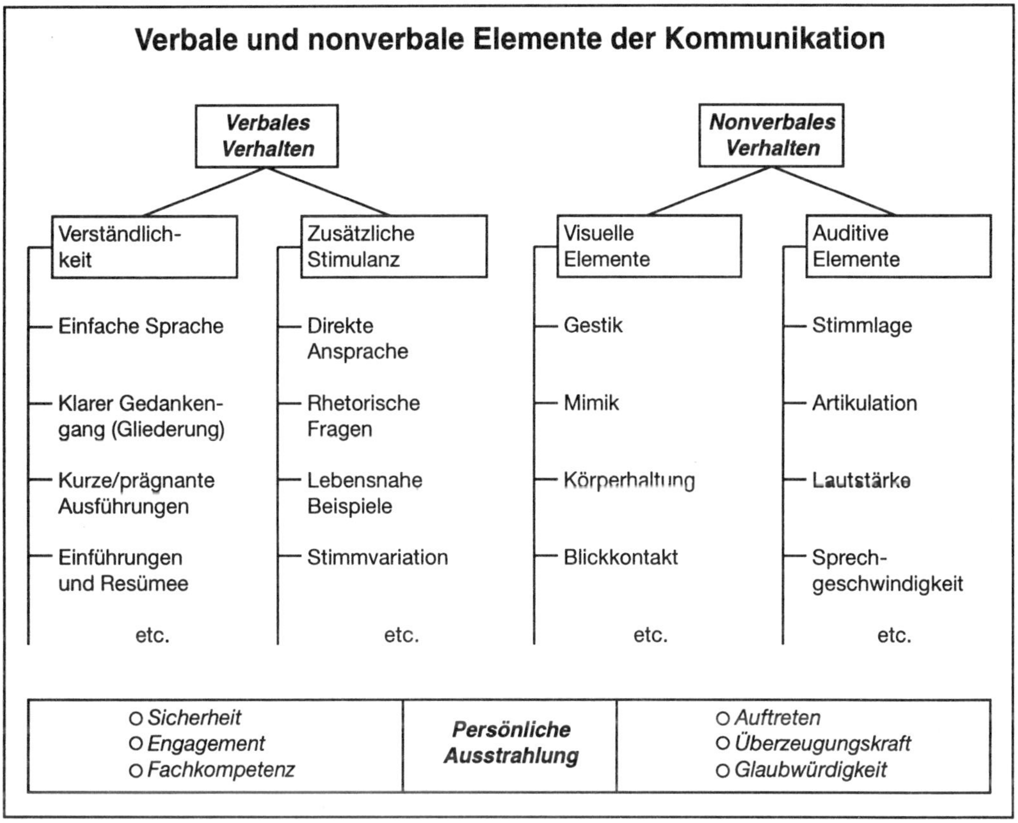

Abb. 2

Kommunikationsanteile‹ übermitteln wesentliche Informationen … Deshalb muß ein rhetorisches Training, das sich etwa allein auf Redegestaltung, Redeaufbau, Argumentation, Dialektik etc. beschränkt, insgesamt wirkungslos bleiben. Gesprächs- und Redefähigkeit läßt sich nur im Zusammenspiel aller Kommunikationsanteile verbessern.« (Allhoff 1993, S. 23) Allhoff nennt diesbezüglich u.a. Körperhaltung, Gestik, Mimik, Blickkontakt, Distanzverhalten, Bewegung im Raum, Körpersprache, Stimme, Stimmklang, Aussprache, Dialekt und Betonung (vgl. ebd., S. 22ff.). Allerdings sind die damit angesprochenen Teilaspekte einer »guten Rhetorik« nur ein Strang innerhalb des hier zur Debatte stehenden Kommunikationstrainings. Selbst zur Rhetorik gehört wesentlich mehr: Verständlichkeit, fachliche Richtigkeit, sprachliche Stringenz und andere verbale Qualitätskriterien haben den gleichen Stellenwert wie die oben genannten nonverbalen Momente. Das gilt auch und zugleich für den interaktiven Bereich. Deshalb zur Klarstellung: Das Hauptaugenmerk richtet sich im vorliegenden Buch auf das Sprachverhalten und die sprachliche Darbietung der Schüler, also auf deren verbales Repertoire. Denn bevor im Unterricht die Feinheiten einer ausgeklügelten Rhetorik eingeübt werden, müssen die Schüler erst einmal ganz elementar zu verstärkter sprach-

Gesprächsregeln

kurz und bündig

☞ Sich melden, wenn Beitrag gewünscht!	☞ Auf Vorredner Bezug nehmen!
☞ In vollständigen Sätzen reden!	☞ Beim Reden die Mitschüler anschauen!
☞ Laut und deutlich sprechen!	☞ Das Wort an Mitschüler weitergeben!
☞ Kurz und präzise argumentieren!	☞ Nicht einfach nachplappern!
☞ Beim Thema bleiben/ Frage beachten!	☞ Niemanden auslachen oder herabsetzen!
☞ Meinungen/Behauptungen begründen!	☞ Die »Schweiger« zum Sprechen ermutigen/veranlassen!
☞ Gut zuhören, wenn andere reden!	☞ Nebengespräche und sonstige Störungen vermeiden!
etc.	

Diese Regeln wurden zusammen mit Schülern einer 9. Klasse erstellt, nachdem zuvor herausgearbeitet und diskutiert worden war, wodurch die Gesprächsbeteiligung im Unterricht beeinträchtigt bzw. verhindert wird. Der hemmende Einfluß der Lehrkräfte ist hier nicht berücksichtigt, spielte in der »Manöverkritik« der Schüler allerdings eine zentrale Rolle.

Abb. 3

licher Aktivität angeregt und ermutigt werden. Daran mangelt es vielerorts ganz erheblich. Das heißt konkret: Sie müssen ihre latenten Ängste und Vorbehalte überwinden. Sie müssen lernen und erfahren, daß sie frei reden, argumentieren und diskutieren können. Sie müssen kommunikative Routinen entwickeln und entsprechendes Selbstvertrauen tanken. Sie müssen sich u.a. als Gesprächsleiter, als Berichterstatter, als Interviewer, als Präsentator, als Diskutant, als aktiver Zuhörer und in anderen Funktionen mehr erleben, um eine Vorstellung von den eigenen sprachlichen Möglichkeiten und Kompetenzen zu bekommen. Sie müssen an elementare Techniken und Regeln der themenzentrierten Kommunikation herangeführt werden, damit sie in ebenso selbstkritischer wie konstruktiver Weise das eigene sprachliche Repertoire weiterentwickeln können. In welche Richtung das gehen kann und gehen muß, zeigt die Regelübersicht in Abb. 3, die als Synopse aus der gemeinsamen Arbeit mit Schülern und Lehrern hervorgegangen ist.

Alles in allem läßt sich sowohl aus den bisherigen Anmerkungen als auch aus den konkreten Trainingsbausteinen in diesem Buch ersehen, daß der hier favorisierte Ansatz ein sehr pragmatischer ist. Im Kern geht es nämlich darum, die Kommunikationsfähigkeit und -bereitschaft der Schüler so zu fördern, daß sie sich in alltäglichen Gesprächssituationen in Schule, Beruf und Privatleben besser zu helfen wissen (vgl. Abb. 1, S. 18). Sie diesbezüglich zu sensibilisieren und nachdrücklicher als bisher zu qualifizieren ist ganz sicher ein wichtiges und würdiges Ziel von Schule. Das vorliegende Buch will diesen Sensibilisierungs- und Qualifizierungsprozeß unterstützen. Dementsprechend wird weniger Theorie, sondern vor allem praktisches Know-how angeboten. Dieses Know-how zielt vorrangig auf die Vermittlung elementarer »Techniken« und Regelbeherrschung und weniger auf tiefergehende Persönlichkeitsveränderung, wie sie insbesondere von psychologischer Seite immer wieder ins Spiel gebracht wird. Zwar ist unstrittig, daß die Art und Weise, wie Menschen reden und miteinander kommunizieren, eine ganze Menge mit ihrer Persönlichkeitsstruktur, ihren Affekten und ihren sonstigen psychischen Befindlichkeiten zu tun hat. Nur ist die Schule und sind die Lehrkräfte in aller Regel überfordert, wenn sie nicht nur Kommunikations-Know-how vermitteln, sondern auch noch persönlichkeitsorientierte »Selbsterfahrung« betreiben sollen. Von daher wird im vorliegenden Buch der Akzent ganz bewußt und ganz vorrangig auf den strategisch-instrumentellen Bereich gesetzt. »Selbsterfahrung« kommt dabei nur insofern vor, als die Schüler im Rahmen des Kommunikationstrainings gängige Kommunikationssituationen und -strategien immer wieder selbst erfahren, um sich im Wege dieses »learning by doing« damit vertraut zu machen und hilfreiche Strategien und Vorsätze zu entwickeln. Das mag manchem vielleicht etwas wenig erscheinen, aber viel mehr ist in der Schule erfahrungsgemäß nicht zu machen – zumindest nicht im Klassenverband. Dennoch: Wenn es gelänge, die Sensorik der Schüler und ihre instrumentellen Fähigkeiten und Fertigkeiten im oben skizzierten Sinne verstärkt zu entwickeln, dann wäre für die schulische Bildungsarbeit eine ganze Menge gewonnen.

2. Szenen aus dem Unterrichtsalltag

Wie wichtig das bewußte Erleben und kritische Reflektieren alltäglicher Gesprächssituationen ist, zeigen die folgenden Streiflichter aus dem Unterrichtsalltag. Sie lassen einige typische Defizite auf Schüler- wie auf Lehrerseite erkennen, die das Kommunikationsgeschehen im Unterricht überlagern und beeinträchtigen.

Szene 1 *Schweigen ist in:* In der Klasse 10 einer Realschule soll im Sozialkundeunterricht ein kommunales Problem diskutiert werden, das in der Presse kontrovers behandelt wird. Der Lehrer stellt das Problem kurz vor und bittet die Schüler um Diskussionsbeiträge. Zwei Schüler melden sich auch sofort. Die übrigen Schüler sitzen mehr oder weniger erwartungsvoll da und schweigen. Sie schweigen auch nach zwanzig Sekunden noch; so lange hält der Lehrer die lähmende Stille aus. Verlegenes Kichern hier, demonstratives Untersich-Schauen dort. Von Gesprächsbereitschaft ist wenig zu sehen. Eher herrschen Phlegma, Desinteresse, Unsicherheit, Gleichgültigkeit und teilweise ganz sicher auch Angst vor. Nach zwanzig Sekunden dann das erlösende Signal des Lehrers. Einer der beiden »Aktivisten« darf beginnen. Der andere schließt sich an. Ein dritter und ein vierter geben sich auch noch einen Ruck. Dann herrscht wieder eisiges Schweigen. Nichts rührt sich mehr. Der Lehrer faßt schließlich zusammen, ergänzt und gibt ein recht differenziertes Statement zum besten. Aufatmen bei den restlichen vierundzwanzig Schülern. Sie sind wieder mal ohne mündliche Beteiligung durch die Stunde gekommen. Nur, wo führt dieses Schweigen langfristig hin?

Szene 2 *Schlagworte und Satzfetzen*: In der 9. Klasse einer Hauptschule steht im Wirtschaftskunde-Unterricht das Thema Außenhandel auf dem Programm. Die Lehrerin regt als Einstieg eine Assoziationsrunde an, die sie mit dem Impuls startet: »Es geht heute um Außenhandel. Was versteht ihr darunter? Was fällt euch dazu ein?« Nach einer kurzen Bedenkphase melden sich einige Schüler. Die Lehrerin nimmt den ersten dran, dann den zweiten usw. Sie wiegt den Kopf, zeigt Zustimmung, signalisiert Widerspruch, stellt das eine oder andere richtig – kurzum: Sie hat die Fäden fest in der Hand (vgl. dazu auch das Gesprächsprotokoll in Abb. 4). Die Kehrseite dieses Dirigismus ist eine völlig amputierte Sprache der Schüler. Schlagworte und Halbsätze wechseln sich ab, ohne daß die Lehrerin Anstoß daran nimmt. Vollständige Sätze sind absolute Mangelware. So antwortet beispielsweise der

Lehrerzentrierte Kommunikation

Oder: Wie man den Schülern das Sprechen verleiden kann

Lehrer: Ja also, wir sehen, das ist eine *Jugenderinnerung,* die er hierbei aufschreibt (schreibt das Wort an die Tafel) und ... Nun habe ich noch eine Frage: Wo, in welcher Art Bücher würdet ihr denn so eine ... Erinnerung erwarten, so eine Geschichte? ... Außer, daß es nun mal im Lesebuch drinsteht, nich? ... Ja, Ralf?

Ralf: Vielleicht in einem Tagebuch oder so?

Lehrer: Tagebuch? ... (einige Schüler sagen: Nein) ... Warum nicht, Jan?

Jan: Weil das ja über mehrere Jahre geht.

Lehrer: Nun, was schreibt man eigentlich in ein Tagebuch? ... Von *einem* Tag? (mehrere Schüler reden) ... Das heißt also? Ja!

Schüler: ... daß man da nicht alle diese äußeren Handlungen da und so schreibt, sondern in einem Tagebuch das, was man empfindet, mehr dahinschreibt.

Lehrer: Ja, und worüber empfindet man es? ...

Schüler: Über den einzelnen Tag. Man kann ja nicht ...

Lehrer: (unterbricht den Schüler) Ja, über welchen Tag, das ist glaube ich noch nicht ganz deutlich geworden ... (auffordernd). Im Tagebuch schreibe ich ...? Na, nehmen wir mal als Beispiel – heute ist der 25.10.1986 – was könnte man im Tagebuch heute abend (wenn jemand Tagebuch führt) – was könnte man da reinschreiben? Claudia!

Claudia: Das über den Tag, was er erlebt hat.

Lehrer: Über welchen Tag?

Claudia: Heute.

Lehrer: Heute, Genau. Wir hatten aber ja festgestellt, bei unserer Geschichte, da ist ein Abstand von etwa 22 Jahren ... Jens!

Jens: Ich glaube, in gesammelten Werken und so?

Lehrer: Mmh. Gesammelte Werke ... Oder? Joachim?

Joachim: Vielleicht im Krimi oder so? (andere Schüler lachen)

Lehrer: Na!

Schüler: Abenteuerbuch?

Lehrer: (an die übrigen) Abenteuerbuch?

Schüler: In einem Jugendbuch?

Lehrer: Ja, ich glaube, jetzt seit ihr aufs *Raten* gekommen. Wir wollen das nochmal überlegen. Wir haben festgestellt, es handelt sich um eine Jugenderinnerung, die er etwa 20 Jahre später, wie Joachim vermutet hatte, und das war ja ganz toll, die er 20 Jahre später aufschreibt ... Tja, wenn's nicht Tagebuch ist, weil man da *gleich* etwas aufschreibt, dann mußte es wohl etwas anderes sein. Na, Silke?

Silke: In Karl-May-Büchern, da schreibt er ja auch alles in Ich-Form und schreibt es dann also ...

Lehrer: (unterbricht Silke) Haben wir in dieser Geschichte Ich-Form?

Schüler: Teilweise wohl.

Lehrer: Teilweise. Ja, ist richtig. Mmh.

Schüler: Vielleicht ist es auch ein Buch, wo so'ne Lebensbeschreibung von einem Künstler, wo ...

Lehrer: (unterbricht) Ich glaube auch, nich! Das ist also nicht nur eine Jugenderinnerung, sondern es ist eine *Lebenserinnerung* (schreibt das Wort »Lebenserinnerung« an die Tafel).

Schüler: Eine Geschichte aus einem Leben vielleicht ...

Schüler: (leise dazwischenredend) *Memoiren!*

Lehrer: Ja, und hier ist schon jemand ...

Schüler: (zwischenrufend) Lebensgeschichte!

Lehrer: ... ganz perfekt in Fremdwörtern und sprach von Memoiren. – Was sind das denn?

Schüler: Memoiren sind so ähnlich ... von früheren Erlebnissen ...

Lehrer: Ja, das sind Erinnerungen, nich, das ist ein Wort aus dem Französischen, und da sind die Erinnerungen nun aufgefaßt.

Abb. 4 (aus: Meyer 1989, S. 283ff.)

erste Schüler auf die oben erwähnte Leitfrage der Lehrerin kurz und unüberlegt: »Export und so«. Der zweite fährt fort: »Devisen und dann auch noch die Zahlungsbilanz«. Der dritte wirft ein: »Import«. Dann ein ganzer Satz, unpassend zwar, aber immerhin: »Die Deutschen liefern z.B. Maschinen in alle Welt«. Ähnlich unvermittelt die Anmerkung des fünften Schülers: »In einem Schaubild habe ich gelesen, daß die Deutschen Exportweltmeister sind«. Der sechste Schüler macht erneut einen Sprung: »Die Bundesbank hat damit auch was zu tun«. Dann eine Frage, auf die aber auch niemand eingeht: »Was heißt eigentlich Devisen oder Währungen?« So geht es noch eine Weile weiter. Auffällig ist bei alledem nicht nur, daß das Gespräch stockend, sprunghaft und zirkulär verläuft. Auffällig ist auch und zugleich, daß alle, die reden – und das sind 7 von 26 – zur Lehrerin hin reden, um dort vielleicht ein wohlwollendes Nicken oder Lächeln zu erheischen. Mit sensibler, konstruktiver Kommunikation und Interaktion hat das ganze ebensowenig zu tun wie mit durchdachtem, ganzheitlichem Sprechen. Diejenigen, die sprechen, sagen irgend etwas. Ihre Mimik läßt erkennen, daß das Gesprochene mit ihrer Person und ihrer Überzeugung meist nicht allzuviel zu tun hat und wahrscheinlich umgehend auch wieder vergessen wird. Das Gros der Schüler beteiligt sich übrigens gar nicht (s. oben). Sie haben nicht einmal eigene Satzfetzen im Ohr, wenn die Stunde zu Ende ist. Und die anderen? Die »Aktivisten« haben vermutlich weder in der Sache noch in puncto Kommunikation Wesentliches dazugelernt. Im Gegenteil: Ihr restringiertes Gesprächsverhalten haben sie nur noch gefestigt. Und das Miteinander-Sprechen haben sie auch nicht geübt. Schade!

Szene 3 *Killer- und andere Phrasen:* In der 9. Klasse eines Gymnasiums fand zur Zeit des Golfkrieges eine aktuelle Diskussion über Sinn oder Unsinn des Golfkrieges statt. Verständlicherweise wurde zum Teil emotional diskutiert. Nur, die einige Male deutlich unter die Gürtellinie gehenden »Killerphrasen« (s. Gesprächsauszug) werden dadurch nicht gerechtfertigt. Herabsetzende, zynische, aggressive und andere diskriminierende Bemerkungen sind für den Verlauf und das Ergebnis eines Gesprächs allemal schädlich. Wie die folgende Gesprächssequenz zeigt, waren zumindest die zitierten Schüler B und C diesbezüglich wenig sensibel.

Schüler A: »Ich kann mir vorstellen, daß es unter bestimmten Bedingungen so etwas wie einen ›gerechten Krieg‹ geben kann, wenn z.B. die Menschenrechte verletzt werden.«

Schüler B zu A: »Dein Geschwätz vom ›gerechten Krieg‹ ist doch Unsinn. Einen ›gerechten Krieg‹ kann es überhaupt nicht geben!«

Schüler C zu A: »An deiner Stelle würde ich mich gleich bei Saddam Hussein als Söldner melden. So naive Leute wie dich können die gut gebrauchen.«

Kein Wunder, daß Schüler A im weiter Verlauf des Gesprächs nichts mehr gesagt hat. Dabei waren die genannten »Killerphrasen« im besagten Gespräch keinesfalls die einzigen. Destruktive Äußerungen wie diese sind in unseren Schulen – und anderswo – nachgerade an der Tagesordnung. Sie zerstören viel, machen »schwächere« Schüler nur noch ängstlicher und mindern insgesamt die Bereitschaft, sich am Unterrichtsgespräch zu beteiligen. Sie zu ignorieren und/oder zu erdulden ist weder für die Lehrkräfte noch für die betroffenen Schüler ein empfehlenswertes Rezept.

Szene 4 *Miserabler Vortrag:* In der Klasse 12 eines Gymnasiums hält ein Schüler im Kunstunterricht einen Vortrag über einen berühmten Maler. Als er nach vorne geht, um vom Lehrerpult aus zu sprechen, ist er sichtlich aufgeregt. Flapsige Bemerkungen einiger Mitschüler steigern diese Aufregung noch. Zunächst mit stockender Stimme, dann sehr hastig sprechend, beginnt er seinen Vortrag. Er versucht frei zu reden, aber schon nach einigen Sätzen hat er einen »Blackout«. Gelächter auf seiten der Mitschüler. Fieberhaftes Suchen im Manuskript. Der Anschluß klappt nicht. Verlegenes Sich-Räuspern, hochroter Kopf. Panik und Angst in den Augen. Und dann immer noch das hämische Grinsen und Kichern einiger Mitschüler. Sekunden, die zur Ewigkeit werden können. Wer bereitet die Redner und die Zuhörer im Vorfeld eines Vortrages eigentlich auf derartige Situationen vor? Wer thematisiert einerseits die Ängste des Redners, andererseits das Verhalten der Mitschüler? Wer bereitet darauf vor, wie man derartige »Grenzsituationen« gelassener und erfolgreicher überstehen kann? In der besagten Unterrichtsstunde geschah dieses nicht. Und auch anschließend war das kein Programmpunkt für die Kunstlehrerin. Selbst das schließlich hektisch, unartikuliert und langweilig vorgelesene Referat wurde unter methodischem Aspekt nicht weiter thematisiert. Es war und blieb ein miserabler Vortrag. Wie man einen Vortrag besser vorbereiten und darbieten kann, wie man mit der eigenen Aufregung und Angst erfolgreicher umgehen kann, wie man die Aufmerksamkeit der Zuhörer durch visuelle Angebote fördern kann – diese und andere Grundfragen einer »guten Rhetorik« blieben im Unterricht außen vor. Ob sie von den Schülern in eigener Regie geklärt werden können, muß mit Fug und Recht bezweifelt werden.

Fazit: Die skizzierten und viele andere Eindrücke, die ich in zahlreichen Hospitationen gesammelt habe, sprechen deutlich dafür, daß das Üben und Reflektieren kommunikativer Standardsituationen für Schüler wie Lehrer nötig und gewiß auch hilfreich ist. Das steigert die Sensibilität, fördert das Problembewußtsein und erweitert das kommunikative Verhaltensrepertoire der Schüler.

3. Alarmierende Befragungsergebnisse

Daß ein verstärktes Kommunikationstraining im Unterricht hilfreich wäre, gestehen die meisten Schüler durchaus zu. Zwar geben sie deshalb nicht gleich ihre Zurückhaltung auf; auch ist ihr Problembewußtsein nach wie vor recht unterentwickelt; aber eine gewisse »produktive Unsicherheit« ist vielerorts doch festzustellen. Das zeigen verschiedene Schülerbefragungen, die in den letzten Jahren in Rheinland-Pfalz durchgeführt wurden. Eine erst vor kurzem veröffentlichte Befragung von insgesamt 450 pfälzischen Schülern zur »guten Schule« macht deutlich, daß an der Spitze der Schülerwünsche die nachdrückliche Option für mehr Team- und Gruppenarbeit steht. Oder genauer: Zwei Drittel der befragten Schüler äußerten die Auffassung, daß in der Schule mehr Teamgeist, Kooperationsfähigkeit und soziale Verantwortung entwickelt und vermittelt werden müßten (vgl. Die Rheinpfalz v. 4. 6. 1994). Das geht natürlich nicht ohne Sprachkompetenz im weitesten Sinne des Wortes.

Detailliertere Hinweise zu den kommunikativen Defiziten und Unsicherheiten der Schüler haben verschiedene Befragungen zutage gefördert, die der Verfasser in den letzten Jahren in insgesamt zehn rheinland-pfälzischen Hauptschulen, Realschulen und Gymnasien durchgeführt hat. Befragt wurden rund 800 Schüler der Jahrgangsstufen 6–10, die anhand des abgebildeten Fragerasters (vgl. Abb. 5) eine kommunikationszentrierte Selbsteinschätzung vornehmen sollten. Anzukreuzen war, ob es ihnen im Unterrichtsalltag »eher schwer« oder »eher leicht« falle, das jeweils vorgegebene Kommunikationsverhalten zu zeigen. Eine weitere Differenzierung unterblieb, da den befragten Schülern das Treffen einer Tendenzentscheidung innerhalb der beiden Pole erfahrungsgemäß schon schwer genug fiel. Was bei der Befragung herauskam, zeigt Abbildung 5 am Beispiel dreier Schulen (in den übrigen Schulen ergaben sich ähnliche Ergebnisse).

Zusammenfassend läßt sich sagen: Die meisten Schüler gestehen sehr wohl zu, daß sie im kommunikativen Bereich mehr oder weniger große Probleme und/oder Ängste haben. Grundsätzlich gilt: Je älter die Schüler sind, um so ausgeprägter fällt das Eingeständnis eigener Defizite aus, und um so größer ist ferner das Verlangen nach einer verstärkten Kommunikationsschulung. Mag sein, daß dieses Ergebnis unter anderm mit pubertätsbedingten Unsicherheiten zu tun hat, die es eher schwermachen, in Kommunikationssituationen offensiv und überzeugend zu agieren. Zudem ist es sicherlich so, daß die Fähigkeit und Bereitschaft zur Selbstkritik mit wachsendem Alter zunimmt. Dennoch: Die ausgeprägte Unsicherheit und Unbedarftheit, die vor allem die Schüler der Klassen 8–10 in mancher Hinsicht zu erkennen gaben, sind alarmierend und wegweisend zugleich. Alarmierend, weil sie gravierende Versäumnisse der tradi-

Schülerbefragung*

(angegeben ist jeweils die Anzahl der Schüler)

Dieses zu leisten …	*Fällt mir …*					
	eher schwer	eher leicht	eher schwer	eher leicht	eher schwer	eher leicht
Vor der Klasse frei zu reden	49	36	72	39	48	43
Beim Reden den Faden nicht zu verlieren	34	51	61	50	30	61
Nach Stichworten einen kleinen Vortrag zu halten	47	38	75	36	43	48
An der Tafel etwas zu erläutern	46	39	64	47	51	40
Etwas zu sagen, auch wenn ich unsicher bin	42	43	62	49	48	43
So zu reden, daß die Mitschüler zuhören	43	42	64	47	41	50
Bei Diskussionen auf die Mitschüler einzugehen	34	51	40	71	30	61
Nicht immer zum Lehrer hin zu reden	26	59	44	67	29	62
Den Mitschülern aufmerksam zuzuhören	10	75	28	73	11	80
Beim Reden die Mitschüler anzuschauen	24	61	42	69	27	64
Zu warten, bis ich an der Reihe bin	20	65	44	67	27	64
Eine Diskussion/Gruppengespräch zu leiten	62	23	88	23	69	22
Andere Ansichten gelten zu lassen	28	57	18	93	20	71
In Gruppen zusammenzuarbeiten	20	65	7	104	9	82
Einem längeren Vortrag aufmerksam zu folgen	45	40	86	25	63	28
	Hauptschule A		***Realschule B***		***Gymnasium C***	

* Befragt wurden in jeder Schule ausgewählte Klassen der Jahrgangsstufen 6–10, die nach dem Zufallsprinzip bestimmt wurden. Durchgeführt wurde die Befragung in insgesamt zehn rheinland-pfälzischen Hauptschulen, Realschulen und Gymnasien. Die Befragung war anonym, wurde allerdings von den Klassenlehrern beaufsichtigt. Die Befragungsergebnisse sind anschließend in die schulinterne Fortbildung eingeflossen, was die Schüler wußten. Überdies sind sie in den betreffenden Klassen thematisiert worden.

Abb. 5

tionellen Bildungsarbeit in den Bereichen Rhetorik und Kommunikation erkennbar werden lassen. Und wegweisend deshalb, weil sie konkrete Ansatzpunkte markieren, die sich für das hier anvisierte kommunikationszentrierte Lehren und Lernen anbieten (vgl. Abb. 5).

Zu den Ergebnissen der Schülerbefragungen im einzelnen: Der Mehrheit der befragten Jugendlichen fällt es nach eigenem Bekunden eher schwer, (a) vor der Klasse frei zu reden, (b) nach Stichworten einen kleinen Vortrag zu halten, (c) an der Tafel etwas zu erläutern, (d) trotz Unsicherheit etwas zu sagen sowie (e) so zu reden, daß die Mitschüler zuhören. Alle diese Fähigkeiten gehören in den Bereich der Rhetorik, dem in der Schule ganz offensichtlich zuwenig Aufmerksamkeit geschenkt wird. Ansonsten müßten sich die Schüler mutiger und selbstbewußter zeigen. Günstiger schätzen sich die befragten Schüler demgegenüber im interaktiven Bereich ein. Bei Diskussionen auf die Mitschüler einzugehen, ihnen aufmerksam zuzuhören, sie beim Sprechen anzuschauen, Melderegeln zu beachten und andere Ansichten gelten zu lassen, das scheint relativ gut zu gelingen (vgl. Abb. 5, S. 27). Wunsch, Selbsttäuschung oder Wirklichkeit? Interessant ist vor allem, daß das Zusammenarbeiten in Gruppen als ausgesprochen unproblematisch angesehen wird, obwohl die meisten Lehrkräfte tagtäglich gegenteilige Erfahrungen sammeln. Lediglich in puncto Diskussions- bzw. Gesprächsleitung signalisieren die befragten Schüler größere Schwierigkeiten. Ähnliches gilt für den Fall, daß sie einem längeren Lehrervortrag zuhören sollen.

Gewiß, man darf die vorliegenden Rückmeldungen nicht überbewerten, da manche Items zum Teil sicher mißverstanden und/oder allzu naiv gedeutet worden sind (z.B. das Zusammenarbeiten in Gruppen). Auch die Einschätzung, daß es eher leichtfalle, nicht zum Lehrer hin zu reden, steht in deutlichem Kontrast zur alltäglichen Unterrichtspraxis. Gleiches gilt für die Einschätzungen zur Interaktionskompetenz. Auffällig ist ferner die relativ positive Selbsteinschätzung der Schüler in der angeführten Hauptschule (vgl. Abb. 5, S. 27). So gesehen spricht vieles dafür, daß die befragten Schüler ein eher zu positives Bild von den eigenen Kompetenzen gezeichnet haben. Bestätigt wird diese Schlußfolgerung sehr nachdrücklich durch die ebenfalls befragten Lehrkräfte, die in den betreffenden Klassen unterrichten. Sie schätzen die Kommunikationsfähigkeit ihrer Schüler in nahezu allen Verhaltensrubriken, die im vorgestellten Fragebogen angesprochen werden, erheblich kritischer ein. Beklagt wird vor allem die mangelnde Ausdrucksfähigkeit, Gesprächsdisziplin und »Gesprächskultur«. Es werde zu sehr in Satzfragmenten gesprochen, oft zusammenhanglos und wenig sachbezogen/sachkompetent. Die mangelnde Fähigkeit und Bereitschaft, den Mitschülern zuzuhören und andere Meinungen zu tolerieren, wird ebenso beklagt wie das lehrerorientierte Gesprächsverhalten. Die Schüler fielen sich wechselseitig ins Wort und ließen sich nicht ausreden. Mit anderen Worten: Sie ignorierten grundlegende Kommunikationsregeln über alle Maßen (fragt sich nur, wer diese Regeln entwickelt und einübt). Massiv beanstandet werden von Lehrerseite auch und nicht zuletzt die dürftige Gesprächsbereitschaft vieler Schüler, ihre Angst, eine eigene Meinung zu äußern, ihre Hemmungen und ihr insgesamt recht unterentwickeltes Selbstbewußtsein. Aufgrund dieser und anderer Beanstandungen kamen z.B. in einem renommierten pfälzischen Gymnasium 22 der 30 anwesenden Lehrkräfte zu dem Schluß, die Gesprächskompetenz der Mittelstufenschüler sei »eher unbefriedigend«. Nur 8 Lehrkräfte zeigten sich einigermaßen zufrieden.

Vieles spricht indes dafür, daß die angeführten Unzulänglichkeiten keineswegs nur von den Schülern zu verantworten sind. Sie sind auch und zugleich ein Reflex des Interaktionsverhaltens der Lehrkräfte. Wenn es nämlich zutrifft, daß 60–80 Prozent aller im Unterricht gesprochenen Worte von Lehrerseite kommen (vgl. Singer 1981, S. 130), dann können die Schüler naturgemäß weder ihre Kommunikationsfähigkeit intensiver trainieren noch ihr Selbstbewußtsein hinreichend entwickeln. Oder schärfer formuliert: »Die beklagte Passivität und ›Redefaulheit‹ kann ein Anzeichen dafür sein, daß Schüler von ihren Lehrern ›totgeredet‹ worden sind« (ebd). Hage u.a. bestätigen in ihrer Untersuchung zum Methodenrepertoire von Lehrern die ausgesprochene Dominanz der Lehrerworte und der lehrergelenkten Unterrichtsgespräche. Danach herrscht in rund 50 Prozent der Unterrichtszeit das lehrergelenkte Unterrichtsgespräch vor; demgegenüber spielen Schülerdiskussionen mit 2 Prozent und Schülervorträge mit 5,5 Prozent der Unterrichtszeit eine ausgesprochen bescheidene Rolle (vgl. Hage u.a. 1985, S. 47). Hieran kann und muß sich einiges ändern!

4. Gesprächskompetenz als Bildungsziel

Daß der Mensch ein soziales Wesen ist, das zur Mitteilung und Verständigung fähig sein muß, versteht sich beinahe von selbst. Von daher ist Kommunikationsfähigkeit nachgerade lebensnotwendig (vgl. Linke/Sitta 1987, S. 15). »Zu anderen oder mit anderen überlegt, gezielt und intendiert zu sprechen, zu reden, zu diskutieren, zu debattieren, zu verhandeln, ist keine Kunst, sondern die Notwendigkeit, Informationen zu empfangen und weiterzugeben, Probleme kooperativ zu lösen, sich mit anderen zu verständigen, zwischenmenschliche Beziehungen herzustellen und zu erhalten« (Allhoff 1993, S. 15). In den gängigen Lehrplänen und Schulordnungen wird dieser Sichtweise mehr oder weniger konsequent Rechnung getragen. Egal, ob es sich um soziales Lernen, um mündliche Sprachgestaltung, um Rhetorik oder ganz grundsätzlich um demokratische Erziehung dreht, stets wird das Lernziel Kommunikation mittelbar oder unmittelbar angesprochen. In der rheinland-pfälzischen Schulordnung heißt es beispielsweise zur Frage der Leistungsfeststellung und der Leistungsbeurteilung, daß je nach Fach eine ganze Vielfalt von mündlichen Arbeitsformen zugrunde zu legen seien, wie Beiträge zum Unterrichtsgespräch, Diskussionsbeiträge, mündliche Vorträge, mündliche Überprüfungen und mündliche Abfragen zu den Hausaufgaben (vgl. Schulordnung des Landes Rheinland-Pfalz v. 14.5.1989). So gesehen kommt der mündlichen Schülerbeteiligung in fast jeder Stunde entscheidende Bedeutung zu. »Die Unterrichtsformen der modernen demokratischen Schule sind geradezu dadurch gekennzeichnet, daß sie am Schüler orientiert sind ... Vom fragend-entwickelnden Verfahren im Unterrichtsgespräch bis zur Gruppenarbeit hat (der Schüler) erheblichen Anteil am Zustandekommen von Ergebnissen und dem Erreichen von Zielen – ganz abgesehen davon, daß die Äußerungen der Schüler für den Lehrer eine entscheidende Rückmeldung über den unter seiner Leitung fortschreitenden Unterrichtsprozeß sind. Um so erstaunlicher ist es, welch geringe Aufmerksamkeit den mündlichen Schülerleistungen sowohl von der pädagogischen Literatur als auch vom beobachtenden und beurteilenden Lehrer geschenkt wird« (Smollich 1985, S. 3). Dieses und andere Indizien sprechen dafür, daß das Lernziel Kommunikation de facto weit weniger ernst genommen wird, als es in den skizzierten Grundsätzen zur Leistungsfeststellung und -beurteilung deklariert wird. Diesen Widerspruch gilt es aufzulösen. Denn beurteilen kann man letztlich nur das, was im Unterricht zuvor auch entsprechend nachdrücklich geübt worden ist.

Der Stellenwert einer möglichst fundierten Gesprächserziehung ergibt sich aber auch noch aus anderen pädagogischen Umständen. Wie nämlich durch vielfältige empirische Untersuchungen nachgewiesen wurde, hat sich das Sozialisationsfeld der heute aufwachsenden Kinder grundlegend verändert. Vorherrschend ist mittlerweile die medienbestückte Kleinfamilie (gut die Hälfte der Haushalte mit Kindern hat nur noch ein Kind; vgl. Winkel 1991, S. 16). Diese fördert nicht nur den Individualismus und den Egoismus, sondern sie begünstigt tendenziell auch die Sprachlosigkeit. Es wird prinzipiell immer leichter, sich zurückzuziehen und ohne intensiveren Kontakt mit anderen Menschen durchs Leben zu kommen. Von daher wird das naturwüchsige soziale und kommunikative Lernen gravierend beschnitten. Zwar gibt es unter Jugendlichen – wie die Jugendforschung zeigt – einen bemerkenswerten Run auf Geborgenheit versprechende soziale Gruppen, aber oft sind das eher sprachlose Gruppen, in denen man sich bei lauter Musik wechselseitig anschweigt. Kommunikation, Argumentation und Diskussion sind in diesen Gruppen eher die Ausnahme als die Regel. Da die potentiellen Gesprächspartner in den Familien ebenfalls immer weniger werden (s. oben), ist es um das kommunikative »learning by doing« der heranwachsenden Jugendlichen wahrlich nicht zum besten bestellt. Die restringierte Sprache, die viele Schüler im Unterricht und anderswo an den Tag legen, ist nicht zuletzt eine Folge dieser Vereinzelung und des damit einhergehenden Verlustes sprachlicher Kontakte.

Die Konsequenz für Pädagogen ist eindeutig: Sie müssen verstärkt kompensatorisch tätig werden, egal, ob sie das gut finden oder nicht. Das heißt: Das Lernziel Kommunikation muß mit Nachdruck belebt werden, damit die milieu- und medienbedingten Kommunikationsdefizite möglichst wirksam abgebaut werden. Denn letztlich ist schulisches Lehren und Lernen ganz elementar darauf angewiesen, daß die Kommunikationsfähigkeit und -bereitschaft der Schüler passabel entwickelt ist. Das aber ist in erster Linie eine Sache der Übung. Und wenn nun einmal im außerschulischen Bereich nicht hinreichend geübt wird bzw. geübt werden kann, dann muß dieses eben verstärkt im Unterricht geschehen. Daß es sich für Lehrer wie Schüler lohnt und unter Umständen beachtliche Potentiale auf Schülerseite freisetzt, zeigt die folgende Begebenheit, von der Thomas Gordon berichtet: »Zuerst stotterte sie so herum und wußte nicht, wo sie anfangen sollte ... Endlich taute sie auf und redete zehn Minuten lang ohne Punkt und ohne Komma ... Nach diesem kurzen Gespräch von zehn Minuten schien es ihr sehr viel besser zu Mute zu sein« (Gordon 1981, S. 62). Derartige »Auftauprozesse« kann man im Unterricht häufig beobachten, wenn man die Schüler in kommunikativer Hinsicht verstärkt fordert und fördert. Wer einmal in einer Stunde zum erfolgreichen Sprechen veranlaßt und ermutigt wurde, redet in der Regel noch öfters. Nicht nur in der betreffenden Stunde, sondern auch danach – vorausgesetzt, die Akzeptanz, die Toleranz und die Gesprächsatmosphäre in der Klasse stimmen. Wer wollte bestreiten, daß derartige Kommunikationsübungen ein ebenso wichtiger wie notwendiger Beitrag zur Persönlichkeitsentwicklung im Unterricht sind – ein eigentlich tradiertes Ziel der schulischen Bildungsarbeit.

Kennzeichnend für diese persönlichkeitsorientierte Bildungsarbeit ist ein deutlich erweitertes Lern- und Bildungsverständnis, das u.a. dem Lernziel Kommunikation einen recht zentralen Stellenwert beimißt. Dieser erweiterte Bildungsbegriff wird in Abbildung 6 (S. 32) näher umrissen. Das sozial-kommunikative Lernen ist danach ein wichtiger Stützpfeiler schulischer Bildung. Mit anderen Worten: Wer die vorhandenen

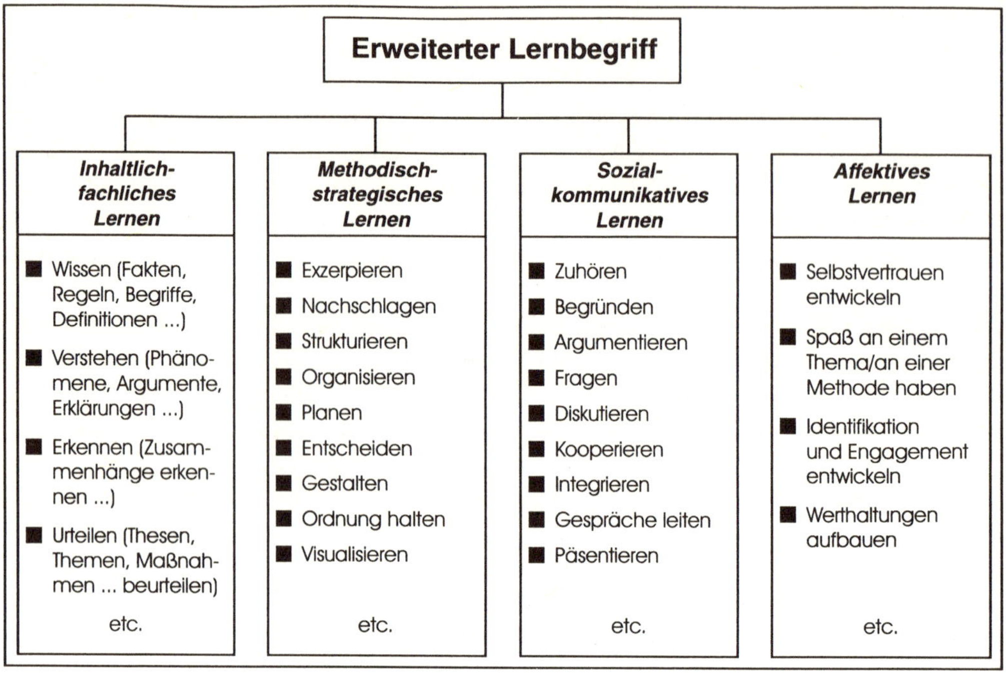

Abb. 6

Potentiale der Schüler möglichst ganzheitlich entwickeln will, der darf die sozial-kommunikative Komponente nicht vernachlässigen, zumal davon ganz wesentlich das Selbstvertrauen und das Selbstwertgefühl der Schüler beeinflußt werden (s. affektive Komponente).

Zwar ist dieses erweitere Lern- und Bildungsverständnis theoretisch keineswegs neu; die Reformpädagogik hat eigentlich schon immer in dieser Richtung votiert. Nur hat dieses Verständnis in der schulischen Praxis bislang völlig unzureichend seinen Niederschlag gefunden. Mag sein, daß die Kehrtwendung hin zu einem stärker handlungsorientierten, offenen Unterricht, wie sie sich in den letzten Jahren abzeichnet, diesem Versäumnis entgegenwirkt. Möglich und naheliegend ist das auf jeden Fall. Das verdeutlicht nicht zuletzt Abbildung 7, in der das handlungsorientierte Lehr-/Lernkonzept am Beispiel des Politikunterrichts näher umrissen wird. Für andere Fächer gelten die gleichen Handlungsfelder. Wer handlungsorientierten Unterricht in dieser Breite anvisiert und betreiben möchte, der kommt an einer Intensivierung des kommunikativen Handelns nicht vorbei (s. Abb. 7). Das aber heißt weiter: Wer die Schüler dementsprechend fach- und anwendungsbezogen berichten, argumentieren, präsentieren, diskutieren, debattieren und in sonstiger Weise kommunizieren lassen will, der muß auch und zugleich das dazu erforderliche Kommunikationsrepertoire auf Schülerseite entwickeln helfen. Daran führt kein Weg vorbei. Kommunikation muß gelernt werden. Dementsprechend müssen im Unterricht vermehrt Sprechanlässe und -situationen an-

Handlungsorientierter Politikunterricht

(als Beispiel)

Produktives Tun	***Kommunikatives Handeln***	***Exploratives Handeln***
● Arbeitsblätter bearbeiten bzw. herstellen ● Struktogramme erstellen (Tabelle, Schaubild, Diagramm, Tafelbild) ● Informationen nachschlagen/exzerpieren ● Rätsel lösen bzw. herstellen ● Plakat/Wandzeitung gestalten ● Referat/Wochenbericht verfassen ● Lernspiele durchführen bzw. herstellen (Puzzle, Würfelspiel ...) ● Kommentar/Bericht/Brief schreiben ● Assoziationsbilder zeichnen	● Gruppengespräch/ Partnergespräch ● Kreis- bzw. Doppelkreisgespräch ● Stationengespräch ● Frage-Antwort-Spiel ● Argumentationsspiel ● Freies/fiktives Erzählen ● Vortragen/Präsentieren ● Talkshow ● Rollenspiel ● Planspiel ● Pro-und-Kontra-Debatte ● Hearing ● Tribunal	● Erkundung/Beobachtung ● Expertenbefragung ● Straßeninterview ● Fallstudie/Sozialstudie ● Recherche/Reportage ● Bibliotheksnutzung ● Projekt i.w.S. ● Praktikum (u.a. in einem Betrieb) ● Exkursionen
etc.	etc.	etc.

Abb. 7

geboten werden, wie sie in Kapitel II skizziert werden. Denn Sprechen, Zuhören, Argumentieren und Miteinanderreden lernt man nun einmal am besten, indem man es tut. Ein Beleg mehr also dafür, daß dem Lernziel Kommunikation in der Schule größere Aufmerksamkeit entgegengebracht werden muß, als das bisher der Fall ist.

5. Sprechen fördert den Lern- und Berufserfolg

Für ein verstärktes Kommunikationstraining im Unterricht spricht ferner der Tatbestand, daß auf diesem Wege der Lernerfolg und die beruflichen Chancen der Schüler erheblich verbessert werden können. Das geht aus einschlägigen pädagogischen und berufssoziologischen Untersuchungen und Verlautbarungen hervor. Zunächst zum Lernerfolg:

Wie von lernpsychologischer Seite überzeugend nachgewiesen wurde, hängt der Lernerfolg der Schüler ganz entscheidend davon ab, ob und inwieweit sie sich handelnd mit dem jeweiligen Lerngegenstand/Lernstoff auseinandersetzen (vgl. Aebli 1983; Piaget 1980; Galperin 1974; Bruner 1981). Frederic Vester schreibt dazu: »Statt nur mit Begriffen von Dingen sollten wir auch mit den Dingen selbst arbeiten ... Und sofort würden auch die Begriffe sich im Gehirn nicht nur spärlich, sondern vielfach verankern können. Sie würden den visuellen, den haptischen, den gefühlsmäßigen und den auditiven Kanal in gleicher Weise nutzen und dadurch viel stärkere Assoziationsmöglichkeiten bieten als bei einem realitätsfremden Eintrichtern« (Vester 1978, S. 102). Zu den von Vester und anderen Lernforschern angesprochenen Lernaktivitäten gehört auch und nicht zuletzt das kommunikative Handeln (vgl. Abb. 7, S. 33), d.h. die sprachliche Auseinandersetzung mit dem jeweiligen Lerngegenstand.

Heinrich von Kleist hat die Lernwirksamkeit themenzentrierter Sprechakte in seinem lesenswerten Essay »Über die allmähliche Verfertigung der Gedanken beim Reden« in die Worte gefaßt: »Wenn Du etwas wissen willst und es durch Meditation nicht finden kannst, dann rate ich dir ..., mit dem nächsten Bekannten, der dir aufstößt, darüber zu sprechen. Es braucht nicht eben ein scharfdenkender Kopf zu sein, auch meine ich es nicht so, als ob du ihn darum befragen solltest, nein: Vielmehr sollst du es ihm selber allererst erzählen« (Kleist o.J., S. 897). Kleist plädiert also dafür, einfach anzufangen, denn auf diese Weise entwickle der Sprecher eine derartige Konzentration und gedankliche Dynamik, daß die Erkenntnis wie von selbst reife. Sprechen ist von daher ein genuiner Akt der (Selbst-)Klärung und des Begreifens. Sprache beflügelt die Gedanken, aktiviert die Kenntnisse, organisiert sie und bringt sie auf den Punkt. Mit anderen Worten: Sprechen bewirkt, daß der fachliche Durchblick zunimmt und das so Gelernte relativ langfristig im Gedächtnis verankert wird. Wie einschlägige Ergebnisse aus der Gedächtnisforschung zeigen, werden z.B. beim Zuhören und beim Lesen nur zwischen 20 und 30 Prozent des betreffenden Lernstoffs im Gedächtnis behalten. Demgegenüber steigt die Behaltensrate auf bemerkenswerte 70 Prozent, wenn die zu lernenden Fakten und Sachverhalte sprachlich dargelegt und auf die Reihe gebracht werden (vgl. Witzenbacher 1985, S. 17).

Sprechen bildet also! Und zwar nicht nur in kommunikativer, sondern auch in fachlicher Hinsicht. Hinzu kommt, daß jeder Sprechversuch zugleich auch ein Akt der Selbstkontrolle ist, denn wenn etwas wirklich nicht hinreichend durchdacht und verstanden wurde, dann kommt dieses spätestens beim Sprechakt heraus. Von daher ist es ausgesprochen folgerichtig, wenn z.B. der ehemalige bayrische Kultusminister Hans Maier zur Vermittlung möglichst tragfähiger Fach-, Denk- und Urteilsfähigkeit anmerkt: »All dies ist nicht möglich ohne Sprechfähigkeit, und so bleibt es die wichtigste Aufgabe des Bildungswesens, Sprechen zu lehren und Sprache zu pflegen« (Rheinischer Merkur v. 2. 10. 1992). Da diese Art der »Sprecherziehung« zudem der mündlichen Note der Schüler zugute kommt, wird ihr Lernerfolg gleich doppelt begünstigt. Das sollte Lehrern wie Schulleitungen Mut machen, dem Kommunikationstraining mehr Raum als bisher zu geben.

Ermutigend wirkt darüber hinaus der Tatbestand, daß Kommunikationsfähigkeit und Berufserfolg ziemlich eng korrelieren. »Um erfolgreich ... im Beruf zu sein, gehören gar nicht so viele Dinge dazu ... Zwei sehr wesentliche sind das Sprachvermögen, also die Breite des Sprachschatzes, und die andere ist die Kunst der Rhetorik. Also die Fähigkeit, die Sprache gezielt und wirkungsvoll und überzeugend einzusetzen ... Millionen von Menschen sind buchstäblich im Verlaufe ihres Lebens an ihrem Vorwärtskommen gehindert, weil sie sich niemals die Zeit genommen haben, ihre eigene Sprache wirklich zu erlernen« (Enkelmann o.J., S. 37ff.). Unterstrichen wird die enge Korrelation von Kommunikationsfähigkeit und Berufserfolg durch eine ganze Reihe neuerer Veröffentlichungen zum Qualifikationsbedarf der Wirtschaft. Auf die Frage, wie denn die jungen Leute auf die Anforderungen in der modernen Berufs- und Arbeitswelt vorbereitet würden, antwortet z.B. der Chef der Personalentwicklung bei VW: »Wir bringen ihnen erst einmal bei zu kommunizieren. Viele Jugendliche halten es für ein Zeichen von Stärke, wenn sie selbst möglichst viel reden. Die müssen erst einmal fragen und zuhören lernen« (Der Spiegel 23/1992, S. 53). Ähnlich argumentiert Axel Wiesenhütter, der Präsident der Industrie- und Handelskammer für die Pfalz. Fachkompetenz, so sein Votum, sei zwar wichtig. Entscheidend sei aber, daß der junge Mensch teamfähig sei in dem Sinne,»daß er gelernt hat, in Gruppen zu arbeiten, daß er gelernt hat zuzuhören, daß er gelernt hat, offen zu kommunizieren und zu diskutieren« (Rede anläßlich einer Festveranstaltung im Schulzentrum Herxheim am 1. 7. 1992). Andernfalls entstehen unnötige Friktionen und Informationsblockaden, da ungeübte Gruppenmitglieder nicht zu Wort kommen und daher ihre Argumente auch nicht einbringen können. Dementsprechend gehen Informationen und Argumente verloren (vgl. Rosenkranz 1990, S. 177f.).

Hinter dieser ausgeprägten Betonung der Kommunikationsfähigkeit steht die betriebswirtschaftliche Erkenntnis, daß die Verwirklichung moderner Organisationskonzepte wie »lean production« und »lean management« ganz zentral darauf angewiesen ist, daß die betrieblichen Mitarbeiter in puncto Kooperation und Kommunikation möglichst versiert sind. Dementsprechend wird von seiten der Wirtschaft sowohl für die Ausbildung als auch für die schulische Bildungsarbeit mit wachsendem Nachdruck die Vermittlung »extrafunktionaler Schlüsselqualifikationen« gefordert (vgl. u.a. die

Methodenkompetenz*

Vertraut sein mit zentralen Makromethoden	***Beherrschung elementarer Lern- und Arbeitstechniken***	***Beherrschung elementarer Gesprächs- und Kooperationstechniken***
– Gruppenarbeit	– Selektives Lesen	– Freie Rede
– Planspiel	– Markieren	– Stichwortmethode
– Metaplanmethode	– Exzerpieren	– Fragetechniken (Interview)
– Fallstudie	– Bericht schreiben	– Aktives Zuhören
– Problemanalyse	– Strukturieren	– Diskussion/Debatte
– Projektmethode	– Nachschlagen	– Gesprächsleitung
– Leittextmethode	– Notizen machen	– Brainstorming
– Sozialstudie	– Karteiführung	– Feedback
– Hearing	– Protokollieren	– Blitzlicht
– Präsentationsmethode	– Gliedern/Ordnen	– Telefonieren
– Schülerreferat	– Heftgestaltung	– Andere ermutigen
– Facharbeit	– Ausschneiden/Lochen/ Aufkleben	– Konflikte regeln
– Arbeitsplatzgestaltung	– Mind-Mapping	
– Klassenarbeit vorbereiten	– Mnemotechniken	
– Arbeit mit Lernkartei	– Zitieren	
	– Abheften	
etc.	etc.	etc.
Makromethoden	***Mikromethoden***	

* Vgl. dazu auch das auf das Einüben elementarer Lern- und Arbeitstechniken ausgerichtete Trainingshandbuch des Verfassers, das ebenfalls im Beltz-Verlag erschien ist (Klippert 1994). Darin enthalten sind mehr als 120 erprobte und bewährte Übungsbausteine. Ein weiteres Trainingshandbuch zur »Teamentwicklung im Klassenraum« ist in Vorbereitung und wird voraussichtlich 1997 erscheinen.

Abb. 8

Unternehmensberichte in Keim/Wollenweber 1992, S. 200ff.). Darunter werden u.a. gefaßt: Selbstlernfähigkeit, Teamfähigkeit, Kommunikationsfähigkeit, Verantwortungsbewußtsein und Kritikfähigkeit (vgl. Zimmer 1992, S. 271ff.; vgl. ferner Reetz u.a. 1990). Diese und andere »Schlüsselqualifikationen« müssen in der Schule möglichst frühzeitig angebahnt und eingeübt werden, sollen die Jugendlichen in der modernen Berufs- und Arbeitswelt erfolgreich bestehen können (vgl. dazu Abb. 8). Darin sind sich die Vertreter der Wirtschaft weithin einig. Auch in der Kultusministerkonferenz der Länder herrscht diesbezüglich seit geraumer Zeit eine bemerkenswerte Einigkeit vor, die über die Parteigrenzen hinweggeht (vgl. Frankfurter Rundschau v. 19. 2. 1994). Die Wirtschaft benötige, so die rheinland-pfälzische Kultusministerin Rose Götte, keine »Knopfdrücker und Befehlsempfänger, sondern Menschen, die zur Teamarbeit und zur Kommunikation fähig seien« (Rheinpfalz v. 22. 2. 1994). Für die Schule heißt dieses, daß den Schülern zur Wahrung ihrer späteren Berufschancen ein möglichst breit gefächertes Methodenrepertoire vermittelt werden muß.

6. Entlastungsperspektiven für Lehrer/innen

Die Dringlichkeit und pädagogische Bedeutsamkeit eines verstärkten Kommunikationstrainings im Unterricht ist nach dem bisher Gesagten also unstrittig. Die Frage ist nur, ob die daraus sich ergebenden Aufgaben und Anforderungen den ohnehin schon stark belasteten Lehrkräften so ohne weiteres zugemutet werden können. Denn um deren entsprechende Qualifikationen und methodische Routinen steht es schlecht. In der traditionellen Lehrerbildung wurden und werden sie kaum vermittelt. Von daher ist ganz zweifellos eine Menge grundständige Klärungs- und Innovationsarbeit zu leisten, soll die anvisierte Kommunikationsschulung im Unterricht Hand und Fuß haben. Das kostet die betreffenden Lehrkräfte nicht nur Zeit; es verlangt auch ein recht einschneidendes Umdenken in didaktischer und methodischer Hinsicht (vgl. den nächsten Abschnitt sowie den Schlußteil IV). Zwar wird diese Innovationsarbeit durch das vorliegende Buch erheblich erleichtert und mit Hilfe der vorliegenden Unterrichtsbausteine und -materialien näher präzisiert und operationalisiert. Aber zumindest in der Anfangs- bzw. Übergangsphase bleibt für die verantwortlichen Lehrkräfte, die das kommunikationszentrierte Lehren und Lernen intensivieren wollen, einiges an Mehrarbeit zu leisten. Die Frage ist nur, ob sich dieser Mehraufwand mittel- und längerfristig nicht kräftig auszahlt?!

Nach den bisherigen Erfahrungen spricht eigentlich alles dafür, daß sich die anvisierte Innovationsarbeit lohnt – zumindest längerfristig. Denn der Status quo an unseren Schulen ist bekanntlich alles andere als befriedigend. Wie Abbildung 9 (S. 38) in zugespitzter, aber durchaus zutreffender Weise illustriert, bedingt die gängige »Hyperaktivität« vieler Lehrer überforderte, passive, desinteressierte und immer häufiger auch aggressiv und destruktiv reagierende Schüler. Frustrationen auf Schüler- wie auf Lehrerseite sind die Folge. Die Schüler beklagen den langweiligen Unterricht ihrer Lehrkräfte, die Lehrkräfte wiederum leiden mehr oder weniger stark unter dem Desinteresse und der »Unfähigkeit« ihrer Schüler. Ein Teufelskreis! Ein Teufelskreis, der viele Lehrer/innen bekanntermaßen hochgradig belastet, enttäuscht und/oder gelegentlich auch in die Resignation treibt. Indikatoren wie die gehäuften Frühpensionierungen und die erschreckend hohe Zahl an psychosomatischen Erkrankungen signalisieren sehr deutlich, daß immer mehr Lehrkräfte die skizzierten und eine Reihe weiterer Belastungen nicht einfach so wegstecken können. Auswege und Perspektiven sind also vonnöten, die aus dem angedeuteten Dilemma herausführen.

Die Intensivierung der Kommunikationsschulung ist *ein* möglicher (Aus-)Weg, der Lehrern wie Schülern mehr Zufriedenheit und Erfolg im Unterricht verspricht (vgl. Abb. 10). Zunächst zu den Schülern: Generell läßt sich sagen: Je ausgeprägter ihre

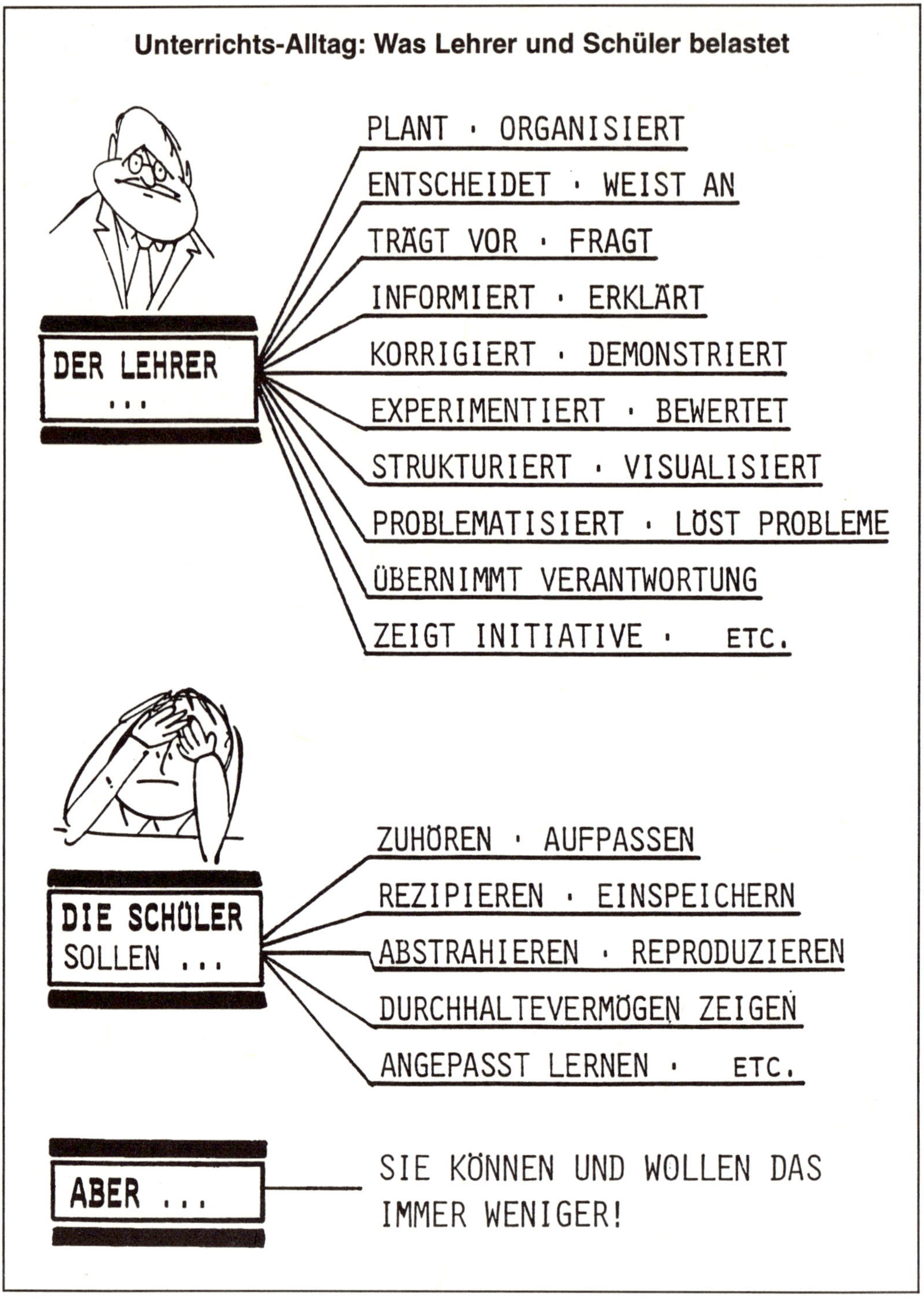
Unterrichts-Alltag: Was Lehrer und Schüler belastet
DER LEHRER ...
PLANT · ORGANISIERT
ENTSCHEIDET · WEIST AN
TRÄGT VOR · FRAGT
INFORMIERT · ERKLÄRT
KORRIGIERT · DEMONSTRIERT
EXPERIMENTIERT · BEWERTET
STRUKTURIERT · VISUALISIERT
PROBLEMATISIERT · LÖST PROBLEME
ÜBERNIMMT VERANTWORTUNG
ZEIGT INITIATIVE · ETC.
DIE SCHÜLER SOLLEN ...
ZUHÖREN · AUFPASSEN
REZIPIEREN · EINSPEICHERN
ABSTRAHIEREN · REPRODUZIEREN
DURCHHALTEVERMÖGEN ZEIGEN
ANGEPASST LERNEN · ETC.
ABER ...
SIE KÖNNEN UND WOLLEN DAS IMMER WENIGER!

Abb. 9

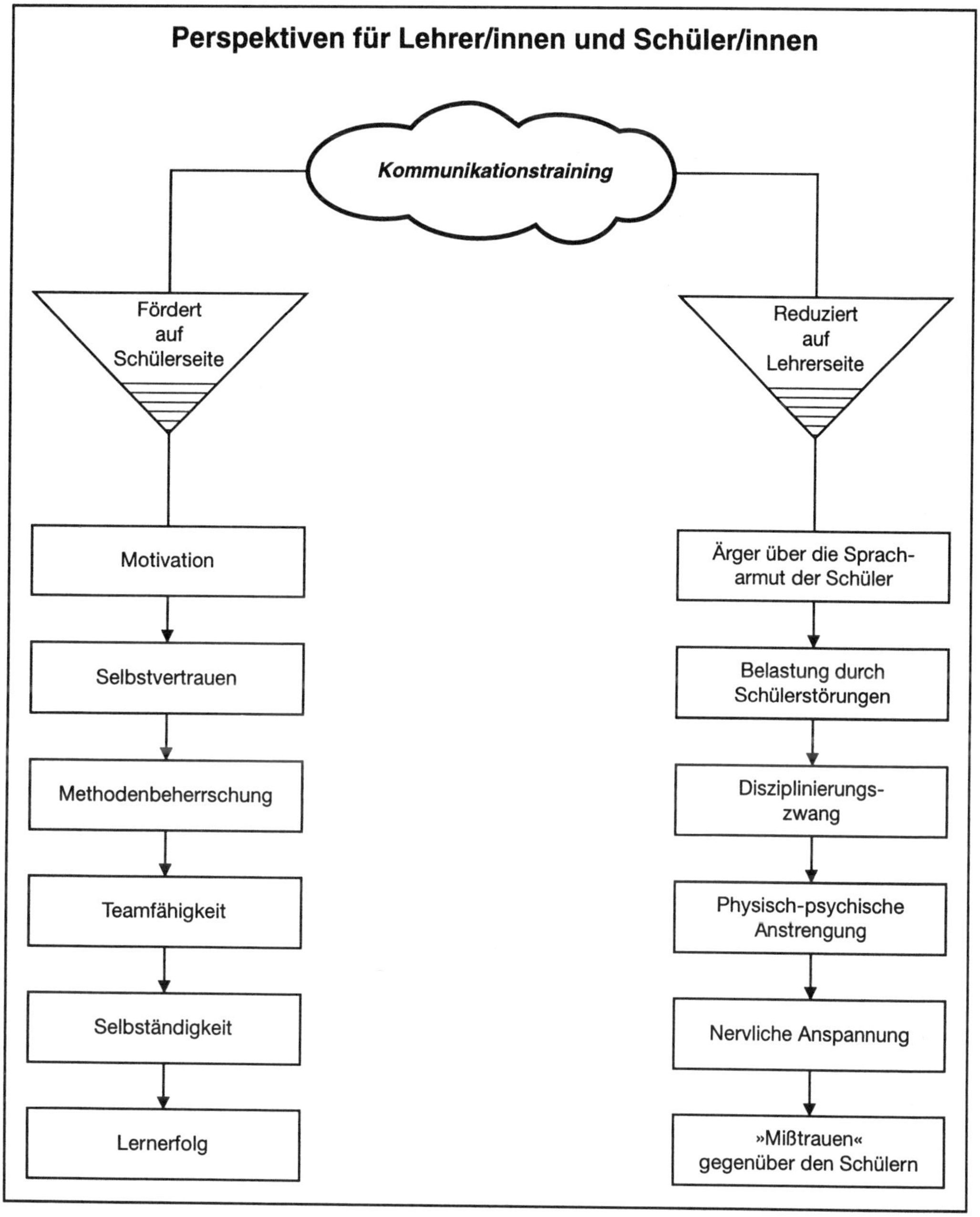
Perspektiven für Lehrer/innen und Schüler/innen
Kommunikationstraining
Fördert auf Schülerseite
Motivation
Selbstvertrauen
Methodenbeherrschung
Teamfähigkeit
Selbständigkeit
Lernerfolg
Reduziert auf Lehrerseite
Ärger über die Sprach-armut der Schüler
Belastung durch Schülerstörungen
Disziplinierungs-zwang
Physisch-psychische Anstrengung
Nervliche Anspannung
»Mißtrauen« gegenüber den Schülern

Abb. 10

Kommunikationskompetenz, desto größer sind in aller Regel auch ihre Motivation, ihr Selbstvertrauen, ihre Methodenbeherrschung, ihre Teamfähigkeit, ihre Selbständigkeit und ihr Lernerfolg. Das begünstigt ihre positive Einstellung zur Schule und zum Lernen. Zwar soll und darf die angesprochene Wechselwirkung nicht über Gebühr idealisiert werden, aber im Ansatz trifft sie ganz sicher die Realität. Für die Lehrkräfte wiederum hat dieser Kompetenzzuwachs auf Schülerseite zur Folge, daß die Unterrichtsgespräche tendenziell harmonischer, konstruktiver und effektiver verlaufen. Das bringt eine gewisse Entlastung, erleichtert die Delegation von Aufgaben und Verantwortung, fördert das Klima in der Klasse, begünstigt straffere Gesprächsverläufe und steigert nicht zuletzt die Berufszufriedenheit auf seiten der verantwortlichen Lehrkräfte. Oder anders gewendet: Der alltägliche Ärger der Lehrer/innen wegen der mangelnden Sprachkompetenz und -bereitschaft der Schüler wird reduziert, destruktives Gesprächsverhalten wird seltener; es muß weniger diszipliniert werden; die Sprechanteile der Lehrkräfte nehmen ab. Das alles trägt dazu bei, daß die nervliche Anspannung sowie die physisch-psychische Anstrengung reduziert und das verbreitete »Mißtrauen« gegenüber den Schülern wirksam abgebaut wird (vgl. Abb. 10, S. 39).

Zugegeben, die tatsächlichen Entlastungseffekte, die durch ein verstärktes Kommunikationstraining zu erzielen sind, lassen sich nicht pauschal angeben. Sie differieren von Klasse zu Klasse und von Lehrer zu Lehrer, je nachdem, wie engagiert und kompetent die anvisierte Kommunikationsschulung betrieben wird. Eine Entlastungsgarantie kann es demnach nicht geben, zumal es außer den hier zur Debatte stehenden kommunikativen Unzulänglichkeiten noch eine Vielzahl anderer Stör- und Belastungsfaktoren im Unterricht gibt. Wohl aber zeigen die bisherigen Erfahrungen, daß die Chancen für eine spürbare Entlastung im Unterricht sowie für ein Mehr an beruflicher Zufriedenheit auf Lehrerseite recht gut stehen. Und Perspektiven dieser Art werden im Schulalltag ganz gewiß gebraucht. Wer wollte das bestreiten?! Was schließlich die eingangs erwähnte Mehrbelastung im Rahmen der Unterrichtsplanung und -vorbereitung betrifft, so kann zur Ermutigung aller Interessenten gesagt werden, daß sie sich in dem Maße verringert, wie die betreffenden Lehrkräfte in puncto Kommunikationstraining Erfahrungen sammeln und Routinen gewinnen. Hier geht es den Lehrern nicht anders als den Schülern. Das bislang deutlich unterentwickelte Methodenrepertoire muß kleinschrittig und anschaulich geübt und entwickelt werden. Dann wird die Arbeit nicht nur leichter, sondern auch zeitsparender. Von daher muß der angesprochene Vorbereitungs-Mehraufwand nach einer Übergangsphase von vielleicht einem halben Jahr gegen Null gehen. Ansonsten läuft etwas falsch, zumal mit dem vorliegenden Buch eine Fülle praktischer Anregungen und Hilfen vorliegen. Nähere Hinweise zu diesen und anderen Umsetzungsfragen finden sich im Schlußteil IV.

7. Erläuterungen zum Trainingskonzept

Welche kommunikativen Methoden und Techniken die Schüler im Unterrichtsalltag und im späteren (Berufs-)Leben brauchen und einigermaßen beherrschen müssen, geht überblickshaft aus den Abbildungen 1, 3 und 8 hervor. Frei und verständlich reden, erzählen, berichten, erläutern, fragen, antworten und nacherzählen können – das ist gleichsam die Grundstufe einer versierten Kommunikation. Die zweite Stufe, die Stufe der Rhetorik, ist schon etwas anspruchsvoller. Denn um überzeugend argumentieren, vortragen, präsentieren oder eine Rede/Ansprache halten zu können, genügen nicht allein Selbstvertrauen, Sprechbereitschaft und ein gewisses Sprachvermögen. Dazu bedarf es auch und zugleich einer möglichst ausgeprägten Fachkompetenz sowie einer nicht minder ausgeprägte Kenntnis und Beherrschung rhetorischer Stilmittel (vgl. Abb. 2 auf Seite 19). Die dritte Stufe schließlich ist die wohl schwierigste: die Stufe der kommunikativen Interaktion. Das beginnt beim einfachen Gruppengespräch und reicht über Kreisgespräche, konstruktive Dialoge, Debatten, Podiumsgespräche und sonstige Formen der Diskussionsführung bis hin zu komplexen Rollen-, Plan- und Konferenzspielen.

So gesehen umfaßt das hier anvisierte Trainingskonzept wesentlich mehr als Rhetorik im engeren Sinne, wie sie etwa in den Deutsch-Lehrplänen und in entsprechenden didaktischen Ratgebern hin und wieder ihren Niederschlag findet (vgl. dazu u.a. Allhoff 1987; Berthold 1993; Fittkau u.a. 1989; Langer u.a. 1993; Enkelmann o.J.; Lemmermann 1992). Kommunikationstraining in den Schulen muß in aller Regel sehr viel weiter vorne ansetzen, nämlich bei der Reflexion des alltäglichen Gesprächsverhaltens und der alltäglichen Gesprächsstörungen im Unterricht. Denn nur wenn es gelingt, in der jeweiligen Klasse eine von Toleranz und wechselseitiger Akzeptanz geprägte Gesprächsatmosphäre herzustellen, dann werden die vielen sprachlosen Schüler auch ihre Sprache wiederfinden. Sie werden ihre Ängste abbauen, mutiger werden, Routinen entwickeln und ihre Gesprächsbereitschaft wirksam (wieder-)beleben – eine Perspektive, die angesichts der zumeist recht geringen Beteiligung an den gängigen Unterrichtsgesprächen gewiß reizvoll ist, und zwar für Lehrer wie Schüler.

Dieses zuletzt angesprochene »warming up« ist in gewisser Weise »therapeutische« Arbeit, denn vor aller Rhetorik und Diskussionskunst gilt es zunächst einmal, die bei vielen Schülern bestehenden Sperren und/oder Minderwertigkeitskomplexe abzubauen und die Bedeutung einer offensiven mündlichen Mitarbeit einsichtig zu machen, damit sie ihre vorhandene Kommunikationskompetenz überhaupt aktivieren und entfalten können. Diese »therapeutische Arbeit« hat freilich wenig mit psychologischen Methoden i.e.S. zu tun, sondern sie setzt ganz zentral beim »learning by doing« der

Schüler an. Das heißt, die Schüler lernen ihre Ängste und/oder ihre chronische Schweigsamkeit zu überwinden, indem sie in vielfältiger Weise sprechen: über die Kommunikationsbedingungen und -störungen in der Klasse, über positive Beispiele und wünschenswerte Gesprächsregeln, über persönliche Erfahrungen, Erlebnisse und Sichtweisen, über Bilder, Geschichten und sonstige offene Sprechanlässe – über Sprechanlässe also, die nur sehr eingeschränkt fachbezogen sind. Das Entscheidende bei diesen »Warming-up-Übungen« ist ferner, daß es kein Richtig oder Falsch im strengen Sinne des Wortes gibt, mithin auch keine Veranlassung für den Lehrer, korrigierend und kommentierend einzugreifen. Das macht Mut und stärkt das Selbstvertrauen. Diese Grundsituation ist für viele Schüler erfahrungsgemäß derart wohltuend, daß sie sich wieder trauen mitzureden. Und wenn sie erst einmal des öfteren geredet und mitgeredet haben, dann entwickeln sich Schritt für Schritt sowohl ihre Sprachkompetenz als auch das, was die Lernpsychologie »Kompetenzmotivation« nennt (vgl. Bruner 1981, S. 22f.). Denn sprechen lernt man nur, indem man spricht, indem man vielleicht auch Fehler macht und eigene Schwächen entdeckt, allerdings ohne daß dieses gleich zu folgenschweren »Rügen« und/oder hämischen Kommentaren der Mitschüler führt. Mutmachen! Das ist das Leitziel der ersten größeren Trainingsetappe, die möglichst kompakt und zeitintensiv an den Anfang der hier zur Debatte stehenden Kommunikationsoffensive gestellt werden sollte.

Die weiter oben erwähnten Etappen »Rhetorik« sowie »Diskussion/Debatte« können einführend ebenfalls als Blockunterricht organisiert werden; ansonsten sind sie jedoch in erster Linie integraler Bestandteil des Fachunterrichts. Sie zielen vorrangig auf eine möglichst qualifizierte fachliche Argumentation und Diskussion. »Qualifiziert« heißt hierbei zweierlei: Zum einen ist damit gemeint, daß grundlegende rhetorische Regeln und Kriterien möglichst konsequent eingehalten werden müssen, die zuvor im Unterricht geklärt bzw. entwickelt worden sind (vgl. Abb. 3 auf S. 20). Zum anderen wird damit signalisiert, daß die Schüler darauf bedacht sein müssen, ihre mündlichen Beiträge fachlich fundiert, korrekt, stringent und insgesamt möglichst überzeugend darzubieten. Allerdings darf diese rhetorische Schulung nicht als vordergründige Überredungskunst mißverstanden werden, die etwa nach dem Motto verläuft: »Setze deine Interessen durch, egal mit welchen Mitteln« oder »Bluffe die anderen so, daß sie dich für den Größten halten und dir nicht zu widersprechen wagen«. Demagogie und rücksichtsloses Dominanzverhalten dieser Art hat mit sozialem Lernen und demokratischer Erziehung, wie sie hier verstanden wird, reichlich wenig zu tun, dafür aber um so mehr mit Verkäuferschulung im negativsten Sinne des Wortes. Was also sonst? Unabdingbare Gütezeichen eines qualifizierten Kommunikationsverhaltens innerhalb wie außerhalb des Unterrichts sind Toleranz, Freundlichkeit, Hilfsbereitschaft und Fairneß. Sie müssen im Rahmen der Kommunikationsschulung entwickelt und gepflegt werden (vgl. Abb. 3). Auf der anderen Seite wäre es allerdings auch falsch, lediglich auf Kooperation und Kompromiß zu setzen, weil damit das wirkliche Leben auch nur unzureichend abgedeckt ist. Vielmehr benötigen die Jugendlichen in Schule, Beruf und Freizeit auch und nicht zuletzt die Fähigkeit und die Bereitschaft, sich in sozialen Auseinandersetzungen und Kontroversen zu behaupten und erfolgreich daran teilzunehmen (vgl. Grünwaldt 1984, S. 10). Auch dieses kann und muß im Unterricht angebahnt und eingeübt werden. Und zwar keineswegs nur im Deutschunterricht, in Sozialkunde oder vielleicht noch in Religion. Nein, es ist nachgerade erforderlich und ganz sicher auch wichtig, daß die anvisierte Kommunikationsschulung mehr und mehr in den Fachunterricht hineinwächst und dort verstärkt betrieben wird. Gelegenheiten dazu gibt es in Hülle und Fülle. Denn die Auseinandersetzung mit dem jeweiligen Lernstoff/Lerngegenstand muß so oder so geleistet werden. Warum also nicht die Schüler möglichst oft und möglichst variantenreich themen- und materialzentriert kommunizieren lassen, wie das in den Kapiteln II und III dieses Buches operationalisiert wird?! Der damit verbundene Klärungs- und Lerneffekt auf Schülerseite kann sich allemal sehen lassen (vgl. Abschnitt I.5).

Die Besonderheit des umrissenen kommunikationszentrierten Arbeitens und Lernens ist fernerhin, daß neben dem Lernstoff ganz zentral die Reflexion des Gesprächsverhaltens sowie die Klärung und Festigung einschlägiger Kommunikationstechniken betont werden. Oder anders ausgedrückt: Das Kommunikationsrepertoire der Schüler wird phasenweise zum zentralen Lerngegenstand. Dementsprechend konzentrieren sich Lehrer wie Schüler in den anstehenden Übungsphasen vorrangig auf die jeweils bedeutsamen Kommunikationsaspekte. Das Kommunikationsverhalten der Schüler wird dabei nicht nur kritisch unter die Lupe genommen, sondern es wird daran auch offen und konstruktiv »gefeilt«. Der abgebildete Regelkreis macht dieses deutlich (vgl. Abb. 11, S. 44). Ausgangs- und Knotenpunkt des hier anvisierten Kommunikationstrainings sind demnach wegweisende praktische Übungen, die sich dadurch auszeichnen, daß bestimmte lernrelevante Kommunikationsarrangements hergestellt, durchgespielt, analysiert, kritisiert und auf Verbesserungsmöglichkeiten hin diskutiert werden. Je nachdem, welches Trainingsstadium erreicht ist, werden richtungweisende Regeln erarbeitet oder aber – falls sie schon vorliegen – gezielt aufgefrischt bzw. zusätzlich bewußtgemacht (zu den Regeln vgl. Abb. 3 auf S. 20). Doch damit nicht genug: Die Regelkenntnis ist erfahrungsgemäß nämlich nur das eine, die Regelbeherrschung das andere. Von daher ist es nötig, immer wieder geeignete Kommunikationsarrangements anzuschließen bzw. vorzusehen, die die Schüler dazu veranlassen, die betreffenden Regeln weitergehend einzuüben. Auch diese vertiefenden Übungen müssen hin und wieder genauer ausgewertet und reflektiert werden, damit es auf seiten der Schüler allmählich zu der angestrebten Routinebildung kommt (vgl. Abb. 11).

Da dieser Qualifizierungsprozeß natürlich von Rückschlägen begleitet sein kann, weil sich infolge gewisser Nachlässigkeiten auf Schüler- wie auf Lehrerseite wieder fragwürdige Verhaltensweisen einspielen, ist es mit einem einmaligen Trainingsdurchgang in aller Regel nicht getan. Auftretende Defizite müssen daher bei Bedarf erneut thematisiert und innerhalb der Klassengemeinschaft korrigiert werden. Korrigierende Instanz muß dabei keineswegs nur der Lehrer sein. Im Gegenteil: Wichtig und ratsam ist es vielmehr, daß die Regelbeobachtung und -anmahnung mehr und mehr zur Sache der Schüler wird. Das kann u.a. durch Rotationsverfahren geschehen, denen zufolge die Schüler im Wechsel eine bestimmte klar definierte Regelbeobachter-Funktion übernehmen. Auf diese Weise kann die angedeutete Mitverantwortung der Schüler

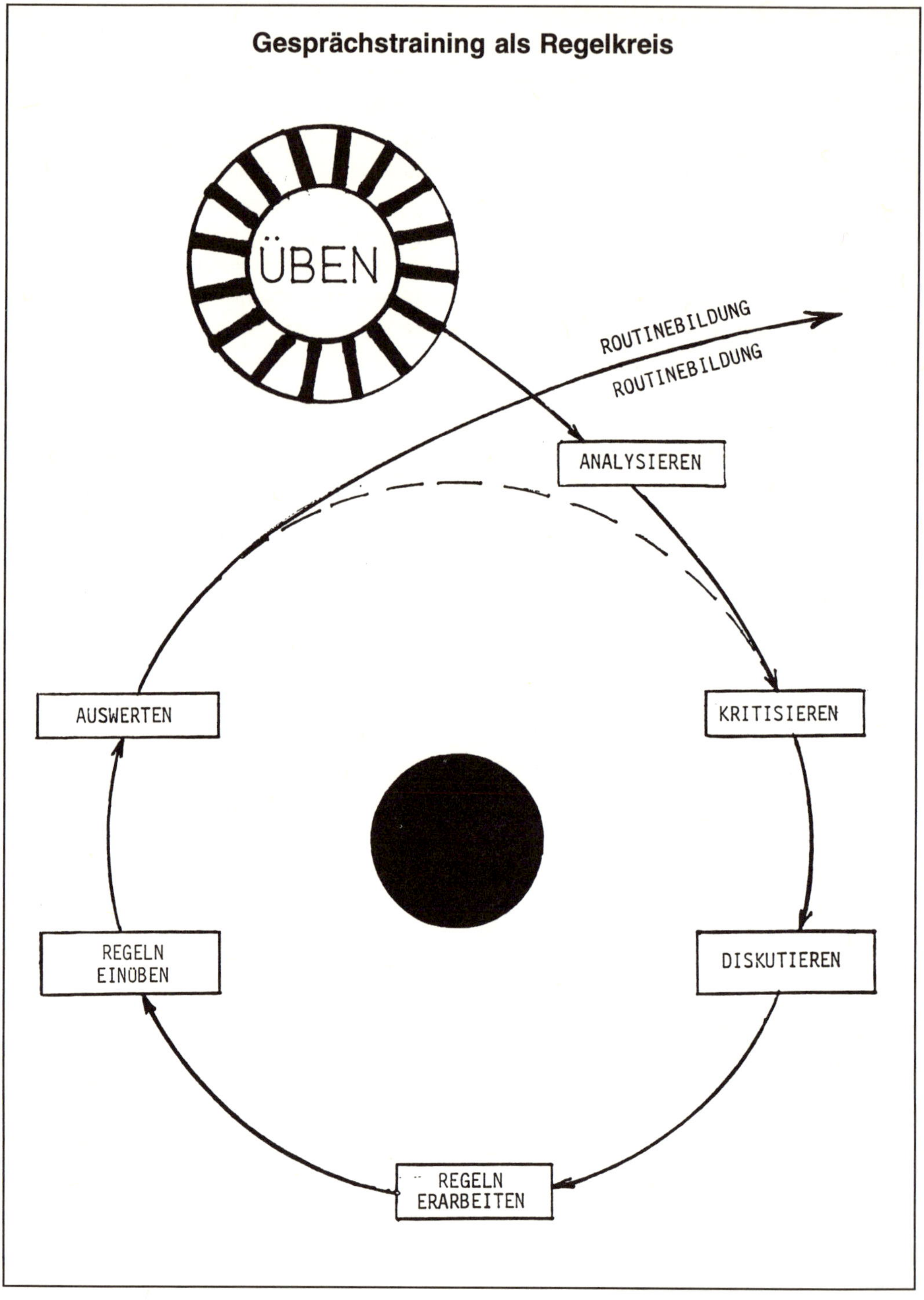
Gesprächstraining als Regelkreis
ÜBEN
ROUTINEBILDUNG
ROUTINEBILDUNG
ANALYSIEREN
KRITISIEREN
DISKUTIEREN
REGELN
ERARBEITEN
REGELN
EINÜBEN
AUSWERTEN

Abb. 11

festgeschrieben werden. Voraussetzung dafür ist selbstverständlich, daß entsprechende Gesprächsregeln vereinbart und im Klassenraum für alle sichtbar gemacht worden sind (z.B. durch ein Plakat). Daß diese permanente Übungs- und Klärungsarbeit nicht allein im Fach Deutsch oder in bestimmten Jahrgangsstufen (z.B. in der Orientierungsstufe) geleistet werden kann und darf, versteht sich beinahe von selbst. Vielmehr müssen kommunikationszentrierte Übungs- und Reflexionsphasen in möglichst vielen Fächern ihren Platz haben und von Lehrern wie Schülern generell ernster genommen werden, als das bisher der Fall ist. Denn letztlich spielen kommunikative Aufgaben und Anlässe überall eine Rolle: in den natur- und gesellschaftswissenschaftlichen Fachbereichen genauso wie im sprachlichen Aufgabenfeld.

Zwar geht es bei alledem nicht etwa darum, daß auf »Gedeih und Verderb« geredet und/oder die Unterrichtszeit mit kommunikationsorientierten Reflexionen über Gebühr ausgefüllt wird. Die kommunikationszentrierten Anteile bleiben durchaus im Rahmen. Das zeigen die bisherigen Erfahrungen. In ungeübten Klassen muß natürlich mehr Zeit investiert werden, damit die in Abbildung 11 angedeutete Routinebildung wirksam in Gang kommt. Aber mit wachsender Übung und Routine der Schüler reduziert sich der Zeitanteil, der auf die Kommunikationspflege im engeren Sinne verwandt werden muß. Ja mehr noch: Mit wachsender Kompetenz der Schüler verlaufen die fachlich-sprachlichen Klärungsakte in aller Regel erheblich rascher und effektiver ab als in ungeübten Klassen. Das sollte alle Fachlehrer, denen vorrangig die Fachkompetenz ihrer Schüler i.e.S. am Herzen liegt, beruhigen und ermutigen.

Was die Rolle der Lehrkräfte in kommunikationsorientierten Lehr-/Lernprozessen betrifft, so ist eines besonders wichtig, nämlich ihr »vorbildliches« Verhalten im weitesten Sinne des Wortes. Konkret: Die verantwortlichen Lehrkräfte müssen u.a. Sprachvorbilder sein und die vereinbarten Regeln sowohl selbst beachten als auch konsequent von den Schülern einfordern. Aber nicht nur das: Sie müssen auch und zugleich zum Sprechen ermutigen, indem sie die Schüler nicht vorschnell korrigieren oder kritisieren. Sie müssen gewisse Schwächen und Unzulänglichkeiten auf Schülerseite zulassen und mit ihrer ganzen Person signalisieren, daß sie zum »trial and error« stehen und den Schülern eine ganze Menge zutrauen. Sie müssen ferner ein sichtbarer Anwalt der sprachlich Schwächeren sein, indem sie die Mitschüler zu verbindlicher Toleranz und Solidarität anhalten. Das ist zwar nicht immer leicht, aber mit der nötigen Konsequenz läßt sich erfahrungsgemäß eine ganze Menge erreichen. Und zu guter Letzt müssen die Lehrkräfte natürlich auch bereit sein, die eine oder andere Übung mal mitzumachen bzw. vorzumachen. Das ist mehr als eine Geste. Das schafft Vertrauen und unterstreicht zudem die Ernsthaftigkeit des gesamten Anliegens.

Die pädagogische Einbindung und Anbindung des skizzierten Kommunikationstrainings kann sehr unterschiedlich erfolgen. Grundsätzlich wäre es sicher wünschenswert, daß es bereits in der Grundschule sehr viel nachdrücklicher und konsequenter als bisher erfolgen sollte. Dazu liefern die Bausteine im vorliegenden Buch durchaus Anregungen und eine ganze Reihe übertragbarer Arrangements, die es auf die Grundschulgegebenheiten abzustimmen gilt. Primär ausgerichtet sind die vorliegenden Übungsbausteine allerdings auf die Sekundarstufen I und II, wobei das Hauptaugenmerk fraglos auf der Sekundarstufe I liegt. Wie die bisherige Erprobungsarbeit zeigt, können die meisten Übungsarrangements, die in Kapitel II vorgestellt werden, bereits in der Orientierungsstufe eingesetzt werden. Nur müssen sie inhaltlich entsprechend gefüllt und methodisch unter Umständen auch etwas modifiziert werden. Aber das gilt genauso für die höheren Jahrgangsstufen. Was das Trainingsprogramm in Kapitel III anbetrifft, so ist dieses in der vorliegenden Form und mit den vorliegenden Materialien in erster Linie für die Klassen 8 aufwärts geeignet, für die es auch konzipiert wurde. Durchgeführt und getestet wurde dieses Programm u.a. in der 9. Klasse eines pfälzischen Gymnasiums, einer Klasse, die in puncto Kommunikation genauso (un-)geübt war wie andere Klassen auch. Die Erfahrungen waren ausgesprochen interessant und ermutigend (vgl. Kapitel III). In überarbeiteter Form kann das vorliegende Trainingsprogramm ganz sicher auch mit jüngeren Schülern umgesetzt werden. Sie werden das ihnen Gemäße daraus machen. Das ist gewiß! Und das ist nach aller Erfahrung nicht wenig.

Selbstverständlich ist in den höheren Klassen manches leichter, da die Schüler von der fachlichen Seite her mehr Substanz mitbringen. Erschwerend kommt in dieser Altersstufe jedoch hinzu, daß die pubertätsbedingten Prägungen die Gesprächsbereitschaft, die Spontaneität und die Improvisationsbereitschaft der Schüler mehr oder weniger stark beeinträchtigen. Das war in den verschiedenen Erprobungsklassen sehr deutlich zu beobachten. Von daher hat jedes Alter seine Vorteile, aber eben auch seine Tücken. Letztlich kann die Kommunikationsschulung nach Art dieses Buches – das hat die Erprobung gezeigt – in nahezu allen Altersstufen und Fächern ansetzen. Wichtig ist nur, daß möglichst konsequent und systematisch geübt und gearbeitet wird, damit die Schüler mit den Spielregeln einer erfolgreichen Kommunikation möglichst intensiv vertraut werden. Die fachliche Anpassung läßt sich dann bei Bedarf schon leisten.

Vom didaktischen Zuschnitt her ist das Fach Deutsch natürlich besonders prädestiniert, das anvisierte Kommunikationstraining federführend zu übernehmen. Allerdings sind die Deutsch-Lehrkräfte erfahrungsgemäß weder in der Lage, die Kommunikationskompetenz der Schüler in alleiniger Regie hinreichend zu entfalten, noch ist es für die Kollegien und die Schüler günstig, wenn dem Deutschunterricht eine derart exklusive Zuständigkeit beigemessen wird. Denn die grundständige Trainingsarbeit, die insbesondere in der Eingangsstufe zu leisten ist (z.B. in den 5. und/oder 7. Klassen), kann eigentlich nicht allein im Deutschunterricht vonstatten gehen. Dazu bedarf es einer konzertierten Aktion, an der auf jeden Fall mehrere Fachlehrer der jeweiligen Klasse mitwirken sollten (zu dieser Teamkonzeption finden sich nähere Ausführungen in Kapitel IV). Aber auch im Anschluß an dieses »Sockeltraining« empfiehlt es sich, die weiter gehende Entfaltung und Festigung des angebahnten Kommunikationsrepertoires der Schüler in möglichst vielen Fächern zu betreiben. Das unterstreicht einmal den fächerübergreifenden Charakter des kommunikativen Lernens. Und zum anderen steigert es die Intensität, mit der Schüler wie Lehrer das kommunikationszentrierte Denken und Arbeiten pflegen.

II. Trainingsbausteine für die praktische Unterrichtsarbeit

In diesem Kapitel wird eine breite Palette kommunikativer Grundarrangements vorgestellt, die sich in den verschiedensten Fächern und Jahrgangsstufen einsetzen lassen. Erprobt wurden sie überwiegend in den Klassen 7 aufwärts. Allerdings zeigen die Rückmeldungen von Lehrkräften aus der Orientierungsstufe und aus der Grundschule, daß die meisten der vorgestellten Kommunikationsarrangements auch dort mit guten Erfolgsaussichten eingesetzt werden können – vielleicht in modifizierter und/oder vereinfachter Form, aber Anregungen und Organisationshilfen liefern sie für diese Schulstufen auf jeden Fall. Letzteres gilt auch und nicht zuletzt für das nachfolgend umrissene 5-Stufen-Modell zur Kommunikationsschulung (vgl. Abb. 12), das sich als Leitlinie und Planungsraster in allen Schulstufen bewährt hat. Denn ein erfolgversprechendes Kommunikationstraining verlangt mehr als diskretionäre Sprachanlässe und/oder vordergründige Kommunikations- und Interaktionsspiele, wie sie sich in manchen »Rezeptebüchern« finden (vgl. Behme 1992; Pallasch/Zopf 1993). Zwar können derartige Spiele durchaus ihren Reiz und ihren Sinn haben, aber wenn sie vorrangig der Animation dienen, dann ist das zuwenig.

Kommunikationstraining verlangt mehr! Kommunikationstraining erfordert eine einigermaßen planvolle und systematische Übungs- und Klärungsarbeit, die die Gesprächskompetenz kleinschrittig, aber zielstrebig fördert. Die in diesem Kapitel vorgestellten Kommunikationsarrangements sind diesem Anspruch verpflichtet. Sie unterstützen eine ebenso konsequente wie progressive Sprachförderung im Unterricht. Sie zeigen und konkretisieren, wie die Kommunikationsbereitschaft und -fähigkeit der Schüler variantenreich und zielstrebig entwickelt werden kann. Sie sind einsetzbar sowohl im Fachunterricht als auch in fächerübergreifenden Trainingseinheiten. Sie sind ein Wahl-Angebot und können als solches zu einem sehr dichten Kompaktprogramm kombiniert werden (s. die Projektwoche »Kommunizieren lernen« in Kapitel III). Sie können aber auch wahlweise in einzelnen Fächern eingesetzt werden, um punktuelle Kommunikationsschulung zu betreiben. Wichtig ist nur, daß das Kommunikationsrepertoire der Schüler möglichst konsequent thematisiert, reflektiert und progressiv weiterentwickelt wird. Dazu soll sowohl das 5-Stufen-Modell beitragen als auch das breitgefächerte Angebot an Übungsbausteinen, das die einzelnen Stufen/Etappen der Kommunikationsschulung operationalisiert.

Um welche Stufen/Etappen es sich dabei handelt, geht aus Abbildung 12 hervor. Die korrespondierenden Übungen reichen von gezielten Angeboten zur Metakommunikation über elementare monologische und dialogische Sprechaktivitäten bis hin zur fortgeschrittenen Rhetorik und Interaktion. Dieses 5-Stufen-Modell sorgt sowohl für eine progressive Trainingsarbeit als auch dafür, daß interessierte Lehrkräfte ein Raster haben, um weitere (fachbezogene) Übungen zu suchen und zu entwickeln.

Zu den dokumentierten Übergangsarrangements im einzelnen: Am Anfang (Stufe 1) stehen diverse Übungen zur Sensibilisierung der Schüler. Das in Abbildung 12 angezeigte »Nachdenken über Kommunikation« zielt als propädeutische Phase vorrangig darauf, die Schüler zu einer kritisch-konstruktiven Auseinandersetzung mit dem alltäglichen Gesprächsverhalten in der Klasse zu veranlassen. Dabei geht es sowohl um das Gesprächsverhalten der Schüler als auch um das korrespondierende Ver-

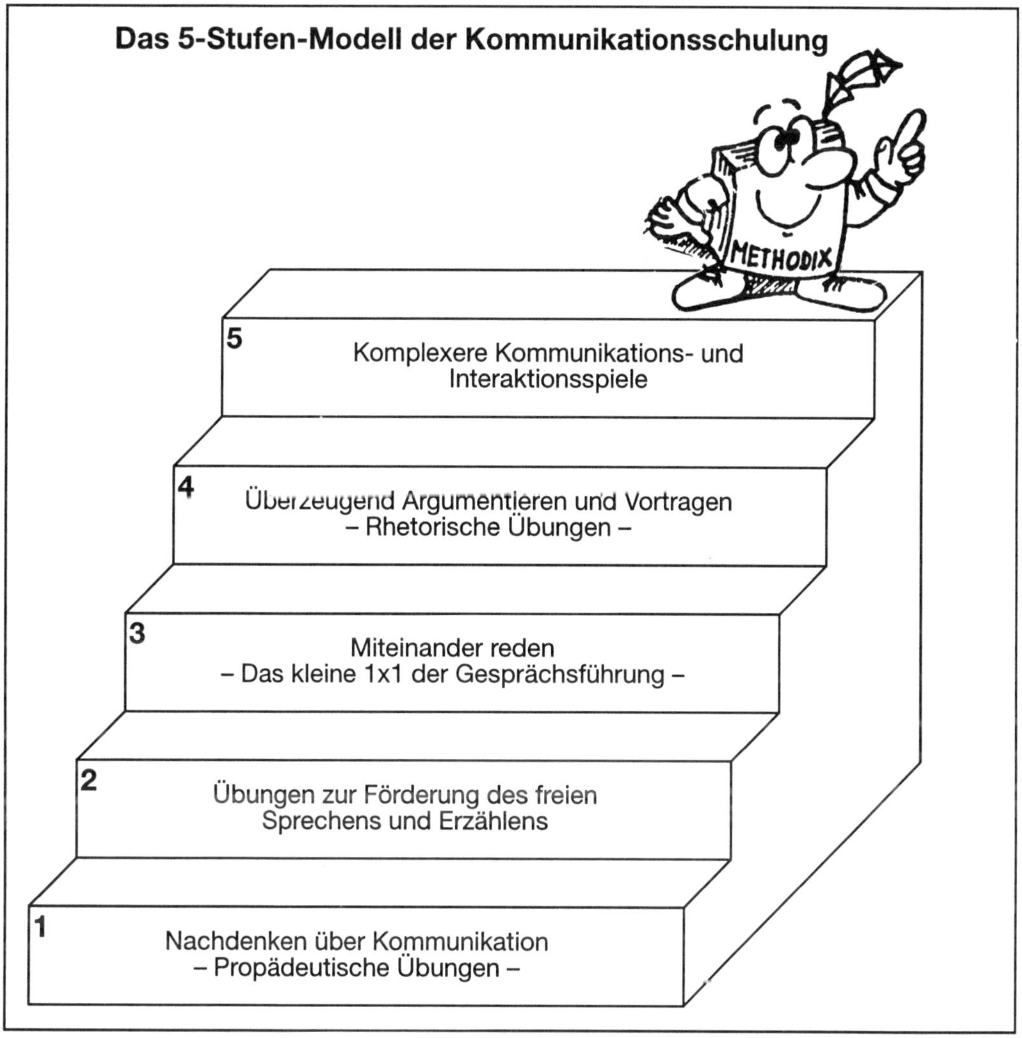

Abb. 12

halten der Lehrkräfte. Über beides muß offen und (selbst-)kritisch nachgedacht und gesprochen werden, sollen die auf seiten der Schüler vorhandenen Blockaden, Ängste und Unsicherheiten wirksam abgebaut werden. Konkret werden in dieser Phase der »Metakommunikation« unter anderem solche Aspekte besprochen und angesprochen wie: Kommunikationsbereitschaft und Kommunikationsängste, Kommunikationsstörungen und Kommunikationsmängel, Kommunikationsatmosphäre und Kommunikationsregeln. Ein wesentliches Ziel hierbei ist, grundlegende Gesprächsregeln gemeinsam zu entwickeln, von denen Schüler wie Lehrer meinen, daß sie für die Gesprächsbereitschaft und das Gesprächsverhalten in der jeweiligen Klasse förderlich seien. Hinzu kommt als weitere wichtige Zielsetzung, die Schüler durch entsprechende Impulse und Gesprächsarrangements in der Überzeugung zu bestärken, daß Kommunikationsfähigkeit und Kommunikationsbereitschaft für jede(n) von ihnen eine höchst lebensbedeutsame »Schlüsselqualifikation« ist. Denn nur wenn es gelingt, diese Überzeugung und Einsicht auf Schülerseite nachhaltig wachsen zu lassen, dann werden die angebotenen Übungen und praktischen Anregungen auch auf fruchtbaren Boden fallen. Andernfalls werden sie nur zu schnell wieder verblassen und vergessen werden. Das zeigen die bisherigen Erfahrungen.

Da die erwähnten Überzeugungen und Einsichten der Schüler maßgeblich davon abhängig sind, ob und inwieweit sie positive Sprecherfahrungen gesammelt haben, wird im zweiten Übungsblock (Stufe 2) auf offene, angstfreie Sprechsituationen gesetzt. Auf Sprechsituationen also, die den Schülern mit hoher Wahrscheinlichkeit Erfolgserlebnisse bescheren und von daher dazu beitragen, daß die Gesprächsbereitschaft in der Klasse wächst bzw. (wieder-)belebt wird. Die dokumentierten Übungsarrangements in Abschnitt II.2 machen deutlich, wie eine derartige Ermutigung angebahnt und methodisch auf den Weg gebracht werden kann. Gewiß, die mutigen und selbstbewußten Schüler brauchen aufbauende Übungen dieser Art weniger. Sie werden sich auch so behaupten und ihre Potentiale einigermaßen entwickeln. Wer sie jedoch unbedingt braucht, das sind die eher zurückhaltenden, schweigsamen, unsicheren Schüler. Und diese sind in unseren Klassen zumeist derart zahlreich, daß die skizzierten aufbauenden Übungen auf jeden Fall ihre Berechtigung haben. Sie müssen erst einmal eindringlicher erfahren und erleben, daß sie sprechen können und Lehrer wie Mitschüler dieses auch von ihnen erwarten. Diese »therapeutische« Arbeit darf auf keinen Fall unterschätzt werden. Und was die sprachlich stärkeren Schüler betrifft: Sie werden von den angezeigten »Lockerungsübungen« ebenfalls profitieren. Das ist gewiß!

Gleiches gilt für die dialogischen Übungen, die in Abschnitt II.3 zusammengefaßt worden sind (Stufe 3). Sie zielen vorrangig darauf, die Fähigkeit und Bereitschaft der Schüler zu verbessern, verständnisvoll miteinander zu reden. Im Mittelpunkt stehen dabei Partnerübungen in den verschiedensten Varianten. Der Untertitel »Das kleine 1 × 1 der Gesprächsführung« soll überdies andeuten, daß es um ziemlich elementare dialogische Übungen geht. Das beginnt mit einfachen Übungen zur Schulung des Zuhörens und reicht über Interviews, Frage-Antwort-Spiele und sonstige Formen des konstruktiven Dialogs bis hin zu Aussprachen und Diskussionen in Gruppen oder im Plenum, die kriteriumsorientiert geführt, analysiert, kritisiert und soweit wie möglich optimiert werden. Dabei werden natürlich nicht nur positive Beispiele inszeniert, sondern auch typische Problemsituationen und Störungen simuliert, die den Schülern potentielle Gefahren und Schwachpunkte der alltäglichen Kommunikation vor Augen führen. Das Gros dieser Übungen kann und sollte themen- und fachzentriert angelegt sein, damit kommunikatives und fachliches Lernen miteinander verzahnt werden. Das erleichtert nicht nur die fachliche Legitimierung des Kommunikationstrainings; es unterstreicht den Schülern gegenüber auch die Ernsthaftigkeit dieser Arbeit, indem es deutlich macht, daß das fachliche Lernen i.e.S. darunter nicht zu leiden hat. Das ist zwar mehr ein taktisches Argument, aber ein Argument, das viele Schüler wie Eltern durchaus zu beruhigen vermag.

Das vierte Übungsfeld ist der Rhetorik im engeren Sinne vorbehalten (Stufe 4). Das Motto »Überzeugend argumentieren und vortragen« zeigt an, in welche Richtung die unter II.4 zusammengefaßten Übungen zielen. Sie sollen dazu beitragen, daß sich die Schüler über die verbalen und nonverbalen Gesichtspunkte einer »guten Rhetorik« Gedanken machen (vgl. Abb. 2 auf S. 19) sowie für sich Vorsätze und Regeln entwickeln, die kompetentes Argumentieren und Vortragen unterstützen. Hierbei geht es sowohl um Körpersprache, Mimik, Gestik und Artikulation als auch um den Sprachduktus, um Verständlichkeit, Stringenz und fachliche Fundiertheit der jeweiligen sprachlichen Darbietung. Zwar ist es in der Schule im allgemeinen weder nötig noch möglich, die Schüler zu glanzvollen Rhetorikern zu machen. Aber eines ist ganz sicher zu leisten: Sie können für bestimmte Aspekte des »guten Vortrags« und/oder der überzeugenden Argumentation sensibilisiert werden, damit sie hernach bewußter und durchdachter vorgehen und bestimmte rhetorische Stilmittel gezielter einsetzen, als das gemeinhin der Fall ist.

Zugute kommt den Schülern dieses erweiterte Repertoire nicht zuletzt in komplexeren Kommunikations- und Interaktionszusammenhängen, wie sie in Übungsfeld II.5 überblickshaft vorgestellt werden (Stufe 5). Dort geht es unter anderem um Debatten, Konferenzen, Hearings, Gerichtsverhandlungen und andere Kommunikationsszenarien, in deren Rahmen relativ vielschichtig argumentiert, diskutiert und in sonstiger Weise interagiert wird. Derartige Szenarien kennenzulernen und das eigene Kommunikationsrepertoire entsprechend zu entwickeln und zu testen, das ist für die meisten Schüler eine ebenso wichtige wie hilfreiche Angelegenheit. Denn Kontroversen, Verhandlungen und sonstige interessengeleitete Auseinandersetzungen gehören nun einmal zur Demokratie wie das Salz zur Suppe. Von daher spricht eigentlich alles dafür, in der Schule möglichst früh und möglichst intensiv eine passable »Kultur des konstruktiven Streitens« anzubahnen und einzuüben. Die Übungen bzw. Simulationsspiele, die in Abschnitt II.5 vorgestellt werden, sind Anlässe und Gelegenheiten, dieser Streitkultur näherzukommen und eine entsprechendes Kommunikationsrepertoire zu entwickeln.

Am besten ist es, mehrere Lehrkräfte ziehen an einem Strang und stellen sich auf der Basis der vorliegenden Arrangements ihr spezifisches »Trainingsmenü« zusammen, das möglichst mehrere Übungsfelder (Stufen) umfassen sollte. Zumindest für ungeübte Klassen sind konzertierte Aktionen dieser Art ausgesprochen zu empfehlen. Noch einfacher haben es natürlich diejenigen Lehrkräfte, die in einer Klasse gleich mehrere Fächer unterrichten und von daher ein hohes Stundenkontingent zur Verfügung haben. Sie können ein breitgefächertes »Sockeltraining« unter Umständen in eigener Regie realisieren. Wie auch immer: Mit den vorliegenden Übungsbausteinen steht interessierten Lehrkräften das »Rohmaterial« zur Verfügung, aus dem sie ihre klassenspezifischen »Trainingsmenüs« zusammenstellen können. Darauf zurückgreifen können sie natürlich immer auch dann, wenn sie sporadische Übungen, Wiederholungen oder Vertiefungen im Fachunterricht ansetzen wollen.

1. Nachdenken über Kommunikation – ein Propädeutikum

Die propädeutischen Übungen in diesem Abschnitt dienen vorrangig der Sensibilisierung und Motivierung der Schüler. Anlaß und Hintergrund dieser »Metakommunikation« ist die Tatsache, daß die meisten Schüler in puncto Kommunikation ein recht unterentwickeltes Problembewußtsein und eine nicht minder defizitäre Einstellung und Ambitioniertheit an den Tag legen. Geredet wird irgendwie, aber eine nähere Reflexion des alltäglichen Gesprächsverhaltens ist eher die Ausnahme. Unzulänglichkeiten und Störungen werden von Lehrerseite in aller Regel zwar gesehen und häufig auch beklagt, aber eine konsequente Auseinandersetzung damit wird in den wenigsten Klassen geleistet. Auf der anderen Seite ist eine derartige kritisch-konstruktive Auseinandersetzung eine unverzichtbare Voraussetzung dafür, daß die Schüler ihr mehr oder weniger defizitäres Gesprächsrepertoire bewußt und durchdacht weiterentwickeln. Nur wenn sich die Schüler der bestehenden Friktionen und Probleme bewußt sind, nur wenn sie erkennen, wodurch die mündliche Mitarbeiter im Unterricht gehemmt wird und wodurch sie gefördert werden kann, nur wenn sie sich mit den Gegebenheiten im Unterricht kritisch und selbstkritisch auseinandersetzen, nur wenn sie gemeinsam Vorsätze fassen und Perspektiven für eine verbesserte Kommunikation abstecken, nur wenn sie die Notwendigkeit erkennen und bejahen, am eigenen Kommunikationsverhalten und -repertoire zielstrebig zu arbeiten, dann werden sie auch mit dem nötigen Engagement und Erfolg ihre Kommunikationskompetenz weiterentwickeln. Wird diese Sensibilisierungs- und Überzeugungsarbeit unterlassen, so besteht die Gefahr, daß die Schüler die potentiellen Lerneffekte, die ein Kommunikationstraining mit sich bringt, nur halbherzig oder gar nicht nutzen, weil es ihnen an der entsprechenden Einstellung und inneren Überzeugung mangelt.

Diese Überzeugung zu stärken und die Bereitschaft der Schüler zum kommunikativen Lernen zu fördern ist ein maßgebliches Ziel in diesem ersten Trainingsabschnitt. Die vorgestellten Übungsarrangements (Reflexionsschleifen) sind durchweg so konzipiert, daß die Schüler in ebenso aktiver wie kreativer Weise über die konkreten Kommunikationsbedingungen und -störungen in der Klasse nachdenken sowie gemeinsam nach Wegen und Regeln suchen, wie das gängige Kommunikationsrepertoire verbessert werden kann. Diese Klägerungsarbeit schließt selbstverständlich ein, daß in vielfältiger Weise kommuniziert wird. »Kommunikation über Kommunikation«, das ist der Schwerpunkt in diesem ersten Übungsabschnitt. Dabei wird ganz überwiegend an den Erfahrungen, Sichtweisen, Problemanzeigen und Ideen der Schüler angesetzt, die gleichsam als Lernimpulse dienen. Sie werden mit Hilfe der vorgestellten Kommunikationsarrangements mobilisiert, ausgetauscht, besprochen und auf mögliche Konsequenzen hin abgeklopft. Gelernt wird also vorrangig voneinander und miteinander, indem die Schüler ihre unterschiedlichen »Potentiale« einbringen. Richtungweisende »Inputs« des Lehrers sind eher die Ausnahme; lediglich am Ende der jeweiligen Übungen können klärende Hinweise und Anregungen von Lehrerseite ihren Platz haben. Ansonsten ist der Lehrer in erster Linie Organisator und Moderator der mit den Übungen angestoßenen Kommunikations- und Klärungsprozesse.

Welche Übungsbausteine in der praktischen Unterrichtsarbeit letztlich ausgewählt werden, ist Sache der jeweiligen Lehrkraft bzw. des verantwortlichen Lehrerteams.

Alternativen sind zur Genüge vorhanden, denn die vorgestellten Übungsarrangements haben zum Teil ähnliche Zielsetzungen und weisen auch vom Ablauf her gelegentlich Überschneidungen auf. Verschieden sind in aller Regel jedoch die methodischen Settings, d.h. die konkreten Arbeitsschritte, Produkte, Medien und Gesprächszirkel. Die methodischen Arrangements reichen von diversen Varianten der Schülerbefragung über gestaltpädagogische Übungen, Debatten, Simulationsspiele und szenische Spiele bis hin zu gezielten Brainstormings, Fallbesprechungen, Interviews, Gesprächsanalysen und Perspektivdiskussionen. Allerdings macht es erfahrungsgemäß wenig Sinn, die gesamte Übungspalette in einer Klasse durchspielen zu wollen. Zu groß sind die Überschneidungen in methodischer und intentionaler Hinsicht. Zwar sind Redundanzen/Wiederholungen im Unterrichtsalltag durchaus angebracht, damit die Schüler die grundlegenden Einsichten und Regeln tiefergehend verankern. Aber sie dürfen natürlich nicht zu massiv und eintönig auftreten. Ansonsten besteht die Gefahr, daß die Motiviation der Schüler einbricht. Etwas anderes ist es freilich, wenn ähnliche Übungen in größeren Zeitabständen wiederkehren, um bestehende Erkenntnisse, Einsichten und/oder Vorsätze aufzufrischen. Daß dieses nicht nur möglich, sondern erfahrungsgemäß sogar ausgesprochen nötig ist, zeigen die bisherigen Erfahrungen. Von daher können die nachfolgend skizzierten Übungsarrangements längerfristig ziemlich ausnahmslos eingesetzt werden.

Ob und inwieweit sie im konkreten Fall modifiziert werden, ist Sache der verantwortlichen Lehrkräfte. Die Ablaufskizzen, die im folgenden vorgestellt werden, sind lediglich Vorschläge, die sich in der praktischen Erprobung bewährt haben, nicht aber geschlossene Konzepte, die nur so realisiert werden dürfen. Selbstverständlich ist es möglich, die eine oder andere Arbeits- bzw. Kommunikationsphase wegzulassen, die Vorgaben für die Schüler zu verändern und/oder das methodische Setting zu vereinfachen. Je nach Altersstufe und Leistungsvermögen der Schüler sind derartige Modifikationen unter Umständen sogar unerläßlich. Das kann letztlich aber nur vor Ort entschieden werden, nicht jedoch in diesem Buch.

Wichtig ist nur, daß die Übungen einen gewissen Tiefgang erreichen und nicht vorschnell abgeschlossen werden. Denn die intendierten »Gärungs- und Klärungsprozesse« brauchen nun einmal Zeit und verlangen nach einer möglichst vielschichtigen/mehrstufigen Auseinandersetzung. Das zeigt die bisherige Erfahrung sehr deutlich. Deshalb beginnen die Übungen in aller Regel mit einer individuellen Besinnungs- bzw. Vorbereitungsphase, auf die – möglichst variantenreich – Partnergespräche, Gruppengespräche, Präsentationen, Plenardiskussionen, Lehrerinstruktionen und Feedbackrunden folgen. Derartige Reflexionsschleifen bringen recht intensives Lernen in Gang. Grundsätzlich sollte die angesprochene Klärungsarbeit der Schüler möglichst produktorientiert erfolgen. Diesem Gesichtspunkt wird im folgenden Rechnung getragen. Die in den Übungen angesteuerten Produkte sind u.a. Plakate, Kärtchen mit Vorsätzen und Merksätzen, Folien, Soziogramme, Texte, Puzzles, Spielszenen etc. Die Auswertung der einzelnen Übungen kann zwar mehr oder weniger intensiv erfolgen, aber sie darf auf keinen Fall fehlen, wie das bei vordergründigen Animationsspielen in der Regel der Fall ist. Ansonsten besteht die Gefahr, daß das Kommunikationstraining zum vordergründigen Aktionismus wird. Das aber ist hier gewiß nicht intendiert.

Was die unterrichtliche Einbettung der propädeutischen Übungen betrifft, so ist eines ziemlich klar: Ihre Umsetzung kann schwerlich von Lehrkräften geleistet werden, die irgendwelche Randfächer unterrichten und/oder auf Stoffvermittlung verpflichtet sind. Denn die nachfolgenden Reflexionsschleifen haben weder einen bestimmten Fachbezug, noch lassen sie sich für die Vermittlung bestimmter Lernstoffe funktionalisieren. Die anvisierte »Metakommunikation« zielt auf fachübergreifende (extrafunktionale) Qualifikationen und Einsichten und unterscheidet sich darin von den Übungsbausteinen in den Abschnitten II.2 bis II.5, die sich durchweg zur Klärung und Festigung fachlicher Kenntnisse und Sachverhalte in unterschiedlichen Fächern einsetzen lassen.

Demhingegen zielen die nachfolgenden Übungsbausteine auf kommunikationszentrierte Reflexion und Regelklärung schlechthin, die am ehesten noch beim Klassenlehrer und/oder Deutschlehrer anzusiedeln ist oder aber bei einem Lehrerteam, das sich schwerpunktmäßig der Kommunikationsschulung widmet. Die vorgestellten Übungen offerieren vielfältige Lernchancen: Sie geben den Schülern Gelegenheit, sich mit dem eigenen Kommunikationsrepertoire kritisch auseinanderzusetzen, Stärken und Schwächen zu entdecken. Sie fördern die Sensibilität der Schüler in bezug auf die bestehenden Kommunikationsprobleme und -störungen in der Klasse. Sie bieten Anlaß, das faktische Kommunikationsgeschehen zu beleuchten und zu analysieren. Sie bringen die Schüler miteinander ins Gespräch und eröffnen kritisch-konstruktive Diskussionen. Sie tragen dazu bei, daß die Schüler Regelklärung betreiben und ihr strategisches (kommunikatives) Repertoire weiterentwickeln. Sie vermitteln Anstöße, damit auf Schülerseite die nötige Bereitschaft und Überzeugung wächst, daß freies Sprechen, Argumentieren und Diskutieren verstärkt geübt und gelernt werden muß. Nähere Hinweise zu den Zielsetzungen und den Lernchancen der einzelnen Übungen finden sich am Anfang des jeweiligen Übungsblattes.

B 1 Schülerbefragung

INTENTION: Die Schüler sollen ihr persönliches Kommunikationsverhalten überdenken und versuchsweise einschätzen. Sie sollen etwaige Defizite erkennen sowie im Gespräch mit den Mitschülern ihr eigenes Problembewußtsein weiterentwickeln. Darüber hinaus sollen sie sich wechselseitig Anregungen geben und Mut machen.

DURCHFÜHRUNG: Zunächst wird der abgebildete Fragebogen ausgeteilt und von den Schülern in einer etwa fünfminütigen Stillarbeitsphase individuell ausgefüllt. Die Befragung ist anonym. Anschließend werden die individuellen Einschätzungen in mehreren Gruppen (Zufallsgruppen) ausgetauscht, erläutert, hinterfragt und diskutiert. Wichtige Befunde/Erkenntnisse werden von den Sprechern der Gruppen in kurzen Stellungnahmen im Plenum vorgetragen. Nachfragen und ergänzende Anmerkungen des Lehrers sind zulässig, sollten allerdings zurückhaltend eingebracht werden. In einem dritten Schritt schließlich wird das Gesamtergebnis der Klasse überblickshaft visualisiert, indem die Schüler ihre persönlichen Einschätzungen mittels roter Klebepunkte auf einem großen Wandplakat kenntlich machen. Dieses Plakat ist analog zum Fragebogen aufgebaut. Auf diese Weise entsteht ein Klassenspiegel, der Anlaß zu weiteren Gesprächen und strategischen Überlegungen gibt (vgl. B 2).

VORBEREITUNG: Der Fragebogen muß entsprechend der Schülerzahl kopiert werden (natürlich können die vorgegebenen Items auch modifiziert/gekürzt werden). Ferner muß das erwähnte Plakat für die Auswertungsphase erstellt werden, und zwar in Analogie zum Fragebogen (eventuell kann auch eine entsprechende Folie verwandt werden, auf der der Lehrer die von den Schülern signalisierten Einschätzungen notiert). Weiterhin benötigt werden rote Klebepunkte oder aber - ersatzweise - dicke Filzstifte, mit deren Hilfe die Schüler ihre Einschätzungen auf dem Plakat markieren können.

Fragebogen

Wenn Du über Deine mündliche Beteiligung im Unterricht nachdenkst, dann wirst Du sicher feststellen, daß Dir manches leichter und anderes schwerer fällt. Im folgenden Fragebogen hast Du Gelegenheit, Deine Erfahrungen festzuhalten. Kreuze also bitte an, ob es Dir "eher schwer" oder "eher leicht" fällt, die genannten Leistungen zu erbringen. Antworte offen und ehrlich! Denke dran: Schwierigkeiten darfst Du zugeben, denn sie sind normal und andere Schüler haben sicher auch welche.

DIESES ZU LEISTEN ...	FÄLLT MIR ...	
	eher schwer	*eher leicht*
Vor der Klasse ohne Angst zu reden		
Bei Unterrichtsgesprächen aktiv mitzumachen		
An der Tafel etwas zu erläutern		
Laut und deutlich zu sprechen		
Meine Gedanken verständlich auszudrücken		
Andere von meiner Meinung zu überzeugen		
Einen kleinen Vortrag zu halten		
Aufmerksam zuzuhören, wenn andere reden		
Auf die Fragen und Argumente der Mitschüler einzugehen		
Beim Reden nicht immer nur zum Lehrer hinzuschauen		
Bei Diskussionen fair und sachlich zu bleiben		
Ein Gespräch (z.B. in Gruppen) zu leiten		
Im Mündlichen eine gute Note zu erreichen		

Hinweis: Wenn Du mit einer Vorgabe gar nichts anzufangen weißt, dann frage im Notfall Deine(n) Lehrer/in! Aber sicher schaffst Du's auch allein!

B 2

Strategiesuche

INTENTION: Die Schüler sollen ihre intuitiven Kommunikationsstrategien klären sowie gemeinsam nach Mitteln und Wegen suchen, wie sich die mündliche Note verbessern läßt. Sie sollen bewährte Strategien festhalten und durch den Erfahrungsaustausch voneinander lernen. Ähnliche Brainstormings können auch zu anderen Kommunikationsaspekten bzw. -problemen angestellt werden (siehe Fragebogen B 1)

DURCHFÜHRUNG: Zu Beginn der Übung schreibt der Lehrer den Gesprächsimpuls an die Tafel: "Was ich tue oder tun könnte, um meine mündliche Note zu verbessern ...". Auf entsprechenden Protokollzetteln im DIN-A-6-Format notieren sich die Schüler in einer kurzen Besinnungsphase einige Strategien, die ihnen geläufig sind. Dann setzen sich die Schüler paarweise zusammen und stellen sich wechselseitig ihre mehr oder weniger ausgegorenen Strategien vor. Rückfragen und Tips des jeweiligen Gesprächspartners runden das Bild ab. Anschließend werden neue Gesprächspaare gebildet (am besten nach dem Zufallsprinzip), die sich in gleicher Weise austauschen. Ausgewertet und vertieft wird dieses "warming up" in mehreren Arbeitsgruppen, die die zusammengetragenen Verhaltenstips möglichst übersichtlich zusammenstellen und auf Plakaten visualisieren und abschließend im Plenum präsentieren. Hier kann der Lehrer nötigenfalls ergänzende Anregungen geben und Probleme ansprechen.

VORBEREITUNG: Für die Besinnungsphase zu Beginn sind kleine Notizzettel (DIN A6) mit der Überschrift "Was ich tue ..." vorzubereiten (DIN-A4-Blatt in vier Segmente einteilen, mit Überschriften versehen und entsprechend der Schülerzahl kopieren und auseinanderschneiden). Des weiteren werden mehrere Plakate (Packpapier o.ä.) benötigt sowie verschiedenfarbige Filzstifte zur Plakatgestaltung.

B 3

Punktabfrage

INTENTION: Die Schüler sollen nach Maßgabe des abgebildeten Rasters einschätzen und angeben, in welchem Maße sie im Unterricht mündlich mitarbeiten. Sie sollen sich auf diese Weise die Ist-Situation in der Klasse klarmachen und durch das Ankleben roter Signalpunkte einen anschaulichen Klassenspiegel erstellen, der Anstoß für (selbst)kritische Gespräche ist.

DURCHFÜHRUNG: Ausgangspunkt der Reflexion ist das abgebildete Plakat bzw. Antwortraster. Dieses wird an zentraler Stelle im Klassenraum ausgehängt. Die Schüler erhalten zunächst Gelegenheit zu einer kurzen Besinnungsphase. Alsdann gehen sie nach vorne zum Plakat, nehmen sich einen selbstklebenden roten Markierungspunkt (vom Lehrer bereitzustellen) und kleben diesen entsprechend der vorgenommenen Selbsteinschätzung in eines der fünf Felder. So entsteht ein anschaulicher Klassenspiegel. Anschließend werden mehrere Zufallsgruppen gebildet (z.B. mit Hilfe eines Kartenspiels bzw. Quartettspiels). Die Mitglieder dieser Gruppen teilen sich wechselseitig mit, wo sie ihren Punkt gesetzt haben; sie erläutern ihre Selbsteinschätzung und stellen sich gegebenenfalls der Diskussion. Weitergeführt wird dieser Klärungsprozeß mit einem abschließenden Kreisgespräch, bei dem sich alle Schüler reihum zu ihrer Selbsteinschätzung äußern. Strategische Überlegungen zur Frage "Wie kann die mündliche Mitarbeit ausgebaut werden?" können sich anschließen.

AN DEN GÄNGIGEN UNTERRICHTSGESPRÄCHEN BETEILIGE ICH MICH ...	
regelmäßig	
häufig	
gelegentlich	
selten	
nie	

VORBEREITUNG: Das zur Visualisierung der Schülereinschätzung benötigte Plakat/Antwortraster muß vorab besorgt und gestaltet werden. Ferner müssen rote Markierungspunkte in ausreichender Zahl zur Verfügung stehen (Ø ca. 1,5 cm). Preiswerte Punkte-Sets sind in den meisten Bürofachgeschäften erhältlich. Für die Bildung der Zufallsgruppen wird zudem ein Kartenspiel o.ä. benötigt.

B 4

Aktiv - Passiv

INTENTION: Die Schüler sollen rückblickend bilanzieren, wie es um ihre mündliche Mitarbeit im Unterricht bestellt ist. Sie sollen ihre Selbsteinschätzung im Rahmen eines korrespondierenden "Standbildes" für die Mitschüler anschaulich kenntlich machen. Sie sollen darüber zum Nachdenken gebracht und zum Erfahrungsaustausch veranlaßt werden.

DURCHFÜHRUNG: Die Gestalt-Übung beginnt damit, daß auf dem Fußboden des Klassenraumes ein längeres Tapetenstück ausgerollt wird, das an seinen beiden Enden die Aufschriften "sehr aktiv" und "sehr passiv" trägt. Die Schüler versuchen auf der Tapete eine Position einzunehmen, die ihrer faktischen Gesprächsaktivität nach eigener Einschätzung entspricht. Während der Positionssuche sind wechselseitige Anmerkungen/Anregungen möglich, die unter Umständen dazu führen können, daß einzelne Schüler ihre Selbsteinschätzung korrigieren. Sobald die Schüler ihre Plätze gefunden haben, erhalten sie Gelegenheit zur Aussprache und zur Kommentierung des entstandenen "Standbildes". Mögliche Leitfragen können sein: Wie ist es Euch bei der Positionssuche gegangen? Wer steht "falsch" und warum? Wer möchte seine Position zukünftig verändern? Was kann die Klasse dazu beitragen? etc. Anschließend können mehrere Querschnittsgruppen aus eher aktiven und eher passiven Schülern gebildet werden, die sich wechselseitig austauschen, befragen und Tips geben. Wichtige Tips ("Mutmacher") können unter Umständen auf einem Plakat festgehalten und im Klassenraum ausgehängt werden.

VORBEREITUNG: Benötigt wird die erwähnte Tapetenrolle, die von ihrer Länge her in etwa der Längsseite des Klassenraumes entsprechen sollte. Sie ist an beiden Enden mit "sehr aktiv" und "sehr passiv" zu beschriften und mit Tesacrepp auf dem Fußboden zu befestigen (eventuell Stühle/Tische wegräumen). Eine Alternative dazu: Die Extrempunkte werden mittels Schildchen an der Wand kenntlich gemacht; die Schüler postieren sich dazwischen.

B 5

Satzergänzung

INTENTION: Die Schüler sollen ausgehend von dem Satzanfang "Die mündliche Mitarbeit ist für mich ..." persönliche Erfahrungen und Assoziationen mobilisieren und im Klassenverband austauschen. Sie sollen etwaige Vorbehalte und Ängste formulieren und mit den Mitschülern besprechen. Auf diesem Wege soll ihre Bereitschaft gestärkt werden, im Unterricht aktiv mitzuarbeiten.

DURCHFÜHRUNG: Zu Beginn der Übung schreibt der Lehrer den oben genannten Assoziationsimpuls an die Tafel oder blendet ihn via Tageslichtprojektor ein. In einer kurzen Besinnungsphase erhalten die Schüler Gelegenheit, sich eine Fortsetzung des Satzanfangs zu überlegen und die assoziierte Satzergänzung auf einem bereitgestellten Kärtchen zu notieren. Anschließend werden die notierten Gedanken in frei gewählter Reihenfolge im Plenum vorgetragen. Das heißt: Ein Schüler macht den Anfang; die anderen schließen sich nach und nach an. Am Ende der Assoziationsrunde sollte möglichst jeder Schüler zu Wort gekommen sein. Alsdann werden die beschrifteten Kärtchen mit den Teilsätzen an die Tafel oder an ein vorbereitetes Wandplakat geheftet und dem zentral plazierten Satzanfang übersichtlich zugeordnet. Eine kurze Feedbackrunde kann sich anschließen, bei der die vorgestellten Assoziationen zusammenfassend gewürdigt und kommentiert werden.

VORBEREITUNG: Der Assoziationsimpuls "Die mündliche Mitarbeit ist für mich ..." sollte möglichst anregend auf Farbkarton oder auf Folie gestaltet werden. Benötigt werden darüber hinaus rechteckige Pappstreifen für die Satzergänzungen sowie dicke Filzstifte, mit denen die Schüler ihre Satzergänzungen aufschreiben können. Für die abschließende Präsentation ist ferner ein größerer Papierbogen als Grundplakat bereitzuhalten.

B 6 Thesenbewertung

INTENTION: Die Schüler sollen landläufige Ansichten und Einstellungen, die gegenüber Unterrichtsgesprächen bestehen, kritisch überdenken und dazu Stellung beziehen. Sie sollen die eigene Sichtweise klären und sich mit den Gegenargumenten der Mitschüler auseinandersetzen. Sie sollen Kontroversen austragen und produktiv verunsichert werden.

DURCHFÜHRUNG: Die Klärungsarbeit beginnt damit, daß das abgebildete Thesenraster in Kopie an alle Schüler verteilt wird (das Thesenangebot kann gekürzt/modifiziert werden). Die Schüler kreuzen innerhalb der Skala von +3 bis -3 an, ob und inwieweit sie der jeweiligen These zustimmend oder ablehnend gegenüberstehen (+3 heißt volle Zustimmung; -3 heißt volle Ablehnung). Anschließend machen sie ihre Einschätzungen mit Hilfe roter Markierungspunkte auf einem größeren Plakat kenntlich, das analog zum abgebildeten Thesenraster aufgebaut ist. Dazu stehen jedem Schüler soviel Klebepunkte zur Verfügung, wie es Thesen gibt. Erfahrungsgemäß streuen die Punkte ziemlich stark. Das löst Kontroversen aus, die wechselseitiges Lernen in Gang setzen. Die Kontroversen können zum einen im Plenum eröffnet werden, indem einige Pro- und einige Kontra-Vertreter zu Wort kommen. Sie können zum anderen aber auch in mehrere Arbeitsgruppen verlagert werden, die je eine These näher beleuchten und dazu am Ende eine Stellungnahme vor dem Plenum abgeben.

THESEN	+3	+2	+1	-1	-2	-3
Reden ist Silber, Schweigen ist Gold!						
Die Fähigkeit zur gepflegten Rede ist nur wenigen gegeben!						
In den Schulen müßte das freie Sprechen und Diskutieren viel stärker gefördert werden!						
Viele Gespräche im Unterricht sind nichts anderes als nutzloses Geschwätz!						
Die mündliche Leistung müßte bei der Notengebung viel stärker berücksichtigt werden!						
Wer schweigsam ist, sollte gefälligst in Ruhe gelassen werden!						

VORBEREITUNG: Das Thesenraster ist als Arbeitsblatt für alle Schüler zu kopieren (DIN A6 reicht aus). Ferner ist analog zu diesem Raster ein größeres Plakat vorzubereiten, auf dem die Schüler ihre Markierungspunkte anbringen können. Benötigt werden weiterhin die erwähnten roten Klebepunkte (Ø ca. 1cm) oder - ersatzweise - dicke Filzstifte zum Markieren.

B 7

Gesprächsszenen

INTENTION: Die Schüler sollen sich die alltäglichen Unterrichtsgespräche vor Augen führen und typische Szenen überlegen, die gängige Gewohnheiten, Störungen oder sonstige Probleme ausschnitthaft aufzeigen. Sie sollen auf diese Weise zur kritischen und selbstkritischen Auseinandersetzung veranlaßt und für neuralgische Verhaltensweisen im Unterricht sensibilisiert werden.

DURCHFÜHRUNG: Zunächst werden mehrere Arbeitsgruppen gebildet, die die gleichlautende Aufgabe erhalten, in je einer kurzen Spielszene darzustellen, was ihnen an den alltäglichen Unterrichtsge-sprächen besonders auffällt, mißfällt oder gefällt. In den Spielszenen können sowohl Lehrer-Schüler-Gespräche als auch Schüler-Schüler-Gespräche (z.B. in Gruppen) beleuchtet werden. die Dauer der jeweiligen Spielszene sollte ca. eine Minute betragen. Eine ernsthafte Szenenauswahl und -präsentation ist anzumahnen, damit nicht lediglich Klamauk entsteht. Für die Szenenfindung und -klärung sind etwa 10 - 15 Minuten anzusetzen. Die Reihenfolge, in der die Gruppen präsentieren, wird ausgelost. Im Anschluß an jede Spielszene äußern sich zunächst die Zuschauer (einschließlich Lehrer) zum Dargebotenen; alsdann verdeutlichen die Spielakteure ihre Intention und ihre damit korrespondierenden Erfahrungen. Wichtige Problempunkte werden an der Tafel festgehalten und gegebenenfalls weitergehend diskutiert.

VORBEREITUNG: Für die einzelnen Arbeitsgruppen sind Gruppentische zu stellen. Fur die Gruppenbildung sind Loskärtchen mit gleichen Ziffern, Symbolen o.ä. bereitzuhalten. Die anschließende Präsentation der Spielszenen erfolgt auf einer improvisierten "Bühne". Dementsprechend ist eine Freifläche zu schaffen, auf der die Gruppen ihre Gesprächsarrangements "inszenieren" können.

B 8

Assoziationsspiel

INTENTION: Die Schüler sollen anhand ausgewählter grafischer Impulse (s: Abbildungen) zum kritischen Nachdenken über das alltägliche Kommunikationsverhalten von Lehrern und Schülern veranlaßt werden. Sie sollen potentielle Störfaktoren erkennen und über mögliche Verhaltensmodifikationen nachdenken und miteinander ins Gespräch kommen.

DURCHFÜHRUNG: Die Assoziationsübung beginnt damit, daß ein als geeignet erscheinender Bildimpuls (s. Abbildungen) via Tageslichtprojektor eingeblendet wird. Unter dem Motto "Bei diesem Bild denke ich an.../ zu diesem Bild fällt mir ein ..." bereiten sich die Schüler in einer kurzen Besinnungsphase auf die anschließende Assoziationsrunde vor. Wer will, kann sich Stichworte notieren. Sodann stellen die Schüler ihre Assoziationen im Plenum vor, wobei auf ganze Sätze Wert gelegt wird (z.B. mit obigem Satzanfang). Wechselseitige Kommentare und Einwände sind in dieser Runde nicht zulässig. Am Ende der Assoziationsrunde sollten möglichst viele Schüler zu Wort gekommen sein. Das bedingt, daß gelegentliche Pausen entstehen, die aber ausgehalten werden müssen. Anschließend erfolgt ein kurzes Feedback, bei dem die Schüler Gelegenheit zur Kommentierung der vorgetragenen Assoziationen erhalten. Darüber hinaus kann das eingeblendete Foto unter Umständen auch als Schreibimpuls auf DIN A4 kopiert und von den Schülern als Hausaufgabe zusammenfassend kommentiert werden.

VORBEREITUNG: Ausgangspunkt der Übung ist ein geeigneter ("anstößiger") Bildimpuls. Dieser ist großformatig auf Folie zu kopieren, damit er den Schülern möglichst eindringlich vor Augen steht. Bei der Sitzordnung ist darauf zu achten, daß die Schüler im Halbkreis bzw. in U-Form zur Projektionsfläche sitzen. Kleine Notizkärtchen mit dem o.g. Satzanfang sind bereitzuhalten. Ferner muß der besagte Bildimpuls kopiert werden (halbseitig auf DIN A4), falls seine Kommentierung vorgesehen ist.

ZWEI KARIKATUREN

B 9

Thema: Sprechangst

INTENTION: Die Schüler sollen sich etwaige Sprechhemmungen und -ängste bewußt machen und darüber mit den Mitschülern in ein offenes Gespräch eintreten. Sie sollen das allseits bekannte "Lampenfieber" als normal erkennen und akzeptieren lernen und auf diese Weise die "Angst vor der Angst" abbauen. Sie sollen sich wechselseitig Mut machen und Tips geben.

DURCHFÜHRUNG: Die Übung beginnt mit einer Blitzlichtrunde, bei der die Schüler im Kreis sitzen und sich nach einer kurzen Besinnungsphase zum Thema "Sprechangst" äußern. Zur Einstimmung kann unter Umständen auch eine thematisch passende Geschichte vorgelesen oder eine themenzentrierte "Phantasiereise" angeleitet werden. Auch Partnergespräche können als eine Art "warming up" vorgeschaltet werden. Bei der Blitzlichtrunde selbst sollten möglichst alle Schüler zu Wort kommen. Im Anschluß daran wird auf einer Metaebene darüber gesprochen, ob und inwieweit es bei der abgelaufenen Blitzlichtrunde Beklemmungen oder Ängste gegeben hat und woran das vielleicht gelegen haben mag. Auch von Lehrerseite können Beobachtungen mitgeteilt und Erfahrungen eingebracht werden. Alsdann werden mittels Losverfahren mehrere Arbeitsgruppen gebildet, die Tips zur Überwindung der Sprechangst zusammentragen. Jede Gruppe notiert z.B. drei Tips auf separaten Pappstreifen, die anschließend im Wechsel im Plenum vorgestellt werden. Ergänzende Anregungen können von Lehrerseite kommen. Die wichtigsten Tips werden auf ein größeres Wandplakat geheftet, das für einige Zeit im Klassenraum hängenbleibt.

VORBEREITUNG: Für die Blitzlichtrunde empfielt sich ein offener Sitzkreis. Dieser muß gegebenenfalls arrangiert werden. Vorzubereiten sind ferner die erwähnten Pappstreifen (10 cm x 50 cm) sowie das Wandplakat. Als ermutigender "input" kann überdies der in B76 dokumentierte Text kopiert und zum Abschluß verlesen werden.

B 10 Kartenabfrage

INTENTION: Die Schüler sollen rekapitulieren und individuell klären, wodurch ihre Gesprächsbereitschaft im Unterricht beeinträchtigt wird. Sie sollen gängige Störfaktoren identifizieren, die verunsichern oder gar blockieren. Sie sollen ihre Erfahrungen austauschen, miteinander besprechen und mögliche Konsequenzen für die weitere Arbeit in der Klasse ableiten.

DURCHFÜHRUNG: Die Reflexion der alltäglichen Gesprächshemmnisse beginnt damit, daß die Schüler auf einem bereitgestellten DIN-A6-Kärtchen mit dem Impulssatz "Wodurch meine mündliche Mitarbeit im Unterricht gebremst/behindert wird ..." drei bis fünf Störfaktoren notieren, die ihnen wichtig erscheinen. Sodann werden diese Störfaktoren in mehreren Arbeitsgruppen zusammengetragen und diskutiert. Darüber hinaus hat jede Gruppe die Aufgabe, ein möglichst anschauliches Plakat zu erstellen, das die wichtigsten Störfaktoren übersichtlich vor Augen führt. Die dazu benötigten Arbeitsmittel sind zur Verfügung zu stellen. Die so kreierten "Mahnplakate" werden anschließend im Plenum präsentiert, gemeinsam gewürdigt und an der Wand des Klassenraumes angeheftet. Ihr gelegentlicher Aushang im Lehrerzimmer ist ebenfalls zu empfehlen, damit auch innerhalb der Lehrerschaft das Nachdenken über die alltäglichen Gesprächsblockaden verstärkt in Gang kommt. Vielleicht können die Plakate sogar Gegenstand einer Lehrerkonferenz sein.

VORBEREITUNG: Die erwähnten Impulskärtchen können in der Weise erstellt werden, daß ein DIN-A4-Blatt in vier Segmente eingeteilt, mit vier Impulssätzen beschriftet sowie entsprechend der Schülerzahl kopiert und auseinandergeschnitten wird. Benötigt werden für die Phase der Plakatgestaltung ferner Plakatpapier (ca. 80 cm x 100 cm), verschiedenfarbige Filzstifte, farbiges Schnippelpapier, Scheren, Lineale und Klebstifte.

B 11 Wandzeitung

INTENTION: Die Schüler sollen zu einem mehrschichtigen Feedback in Sachen "Unterrichtsgespräch" veranlaßt werden. Sie sollen Gelegenheit erhalten, sowohl Kritisches als auch Positives als auch Perspektivisches zu den alltäglichen Unterrichtsgesprächen anzumerken. Sie sollen auf diese Weise Anstöße zusammentragen, miteinander diskutieren sowie mögliche Handlungsperspektiven entwickeln.

DURCHFÜHRUNG: In einem ersten Schritt notieren die Schüler in Einzel- oder Partnerarbeit stichwortartig, was ihnen an den gängigen Unterrichtsgesprächen gefällt, was sie stört und was sie sich für die Zukunft wünschen (siehe Abbildung). Die notierten Gesichtspunkte werden sodann in mehreren Arbeitsgruppen ausgetauscht und auf je 2-3 Kernpunkte pro Rubrik verdichtet, die auf kleine Kärtchen/Zettel im DIN-.A7-Format geschrieben werden. Die so gewonnenen Feedback-Kärtchen werden anschließend im Rotationsverfahren (die Gruppen wechseln sich nach jedem Punkt ab) im Plenum vorgelesen, erläutert und in die betreffende Spalte der Wandzeitung geheftet. Dabei wird mit der linken Spalte (mir gefällt ...) begonnen; dann konzentriert sich das Feedback auf die mittlere und schließlich auf die rechte Spalte. Kärtchen, die sich von ihrer Aussage her überschneiden, werden nur einmal angeheftet. Darauf aufbauend können abschließend wegweisende Vorsätze für die weitere Arbeit sondiert und protokollarisch festgehalten werden.

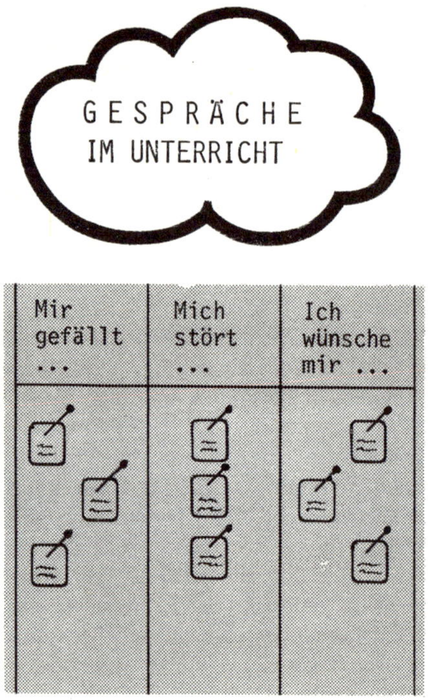

VORBEREITUNG: Vorzubereiten ist zunächst einmal die Wandzeitung mit ihren drei Spalten (siehe Abbildung). Sie wird mit Tesakrepp an zentraler Stelle im Klassenraum ausgehängt. Falls eine Pinwand verfügbar ist, wird darauf zurückgegriffen. Ferner sind die erwähnten DIN-A7-Kärtchen in ausreichender Zahl zuzuschneiden, und zwar am besten in drei verschiedenen Farben, damit die Zuordnung leichter wird. Dünner Farbkarton ist in den meisten Druckereien billig zu haben.

B 12

Gesprächsprotokoll

INTENTION: Die Schüler sollen anhand einer problematischen Gesprächsszene, die protokollarisch dokumentiert ist, auf neuralgische Prunkte der alltäglichen Kommunikation im Unterricht aufmerksam gemacht werden. Sie sollen Defizite und sonstige Friktionen erkennen. Sie sollen ihr Problembewußtsein und ihre Selbstkritikfähigkeit weiterentwickeln und für konstruktives Gesprächsverhalten sensibilisiert werden.

DURCHFÜHRUNG: Den Schülern wird ein lernrelevantes Gesprächsprotokoll vorgelegt, das ihre verbale Interaktion ausschnitthaft dokumentiert. Das Gesprächsdokument sollte möglichst aus der Klasse stammen, in der die Übung durchgeführt wird. Diese Herkunft muß den Schülern allerdings nicht bekannt gemacht werden, damit ihre Kritikbereitschaft nicht unnötig beeinträchtigt wird. Die Schüler lesen den Protokolltext durch und markieren die Stellen, an denen ihnen die Gesprächsbeiträge einzelner Schüler problematisch erscheinen. Nach dieser Stillarbeitsphase werden mehrere Arbeitsgruppen gebildet, deren Mitglieder sich wechselseitig ihre kritischen Anmerkungen mitteilen und begründen. Erst dann erfolgt eine Auswertung/Bewertung der Gesprächssequenz im Plenum. Dabei können sich entweder alle Schüler äußern oder aber nur die Sprecher der Arbeitsgruppen ihre Stellungnahmen vortragen. Ergänzende Anmerkungen des Lehrers schließen sich an. Zum Schluß können in einer Brainstorming-Runde einige zentrale "Merksätze" formuliert werden, die konstruktives Gesprächsverhalten umreißen. Diese "Merksätze" werden protokollarisch festgehalten.

GESPRÄCHSPROTOKOLL

LEHRER: Was glaubt Ihr wohl, wie sich die Arbeitslosigkeit auf die Betroffenen auswirkt?

Sch A: Wieviel Arbeitslose gibt's denn im Augenblick eigentlich?

Sch B: Ein Onkel von mir, der ist arbeitslos. Der bekommt aber vom Arbeitsamt Geld. Arbeitslosenhilfe glaube ich.

Sch C: Ich habe gelesen, daß die Bundesregierung das Arbeitslosengeld kürzen will.

Sch D: Das find ich auch richtig. Den Arbeitslosen geht's bei uns viel zu gut!

Sch B: So ein Geschwätz! Überleg Dir doch mal, was Du sagst!

VORBEREITUNG: Das Gesprächsprotokoll kann sowohl auf einer punktuellen Mitschrift des Lehrers beruhen als auch dadurch gewonnen werden, daß eine beliebige Gesprächssequenz mit einem guten Kassettenrecorder aufgenommen und eine geeignete Sequenz verschriftlich wird. Das Protokollblatt von maximal einer DIN-A4-Seite wird für alle Schüler kopiert.

B 13

Gesprächs-Soziogramm

INTENTION: Den Schülern soll das Aktions- und Interaktionsverhalten in der Klasse oder in einzelnen Gruppen vor Augen geführt werden. Sie sollen das zu erstellende Soziogramm analysieren und gewissen Auffälligkeiten/Defizite herausarbeiten. Sie sollen sensibel werden für bestehende Schieflagen, Rivalitäten und Ausgrenzungstendenzen.

DURCHFÜHRUNG: Am Anfang der Lernsequenz steht ein Gespräch über ein relativ offenes und kontroverses Thema (z.B. "Sollte das Rauchen auf dem Schulhof generell verboten werden?") Dieses Gespräch kann - je nach Intention - im Klassenverband stattfinden oder in mehreren Gruppen parallel ablaufen. Die laufenden Sprechaktivitäten der Schüler werden von Beobachtern registriert und auf einem Protokollbogen festgehalten. Diese Protokolltätigkeit kann in ihrer einfachsten Form so aussehen, daß in einer Namensliste hinter die Schüler, die mündlich mitmachen, bei jeder Sprechaktivität ein Strich gemacht wird. Auf diese Weise läßt sich die Beteiligungshäufigkeit ermitteln. Die zweite - anspruchsvollere - Möglichkeit ist die, daß neben der Häufigkeit auch und zugleich die Adressaten der einzelnen Sprechakte durch entsprechende Pfeile kenntlich gemacht werden (s. Variante a in der Abbildung). Richtet sich ein Beitrag an alle, so geht der Pfeil in das mittlere Karree. Wiederholte Ansprachen werden durch kurze Striche bei der betreffenden Person registriert. Eine zusätzliche Differenzierung kann darin bestehen, daß zwischen Zustimmung (durchgezogene Linie) und Ablehnung (gestrichelte Linie) unterschieden wird (s. Variante b in der Abbildung). Die Auswertung des Soziogramms kann einmal so erfolgen, daß der jeweilige Beobachter berichtet und die anschließende Diskussion leitet. Eine andere Möglichkeit: Das "Protokoll" wird für alle Schüler kopiert und zur Auswertung und Kommentierung in Gruppen gegeben.

a)

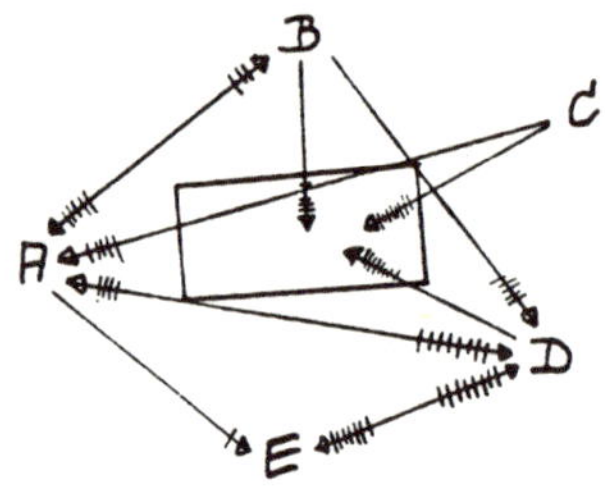

b)

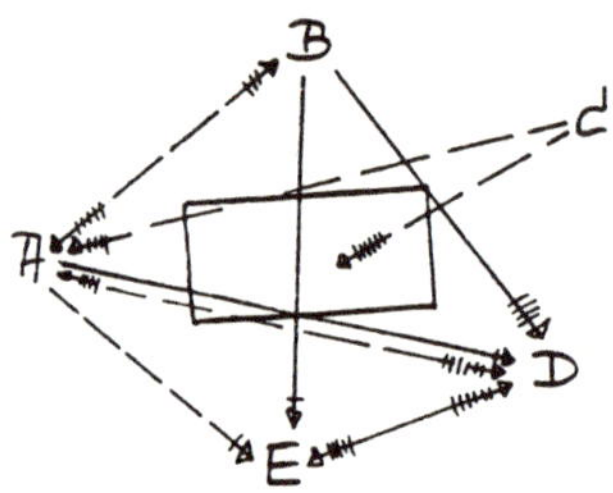

VORBEREITUNG: Das Erstellen des Gesprächs-Soziogramms muß vom Lehrer vorab erläutert und möglichst auch mal geübt werden (eine Gruppe führt Gespräche, alle anderen protokollieren). In der "Ernstsituation" müssen Beobachter bestimmt werden und die benötigten Arbeitsmittel zur Verfügung stehen (Papier, Lineal, dünner Stift).

B 14

Video-Dokumentation

INTENTION: Die Schüler sollen anhand eines Videoausschnitts aus einer zurückliegenden Unterrichtsstunde über ihr alltägliches Kommunikations- und Interaktionsverhalten nachdenken. Sie sollen kommunikationshemmende Erfahrungen austauschen und für eine konstruktive Gesprächsführung sensibilisiert werden.

DURCHFÜHRUNG: Die betreffende Videosequenz, die problematisches Gesprächsverhalten zeigt,. wird den Schülern ohne weitere Kommentierung vorgespielt. Der Film sollte kurz und "anstößig" sein (Abspieldauer max. 5 Minuten). Die Schüler notieren das, was ihnen kritikwürdig erscheint (z.B.: redet zu lange; redet zu leise; guckt unter sich; nur Satzbrocken; zu aggressiv; überheblich etc.). Sie tauschen sich mit ihren Tischnachbarn aus. Sodann wird die Videosequenz nochmal vorgespielt, damit die ersten Eindrücke überprüft und nötigenfalls ergänzt/korrigiert werden können. Anschließend werden unter der Fragestellung "Was ist am Gesprächsverhalten einzelner Schüler zu kritisieren?" die wichtigsten Kritikpunkte an der Tafel gesammelt. Hierbei schreiben die Schüler ihre Kritikpunkte im Wechsel an. Zum Abschluß sagt jeder Schüler in einer Blitzlichtrunde in einem Satz, worauf er bei zukünftigen Unterrichtsgesprächen besonders achten will. Diese "Vorsätze" können auch auf Kärtchen festgehalten, mit Namen abgezeichnet und an eine Protokollwand geheftet werden.

VORBEREITUNG: Bei passender Gelegenheit wird ein Unterrichtsgespräch (das kann auch ein Gruppengespräch sein) gefilmt und ein geeigneter Ausschnitt ausgewählt. Videokameras sind an den Schulen in aller Regel verfügbar. Möglich ist auch der Einsatz eines "Camcorders", der zugleich als Abspielgerät genutzt werden kann. Benötigt werden ferner die zuletzt erwähnten Kärtchen für das Festhalten der "Vorsätze".

B 15

Wunschliste

INTENTION: Die Schüler sollen sich gezielt darüber Gedanken machen, wodurch ihre mündliche Mitarbeit im Unterricht erleichtert wird. Sie sollen Umstände und Verhaltensweisen der Mitschüler klären, die gesprächsfördernd wirken. Sie sollen diese in Form von "Wunschzetteln" der Klasse/dem Lehrer mitteilen und auf diesem Wege Anstöße zur Förderung der Gesprächsbeteiligung geben.

DURCHFÜHRUNG: In einer kurzen Besinnungsphase versuchen sich die Schüler darüber klarzuwerden, was ihre mündliche Mitarbeit begünstigt. Wichtige Punkte werden stichwortartig festgehalten. Alsdann werden im Losverfahren Gesprächspaare gebildet, die sich zur besagten Frage wechselseitig interviewen. Auch hier sind Notizen erlaubt und häufig auch wichtig. Anschließend setzen sich die Schüler im Sitzkreis zusammen und berichten reihum über die Sichtweise und die Wünsche des jeweiligen Interviewpartners. Darauf aufbauend werden in mehreren Arbeitsgruppen Bilanzen gezogen, d.h. die "Wünsche an Mitschüler und Lehrer" werden zusammenfassend formuliert und in Kurzfassung auf dünne Pappstreifen geschrieben. Die zusammengetragenen Wünsche werden anschließend im Plenum präsentiert und bei Bedarf diskutiert. Auch von Lehrerseite können Wünsche eingebracht und auf Pappstreifen festgehalten werden. Auf diese Weise entsteht eine "richtungsweisende" Wunschliste.

VORBEREITUNG: Für das Auslosen der Gesprächspaare werden entsprechende Loskärtchen benötigt (z.B. Nummernkärtchen mit den Ziffern 1,1 - 2,2 - 3,3 ...). Ferner müssen die dünnen Papierstreifen besorgt bzw. zugeschnitten werden, auf denen die Gruppenmitglieder ihre Wünsche notieren können. Lehrerbezogene und schülerbezogene Wünsche sollten auf verschiedenfarbige Pappstreifen geschrieben werden.

B 16 Regelerarbeitung

INTENTION: Die Schüler sollen erkennen, daß erfolgreiche Gespräche an Regeln gebunden sind, die allen bekannt sein müssen. Sie sollen geeignete Regeln entwickeln, diskutieren und vereinbaren, die nach dem Motto "Wir wollen ..." einen Verhaltenskodex umreißen, den die Schüler einzuhalten gewillt sind. Auf dieseWeise wird ihr Regelbewußtsein verbessert und ein Mehr an Verhaltenssicherheit angebahnt.

DURCHFÜHRUNG: Die Regelerarbeitung beginnt damit, daß mehrere Arbeitsgruppen gebildet werden, denen die Aufgabe gestellt ist, Regeln zur Verbesserung des Gesprächsklimas und zur Förderung einer qualifizierten mündlichen Beteiligung zu entwickeln. Jede Gruppe hat z.B. sieben wichtige Regeln zu formulieren, die als Vorsätze zu verstehen sind und allesamt mit der Verpflichtungserklärung beginnen: "Wir wollen ..." (z.B. in ganzen Sätzen reden! ... Meinungen begründen! ... besser zuhören! ... jeden ausreden lassen! ...anderen nicht ins Wort fallen! etc.). Die gefundenen Regeln werden von jeder Gruppe übersichtlich geordnet und auf Folie geschrieben. Anschließend stellen die Gruppensprecher ihre Folien vor und erläutern die dargelegten Regeln. Da es erfahrungsgemäß starke Überschneidungen gibt, trägt nur eine auszulosende Gruppe ihr Regelwerk vollständig vor; die anderen Gruppensprecher ergänzen lediglich die Regeln, die noch nicht genannt wurden. Diese kann der Lehrer auf einer gesonderten Folie festhalten. Interessierte Schüler gestalten zu den vereinbarten Regeln ein anschauliches Regelplakat (als Hausaufgabe), das im Klassenraum ausgehängt wird.

VORBEREITUNG: Zur Dokumentation der Regeln sind Folien und Folienstifte bereitzustellen (am besten zwei verschiedene Farben). Die Formulierung "Wir wollen ..." kann Headline auf die Folien aufgetragen werden. Benötigt werden ferner ein Tageslichtprojektor sowie ein größeres Plakat für die Visualisierung des Regelwerks.

B 17

Regelsalat

INTENTION: Die Schüler sollen wichtige Gesprächsregeln aus vorgegebenen Puzzleteilen zusammensetzen. Sie sollen im Wege ihrer kombinatorischen Arbeit ihre Regelkenntnis auffrischen und ihr Regelbewußtsein vertiefen. Sie sollen miteinander diskutieren, was der Regeleinhaltung eventuell entgegensteht und wie regelgebundenes Gesprächsverhalten in der Klasse verstärkt sichergestellt werden kann.

DURCHFÜHRUNG: Die Schüler erhalten das dokumentierte Arbeitsblatt (oberer Teil) mit den kreuz und quer angeordneten Regelfragmenten. Selbstverständlich kann die Regelpalette auch modifiziert werden. In Einzel- oder Partnerarbeit werden diese Fragmente so kombiniert, daß sich sinnvolle Gesprächsregeln ergeben (s. Auflösung im unteren Teil des Arbeitsblattes). Die ermittelten Regeln werden auf einem Blatt bzw. im Heft schriftlich festgehalten und anschließend in Tischgruppen bzw. im Plenum abgeglichen. Eine andere Variante: Die Schüler erhalten die angegebenen Satzfragmente auf kleinen Legekärtchen und fügen diese im Sinne eines Legespiels passend zusammen. Die fertigen Regeln werden in der jeweiligen Tischgruppe verglichen und anschließend auf ein separates Blatt aufgeklebt. Falls Unklarheiten bestehen, kann der Lehrer zu Rate gezogen werden. Zur Abrundung tragen die Schüler im Wechsel je eine Regel im Plenum vor und begründen mit wenigen Worten deren Wichtigkeit. Als Hausaufgabe kann darüber hinaus eine Regelseite im Heft gestaltet werden, die das gefundene Regelwerk anschaulich dokumentiert. Interessierte Schüler können zudem ein möglichst eindrucksvolles Regelpaket für den Klassenraum gestalten.

VORBEREITUNG: Das dokumentierte Arbeitsblatt ist entsprechend der Schülerzahl zu kopieren (ohne die Auflösung!). Für das Legespiel müßten die Regeln auf einer Kopiervorlage in gleichformatige Kästchen geschrieben, auf dünne Pappe kopiert, auseinandergeschnitten und die einzelnen Sets in Briefumschläge getan werden (je Schülerpaar bzw. -gruppe ein Umschlag).

Arbeitsblatt

Gut zuhören, wenn

Laut und

begünden!

ermutigen/veranlassen!

Nebengespräche und sonstige

Beim Thema

Niemanden auslachen

Meinungen/Behauptungen

deutlich sprechen!

Störungen vermeiden!

Mitschüler anschauen!

Beitrag gewünscht!

Nicht einfach

andere reden!

argumentieren!

oder herabsetzen!

bleiben/Fragen beachten!

nachplappern!

Sätzen reden!

Das Wort an Mitschüler

weitergeben!

Kurz und präzise

Auf Vorredener

Beim Reden die

Sich melden, wenn

Bezug nehmen!

In vollständigen

Die "Schweiger" zum Sprechen

= = = = = = = = = = = = = Auflösung (nur für Lehrer) = = = = = = = = = = =

- *Sich melden, wenn Beitrag gewünscht!*
- *In vollständigen Sätzen reden!*
- *Laut und deutlich sprechen!*
- *Kurz und präzise argumentieren!*
- *Beim Thema bleiben/Fragen beachten!*
- *Meinungen/Behauptungen begründen!*
- *Die "Schweiger" zum Sprechen ermutigen/veranlassen!*
- *Auf Vorredner Bezug nehmen!*
- *Beim Reden die Mitschüler anschauen!*
- *Das Wort an Mitschüler weitergeben!*
- *Nicht einfach nachplappern!*
- *Niemanden auslachen oder herabsetzen!*
- *Gut zuhören, wenn andere reden!*
- *Nebengespräche und sonstige Störungen vermeiden*

B 18 Beratungsgespräch

INTENTION: Die Schüler sollen ihr Regelbewußtsein und ihr strategisches Repertoire auffrischen und vertiefen. Sie sollen anhand eines geeigneten Fallbeispiels bestehende Kommunikationsprobleme und -blockaden analysieren und miteinander besprechen. Sie sollen Anregungen sammeln und Tips entwickeln, was die betreffende Schülerin/der betreffende Schüler in der geschilderten Problemsituation tun kann/soll.

DURCHFÜHRUNG: Die Schüler erhalten die dokumentierte Fallbeschreibung in Kopie und lesen sich den Text zunächst einmal durch (anstelle der Problemschilderung "Tina" kann der zuständige Lehrer natürlich auch eine andere selbstgefertigte Problemskizze eingeben, die aus seinem Unterrichtsalltag stammt). Wichtige Stellen werden markiert. Danach überlegt und notiert sich jeder Schüler z.B. zwei kritische Anmerkungen zu Tinas Verhalten sowie zwei Tips, die Besserung versprechen. Anschließend tauschen die Schüler in mehreren Tischgruppen ihre Kritikpunkte und ihre Empfehlungen aus und liefern die nötigen Begründungen/Erläuterungen dazu. Unterschiedliche Auffassungen werden diskutiert und nach Möglichkeit zu einem Konsens geführt. Die Auswertung der Gruppenarbeit kann zum einen so erfolgen, daß die Gruppensprecher zusammenfassend berichten. Zum zweiten kann die Veröffentlichung der Ergebnisse aber auch in ein szenisches Spiel eingebunden werden, bei dem eine Beratungssituation simuliert wird (s. Abbildung). Hierbei kann die Rolle der Tina unter Umständen von der jeweiligen Lehrkraft übernommen werden.

VORBEREITUNG: Die vorgesehene Fallbeschreibung ist für alle Schüler zu kopieren. Das kann das Beispiel "Tina" sein; das kann aber auch eine vom Lehrer erstellte Problemskizze sein, die zum kritisch-konstruktiven Gespräch herausfordert. Falls die Auswertung als szenisches Spiel erfolgt, ist ein entsprechendes Beratungsgespräch an geeigneter Stelle im Klassenraum zu arrangieren.

Fallbeispiel

Tina ist ein recht stilles, zurückhaltendes Mädchen. Sie beteiligt sich an Unterrichtsgesprächen so gut wie nie. Sie ist schriftlich ganz gut; und das reicht ihr. Im Mündlichen hat sie einfach Angst davor, daß sie etwas Falsches sagt und vom Lehrer vielleicht einen Tadel bekommt oder daß sie sich vor den Mitschülern blamiert.

Vor einiger Zeit, da hat sie mal ein Gruppenergebnis vortragen sollen. Aber vor lauter Nervosität hat sie völlig den Faden verloren. Das war schlimm. Sie hat rumgestottert und auch noch einen roten Kopf bekommen. So was will sie auf keinen Fall nochmal erleben. Deshalb sagt sie bestenfalls dann etwas, wenn sie ihren Beitrag auswendig gelernt oder genau aufgeschrieben hat. Sie möchte einfach perfekt sein und sich ganz sicher fühlen. Wenn schon, dann möchte sie am liebsten so reden, daß alle in der Klasse beeindruckt sind. Aber das traut sie sich denn doch nicht zu. Deshalb schweigt sie lieber. Außerdem glaubt sie, daß die meisten anderen Schüler/innen viel besser reden können als sie. Deshalb sollen die doch machen. Die mündliche Note ist ohnehin unwichtig. Und Schauspielerin oder Fernsehmoderatorin will sie ja nicht werden. Also was soll's.
Außerdem, so meint sie, lernt man durch Zuhören viel besser als durch Reden. Reden lenkt nur ab und erhöht zusätzlich das Risiko, daß man negativ auffällt. Nein, das ist nicht ihre Sache, zumal es in der Klasse genug Schülerinnen und Schüler gibt, die mündlich immer ganz vorne dran sind und einen gar nicht zu Wort kommen lassen. Mit denen wetteifern zu wollen, wäre sowieso aussichtslos. Also dann doch lieber still im Hintergrund bleiben. Das mindert den Streß, schont die Nerven und erhält die Freundschaft.

☞ *Dein Kommentar: Was findest Du falsch an Tinas Verhalten bzw. an ihren Ansichten? Was würdest Du Tina raten?*

Meine Kritik: ____

____

____

____

____

Meine Empfehlungen: ____

____

____

____

B 19

Kleist-Text

INTENTION: Die Schüler sollen anhand des dokumentierten Textauszuges erkennen, daß das Sprechen über ein Thema die Gedanken beflügelt und die Erkenntnis reifen läßt. Sie sollen ermutigt werden, mit dem Sprechen zu beginnen, auch wenn noch nicht alles zu Ende gedacht und vorformuliert ist. Sie sollen im Selbstvertrauen und in der Zuversicht bestärkt werden, daß die mündliche Beteiligung erstaunliche geistige und sprachliche Kräfte freisetzt.

DURCHFÜHRUNG: Die Unterrichtssequenz beginnt damit, daß der dokumentierte Textauszug an alle Schüler verteilt wird - allerdings ohne Überschrift, da die Schüler diese später aus den vorgegebenen Wörtern rekonstruieren sollen, um ihr Textverständnis zu überprüfen. Die Schüler lesen den Text und unterstreichen wichtige Stellen, die ihnen als Anregung/Tip wichtig erscheinen. Darüber hinaus setzen sie aus den Wörtern "*Reden - Gedanken - über - allmähliche - die - beim - Verfertigung - der*" die gesuchte Überschrift zusammen. Die gefundenen Überschriften werden in der jeweiligen Tischgruppe verglichen (eventuell auch in Partnerarbeit). Etwaige Unklarheiten werden besprochen und gemeinsam ausgeräumt. Anschließend fassen die Schüler in Partnerarbeit die wichtigsten Gedanken und Empfehlungen Kleist's in einem eigenen Text zusammen, der knapp und gut verständlich geschrieben sein sollte. Hierbei können sie sich unter Umständen vorstellen, sie seien "Reporter", die einen Zeitungsartikel (z.B. für die Schülerzeitung) zum Thema "Sprechen bildet!" schreiben sollen. Die so entstandenen Texte werden zwischen den Partnergruppen ausgetauscht, gegengelesen und besprochen, falls es kritische Anmerkungen gibt. Am Ende werden zwei ausgewählte Textfassungen im Plenum vorgelesen. Ergänzende Hinweise und Anregungen von Lehrerseite runden den Arbeitsprozeß ab.

VORBEREITUNG: Der dokumentierte Text wird - ohne Überschrift - entsprechend der Schülerzahl kopiert (die Überschrift wird abgedeckt). Ferner sind die nötigen Arbeitshinweise anzufügen, die sich aus der obigen Ablaufskizze ergeben. Dazu gehört auch die Angabe der Wörter für die Überschrift.

Text-Auszug

Heinrich von Kleist

Über die allmähliche Verfertigung der Gedanken beim Reden (Auszug)

Wenn du etwas wissen willst und es durch Meditation nicht finden kannst, so rate ich dir ... mit dem nächsten Bekannten, der dir aufstößt, darüber zu sprechen. Es braucht nicht eben ein scharfdenkender Kopf zu sein, auch meine ich es nicht so, als ob du ihn darum befragen solltest, nein: Vielmehr sollst du es ihm selber allererst erzählen ...

Oft sitze ich an meinem Geschäftstisch über den Akten und erforsche, in einer verwickelten Streitsache, den Gesichtspunkt, aus welchem sie wohl zu beurteilen sein möchte ... Und siehe da, wenn ich mit meiner Schwester davon rede, welche hinter mir sitzt und arbeitet, so erfahre ich, was ich durch ein vielleicht stundenlanges Brüten nicht herausgebracht haben würde. Nicht, als ob sie es mir im eigentlichen Sinne sagte; denn sie kennt weder das Gesetzbuch, noch hat sie den Euler oder den Kästner studiert. Auch nicht, als ob sie mich durch geschickte Fragen auf den Punkt hinführte, auf welchen es ankommt, wenn schon dies letzte häufig der Fall sein mag. Aber weil ich doch irgendeine dunkle Vorstellung habe, die mit dem, was ich suche, von fern her in einiger Verbindung steht, so prägt, wenn ich nur dreist damit den Anfang mache, das Gemüt, während die Rede fortschreitet, in der Notwendigkeit, dem Anfang nun auch ein Ende zu finden, jene verworrene Vorstellung zur völligen Deutlichkeit aus, dergestalt, daß die Erkenntnis, zu meinem Erstaunen, mit der Periode fertig ist ...
Ich glaube, daß mancher große Redner, in dem Augenblick, da er den Mund aufmachte, noch nicht wußte, was er sagen würde. Aber die Überzeugung, daß er die ihm nötige Gedankenfülle schon aus den Umständen und der daraus resultierenden Erregung seines Gemüts schöpfen würde, machte ihn dreist genug, den Anfang, auf gutes Glück hin, zu setzen ...
Etwas ganz anderes ist es, wenn der Geist schon, vor aller Rede, mit dem Gedanken fertig ist. Denn dann muß er bei seiner bloßen Ausdrückung zurückbleiben, und dies Geschäft, weit entfernt, ihn zu erregen, hat vielmehr keine andere Wirkung, als ihn von seiner Erregung abzuspannen.

Wenn daher eine Vorstellung verworren ausgedrückt wird, so folgt der Schluß noch gar nicht, daß sie auch verworren gedacht worden sei; vielmehr könnte es leicht sein, daß die verworrenst ausgedrückten gerade am deutlichsten gedacht werden.

(aus: Kleist, H.v.: Sämtliche Werke, hrsg. von H.J. Meinerts (Bertelsmann Lesering), S. 897 ff)

B 20

Gedankenaustausch

INTENTION: Die Schüler sollen sich die Bedeutung des kommunikativen Lernens vergegenwärtigen und von daher ihre Bereitschaft zur mündlichen Beteiligung im Unterricht ausbauen. Sie sollen Argumente zusammentragen und diskutieren, die für eine verstärkte Kommunikationsschulung im Unterricht sprechen.

DURCHFÜHRUNG: Am Anfang der Unterrichtssequenz steht die Lektüre des dokumentierten Interviews mit Peter Haase, Chef der Personalentwicklung beim Volkswagen-Konzern. Die Schüler lesen den Text, markieren wichtige Stellen und stellen sich in Partnergruppen abwechselnd die Sichtweise und die Argumente Haase's vor (Nacherzählung). Anschließend werden 4 Arbeitsgruppen gebildet, die die Schlußfrage des Interviews "Brauchen wir ein Unterrichtsfach Kommunikation?" aus unterschiedlichen Blickwinkeln beleuchten. Die erste Gruppe sind Eltern, die zweite Schüler, die dritte Lehrer und die vierte Vertreter der Wirtschaft. Die Arbeitsgruppen überlegen und diskutieren, was sie aus ihrer jeweiligen Rolle heraus wohl an Argumenten pro oder kontra ins Feld führen können. Sie machen sich Notizen und bereiten sich auf die bevorstehende Talkshow vor. Sodann wird ein entsprechendes Talkshow-Arrangement gestellt und die genannte Frage offen und kontrovers diskutiert. Die Akteure der Talkshow sind einmal die vier Gruppensprecher, die unter fremden Namen auftreten (Namensschilder nicht vergessen), zum anderen der Lehrer, der die Moderatorenrolle übernimmt. Die übrigen Schüler sind Zuschauer/Zuhörer, die die wichtigsten Argumente der "Talker" in einer einfachen Pro- und Kontra-Tabelle festhalten. Auf dieser Basis wird das Gespräch alsdann ausgewertet und in einer abschließenden Feedbackrunde gewürdigt.

VORBEREITUNG: Der dokumentierte Interview-Auszug ist für alle Schüler zu kopieren. Die Leitfrage "Brauchen wir ein Unterrichtsfach Kommunikation?" wird groß an die Tafel oder auf Farbkarton geschrieben. Für die Talkshow selbst ist ein entsprechender Stuhlkreis zu stellen. Ferner sind für die einzelnen Akteure Namensschilder mit fiktiven Namen zu schreiben.

Interview

"Die Lehrer müssen umdenken"

Spiegel-Interview mit dem Chef der Personalentwicklung von VW, Peter Haase (Auszug)

Spiegel: Herr Haase, kommen Sie mit den Abiturrenten klar, die bei Ihnen eine Ausbildung als Kaufmann oder Entwickler machen?

Haase: Fachlich sind sie in Ordnung, aber es hapert mit den sozialen Fähigkeiten. Das Problem ist nicht, was, sondern wie sie gelernt haben.

Spiegel: Die Schulen haben sie falsch erzogen?

Haase: Niemand hat den jungen Leuten beigebracht, im Team zu arbeiten. Viele haben immer nur ich fixiert gelernt....

Spiegel: Die Industrie hat doch die Vereinzelung und Leistungsorientiertheit der jungen Leute jahrelang gefördert - verlangt wurden nur die Besten.

Haase: Deutschland ist durch Einzelkämpfer groß geworden. Heute haben wir eine völlig andere Situation. Die Welt ist hoch komplex geworden, der Wissensstand hat sich vervielfacht. Wir können mit dem besten Ingenieur nur dann noch etwas anfangen, wenn er mit anderen zusammenarbeiten kann. Die Innovationen werden heute in der Regel durch Teams erbracht, die Zeit der großen Erfinder wie Otto, Benz und Diesel ist vorbei.

Spiegel: Wie bereiten Sie die jungen Leute vor, die bei Ihnen anfangen?

Haase: Wir bringen ihnen erst einmal bei zu kommunizieren. Viele Jugendliche halten es für ein Zeichen von Stärke, wenn sie selbst möglichst viel reden. Die müssen erst einmal fragen und zuhören lernen. Ganz anders sind übrigens Leute, die Mannschaftssport betreiben. Da hat niemand eine Chance, der immer nur selber die Tore schießen will.

Spiegel: Die Sportvereine als Vorbild für Schulen?

Haase: Die Lehrer müssen umdenken. Sie sind daran gewöhnt, die Schüler wie Marionetten an den Fäden tanzen zu lassen. Wir müssen den Jugendlichen daraufhin mühsam beibringen, daß eine Gruppe auch ohne einen Leiter arbeiten kann. Nur so können wir nämlich die hinderlichen Hierarchien im Unternehmen abbauen. Plötzlich merken die Leute dann, wieviel Spaß lernen und arbeiten machen kann.

Spiegel: Dann müssen die Ministerien erst einmal die Lehrpläne ändern?

Haase: Ja, total. Die Pädagogen haben richtig erkannt, daß man mit der Wissensexplosion nur fertig wird, wenn sich Schüler und Studenten spezialisieren. Sie haben aber vergessen, daß man mit Spezialwissen allein nichts anfangen kann. Komplexe Probleme können sie heute nur mit anderen gemeinsam lösen.

Spiegel: Sie fordern ein Unterrichtsfach Kommunikation?

Haase: Das wäre eine Möglichkeit, aber lange nicht genug. Die jungen Leute sollen von vornherein daran gewöhnt werden, in Gruppen zu arbeiten und fächerübergreifend zu denken ... Wir versuchen, diese Diskussion gerade mit Lehrern und Eltern in Gang zu setzen...

(aus: DER SPIEGEL, 23/1992, S. 53)

B 21

Vorstellungsgespräch

INTENTION: Die Schüler sollen anhand eines simulierten Vorstellungsgesprächs (Gruppengesprächs) erkennen, daß die Betriebe bei der Auswahl Ihrer Auszubildenden immer stärkeren Wert auf deren Team- und Kommunikationsfähigkeit legen. Sie sollen von daher angespornt werden, am eigenen Gesprächsverhalten- und repertoire zu arbeiten.

DURCHFÜHRUNG: Den Schülern wird einleitend erläutert, daß es sich beim anstehenden Kommunikationsspiel um ein Gruppengespräch zur Bewerberauswahl handelt, das in ähnlicher Form in einem Geld- und Kreditinstitut abgelaufen ist. Alsdann werden 5 Schüler gesucht, die das Vorstellungsgespräch probeweise absolvieren wollen. Unter ihnen werden die angeführten 5 Fragen verlost. Jeder Bewerber muß sich nun vorstellen, er sei Gruppenleiter und müsse mit Hilfe seiner Mitarbeiter (das sind die jeweiligen 4 Mitbewerber) eine möglichst überzeugende Stellungnahme zur anstehenden Frage erarbeiten, die später dem obersten Chef vorzutragen sei. Wer beginnt, müssen die 5 Bewerber vereinbaren. Sie setzen sich anschließend in einem Stuhlkreis/halbkreis zusammen. Der betreffende Gruppenleiter eröffnet die Besprechung zur jeweiligen Frage. Die übrigen Schüler der Klasse beobachten das Gespräch und notieren sich in Anlehnung an den nebenstehenden Beobachtungs/Auswertungsbogen etwaige Auffälligkeiten. Die Besprechungsdauer ist limitiert, z.B. auf 10 Minuten. Wie diese 10 Minuten ausgefüllt werden, ist allein Sache der Akteure. In der anschließenden Auswertung äußern sich zunächst die Zuschauer/Beobachter, sodann die Akteure selbst. Sie beleuchten sowohl das Gesprächsverhalten des Gruppenleiters als auch das der Mitarbeiter. Daran schließt sich ein zweites Gruppengespräch mit neuem Gruppenleiter und neuer Problemfrage an usw. Eventuell kann zu Dokumentationszwecken auch gefilmt werden. Am Ende der Gesprächsstafette (i.d.R. wird nach zwei Runden abgebrochen) trägt der Lehrer seine zusammenfassende Würdigung vor (s. Intention).

PROBLEMFRAGEN

(a) Was halten Sie vom Führerschein auf Probe?

(b) Schulstreß - herbeigeredet oder tatsächlich vorhanden?

(c) Wie wirken sich die neuen Technologien auf die Arbeitswelt aus?

(d) Sollte Tempo 100 auf allen Autobahnen eingeführt werden?

(e) Sind wir mitverantwortlich für die Probleme in der 3. Welt?

VORBEREITUNG: Die Problemfragen werden auf 5 rechteckige Kärtchen geschrieben, die als Lose dienen. Für das Gruppengespräch sind 5 Stühle so zu stellen, daß die Akteure für die Zuschauer gut zu sehen sind (Halbkreis). Der Beobachtungsbogen ist für alle Schüler zu kopieren.

Auswertungsbogen

☐ Was hast Du zum Gesprächsverhalten des "Gruppenleiters" positiv/negativ anzumerken?

+ ______________________________

____

____

– ______________________________

____

____

☐ Was ist Dir am Gesprächsverhalten der "Mitarbeiter" positiv/negativ aufgefallen?

	+	–
Thomas		
Katja		
Mike		
Heiko		

☐ Welcher Bewerber hat Dich am ehesten überzeugt?

____

Warum? ____

____

____

B 22

Überzeugungsspiel

INTENTION: Die Schüler sollen erkennen, warum es wichtig ist, die eigene Kommunikationsbereitschaft und -fähigkeit zu verbessern. Sie sollen Argumente zusammentragen, die aus verschiedenen Blickwinkeln anzuführen sind. Sie sollen auf diese Weise ihre Überzeugung stärken und ihre Bereitschaft ausbauen, an der eigenen Kommunikationskompetenz zu arbeiten.

DURCHFÜHRUNG: Einleitend hält der Lehrer einen kurzen Vortrag, in dem er überblickshaft begründet und erläutert, warum das freie Sprechen, Vortragen und Diskutieren im Unterricht verstärkt geübt werden sollte. Dabei orientiert er sich an den 6 Argumentationssträngen, die im abgebildeten Kasten angeführt sind. Die Schüler hören zu und schreiben stichwortartig mit. Anschließend werden 6 Gruppen gebildet, unter denen die 6 abgebildeten Hauptargumente zur vertiefenden Behandlung verlost werden (jedes Hauptargument wird auf ein farbiges Pappschild im DIN-A4-Format geschrieben). Die Gruppen klären ihren jeweiligen Begründungsstrang näher ab, diskutieren strittige Punkte und frischen dabei die einleitenden Ausführungen des Lehrers gezielt auf. Sodann werden die 6 Stammgruppen "gekreuzt", d.h. in jeder Gruppe werden zum Beispiel die Ziffern 1 bis 4 verlost. Dann gehen alle Schüler mit der Nummer 1 zusammen, alle mit der Nummer 2 usw., so daß in den neugebildeten Querschnittsgruppen alle 6 Begründungsstränge vertreten sind. Im nächsten Schritt erläutern sich die neuen Gruppenmitglieder dann wechselseitig ihre Begründungsstränge und diskutieren etwaige Unklarheiten. Verbleibende Restfragen werden abschließend an den Lehrer gerichtet und von diesem beantwortet.

GESPRÄCHSBEREITSCHAFT UND -FÄHIGKEIT ...	
steigert das Selbstvertrauen und Durchsetzungsvermögen!	fördert den fachlichen Durchblick und Erfolg!
kommt der mündlichen Note zugute!	fördert das soziale Miteinander!
ist eine wichtige Fähigkeit in der Demokratie!	ist eine zentrale Voraussetzung für beruflichen Erfolg!

VORBEREITUNG: Zur visuellen Unterstützung des einleitenden Lehrervortrags werden 6 farbige DIN-A4-Karten vorbereitet, auf die je ein Hauptargument mit dickem Filzstift geschrieben wird. Diese Karten werden anschließend nochmals gebraucht, wenn sie an die 6 Schülergruppen verlost werden. Benötigt werden ferner die erwähnten Nummernkärtchen für die Bildung der Querschnittsgruppen.

2. Übungen zur Förderung des freien Sprechens und Erzählens

Im Unterschied zu den im letzten Abschnitt dokumentierten Reflexionsschleifen sind die nachfolgenden Kommunikationsarrangements über weite Strecken fach- und themenzentriert einsetzbar. Denn fachliches Lernen bedarf nicht zuletzt der sprachlichen Klärung und daher des freien Sprechens und Erzählens. Zwar gilt das nicht für alle Fächer gleichermaßen, aber überall dort, wo die Schüler persönliche Erfahrungen, Vermutungen, Sichtweisen und Ideen zu einem bestimmten Thema einbringen und/oder in anderer Weise »locker« erzählen, nacherzählen oder berichten können, haben die nachfolgenden Sprechübungen ihren Platz. Die Gefahr des Scheiterns ist dabei gering, da es bei den anvisierten Sprechaktivitäten kein »richtig« oder »falsch« im strengen Sinne des Wortes gibt. Mit anderen Worten: Jeder Schüler hat das Recht auf subjektive Äußerungen und Einschätzungen, auf persönliche Assoziationen und Stellungnahmen, auf unzensiertes Brainstorming und angstfreie Sprechversuche in kleineren oder größeren Übungszirkeln. Dieses Gefühl der Sicherheit ist das A und O in dieser zweiten Trainingsphase. Denn viele Schüler, die sich mit dem Reden schwertun, haben in erster Linie Angst vor dem Scheitern und schweigen daher lieber. Sie müssen deshalb ganz gezielt aufgetaut, ermutigt und zu möglichst überzeugenden Erfolgserlebnissen hingeführt werden.

Diese »therapeutische Arbeit« hat ihren Platz in allen Schulstufen und -fächern, auch und vor allem in der Mittel- und Oberstufe, wo sich die Sprachlosigkeit vieler Schüler geradezu alarmierend ausbreitet. Dementsprechend müssen angstfreie sprachliche Aktivitäten verstärkt gefordert und gefördert werden. Die mündliche Beteiligung muß für die Schüler schlicht zur Gewohnheit werden. Sie muß ebenso verbindlich wie regelmäßig eingeplant werden. Übungen wie »Montagskreis«, »Tagesschau« und »Wochenschau« müssen zu immer wiederkehrenden Sprechanlässen werden, die nach festen Ritualen ablaufen. Das schafft Sicherheit und fördert die Routinebildung. Wichtig ist hierbei das Arrangieren angstfreier Sprechsituationen. Das beginnt mit einfachen»Warming-up-Phasen« (Vorstellungsrunden, Blitzlicht, Nacherzählen) und reicht über eine recht breite Palette themenzentrierter Assoziationsübungen bis hin zum freien Erzählen und Berichten, zu Fantasiegeschichten sowie zu unterschiedlichen Expertenrunden. Egal, ob eine Klasse neu zusammenkommt, ob ein neues Thema begonnen wird, ob Vorwissen und Voreinstellungen zu mobilisieren sind, ob über erworbene Spezialkenntnisse bzw. über persönliche Erfahrungen zu berichten ist, ob ein Blitzlicht gestartet oder in anderer Weise Feedback gegeben wird, stets können die Schüler ihre mündlichen Beiträge liefern, ohne ernsthaft Gefahr zu laufen, von anderen kritisiert, widerlegt und/oder zensiert zu werden. Das ist für die meisten Schüler ein Schlüsselerlebnis, das Mut macht und das Mitreden im Unterricht mehr und mehr zur Selbstverständlichkeit werden läßt.

Allerdings bezieht sich das intendierte »Mitreden« der Schüler im Rahmen der nachfolgenden Übungen weniger auf das Plenum als vielmehr auf kleine und kleinste Gesprächszirkel, in denen eine gewisse Anonymität und Vertrautheit gegeben ist. Denn das Reden vor der ganzen Klasse und unter den (kritischen) Blicken des Lehrers ist für die meisten Schüler alles andere als ein »Zungenlöser«. Anders sieht es hingegen in Kleingruppen aus. Wer im kleinen sich versucht und bewährt hat, wer gegenüber einem vertrauten Mitschüler die eigenen Gedanken einigermaßen geklärt und sprachlich auf die Reihe gebracht hat, der gewinnt nicht nur an Sicherheit und Selbstvertrauen, sondern der ist auch gewappnet für etwaige Bewährungsproben in größeren Gruppen bzw. im Plenum.

Zu der besagten »therapeutischen Arbeit« gehört auch, daß jedem Sprechakt eine mehr oder weniger ausgeprägte Besinnungs- oder Vorbereitungsphase vorangestellt wird, die dem einzelnen Schüler Gelegenheit gibt, sich über die eigenen Gedanken einigermaßen klarzuwerden. Dabei werden Notizen gemacht und/oder Erzähl-Leitfäden entwickelt. Das fördert nicht nur den sachlich-fachlichen Durchblick, sondern auch die sprachliche Sicherheit. Untersagt ist hierbei allerdings die Formulierung kompletter Texte, da diese die Schüler in aller Regel dazu verleiten, einfach vorzulesen und eben nicht frei zu sprechen bzw. zu erzählen. Letzteres aber ist die erklärte Zielsetzung in diesem zweiten Trainingsabschnitt. Die Schüler sollen sich darin üben, frei zu sprechen und zu erzählen. Sie sollen dieses vorrangig in Partner- und Kleingruppen tun, da dieses die Sprechfrequenz steigert und dafür sorgt, daß jeder Schüler in kommunikationszentrierten Unterrichtsstunden in der Regel gleich mehrfach zum Sprechen kommt.

Daß bei einer derartigen Häufung parallel laufender Sprechaktivitäten in Partner- und Kleingruppen der Geräuschpegel relativ hoch ist, soll nicht bestritten werden. Allerdings ist dieser »Arbeitslärm« für die Schüler in aller Regel kein wirkliches Problem, eher hingegen für die Lehrkräfte. Andererseits muß derartiger Arbeitslärm sein, wenn die Schüler aktiv und kommunikativ tätig werden sollen. Wer diese Einsicht hat, tut sich meist viel leichter, kann den Lärmpegel positiv deuten und deshalb auch besser verkraften. Denn »Arbeitslärm« ist eben nicht »destruktiver Lärm«, wie er im Unterrichtsalltag zu Recht beanstandet und als belastend empfunden wird. Arbeitslärm im angedeuteten Sinne ist notwendig! Anzustreben ist lediglich, daß der Geräuschpegel durch Vereinbarung entsprechender Regeln soweit wie möglich abgesenkt wird. Spezielle Regelbeobachter und gezielte Klingelzeichen bei überhöhtem Geräuschpegel können diesem Ansinnen zusätzlich Nachdruck verleihen.

B 23

Vorstellungsrunde

INTENTION: Die Schüler sollen sich anhand bestimmter Leitfragen, die von Lehrerseite vorgegeben werden, den Mitschülern gegenüber persönlich vorstellen. Sie sollen über die eigene Person informieren und/oder persönliche Sichtweisen und Einschätzungen mitteilen, die in dieser Phase keiner Objektivierung bedürfen. Auf diese Weise wird sowohl ein angstfreier Sprechanlaß geschaffen, als auch ein Beitrag zur Förderung der Klassengemeinschaft geleistet.

DURCHFÜHRUNG: Die Schüler erhalten zur Vorbereitung der Vorstellungsrunde die betreffende(n) Leitfrage(n) und machen sich dazu einige Gedanken und eventuell auch Notizen. Für diese Stillarbeit genügen in der Regel 2-3 Minuten. Mögliche Leitfragen können zum Beispiel in einer neu zusammengesetzten Klasse sein: Wer bist Du? Welche Hobbys hast Du? Welchen Eindruck hast Du von unserer Schule? Welches ist Dein Lieblingsfach und warum? Was erwartest Du vom bevorstehenden Unterricht im Fach X? Was wünschst Du Dir von Deinen Mitschülern? Wie stellst Du Dir einen interessanten Unterricht vor? etc. Falls sich die Schüler bereits kennen, kann natürlich auch nach ihren Vorstellungen zu bestimmten schul- bzw. fachspezifischen Fragen oder Vorhaben gefragt werden (s. auch Brainstorming-Methode). Die Vorstellungsrunde selbst sieht so aus, daß sich die Schüler im Kreis sitzend zur jeweiligen Leitfrage äußern. Die Reihenfolge, in der sie dieses tun, kann geregelt sein oder auch offengelassen werden. Wichtig ist nur, daß sich am Ende alle Schüler mit ihren persönlichen Anmerkungen vorgestellt haben. Wichtig ist ferner, daß sich jeder Schüler ungestört und unzensiert äußern kann. Für eine entsprechende vertrauensvolle/ermutigende Atmosphäre muß der Lehrer Sorge tragen. In einer abschließenden Feedbackphase kann u.U. bilanziert werden, wie die Schüler die Runde erlebt haben und womit sie eventuell Schwierigkeiten hatten.

VORBEREITUNG: Vorab muß überlegt werden, zu welcher Leitfrage eine interessante und möglichst ergiebige Vorstellungsrunde zu erwarten ist. Die jeweilige Leitfrage wird an die Tafel geschrieben. Des weiteren ist ein Stuhlkreis zu stellen oder eine entsprechende Sitzordnung im Karree zu arrangieren, damit die Schüler Blickkontakt halten können.

B 24

Kugellager-Methode

INTENTION: Die Schüler sollen Zufallspartnern gegenüber in freier Rede zu einem eng abgesteckten Thema berichten bzw. erzählen, und zwar so, daß jeweils die Hälfte der Klasse für kurze Zeit gleichzeitig spricht. Sie sollen durch mehrfachen Partnerwechsel Gelegenheit erhalten, sich zum anstehenden Thema richtiggehend "warmzureden", sprachlich Sicherheit zu gewinnen und Selbstvertrauen zu tanken.

DURCHFÜHRUNG: Die Schüler bereiten sich auf ihre themenzentrierten Ausführungen in einer kurzen Besinnungsphase vor. Thematisch kann es hierbei um alles Mögliche gehen: Um methodische Fragen (z.B. Vorbereitung von Klassenarbeiten), um persönliche Erfahrungsberichte (z.B. ein interessantes Ferienerlebnis) und natürlich auch um fachliche Aspekte (z.B. Thema "Bienen"). Im Vordergrund stehen also die Erfahrungen, Vermutungen und/oder Vorkenntnisse der Schüler. Zum Kugellager-Arrangement selbst: Die Schüler setzen sich in Kreisform paarweise gegenüber, so daß ein Innenkreis und ein Außenkreis entstehen (s. Abbildung). Die einzelnen Gesprächspaare können u.a. mittels Karten mit je zwei gleichen Symbolen/Zahlen ausgelost werden. Nun erzählen zunächst alle im Innenkreis sitzenden Schüler ihre "Story". Ihre Gesprächspartner hören zu und fragen eventuell nach. Anschließend rücken die im Innenkreis sitzenden Schüler z.B. 2 Stühle im Uhrzeigersinn weiter, so daß neue Gesprächspaare entstehen. Nun werden die Schüler im Außenkreis aktiv und erzählen/berichten ihrerseits zum gleichen Thema. Alsdann rücken die Innenkreis-Vertreter erneut 2 Stühle weiter usw. Diese gegenläufige Bewegung von Innen- und Außenkreis gleicht einer Kugellager-Bewegung - deshalb Kugellager-Methode. Am Ende kann der Gesprächsprozeß sowohl unter kommunikativen wie unter inhaltlichen Gesichtspunkten ausgewertet werden.

VORBEREITUNG: Der jeweilige Erzählanlaß (Frage, Text, Bild o.ä.) muß vorab überlegt und gegebenenfalls vorbereitet/kopiert werden. Ferner muß sondiert werden, wie sich im Klassenraum am besten ein doppelter Stuhlkreis stellen läßt, und zwar möglichst ohne trennende Tische.

B 25

Montagskreis

INTENTION: Die Schüler sollen im Rahmen eines möglichst regelmäßig stattfindenden Gesprächskreises zu Wochenbeginn Gelegenheit erhalten, ihre Befindlichkeit zu äußern, Streiflichter zum Wochenende vorzutragen und/oder Vorsätze für die anlaufende Woche zu formulieren. Dieses Ritual begünstigt die Klassenatmosphäre und sorgt dafür, daß die Schüler sprachlich aktiv bleiben.

DURCHFÜHRUNG: Die Schüler kommen montags in der ersten Stunde (Klassenlehrerstunde) zu einem nach festem Ritual ablaufenden Gesprächskreis zusammen, der vom Klassenlehrer oder einem zu bestimmenden Schüler moderiert wird. Bewährt hat sich z.B. der folgende Ablauf: Die Schüler erhalten zu Beginn der Stunde Gelegenheit, sich in einer von Meditationsmusik untermalten Besinnungsphase darüber klarzuwerden, was sie der Klasse zum zurückliegenden Wochenende mitteilen und/oder an Vorsätzen zur bevorstehenden Woche kundtun wollen. Alsdann findet ein erster Erfahrungs- und Gedankenaustausch von etwa 5 Minuten in kleinen Tischgruppen statt (in der Regel 3er-Gruppen), der die gedankliche und sprachliche Klärung voranbringen soll. In einem dritten Schritt schließlich wird ein Stuhlkreis/Sitzkreis in der Mitte des Klassenraumes gebildet. Zunächst wird der Tagesordnungspunkt "Wochenende" aufgerufen. Die Schüler tragen Bemerkenswertes in lockerer Folge vor. Die Redezeit ist - je nach Vereinbarung - auf 1-2 Minuten begrenzt. Anschließend stellen die Schüler in knappen Worten je einen Vorsatz für die anlaufende Woche vor. Die Vorsätze können auf Kärtchen festgehalten und im Klassenraum ausgehängt werden. Am Ende sollte jeder Schüler mindestens einmal zu Wort gekommen sein.

VORBEREITUNG: Falls die Moderation des Montagskreises Sache der Schüler ist, muß ein Verantwortlicher bestimmt werden. Das kann durch Meldung, durch feste Rotation oder auch durch Los geschehen. Ferner muß der Stuhlkreis/Sitzkreis arrangiert werden. Des weiteren sind für die Protokollierung der Vorsätze farbige Kärtchen (und eventuell auch Filzstifte) bereitzustellen.

B 26

Tagesschau

INTENTION: Die Schüler sollen im Rückblick auf den zur Neige gehenden Schultag eine Art Bilanz ziehen. Sie sollen sich dabei u.a. darauf besinnen und den Mitschülern mitteilen, was ihnen im Tagesverlauf gut gelungen ist und womit sie eventuell unzufrieden sind. Sie sollen sich auf diese Weise sowohl in sprachlicher Hinsicht als auch in punkto Selbstbeurteilung üben.

DURCHFÜHRUNG: Natürlich ist die Tagesschau keine Übung, die sich wirklich täglich durchführen läßt, da hierzu oft die Zeit fehlt und die Schüler bei zu häufigem Einsatz dieser Methode auch schnell die Lust verlieren.
Hin und wieder hat ein derartiges Feedback jedoch ganz sicher seinen Reiz und seinen Sinn, vor allem dann, wenn der Klassenlehrer die letzte/n Stunde/n unterrichtet und/oder Projekttage zu Ende gehen. Zuständig für die Tagesschau ist also in erster Linie der Klassenlehrer und/oder der Deutschlehrer. Vom Zeitansatz her reicht in aller Regel eine Sequenz von 15 - 20 Minuten. Konkret heißt dieses: Etwa 20 Minuten vor Unterrichtsschluß setzen sich die Schüler in einem Stuhlkreis/Sitzkreis zusammen und lassen zunächst bei meditativer Musik den Schultag Revue passieren. Die Leitfrage, an der sie sich orientieren, wird vom Lehrer vorgegeben und kann unterschiedlich aussehen. Mögliche Leitfragen sind: Was mir heute gut gelungen ist ...; was mir heute gut gefallen hat ...; womit ich heute unzufrieden bin ...; was mir heute schwergefallen ist ... Die Schüler bereiten sich gedanklich auf ein kurzes Statement vor. Alsdann äußern sie sich reihum zur jeweiligen Leitfrage, so daß jeder drankommt. Die vorgetragenen Positiva und/oder Negativa kann der Lehrer auf Kärtchen festhalten und im Klassenraum visualisieren. Kommentiert und diskutiert wird nicht.

VORBEREITUNG: Der Klassenlehrer hat seine Unterrichtsplanung hin und wieder so zu gestalten, daß für das skizzierte Feedback Zeit bleibt. Eine gewisse Regelmäßigkeit ist anzustreben, damit die Schüler die entsprechende Routine entwickeln. Zu überlegen ist ferner, welche Impulsfrage vorgegeben werden soll. Weiterhin ist wichtig, daß die Schüler im Kreis oder im Karree sitzen und Blickkontakt halten können.

B 27

Wochenschau

INTENTION: Die Schüler sollen angehalten werden, während der Woche gezielte Rückmeldungen zum Unterricht zu geben und diese in der letzten Stunde am Freitag zur Sprache zu bringen. Sie sollen ihre schriftlich fixierten Anmerkungen erläutern und gegebenenfalls begründen. Ihnen soll auf diese Weise ein regelmäßig wiederkehrender Sprechanlaß geboten sowie ein Beitrag zur Verbesserung der Klassenatmosphäre ermöglicht werden.

DURCHFÜHRUNG: Im Klassenraum hängt als ständiges Feedback-Instrument ein mehrspaltiges Plakat aus. Mögliche Rubriken dieses Plakats können sein: "Mich stört ..."; "Mir gefällt ..."; "Ich wünsche mir ...". Die Schüler haben während der Woche Gelegenheit, entsprechende Anmerkungen auf kleinen Kärtchen zu notieren, mit Datum und Namen zu versehen und in die betreffende/n Spalte/n des Plakats zu heften. Ob, wann und was sie anheften, ist ihre freie Entscheidung. Lediglich zur Einführung oder zur gelegentlichen "Wiederbelebung" dieses Feedbackinstruments kann dann und wann eine für alle Schüler verbindliche Rückmeldephase von Lehrerseite definiert werden (Dauer ca. 10 Minuten), in der jeder Schüler z.B. mindestens ein Kärtchen anheften muß. Zum eigentlichen Sprechanlaß werden diese Kärtchen jeweils freitags in der letzten Stunde. Der zuständige Schüler (die Zuständigkeit wechselt) nimmt in der Pause die Kärtchen ab und liest während der Stunde die notierten Anmerkungen nach und nach vor. Nach jedem Kärtchen wird der betreffende "Schreiber" um Erläuterungen bzw. Begründungen gebeten. Dann kommt der nächste dran usw. Eine mögliche Erweiterung dieses Rituals besteht darin, daß zu veränderbaren Punkten konkrete Maßnahmen diskutiert und eventuell auch Beschlüsse gefaßt werden.

VORBEREITUNG: Vorbereitet werden muß einmal die mehrspaltige Pinwand bzw. ein entsprechendes Plakat. Zum zweiten sind ein Stapel Kärtchen (DIN-A7), einige Filzstifte sowie Stecknadeln (Tesacrepp) vor der Pinwand zu deponieren. Drittens schließlich muß geregelt werden, wer jeweils die Gesprächsleitung hat.

B 28

Blitzlicht

INTENTION: Die Schüler sollen sich zu bestimmten Fragestellungen möglichst spontan äußern, ohne daß sie Kritik oder Widerspruch zu fürchten haben. Sie sollen zu persönlichen Äußerungen ermutigt werden. Sie sollen auf diese Weise anstehende Klärungsprozesse in der Klasse voranbringen und zugleich das freie Sprechen üben.

DURCHFÜHRUNG: Blitzlichter haben an allen möglichen Stellen des Unterrichts ihren Platz und ihren Wert. Wann immer eine Besinnungsphase angezeigt ist, irgendwelche Störungen auftreten oder fachbezogenes Brainstorming geboten ist, kann ein klärendes Blitzlicht angesetzt werden. "Blitzlicht" bedeutet hierbei, daß die Äußerungen der einzelnen Schüler kurz, präzise und persönlich sein müssen. Konkret: Jeder Schüler nimmt reihum mit einem oder zwei Sätzen Stellung zu einer bestimmten Frage, die der Lehrer vorgibt (z.B.: Wie ist die Arbeit gelaufen? Was war in der Stunde interessant/wichtig? Wie wollen wir weiterarbeiten? Was ist im Wochenplan heute dran? Aber auch: Was haltet Ihr von Tempo 100?... vom Solarmobil?... von der Entwicklungshilfe? etc. Dem Blitzlicht vorangestellt wird in aller Regel eine kurze Besinnungsphase oder sogar ein Partnergespräch. Während der Blitzlichtrunde selbst sitzen die Schüler möglichst im Kreis oder im Karree. Die Statements werden normalerweise in "Ich-Form" vorgetragen. Kommentare, Nachfragen oder Kritik sind in dieser Phase nicht zulässig. Diskutiert wird bestenfalls dann, wenn alle Schüler ihre Sichtweise dargelegt haben.

VORBEREITUNG: Blitzlichter kann der Lehrer nur insofern vorbereiten, als er sich mögliche Leitfragen zurechtlegt, die bei Bedarf als Initialzündung dienen können. Das gilt insbesondere vor oder nach bestimmten Unterrichtsabschnitten oder wenn auf Schülerseite Unlust, Desinteresse oder Aggressionen zu spüren sind. Zu achten ist ferner auf eine Sitzordnung, bei der die Schüler Blickkontakt halten können.

B 29 Stimmungsbarometer

INTENTION: Die Schüler sollen Gelegenheit erhalten, dann und wann über ihre Befindlichkeit im Unterricht nachzudenken und diese gegenüber den Mitschülern zu äußern. Sie sollen auf diese Weise für die Klasse/Gruppe positive oder kritische Signale setzen und für sich selbst verhindern, daß unnötige emotionale Staus entstehen, die die weitere (Zusammen)Arbeit beeinträchtigen.

DURCHFÜHRUNG: Wann ein Stimmungsbarometer im Unterricht angezeigt ist, muß der verantwortliche Lehrer vor Ort entscheiden. Auf keinen Fall darf es inflationär eingesetzt werden, weil es dann nicht nur seine Akzeptanz, sondern auch seine Lernwirkung verliert. Zum Ablauf im einzelnen: Die Schüler markieren ausgehend von bestimmten Impulsfragen (Wie fühlst Du Dich heute morgen? Wie hast Du das Gespräch erlebt? Wie zufrieden bist Du mit Eurer Gruppenarbeit? etc.) auf einer Skala von 0 - 100 ihre augenblickliche Stimmungslage, indem sie selbstklebende rote Punkte anbringen. Die Skala kann zusätzlich durch unterschiedlich freundliche Gesichter oder ähnliches mehr "verziert" werden. Anschließend äußern sich die Schüler zunächst in ihren Tischgruppen zu ihren Punkt-Markierungen; alsdann teilen sie ihre Einschätzungen reihum im Plenum mit und geben die entsprechenden Erläuterungen dazu. Dabei sollte möglichst jeder Schüler zu Wort kommen. Gleiches gilt z.B. für die Arbeit mit Symbolen, wie sie nebenstehend abgebildet sind. Hierbei wählt sich jeder Schüler ein Symbol aus, das seine Stimmungslage verdeutlichen hilft und erläutert seine korrespondierende Einschätzung. Am Ende kann unter Umständen ein übergreifendes Auswertungsgespräch stattfinden.

VORBEREITUNG: Als erstes muß ein Plakat mit Stimmungsbarometer (Skala) gestaltet werden. Benötigt werden ferner selbstklebende Farbpunkte sowie im Falle der Arbeit mit Symbolen entsprechende Symbolkarten im DIN-A5 oder DIN-A6-Format. Zu achten ist nicht zuletzt auf eine kommunikationsfördernde Sitzordnung (möglichst Stuhlkreis/Sitzkreis).

FEEDBACK-SYMBOLE

B 30

Lesungen

INTENTION: Die Schüler sollen durch das Vorlesen selbst ausgewählter/geschriebener Texte zur verbalen Beteiligung im Unterricht veranlaßt werden. Derartige Übungen tragen dazu bei, daß die Schüler ihr eventuelles Schweigen ablegen und von den Mitschülern intensiver wahrgenommen und beachtet werden, als das ansonsten der Fall ist. Das fördert ihr Selbstvertrauen und ermutigt zum Sprechen.

DURCHFÜHRUNG: Die Schüler erhalten als vorbereitende Hausaufgabe beispielsweise den Auftrag, einen Text von 1 - 2 Seiten zu einem bestimmten Thema/Schreibimpuls (s. nebenstehendes Impulsbild) zu schreiben und diesen in der nächsten Stunde in einem kleineren Schülerkreis vorzulesen. Eine andere Möglichkeit ist die, daß die Schüler aus einem Lesebuch/Märchenbuch/ Sagenbuch eine (Kurz)Geschichte auswählen, die sie interessant und vorlesenswert finden. Die Lesung selbst läuft so ab, daß im Losverfahren mehrere Schülergruppen mit je 4 - 5 Teilnehmern gebildet werden, die sich wechselseitig ihre vorbereiteten Geschichten vorlesen. Nach jeder Lesung haben die Zuhörer Gelegenheit, Verständnisfragen an den Vorlesenden zu stellen, die dieser aufgrund seiner intensiveren Textkenntnis normalerweise beantworten kann. Für Disziplin und faires Miteinander sorgt der gruppeninterne "Regelbeobachter". Nach Abschluß der Lesungen werden z.B. zwei Schüler ausgelost, die ihre Geschichten zusätzlich im Plenum vorlesen.

VORBEREITUNG: Falls die Schüler eigene Geschichten einbringen sollen, müssen diese durch entsprechende Schreibimpulse seitens des Lehrers angeregt werden.(z.B. Schreibimpulse zum Thema Schule wie: "Schule einmal anders..."; "Was ich neulich von der Schule träumte..." oder "Wenn ich Lehrer/in wäre ..."). Wird hingegen auf fertige Geschichten zurückgegriffen, müssen geeignete Lesebücher zur Verfügung stehen. Für die Lesungen im Plenum empfiehlt sich ein Rednerpult.

SCHREIBIMPULS

UND PLÖTZLICH HATTE ES MARTIN ERWISCHT. ER WAR ENTLASSEN ...

Überlege, wie die angefangene Geschichte wohl weitergehen könnte! Versetze Dich dabei in Martins Lage! Was wird er wohl denken, fühlen, erleben, tun ...? Mache Dir einige Stichworte, die Dir später das Erzählen erleichtern. Deine "Fantasiegeschichte" sollte etwa 3 Minuten dauern. Erzählen mußt Du sie anschließend in einem kleinen Schülerkreis.

B 31

Bücherschau

INTENTION: Die Schüler sollen ein Jugendbuch ihrer Wahl in kleinen Gesprächszirkeln vorstellen. Sie sollen dieses in freier Rede tun, nur gestützt auf einen Stichwortzettel, der als "roter Faden" dient. Dafür haben sie ein bestimmtes Zeitkontingent. Sie sollen auf diese Weise sowohl zum Bücherlesen motiviert als auch zum freien Reden veranlaßt werden.

DURCHFÜHRUNG: Die Schüler wählen entweder eines der zu Hause verfügbaren Jugendbücher aus, oder aber sie leihen eins in der Schul- bzw. Stadtbücherei aus. Eine dritte Möglichkeit: Sie kaufen sich im örtlichen Buchhandel ganz gezielt ein aktuelles Jugendbuch, das ihnen interessant erscheint. Oder aber viertens: Der Lehrer beschafft ein ganzes Sortiment in Kommission, aus dem sich jeder Schüler ein Buch auswählt. Das betrifft natürlich in erster Linie den Deutschlehrer. Hat jeder Schüler ein Exemplar, so beginnt die häusliche Lektüre, für die z.B. 14 Tage Zeit gelassen wird. Dann findet im Unterricht die besagte Bücherschau statt. Das heißt: Die Schüler finden sich in mehreren Kleingruppen zusammen (eventuell durch Los ermittelt) und stellen sich - im Kreis sitzend - wechselseitig ihre Bücher vor. Dafür haben sie eine vorab festgelegte Zeitspanne von z.B. 5 Minuten zur Verfügung, die sie in der Regel zwingt, sich auf bestimmte "Essentials" zu konzentrieren. Nachfragen der Zuhörer sind erlaubt, Diskussionen und/oder kritische Kommentare normalerweise nicht. Am Ende der Bücherschau kann ein gruppeninternes Blitzlicht stehen, z.B. zum Impuls: "Was mir an der Bücherschau besonders gefallen hat..."

VORBEREITUNG: Zur Frage der Bücherbeschaffung sind oben bereits nähere Hinweise gegeben worden. Falls sich der Lehrer als Kommissionär betätigt. sollte er auf jeden Fall deutlich mehr Bücher beschaffen, als Schüler in der Klasse sind. Für die häusliche Lektüre kann u.U. natürlich auch mehr als 14 Tage Zeit gelassen werden.

B 32

Nacherzählen

INTENTION: Die Schüler sollen geeignete Texte nacherzählen und dabei sowohl die sachliche Klärung vorantreiben als auch das freie Sprechen üben. Bei den Texten kann es sich u.a. um Kurzgeschichten, Zeitungsberichte, Märchen, Fabeln, Sagen, Anekdoten, historische Begebenheiten oder sonstige Texte mit Erzähl- oder Berichtscharakter handeln.

DURCHFÜHRUNG: Die Klasse wird in zwei Hälften eingeteilt. Die eine Hälfte erhält Text A, die andere Hälfte Text B, und zwar möglichst zum gleichen Themenkomplex. Die Texte sollten übersichtlich und schülergemäß geschrieben sein. Kommen darin bestimmte Personen oder sonstige Akteure vor, um so besser, denn dann können die Schüler unter Umständen auch aufgefordert werden, aus deren Perspektive - eventuell in der "Ich-Form" - zu erzählen (z.B. als historische Persönlichkeit, als Märchengestalt oder auch als Mister X aus der Gegenwart). Zum Ablauf im einzelnen: Die Schüler machen sich mit ihrem Text vertraut und bereiten sich auf ihre Nacherzählung vor (eventuell Notizen machen). Alsdann setzen sie sich in einem Doppelkreis paarweise gegenüber (vgl. Baustein 24), und zwar so, daß die Schüler mit Text A im Innenkreis sitzen, und die mit Text B im Außenkreis. Alsdann tragen sie sich wechselseitig ihre Nacherzählungen vor. Anschließend werden zwei Schüler mit unterschiedlichen Texten ausgelost, die ihre Nacherzählungen zusätzlich vor der Klasse präsentieren. Eventuell kann hierbei auch mit einfachen Verkleidungen oder Handpuppen gearbeitet werden, z.B. nach dem Motto: "Ich, Kasper, will Euch mal erzählen...". Das empfiehlt sich vor allem bei jüngeren Schülern. Auch Schattenspiele haben sich bei dieser Zielgruppe als Erzählarrangement und Entlastungsmöglichkeit bewährt.

VORBEREITUNG: Die beiden Texte werden verschiedenfarbig kopiert und abwechselnd verteilt. Die Schüler mit Farbe X gehen später in den Innenkreis, die mit Farbe Y in den Außenkreis. Falls Handpuppen oder sonstige Requisiten eingesetzt werden, sind sie rechtzeitig vorzubereiten.

B 33

Fantasiegeschichten

INTENTION: Die Schüler sollen sich in die Situation bestimmter Personen oder sonstiger Akteure (z.B. Tiere) hineinversetzen und aus deren Perspektive eine "Fantasiegeschichte" überlegen und anschließend ausgewählten Mitschülern erzählen. Dazu erhalten sie als fantasieanregenden Erzählimpuls in aller Regel ein Bild, auf dem der Akteur zu sehen ist, dessen Perspektive sie einnehmen sollen.

DURCHFÜHRUNG: Zu Beginn der Übungssequenz erhalten die Schüler einen themenzentrierten Erzählimpuls in Form eines kopierten Bildes (s. nebenstehende Abbildung). Am besten, es werden zwei verschiedene Impulsbilder an je die Hälfte der Klasse verteilt oder aber vier an je ein Viertel der Klasse. Denn so können anschließend Erzählpaare bzw. Erzählquartette mit unterschiedlichen Erzählanlässen und -perspektiven gebildet werden. Die eigentliche Arbeit läuft so ab, daß sich die Schüler nach einer kurzen Besinnungsphase von 2 - 3 Minuten mit Partnern zusammentun, die andere Bilder vertreten. Ein Schüler beginnt, indem er sein Bild zeigt und die betreffende Person benennt, aus deren Perspektive er erzählen will. Alsdann trägt er den Zuhörern seine Fantasiegeschichte vor. Das Bild hält er währenddessen so vor sich, das alle es gut sehen können. Anschließend kommt der nächste mit seiner Fantasiegeschichte dran usw. Zum Abschluß kann zu den vorliegenden Bildern je ein Freiwilliger im Plenum seine Geschichte erzählen. Dabei wird das betreffenden Bild via Folie und Overheadprojektor eingeblendet.

VORBEREITUNG: Die benötigten Impulsbilder können aus (Schul)Büchern, Zeitschriften oder themenzentrierten Fotokarteien entnommen werden, wie sie u.a. für den Religions-, den Deutsch- und den Sozialkundeunterricht angeboten werden. Die Bilder werden auf DIN-A5-Format für alle Schüler kopiert. Falls im Plenum präsentiert wird, sind entsprechende Folien bereitzustellen. Wichtig ist, daß auf jedem Bild der betreffende "Akteur" deutlich erkennbar ist.

ERZÄHLIMPULS

Manchmal ist die Schule wie ein böser Traum ...

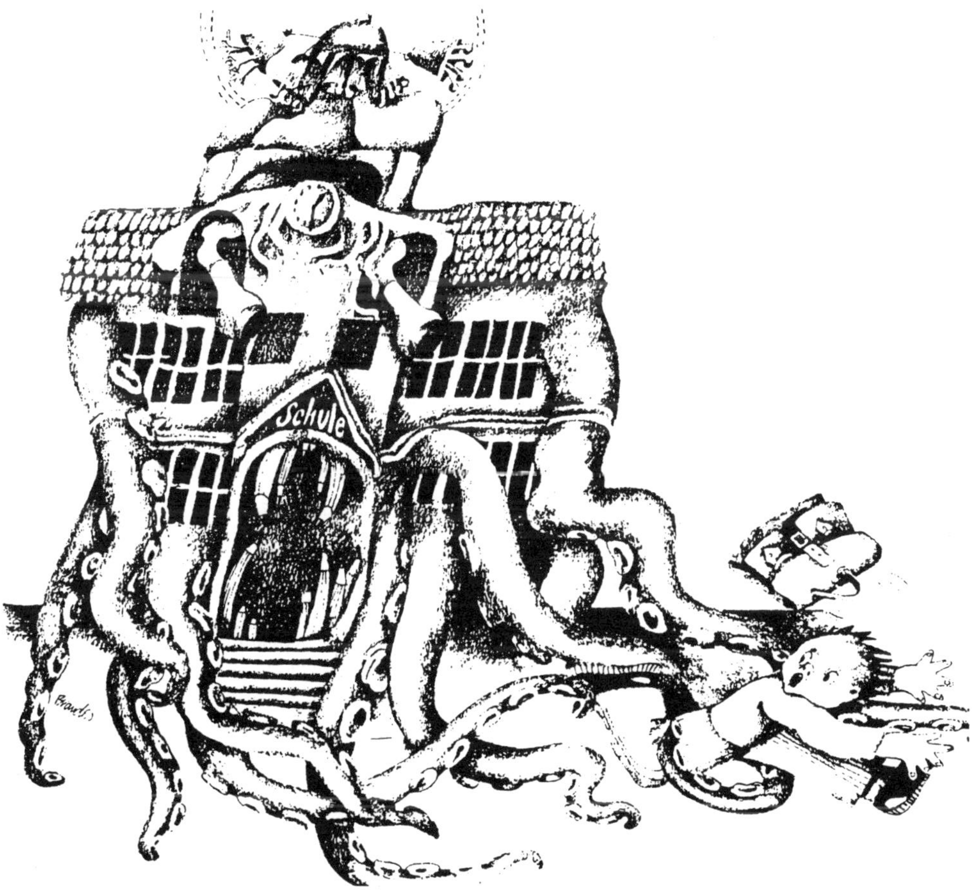

B 34 Mosaik-Geschichten

INTENTION: Die Schüler sollen aus vorgegebenen oder gemeinsam erarbeiteten "Mosaiksteinen" (Begriffe, Bilderszenen o.ä.) zu einem bestimmten Thema eine verbindende Geschichte konstruieren und Mitschülern gegenüber vortragen. Auf diese Weise üben sie sich sowohl in punkto Kreativität als auch im freien Sprechen.

DURCHFÜHRUNG: Zunächst muß geklärt werden, welche Mosaiksteine zu einer Geschichte verknüpft werden sollen. Eine Möglichkeit ist die, daß eine Bildergeschichte aus den gängigen Lehrmitteln entnommen und den Schülern vorgegeben wird (vgl. das nebenstehende Beispiel). Eine zweite Möglichkeit besteht darin, daß der Lehrer themenzentrierte Eckdaten vorgibt (z.B. Name, Ort, Zeit, Ereignis), aus denen die Schüler eine Erzählung bzw. einen Bericht modulieren müssen. Drittens schließlich kann natürlich auch so vorgegangen werden, daß die Schüler selbst die benötigten Mosaiksteine entwickeln, indem sie z.B. auf kleine Kärtchen je 4 zusammenhängende Begriffe zu einem bestimmten Thema schreiben. Diese Kärtchen werden sodann zwischen den Schülern ausgetauscht und zur Grundlage individueller Geschichten gemacht, die anschließend in Partner- oder Tischgruppen wechselseitig vorgetragen werden - und zwar in freier Rede! Das gleiche Prozedere gilt für die erstgenannten Bilder- oder sonstigen vom Lehrer induzierten Schülergeschichten. Diese Geschichten können sowohl reine Fantasiegeschichten sein als auch sachlich fundierte Erzählungen/Berichte z.B. zu bestimmten geschichtlichen Ereignissen. Zum Abschluß der Erzählrunde kann die eine oder andere Geschichte auch noch im Plenum vorgetragen werden (das muß aber nicht sein).

VORBEREITUNG: Falls der Lehrer die benötigten "Mosaiksteine" einbringt, muß er die entsprechenden Arbeitsvorlagen für die Schüler vorab überlegen bzw. herstellen. Andernfalls sind Kärtchen und sonstige Arbeitsmittel bereitzuhalten, damit diese Vorbereitungsarbeit von den Schülern geleistet werden kann. Die Partner- oder Tischgruppen können u.U. ausgelost werden, damit nicht immer die gleichen Schüler zusammen sind.

BILDERGESCHICHTE

Ferien auf dem Reiterhof

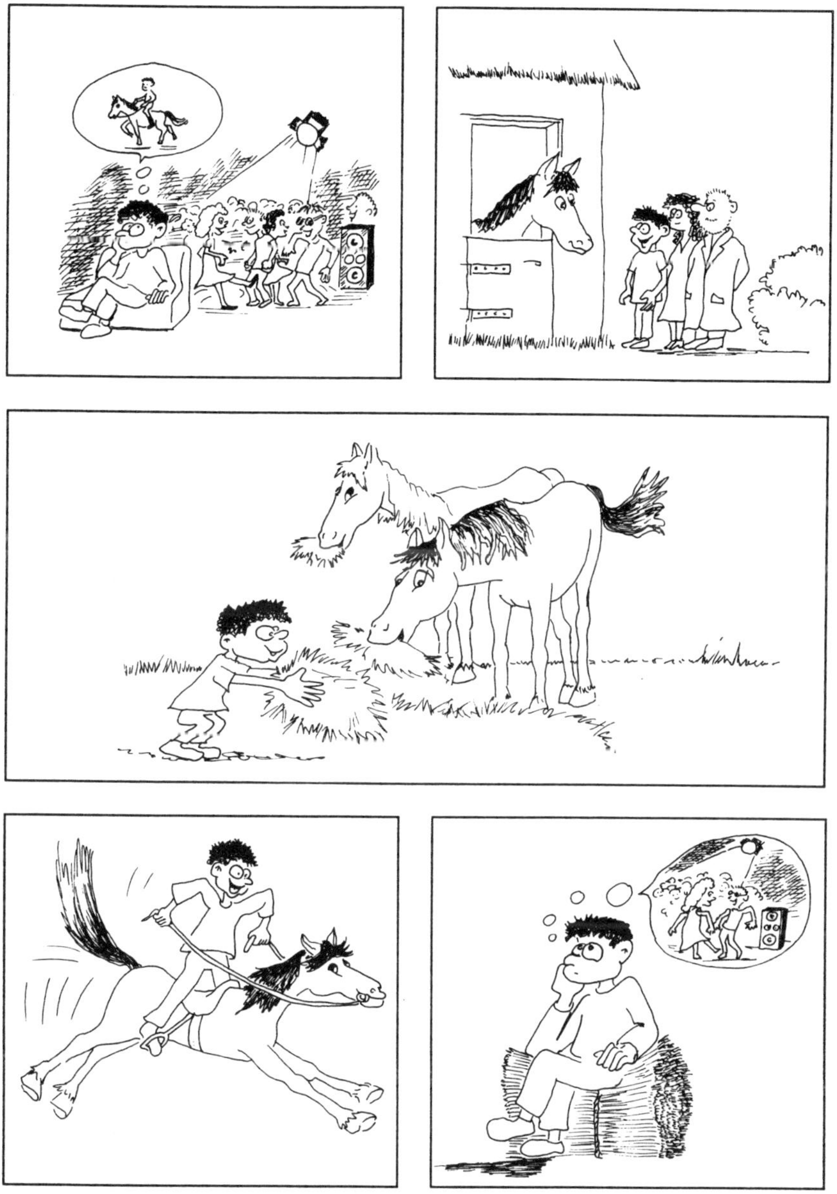

B 35

Witze erzählen

INTENTION: Die Schüler sollen aus ihrem persönlichen Fundus an Kinderwitzen zwei Witze auswählen und diese zunächst in Kleingruppen und dann im Plenum in freier Rede vortragen. Auf diese Weise üben sie sich nicht nur im freien Sprechen, sondern tanken zugleich Selbstbewußtsein, weil Witze in aller Regel die Aufmerksamkeit und die Zuwendung der Mitschüler sicherstellen.

DURCHFÜHRUNG: Die Schüler erhalten die vorbereitende Hausaufgabe, sich zwei lustige und/oder spannende Kinderwitze aus Zeitschriften oder aus Witzebüchern bzw. -heften herauszusuchen und sich darauf vorzubereiten, daß diese Witze im Unterricht erzählt werden müssen. Während der Übung selbst werden zunächst mehrere Kleingruppen mit je 3-4 Schülern gebildet, in denen sich die Gruppenmitglieder wechselseitig ihre vorbereiteten Witze erzählen. Je nachdem, wie das Echo ist, wählt jeder Schüler einen seiner beiden Witze für die anschließende Runde im Plenum aus. Denn nach Abschluß der "Warming-Up-Runde" in den Kleingruppen steht das Witzeerzählen vor der ganzen Klasse an. Dazu wird extra ein Rednerpult aufgebaut bzw. ein entsprechender Aufsatz auf das Lehrerpult gestellt, der u.a. als Ablage für den "Spickzettel" dient. Dann gehen die Schüler nach und nach zum Rednerpult und erzählen in der ihnen eigenen Weise den ausgewählten Witz. Grundsätzlich wird nach jeder Darbietung applaudiert, damit der jeweilige Erzähler für seinen Mut ein wenig belohnt wird.

VORBEREITUNG: Die vorbereitende Hausaufgabe muß rechtzeitig in Auftrag gegeben werden. Schülern ohne Witzevorrat muß unter Umständen eine gewisse Auswahl von Kinderwitzen zur Verfügung gestellt werden (vgl. die Beispiele in B81). Die Gruppenbildung erfolgt am besten im Losverfahren, damit die "Spezis" nicht unter sich sind. Zu besorgen ist ferner das Stehpult/Tischpult.

B 36

Erlebnisberichte

INTENTION: Die Schüler sollen persönliche Erlebnisse und Erfahrungen in kleinen und kleinsten Gesprächszirkeln vorstellen. Sie sollen dieses in freier Rede tun, nur gestützt auf einige Stichworte, die sie zu einem möglichst stimmigen Erzähl-Leitfaden kombinieren. Sie sollen auf diese Weise zum Reden ermutigt und zum stringenten Berichten veranlaßt werden.

DURCHFÜHRUNG: Die Übung beginnt damit, daß der Lehrer das Erlebnisfeld genauer definiert, aus dem die Schüler berichten sollen. Mögliche Erlebnisfelder sind z.B.: "Schule", "Tiere", "Straßenverkehr", ""Ferien", "Sport" etc. Themenbereiche also, zu denen allen Schülern einigermaßen interessante und erzählenswerte Erlebnisse einfallen, wenn sie nur ein wenig überlegen.
Wichtig ist von daher, daß den Berichten eine etwa 5-minütige Besinnungs- bzw. Vorbereitungsphase vorangestellt wird. In dieser Phase können die Schüler ihr jeweiliges Erlebnis eingrenzen und gedanklich auf die Reihe bringen (Stichwortkette notieren). Anschließend werden im Losverfahren Gesprächspaare gebildet, die sich in einem Doppelkreis gegenübersitzen (vgl. Baustein 54) und sich wechselseitig ihre themenzentrierten Erlebnisse berichten (z.B.: Ein tolles Ferienerlebnis ...; eine interessante Unterrichtsstunde ...; eine brenzlige Verkehrssituation ...; ein schönes Erlebnis mit Tieren ...; ein spannender Film ...). In einem zweiten Schritt werden sowohl die Schüler im Innenkreis als auch die im Außenkreis zu 4er oder 5er-Gruppen zusammengefaßt. Dadurch finden sich neue Schüler zusammen, die sich in einem weiteren Versuch reihum ihre Erlebnisse erzählen. Am Ende kann ein kurzes Feedback im Plenum erfolgen

VORBEREITUNG: Je nachdem, in welchem Fach und in welcher Altersstufe das skizzierte Arrangement durchgeführt wird, ist ein geeignetes Thema zu finden, zu dem wirklich alle Schüler etwas einbringen können. Vorzubereiten sind ferner die Loskärtchen sowie die angedeuteten Sitzarrangements (Doppelkreis, Tischgruppen).

B 37

Fotoassoziationen

INTENTION: Die Schüler sollen anhand einer größeren Zahl von Fotos, die themenzentrierte Assoziationen auszulösen vermögen, zum Nachdenken und zur persönlichen Meinungsäußerung veranlaßt werden. Sie sollen ihr Vorwissen und ihre Voreinstellungen zum jeweiligen Thema mobilisieren und in der Klasse zur Sprache bringen, ohne Kritik oder Widerspruch fürchten zu müssen.

DURCHFÜHRUNG: Grundlage des Assoziationsspiels ist eine themenzentrierte Fotokartei, die sich der Lehrer zusammenstellen muß, und die deutlich mehr Fotos umfassen sollte, als Schüler in der Klasse sind. Der Begriff "Foto" ist hierbei weit gefaßt: Auch Karikaturen, Schaubilder, Zeichnungen und Symbole gehören dazu, vorausgesetzt, sie vermitteln offene Denk- und Sprechanstöße zum jeweiligen Thema. Einsetzbar sind derartige Fotokarteien vor allem in der Anfangsphase einer Unterrichtseinheit (z.B. zu Themen wie "Schule", "Jugend heute", "Umwelt", "Arbeitswelt", "Frieden"; "Dritte Welt", "Randgruppen" etc.). Zum Prozedere selbst: Der Lehrer legt die Fotos im Klassenraum aus. Die Schüler inspizieren die Fotos, lassen sich anregen und wählen nach wenigen Minuten je ein Foto aus, das

ihnen Wichtiges zum Thema auszudrücken scheint (eventuell können auch 2 Schüler ein Foto auswählen). Anschließend finden sich zunächst je drei Schüler zum Gedankenaustausch zusammen; sodann bilden alle Schüler einen großen Sitzkreis und präsentieren in lockerer Folge ihre Fotos und erläutern ihre Assoziationen. Hierbei wird das jeweilige Foto für alle gut sichtbar gezeigt und anschließend in die Mitte des Sitzkreises gelegt. Eine Auswertungsphase schließt sich an.

VORBEREITUNG: Die themenzentrierten Fotos können teils aus Fotokarteien entnommen werden, wie sie von einigen Verlagen angeboten werden (z.B. für den Religionsunterricht). Teils müssen sie vom Lehrer selbst hergestellt werden, indem z.B. aus Büchern, Bildbänden, Illustrierten und sonstigen Medien geeignete Motive ausgesucht, abfotografiert und auf DIN-A4-Format vergrößert werden (am besten in Schwarz-Weiß).

ASSOZIATIONS-IMPULSE

B 38

Methapher-Assoziationen

INTENTION: Die Schüler sollen durch anregende Satzanfänge zur themenzentrierten Reflexion und zum kreativen Denken und Formulieren veranlaßt werden. Sie sollen in ein bis zwei Fortsetzungssätzen ihre Gedanken/Kenntnisse ausschnitthaft zur Sprache bringen und sich in ganz simpler Weise im freien Sprechen üben.

DURCHFÜHRUNG: Die Themenbereiche, zu denen sich Metapher-Assoziationen anbieten, sind vielfältig. Stets geht es um persönliche Erfahrungen, Sichtweisen, Einstellungen, Ängste und Wünsche, also um das, was den Schülern nachgerade "auf der Zunge liegt", wenn man ihnen nur einen entsprechenden Anstoß gibt. Anstöße können z.B. sein: "Schule ist für mich wie ..."; Politik ist für mich wie ...", Musik ist für mich wie ...", aber auch: "Zur Dritten Welt fällt mir ein, daß ..."; "Beim Thema Werbung denke ich an ..."; "Glücklich wäre ich, wenn ..."; etc. Metapher-Assoziationen im engeren Sinn sind die erstgenannten Impulse "X ist für mich wie ...", weil durch sie eine bildhafte Redeweise provoziert wird, während die letztgenannten Anstöße doch eher sachbezogene Vorkenntnisse und Einstellungen mobilisieren. Der kommunikative Ablauf selbst sieht so aus, daß der Lehrer den betreffenden Impulssatz an die Tafel schreibt. Die Schüler überlegen sich in einer kurzen Besinnungsphase, wie sie den Satzanfang fortsetzen möchten und notieren sich ein Stichwort. Dann äußern sie reihum ihre Assoziationen, und zwar in ganzen Sätzen! Anschließend können die individuellen Satzergänzungen auf Kärtchen geschrieben und als Assoziationslandschaft visualisiert werden. Eine Auswertungsphase schließt sich an.

VORBEREITUNG: Je nach Thema, überlegt sich der Lehrer einen "anstößigen" Satzanfang. Dieser wird entweder an die Tafel geschrieben oder als Überschrift auf einem Plakat oder an einer Pinwand notiert. Während der Assoziationsrunde sollten die Schüler möglichst im Kreis sitzen oder stehen. Vorzubereiten sind ferner die Kärtchen für die abschließende Visualisierung.

B 39

Begriffsassoziationen

INTENTION: Die Schüler sollen bestimmte themenzentrierte Begriff, die in der Regel von Lehrerseite vorgegeben werden, überdenken. Sie sollen das, was ihnen dazu einfällt, in freier Rede formulieren und dabei bestimmte Redewendungen einüben. Sie sollen auf diese Weise sowohl ihr Vorwissen als auch ihre Voreinstellungen ansatzweise aktivieren und verbalisieren.

DURCHFÜHRUNG: Der Lehrer überlegt sich vorab geeignete "Schlüsselbegriffe" (Reizwörter), die das Vorbewußtsein der Schüler zum jeweiligen Thema erschließen helfen. Sinnvoll ist das immer dann, wenn ein neues Thema angegangen wird, zu dem die Schüler mehr oder weniger rudimentäre Vorstellungen mitbringen. Die Mobilisierung der vorhandenen Vorkenntnisse und Voreinstellungen erfolgt z.B. in der Weise, daß der Lehrer ein bestimmtes themenzentriertes Reizwort an die Tafel schreibt (z.B. "Krieg", "Ludwig der XIV", "Klassenarbeiten", "Berufswahl", "Parteien", "Computer" etc.) Die Schüler erhalten eine kurze Bedenkphase und können dann ihre korrespondierenden Assoziationen zunächst in Kleingruppen und dann im Plenum abwechselnd vorstellen, wobei auf ganze Sätze und auf passable Redewendungen zu achten ist. ("Bei diesem Begriff denke ich an ...", "Zu diesem Begriff fällt mir ein ..." etc.). Eventuell kann der Lehrer die vorgetragenen Assoziationen stichwortartig mitschreiben und anschließend visualisieren. Alternativen zu diesem Verfahren sind: Der Lehrer gibt gleich mehrere themenzentrierte Schlüsselbegriffe vor, zu denen sich die Schüler wahlweise äußern können, oder aber die Schüler überlegen sich selbst zu einem vorgegebenen Themenkomplex je einen Schlüsselbegriff und stellen diesen in der Gruppe/Klasse mit ihren persönlichen Assoziationen vor, so daß ein Begriffsnetzwerk entsteht.

VORBEREITUNG: Die Vorbereitung des Lehrers besteht einzig darin, daß er sich einen oder mehrere Schlüsselbegriffe/Reizwörter zum jeweiligen Thema überlegt, je nachdem, welches Vorgehen gewählt wird. Ansonsten ist auf kommunikationsfördernde Sitz- bzw. Steharrangements zu achten.

B 40

Bildmeditation

INTENTION: Die Schüler sollen anhand eines vom Lehrer großflächig eingeblendeten Bildimpulses zum themenzentrierten Nachdenken (Meditieren) veranlaßt werden. Sie sollen ihre dadurch ausgelösten Gedanken und Empfindungen spontan ausdrücken und auf diese Weise sowohl für das jeweilige Thema sensibilisiert als auch zum freien Sprechen ermutigt werden.

DURCHFÜHRUNG: Die Übung beginnt damit, daß der Lehrer ein geeignetes Dia oder eine entsprechende Folie mit einem möglichst anregenden Meditationsimpuls zum Thema auf der Leinwand einblendet. (s. nebenstehende Abbildung). Nun erhalten die Schüler zunächst Gelegenheit zum Nachdenken und zur Besinnung (ca. 3 Minuten). Am besten, in dieser Phase wird leise Meditationsmusik eingespielt, die erfahrungsgemäß nicht nur beruhigt, sondern auch den Gedankenfluß fördert. Anschließend kann zunächst ein kurzer Gedankenaustausch in Partner- oder Tischgruppen stattfinden, der gewissermaßen einen ersten Klärungs- und Verbalisierungsschritt bildet (warming up). Alsdann äußern sich die Schüler reihum oder in loser Folge im Plenum und teilen ihre persönlichen Gedanken zum Bild bzw. zum korrespondierenden Thema mit. Hierbei sind Zwischenpausen normal und müssen ausgehalten werden. Das Gesagte bleibt jeweils stehen und wird weder kommentiert, noch diskutiert, noch gar kritisiert. Auf vollständige Sätze und verbindliche "Ich-Aussagen" wird geachtet. Ob sich am Ende tatsächlich alle Schüler geäußert haben, hängt von der Situation ab. Daß es auf jeden Fall möglichst viele sein sollten, ist klar. Abgeschlossen wird die offene Meditationsrunde mit einem Feedback sowohl auf der Sach- wie auf der Methodenebene.

VORBEREITUNG: Falls nicht auf fertige Dias bzw. Folien zurückgegriffen werden kann, müssen geeignete Meditationsmotive aus vorliegenden Medien herausgesucht und als Dia oder Folie reproduziert werden. Für die Präsentation selbst müssen die erforderlichen technischen Gerätschaften zur Verfügung stehen.

IMPULSFOTO

B 41

Meinungsmarkt

INTENTION: Die Schüler sollen sich zu einem bestimmten Thema, das ihnen einigermaßen geläufig ist, eine Meinung bilden und diese in einem Rundgespräch im Plenum äußern. Dabei können fiktive Rollen zugewiesen werden, die es ihnen leichter machen, unbefangen eine mehr oder weniger ausgegorene Meinung zu vertreten.

DURCHFÜHRUNG: Geeignet sind alle Themen, von denen Jugendliche und Erwachsene im Alltag betroffen sind, und zu denen in der Öffentlichkeit unterschiedliche Ansichten kursieren. Das beginnt bei Themen wie "Rauchen", "Fernsehen" oder "Mode" und reicht bis hin zu solchen Themenstellungen wie "Grüner Punkt", "Geschwindigkeitsbegrenzung", "Ladenschlußzeiten", "Wahlkampf", "Bürgerinitiativen" und "Werbung". Wichtig ist, daß jeder Schüler zunächst einmal sagen darf, was er denkt, ohne daß seine Meinung gleich auf den Prüfstand der fachlichen Richtigkeit gestellt wird. Zum Prozedere: Die Schüler setzen sich in einem großen Kreis zusammen und äußern nach und nach ihre Ansichten zum angesagten Thema. Eine andere Variante: Jeder Schüler wählt sich eine x-beliebige Rolle aus (z.B. Hausfrau, 25 Jahre; Großmutter, 72 Jahre; Geschäftsmann, 37 Jahre ...) und äußert sich aus dieser Rolle heraus zum anstehenden Thema. Selbstverständlich kann der Lehrer auch eine größere Zahl von "Standard-Personen" definieren, entsprechende Rollenkärtchen schreiben und diese unter den Schülern verlosen. Diese Rollenkärtchen bleiben zunächst geheim. Transparent werden sie jeweils erst dann, wenn sich der betreffende Schüler äußern will (als erstes stellt er sich vor). So wird gleichermaßen Spannung wie Kontrolle erreicht. Am Ende steht eine Auswertungsphase.

VORBEREITUNG: Als erstes ist ein Schüler- und alltagsnahes Thema zu bestimmen. Alsdann sind gegebenenfalls Rollenkärtchen aus stabiler Pappe mit den wichtigsten Eckdaten (s. oben) herzustellen, und zwar entsprechend der Schülerzahl. Des weiteren sind 2-3 Protokollanten zu bestimmen, die die vorgetragenen Meinungen im Wechsel stichwortartig festhalten - am besten auf Karten (für die Auswertungsphase).

B 42 Info-Markt

INTENTION: Die Schüler sollen zu bestimmten Spezialgebieten, auf denen sie relativ gut Bescheid wissen, die Mitschüler informieren. Sie sollen ihre Kenntnisse/Erfahrungen weitervermitteln, ohne Angst haben zu müssen, daß andere alles besser wissen. Sie sollen durch diesen "Expertenstatus" in ihrem Selbstvertrauen bestärkt, zum Reden ermutigt und zur Klärung des jeweiligen Sachverhalts veranlaßt werden.

DURCHFÜHRUNG: Vor Beginn des Info-Marktes muß jeder Schüler ein Spezialthema vorbereiten, über das er andere Schüler informieren will. Dieses Spezialthema sollte sich in wenigen Minuten vorstellen lassen und innerhalb des Rahmenthemas angesiedelt sein, das im Unterricht ohnedies ansteht (Tiere, Pflanzen, Planeten, Dichter, Sagen, Länder, historische Persönlichkeiten etc.). Die betreffenden Spezialthemen können entweder vom Lehrer vorgegeben oder aber von den Schülern entsprechend ihren Interessen frei gewählt werden. Zum Arbeitsablauf im einzelnen: Die Schüler bereiten sich zu Hause oder vor Beginn des Info-Marktes auf ihr Spezialthema vor (Thema kann u.U. auch nur ein Schaubild, ein Sachtext oder eine Karikatur sein). Der Info-Markt selbst sieht so aus, daß sich je 4 - 5 Schüler mit unterschiedlichen Themen/Medien zu einem "Stehkreis" zusammenfinden, d.h. sie stellen sich in Kleingruppen entlang der Außenwand des Klassenraumes auf, um gegebenenfalls das eine oder andere vorzustellende Medium mit Tesacrepp an der Wand befestigen zu können. Sie informieren sich wechselseitig zu ihren Spezialgebieten und beantworten etwaige Rückfragen. Ist die Runde abgeschlossen, so können die Gruppen neu gemischt werden, und eine weitere Info-Runde beginnt usw.

VORBEREITUNG: Steht das Rahmenthema fest, so muß der Lehrer gegebenenfalls die erforderlichen Spezialthemen/Materialien vorbereiten, die an die Schüler verteilt/verlost werden. Für die Gruppenbildung gilt, daß alle Gruppenmitglieder verschiedene Spezialthemen vertreten müssen. Im Klassenraum selbst sind "Stellplätze" zu arrangieren. Ferner ist Tesacrepp zur Verfügung zu stellen.

B 43 Personality-Show

INTENTION: Die Schüler sollen in die "Haut" berühmter Persönlichkeiten schlüpfen und sich als solche in einer fiktiven Talkshow präsentieren. Sie sollen auf diese Weise veranlaßt werden, sich entsprechendes lexikalisches Grundwissen anzueignen und dieses innerhalb des genannten szenischen Arrangements zu verbalisieren.

DURCHFÜHRUNG: Der Lehrer sucht je nach Fach und Themengebiet 4-5 interessante/lernrelevante Persönlichkeiten aus. Das können berühmte Staatsmänner/Politiker, Maler, Schriftsteller, Schauspieler, Sportler, Erfinder, Astronauten, Musiker usw. sein - egal, ob sie noch leben oder nicht. Wichtig ist, daß knapp gefaßte (lexikalische) Grundinformationen zur Verfügung stehen. Die Schüler ziehen im Losverfahren eine der zur Auswahl stehenden Persönlichkeiten (je nach Schülerzahl gibt es zu jedem Namen mehrere Loskärtchen). Sie machen sich mit ihrer jeweiligen "Bezugsperson" zu Hause und/oder im Unterricht vertraut und überlegen, wie sie sich als Person X in der bevorstehenden Talkrunde wohl präsentieren wollen. Dann erst beginnt die eigentliche Personalitiy-Show, und zwar zunächst in mehreren parallel arbeitenden Kleingruppen, in denen jeweils unterschiedliche "Berühmtheiten" vertreten sind. In jeder Gruppe gibt es zudem einen Talkmaster, der Regie führt und für eine disziplinierte Talkrunde sorgt. Die jeweils versammelten Persönlichkeiten stellen sich in "Ich-Form" vor. Rückfragen sind erlaubt, Diskussionen nicht. Verbindende Wort spricht der Talkmaster. Anschließend zieht jede Gruppe eines der 5 Namensschilder und entsendet die entsprechende "Berühmtheit" in eine neuerliche Talkrunde, die im Plenum stattfindet und vom Lehrer moderiert wird.. Am Ende erfolgt ein kurzes Feedback.

VORBEREITUNG: Zu den betreffenden Persönlichkeiten sind Namensschilder in mehrfacher Ausfertigung zu schreiben. Ferner muß der Lehrer zu Beginn der Talkrunden dafür sorgen, daß in jeder Gruppe ein Talkmaster bestimmt wird, der natürlich selbst eine berühmte Persönlichkeit ist und sich von daher ebenfalls vorstellen muß.

B 44

Brainstorming

INTENTION: Die Schüler sollen anhand einer vorgegebenen Problem- bzw. Fragestellung möglichst viele Gedanken/Ideen zusammentragen bzw. "verbal sprudeln lassen". Sie sollen auf diese Weise sowohl zu geistiger Beweglichkeit und Kreativität als auch zum spontanen Sprechen veranlaßt werden.

DURCHFÜHRUNG: Zu Beginn des Brainstormings wird eine lernrelevante Problem- bzw. Fragestellung an der Tafel notiert, die geeignet ist, eine mehr oder weniger breite "Ideenflut" zu provozieren. Mögliche Brainstorming-Impulse können z.B. sein: "Welche Projektaktivitäten sind möglich?", "Worauf sollte bei der Schulhofneugestaltung geachtet werden?", "Wohin sollte die nächste Klassenfahrt gehen?", aber auch: "Wie kann die Verpackungsflut gestoppt werden?", "Was zeichnet einen 'guten' Politiker aus?", "Warum greifen soviele Jugendliche zu Drogen und Alkohol?", "Worauf kommt es bei der Berufswahl besonders an?" etc. Die Themenpalette kann fast beliebig erweitert werden. Am besten sind natürlich ganz konkrete Probleme aus dem Nahbereich der Schüler, die nach Lösung verlangen. Zu den Grundregeln des Brainstormings gehört, daß prinzipiell jede Idee erlaubt ist. Kritik oder Diskussionen sind in der Brainstorming-Phase verboten. Jeder Schüler sollte soviele Ideen wie möglich einbringen und dabei auch Ideen der Mitschüler aufgreifen und weiterentwickeln können. Zum Ablauf im einzelnen: Am Anfang steht eine Stillarbeitsphase, die den Schülern Gelegenheit gibt, eigene Ideen zu entwickeln und ggf. auch zu notieren. Alsdann erfolgt eine erste Brainstorming-Phase in Kleingruppen (warming up). Danach werden die aktivierten Ideen in lockerer Folge im Plenum zusammengetragen und in Kurzfassung mitprotokolliert und visualisiert. Erst nach Abschluß des Brainstormings wird kommentiert, diskutiert und zusammengefaßt.

VORBEREITUNG: Der betreffenden Brainstorming-Impuls wird groß an die Tafel geschrieben oder an der Pinwand notiert. Dem/den Protokollanten sind rechteckige Kärtchen zur Verfügung zu stellen, damit die geäußerten Ideen stichwortartig festgehalten und anschließend rasch visualisiert werden können.

B 45

Wissens-Lotto

INTENTION: Die Schüler werden anhand ausgewählter Begriffe oder Fragen zu einem behandelten Stoffgebiet zur gezielten Wiederholung und Versprachlichung des Gelernten veranlaßt. Sie sollen auf diese Weise sowohl ihre Sachkompetenz verbessern, als auch ihre Bereitschaft und Fähigkeit steigern, vor den Mitschülern frei zu reden.

DURCHFÜHRUNG: Voraussetzung der Übung ist, daß eine größere Anzahl von Begriffen/Fragen zum jeweiligen Stoffgebiet vorliegt, die gut lesbar auf rechteckigen Kärtchen notiert sind (je Frage/Begriff ein Kärtchen). Je nachdem, ob ein Frageset oder ein Begriffset vorliegt, wird vom Fragelotto oder vom Begriffslotto gesprochen. "Lotto" deshalb, weil die Schüler aus dem vorliegenden Kartenangebot je eine Frage oder einen Begriff ziehen können. Praktisch sieht das z.B. so aus, daß die vorbereiteten Begriffskärtchen/Fragekärtchen mit der Schrift nach unten auf dem Fußboden des Klassenraumes ausgelegt werden, und zwar mindestens so viele, wie Schüler in der Klasse sind. Nun zieht jeder Schüler ein Kärtchen. Danach kann für kurze Zeit eine Art "Tauschbörse" geöffnet werden. Anschließend wird allen Schülern eine gewisse Vorbereitungszeit eingeräumt, in der sie im Schulbuch und/oder in den sonstigen Unterlagen nachschlagen/nachlesen können. Alsdann werden die einzelnen Begriffe/Fragen von den betreffenden Schülern der Reihe nach vorgelesen und in freier Rede erläutert bzw. beantwortet. Der Lehrer greift korrigierend/ergänzend nur dann ein, wenn wirklich gravierende Fehler vorliegen. Abgeschlossen wird die Übung unter anderem mit einem kurzen Feedback.

VORBEREITUNG: Der Lehrer geht das jeweilige Stoffgebiet durch und sucht sich eine größere Anzahl von Fragen/Begriffen aus, die wiederholungsrelevant sind. Diese Fragen/Begriffe werden gut lesbar auf Pappkärtchen geschrieben und an einem geeigneten "Versammlungsort" im Klassenraum verdeckt ausgelegt bzw. ausgehängt.

B 46

Reporterspiel

INTENTION: Die Schüler sollen in der Rolle von Reportern über bestimmte eng begrenzte Spezialgebiete berichten, die sie gut vorbereitet haben. Sie sollen aus einer sicheren Position heraus das freie Sprechen üben sowie gleichzeitig einen Anlaß erhalten, sich intensiver mit dem jeweiligen Spezialgebiet zu befassen.

DURCHFÜHRUNG: Die Schüler erhalten den Auftrag, sich arbeitsteilig auf vereinbarte oder vorgegebene Spezialthemen vorzubereiten und dazu später eine Kurzreportage von z.B. 2minütiger Dauer vor der ganzen Klasse life zu "senden". Die betreffenden Spezialthemen müssen entsprechend schmal abgesteckt sein. Sind zu wenig Spezialthemen vorhanden, so muß das verfügbare Angebot unter den Schülern verlost werden. Beim nächsten Mal sind dann andere Schüler dran. Bewährt haben sich Reporterspiele sowohl in Wiederholungs- als auch in Erarbeitungsphasen. Berichtet wird von den betreffenden Reportern unter unterschiedlichen Gesichtspunkten z.B. aus einem bestimmten Land, aus dem Zoo, aus einem Kernkraftwerk, aus dem Deutschen Bundestag, aus der Stadtverwaltung, von der Frankfurter Buchmesse, vom Mond, vom Kongreß über Vogelschutz, aus einer bestimmten historischen Epoche etc. Die benötigten Sachinformationen liegen vor. Vorbereiten müssen sich die Reporter in aller Regel zu Hause. Die Reportagen selbst werden im Plenum "gesendet", indem die betreffenden Schüler mit Mikrophon in der Hand - am besten hinter einer Fernseh-Attrappe stehend - einen fiktiven Reporter imitieren und ihren Kurzreport anhand einiger Stichworte frei vortragen. Abgeschlossen wird die Reportageserie mit einer Feedbackphase.

VORBEREITUNG: Sichergestellt werden muß zum einen, daß den Reportern die nötigen Sachinformationen zur Verfügung stehen. Hier kann u.a. auf Schulbücher, Lexika oder sonstige Medien (z.B. "Was-ist-Was-Bücher") zurückgegriffen werden. Eventuell müssen die betreffenden Vorlagen kopiert werden. Benötigt wird ferner ein Mikrophon sowie ggf. eine einfache Fernsehattrappe mit Sockel (in Körpergröße).

B 47

Repetitorium

INTENTION: Die Schüler sollen einfache Struktogramme (Tafelbilder, Schaubilder, Diagramme, Tabellen), die sie im Unterricht bereits behandelt haben, einzelnen Mitschülern gegenüber erläutern. Sie sollen auf diese Weise bereits Gelerntes auffrischen und sich zusätzlich im freien Reden und Erklären üben.

DURCHFÜHRUNG: Zu Beginn der Übung wird die Klasse in zwei Hälften eingeteilt. Die eine Hälfte erhält Struktogramm A, die andere Hälfte Struktogramm B zur Vorbereitung und späteren Präsentation. Bei den Struktogrammen kann es sich z.B. um zwei Tafelbilder aus den letzten Stunden handeln, die wiederholt werden sollen. Gesprächsgegenstände können aber auch Schaubilder, Tabellen, Diagramme u.a.m. aus dem Schulbuch oder aus anderen Medien sein, die vertiefend aufzufrischen sind. Die Schüler machen sich in einer kurzen Stillarbeitsphase mit ihrem jeweiligen Struktogramm vertraut (eventuell auch vorher bereits zu Hause). Alsdann finden sich je zwei Schüler mit unterschiedlichen Struktogrammen zusammen und erläutern sich wechselseitig ihre Medien. Sie legen ihr Verständnis dar und beantworten etwaige Rückfragen des Partners. Wichtig ist, daß der Zuhörer während der Präsentation nicht interveniert, um den Sprecher nicht zu verunsichern. Klärende Gespräche können anschließend erfolgen. Unter Umständen können die Partner auch nochmal gewechselt und die Präsentation ein weiteres Mal versucht werden (s. die Kugellager-Methode in B24). Abschließend präsentieren ausgewählte/ausgeloste Schüler die beiden Struktogramme im Plenum, so daß der Lehrer nötigenfalls korrigieren/ergänzen kann. Das gleiche Verfahren kann natürlich auch bei neu einzuführenden Struktogrammen gewählt werden.

VORBEREITUNG: Sofern auf Tafelbilder abgestellt wird, müssen diese natürlich übersichtlich im Heft eingetragen sein. Ansonsten empfiehlt es sich, die betreffenden Struktogramme auf DIN-A5 zu kopieren und an die Schüler zu verteilen. Empfehlenswert ist für die Partnerbildung das Losverfahren.

B 48 Info-Kette

INTENTION: Die Schüler sollen "Schlüsselfragen" zu einem bestimmten Themenfeld klären und mündlich beantworten. Sie sollen dieses ohne Angst tun können, weil sie für die jeweilige Frage exklusiv zuständig sind und sich gebührend vorbereiten können. Sie sollen auf diese Weise sowohl ihre Fachkompetenz als auch ihre sprachliche Kompetenz verbessern.

DURCHFÜHRUNG: Ausgangspunkt der Übung ist eine größere Zahl themenzentrierter Fragen, zu denen die Schüler einigermaßen Bescheid wissen sollten. Diese "Schlüsselfragen" werden in aller Regel vom Lehrer vorgegeben; sie können aber durchaus auch von Schülergruppen gesucht und formuliert werden. Am besten, die Zahl der Fragen entspricht der Zahl der Schüler, denn dann können alle bei der vorgesehenen Info-Kette aktiv mitmachen. Zum Verfahren im einzelnen: Jeder Schüler zieht eine der im Angebot befindlichen Fragen und bereitet sich auf deren Beantwortung entweder zu Hause oder in einer separaten Unterrichtsphase vor. Die entsprechenden In-formationen müssen vorliegen, so daß sich in der Antwortphase im Unterricht eine klar organisierte Info-Kette ergibt. Der Schüler mit der Frage 1 beginnt die Info-Kette, indem er seine Frage vorliest und seine Antwort in freier Rede und in ganzen Sätzen vorträgt. Verständnisfragen sind erlaubt, Diskussionen nicht. Dann kommt der Schüler mit der Frage 2 an die Reihe usw. Der Lehrer sollte sich während dieser Info-Kette möglichst zurückhalten, denn im Anschluß daran erhalten alle Schüler die gesamte Fragepalette in Kopie, um sie in einem weiteren Durchgang zu Hause schriftlich zu beantworten.

VORBEREITUNG: Vorzubereiten sind zunächst natürlich die Fragen zum betreffenden Themengebiet. Sie können auf der Basis des Schulbuchs und anderer verfügbarer Medien abgeleitet, formuliert und von den Schülern später auch beantwortet werden. Die Fragen werden auf schmale Pappstreifen geschrieben und fortlaufend durchnumeriert.

3. Miteinander reden – das kleine 1 x 1 der Gesprächsführung

Die im letzten Abschnitt vorgestellten Übungsarrangements mit ihrer besonderen Betonung des angstfreien Sprechens sind natürlich nur die Vorstufe einer qualifizierten Kommunikation im Unterricht. Monologisches Sprechen ist nur das eine. Miteinander reden zu können ist das andere. Und diese letztgenannte Pflege dialogischer Fähigkeiten und Fertigkeiten ist das, was die nachfolgenden Übungen schwerpunktmäßig ermöglichen sollen. Sie sollen den Schülern Gelegenheit geben, sich im wechselseitigen Zuhören zu üben sowie sensibel dafür zu werden, worauf es bei konstruktiven Dialogen und Gesprächen ankommt. Worauf dabei im einzelnen zu achten ist, das ist bereits in Abbildung 3 auf Seite 20 sowie in den Übungen »Regelerarbeitung« und »Regelsalat« in Abschnitt II.1 angedeutet worden. Zusammenfassend läßt sich hier festhalten: Die Schüler sollen lernen und möglichst nachhaltig verinnerlichen, daß es in Gesprächssituationen darauf ankommt ...,

- dem jeweiligen Gesprächspartner gut zuzuhören, damit das Gesagte auch aufgenommen werden kann;
- beim Reden die Mitschüler anzuschauen und nicht lediglich den Blick zum Lehrer hin zu richten;
- auf Fragen und Argumente des/der Gesprächspartner(s) einzugehen und diese konstruktiv »weiterzuspinnen«;
- fair und freundlich zu bleiben, damit der jeweilige Gesprächspartner sich ernst genommen und zum Sprechen ermutigt fühlt;
- nicht zu viel selbst zu reden, sondern auch die Mitschüler zu Wort kommen zu lassen;
- klar und verständlich zu reden, damit anderen das Zuhören und Verstehen nicht unnötig erschwert wird;
- Nebengespräche und sonstige störende Bemerkungen (»Killerphrasen«) zu unterlassen, die einzelne Mitschüler irritieren/entmutigen könnten;
- qualifizierte mündliche Beiträge zu liefern und nicht einfach nur etwas nachzuplappern;
- stille Schüler behutsam anzusprechen und einzubeziehen, damit sie ihre Fähigkeiten und Ideen einbringen können;
- ein Gespräch so zu führen und zu beeinflussen, daß auch etwas dabei herauskommt, was sich sehen lassen kann;
- vereinbarte Gesprächsregeln zu beachten, einzuhalten und von den anderen Gesprächspartnern konsequent einzufordern.

Dieses Regelwerk muß durch entsprechende Übungen im Unterricht bewußtgemacht und »eingeschliffen« werden. Das geschieht kleinschrittig mit Hilfe einfacher Arrangements, die in die Kunst des verständnisvollen, konstruktiven Dialogs einführen. Komplexere und anspruchsvollere Kommunikationsarrangements finden sich in Abschnitt II.5. Ausgangspunkt der hier zur Debatte stehenden Trainingsarbeit ist eine kritische und selbstkritische Bestandsaufnahme des »Status quo«. Mögliche Leitfragen sind: Wie laufen die gängigen Gespräche ab? Inwieweit wird miteinander oder aneinander vorbeigeredet? Welche Defizite und Mißverständnisse sind zu konstatieren? Wie steht es um die Bereitschaft und Fähigkeit der Schüler, zuzuhören und andere grundlegende Regeln des sozialen Miteinanders zu beachten? Diese und andere Fragestellungen stehen im Mittelpunkt der ersten Übungen. Sie dienen vorrangig der Sensibilisierung der Schüler, d.h. der Schaffung von Problembewußtsein, der Förderung von Selbstkritikfähigkeit sowie der Weckung strategisch-operativer Ambitionen. In diesem Sinne knüpfen sie an die in Abschnitt II.1 vorgestellten Reflexionsschleifen an; sie frischen diese auf und treiben die Mikroanalyse fachspezifischer Gespräche weiter voran, um Ansatzpunkte und Richtwerte für eine verbesserte Kommunikation zu gewinnen. Gelernt wird hierbei also vorrangig auf der Basis vorliegender Gesprächsdokumente und/oder selektiver Gesprächsauszüge (Tonband, Video, Protokoll, Redewendungen etc.). Wohlgemerkt: Diese »Supervision« erstreckt sich in aller Regel auf fach- und themenzentrierte Gesprächssequenzen, läßt sich also ohne weiteres mit dem gängigen Lehr-/Lernprogramm des jeweiligen Fachlehrers in Einklang bringen.

Letzteres gilt erst recht für die dialogischen und diskursiven Gespräche, wie sie durch die anschließenden Übungen in Gang gebracht werden. Kennzeichnend für diese Übungen ist eine sukzessive Steigerung der Anforderungen und der Komplexität des Gesprächsverlaufs. Am Anfang stehen relativ einfache Partner- und Triogespräche, die den Schülern dazu dienen, die Grundregeln des aktiven Zuhörens und des konstruktiven Dialogs einzuüben. Das geschieht in stark ritualisierter Form, damit die Schüler zunächst einmal eine gewisse Verhaltenssicherheit gewinnen. Das dabei gewonnene »Know-how« wird durch Übungen wie »Wortwechsel«, »Kreisgespräch«, »Stationengespräch«, »Reportage«, »Schneeballmethode«, »Gruppenpuzzle«, »Fishbowl« und »Talshow« weitergehend ausgebaut. Dabei stehen Gruppengespräche im Vordergrund, die auf Informationsaustausch und -weitergabe, auf das Treffen von (Auswahl-)Entscheidungen oder auf das Erstellen gemeinsamer Produkte ausgerichtet sind. Diese Ergebnisorientierung verlangt und gewährleistet einigermaßen konstruktive Gespräche. Gespräche, an denen sich zudem vom Reglement her jeder Schüler beteiligen muß. Überwacht und nötigenfalls angemahnt wird diese verbindliche Gesprächsteilnahme unter Umständen von eigens eingesetzten »Regelbeobachtern«. Auf diese Weise wird nicht nur das Gesprächs- und Interaktionsrepertoire der Schüler ausgebaut, sondern auch ihr Regelbewußtsein vertieft.

Letzteres gilt auch und nicht zuletzt für Aussprachen und Diskussionen im Klassenverband. Denn das Regelwerk, das in Partner- und Gruppengesprächen eingeübt worden ist, kommt natürlich auch in Plenargesprächen zum Tragen. Lediglich die verbindliche Teilnahme aller Schüler kann im Falle des Plenargesprächs nicht mehr gewährleistet werden, da dieses aus zeitlichen und inhaltlichen Gründen in aller Regel weder möglich noch sinnvoll ist. Von daher spricht vieles dafür, das »Miteinander Reden« ganz gezielt und ganz schwerpunktmäßig in Partner- und Kleingruppen zu üben. Diese sind für die Akteure wie für die Regelbeobachter nicht nur überschaubar und ermutigend, sondern sie haben auch den Vorteil, daß leichter mal eine Video- oder Tonbandaufnahme gemacht oder ein Gesprächssoziogramm erstellt werden kann. Daß diese Art der »Supervision« unerläßlich ist und von Zeit zu Zeit angesetzt werden muß, ist unstrittig. Denn sensibilisiert und qualifiziert werden die Schüler nicht durch bloßes Tun bzw. »Gesprächeführen«, sondern die (selbst-)kritische Reflexion dieses Tuns sowie die darauf aufbauende Vorsatzbildung und Regelklärung müssen notwendig hinzukommen. Ansonsten gerät das Gesprächstraining nur zu leicht zum bloßen »Schwätzen«. Von daher haben »anstößige« (Video-)Dokumentationen durchaus ihren Sinn. Das gilt insbesondere für die konzertierten Übungsphasen, in denen sich Lehrer und Schüler schwerpunktmäßig auf das Thema Kommunikation konzentrieren. Ist auf Schülerseite erst einmal ein gewisser Grundstock vorhanden, dann können die gelegentlich »penetrant« erscheinenden Übungs- und Reflexionsschleifen zurückgenommen werden. Allerdings zeigen die bisherigen Erfahrungen, daß das vermittelte kommunikative Repertoire immer mal wieder aufgefrischt und bewußt vertieft werden muß. Andernfalls schleifen sich über kurz oder lang doch wieder alte defizitäre Verhaltensmuster ein, die es ja gerade zu überwinden gilt.

Daß diese Art des kommunikationszentrierten Arbeitens mit den Ansprüchen und Pflichten der Fachlehrer sehr wohl in Einklang zu bringen ist, ist bereits angedeutet worden. Das gilt nicht zuletzt für die nachfolgenden Übungsbausteine. Sie sind durchweg geeignet, im Fachunterricht recht nachhaltige Gärungs- und Klärungsprozesse in Gang zu bringen sowie die Schüler zum aktiven und motivierten Lernen zu veranlassen. Das läßt sich sehr konkret und themenbezogen aus Kapitel III ersehen, wo das Lernfeld Ökologie mit ganz unterschiedlichen kommunikativen Methoden angegangen und erschlossen wird. Zwar ist der Stellenwert des kommunikativen Arbeitens und Lernens in den etablierten Schulfächern durchaus unterschiedlich, aber es gibt letztlich kein Fach, in dem nicht zumindest einige der nachfolgenden Kommunikationsarrangements sinnvoll eingesetzt werden können. Das gilt im Prinzip für alle Schularten und Schulstufen. Lediglich die inhaltliche Füllung und Einbindung muß den jeweiligen Gegebenheiten angepaßt werden.

Ein wichtiges Hilfsinstrument ist bei alledem die Videokamera. Denn wenn die Schüler das eigene Gesprächsverhalten intensiver studieren und reflektieren sollen, dann müssen sie sich (und andere) gelegentlich genauer vor Augen haben, um problematische Sprach- und Verhaltensmuster erkennen zu können. Die Live-Simulation reicht diesbezüglich allein nicht aus. Mit einer beliebig oft abspielbaren und anzuhaltenden Videoaufzeichnung kann der nötige Tiefgang bei Bedarf viel eher sichergestellt werden. Dabei reicht es völlig aus, wenn von Zeit zu Zeit einmal gezielt gefilmt und »gespiegelt« wird. Inflationäres Filmen ist auf jeden Fall weder nötig noch anzuraten.

B **49**

Mißverständnisse

INTENTION: Den Schülern soll bewußt gemacht werden, daß es in Gesprächssituationen wichtig ist, nicht nur die Sachebene zu sehen, sondern auch die Beziehungsebene zu bedenken. Sie sollen erkennen, daß Ich-Botschaften günstiger sind als Du-Botschaften, aber auch, daß "der Ton häufig die Musik macht".

DURCHFÜHRUNG: Zunächst wird der abgebildete Wortwechsel als stummer Impuls auf Folie eingeblendet oder aber an die Tafel skizziert. Die Schüler nehmen nach einer kurzen Besinnungs- und Besprechungsphase in Kleingruppen zu dem Wortwechsel Stellung. Anschließend analysiert der Lehrer exemplarisch, was auf der Sachebene mitgeteilt wird (A: "Ich verstehe Dich nicht"; B: "Ich kann/will nicht lauter reden") und was auf der Beziehungsebene abläuft (A: "Ich rede aber viel besser als Du, ätsch!" oder: "Ich befehle Dir, rede deutlich!" - B: "Du kannst mich mal ..." oder: "Halts Maul, der Chef hier, der bin ich!"). Auf jeden Fall muß deutlich werden, daß durch unterschwellige Zurechtweisungen, Racheakte und/oder Machtkämpfe ein Gespräch ganz schnell blockiert werden kann. Auch sollte herauskommen, daß Ich-Botschaften ("Ich verstehe Dich ziemlich schlecht") in aller Regel günstiger sind als Du-Botschaften ("Red' doch mal lauter!"), die oft schroffen Befehlscharakter haben. Daß nicht zuletzt ein freundlicher Tonfall oder die eine oder andere Höflichkeitsfloskel ("bitte") verständnisfördernd wirken können, sollte ebenfalls deutlich werden. Nach diesem Lehrerkommentar erhalten die Schüler Gelegenheit, in Partner- oder Gruppenarbeit analoge Wortwechsel zu entwickeln und jeweils eine Negativ- und eine Positiv-Version zu formulieren und zu präsentieren.

[A] "Kannst Du nicht mal lauter reden!"

[B] "Redest Du hier, oder rede ich!"

VORBEREITUNG: Die besagte Abbildung wird großformatig auf Folie kopiert oder vom Lehrer in analoger Form an der Tafel skizziert. Der angedeutete Lehrerkommentar (Kurzanalyse) muß vorab überlegt werden. Für die Präsentation der von den Gruppen erarbeiteten Wortwechsel sind u.U. Handpuppen zur Verfügung zu stellen.

B 50

Aussprache

INTENTION: Die Schüler sollen anhand einer Stegreif-Diskussion einiger Mitschüler erfahren und beobachten, inwieweit miteinander, gegeneinander oder aneinander vorbei geredet wird. Sie sollen auf diese Weise für eine gute Gesprächsführung sensibilisiert sowie zur Auffrischung entsprechender Gesprächsregeln veranlaßt werden.

DURCHFÜHRUNG: Vor Beginn der Übung werden fünf Schüler rekrutiert, die bereit sind, eine Gruppendiskussion zu einem vorgegebenen Thema zu führen (hier: "Sollte das Rauchen auf dem Schulgelände generell verboten werden?"). Unter diesen fünf Schülern werden die abgebildeten Rollenkärtchen dergestalt verteilt, daß die anvisierten Verhaltensweisen einigermaßen zu den betreffenden Personen passen. Wichtig auch: Den Akteuren ist jeweils nur die eigene Rollenkarte bekannt. Nach einer kurzen Besinnungsphase setzen sie sich sodann als Gruppe im Blickfeld der Klasse zusammen und diskutieren unter Beachtung der Rolleninformationen etwa 10 Minuten lang das Thema "Rauchverbot". Die übrigen Schüler der Klasse sind währenddessen Zuschauer und Beobachter. Sie notieren sich etwaige Auffälligkeiten und tragen diese in der abschließenden Auswertungsrunde vor. Dann äußern sich die Akteure selbst, stellen ihre Rollen vor und benennen das, was nach ihrer Ansicht in einem guten Gespräch anders laufen müßte. Die so angesprochenen Verhaltenstips werden an der Tafel festgehalten.

TINA: Du versuchst das Gespräch ziemlich straff zu leiten und dafür zu sorgen, daß sich alle beteiligen. Du willst auf jeden Fall ein gutes Ergebnis haben. Du bist eher für das Rauchverbot.

JENS: Du schweifst gerne vom Thema ab und erzählst irgendwelche nebensächlichen Dinge. Zuhören ist nicht Deine Stärke. Du bist eher für das Rauchverbot.

KAREN: Du kannst Tina nicht leiden, weil sie sich immer so aufspielt. Du gibst ihr oft kontra. Du bist entschieden gegen ein Rauchverbot.

PETER: Du bist sehr zurückhaltend. Wenn Du nicht angesprochen wirst, sagst Du nichts. Du bist strikter Nichtraucher.

MARCO: Du bist gegen das Rauchverbot. Du bist rechthaberisch und willst Deine Meinung auf jeden Fall durchsetzen. Sonst wirst Du leicht aggressiv/überheblich.

VORBEREITUNG: Zunächst ist ein geeignetes Thema zu überlegen. Ferner sind die Rollenkarten mit den entsprechenden Kurzinformationen herzustellen sowie die betreffenden Namensschilder zu schreiben, die die einzelnen Akteure vor sich hinstellen. Des weiteren erhalten die Beobachter ein Protokollblatt mit 5 Spalten (für jeden Akteur eine), in die sie etwaige Auffälligkeiten negativer oder positiver Art eintragen.

B 51

Redewendungen

INTENTION: Die Schüler sollen erkennen, daß es Redewendungen gibt, die zum Sprechen ermutigen und ein Gespräch voranbringen, und daß es solche gibt, die eher hemmen und entmutigen. Sie sollen durch die Auseinandersetzung mit vorgegebenen Redewendungen in ihrer Selbstkritikfähigkeit bestärkt und zu sensibler Gesprächsführung veranlaßt und befähigt werden.

DURCHFÜHRUNG: Die Schüler erhalten das dokumentierte Arbeitsblatt in Kopie und kreuzen in einem ersten Schritt an, wie sie die vorgegebenen Redewendungen einschätzen. Sie können auf der positiven Seite zwischen +1 und +3 und auf der negativen Seite zwischen -1 und -3 differenzieren. Die Nullinie fehlt, damit die Schüler auf jeden Fall eine Trendmeldung vornehmen müssen. Auf einem gesonderten Blatt müssen sie überdies ihre jeweilige Einschätzung stichwortartig begründen. Dieser erste Arbeitsschritt kann sowohl in Einzel- als auch in Partnerarbeit erledigt werden. Anschließend vergleichen die Schüler in Tischgruppen ihre Einschätzungen und diskutieren etwaige Auffassungsunterschiede. Sodann werden die vorliegenden Redewendungen im Plenum abwechselnd vorgelesen und kurz kommentiert. In Zweifelsfällen werden die betreffenden Redewendungen vom Lehrer dergestalt inszeniert, daß er die Rolle eines fiktiven Schülers übernimmt und anderen Schülern gegenüber die fraglichen Redewendungen in einem Stegreifspiel äußert. Hierbei kann zudem die Bedeutung der Stimmvariation demonstriert werden. Strittige Einschätzungen werden diskutiert und vom Lehrer nötigenfalls näher kommentiert. Abgeschlossen wird die Übung mit einer kurzen Feedbackphase.

VORBEREITUNG: Das vorliegende Arbeitsblatt wird entsprechend der Schülerzahl kopiert. Selbstverständlich können die vorgegebenen Redewendungen auch modifiziert bzw. teilweise gestrichen werden. Für die szenische und akustische Inszenierung ausgewählter Redeweisen setzt sich der Lehrer mit einigen Mitspielern im Blickfeld der Klasse zusammen und imitiert die betreffenden Redewendungen.

Arbeitsblatt

➲ *Im folgenden findest Du einige Redewendungen, wie sie im Laufe einer Gruppenarbeit geäußert wurden. Kreuze bitte in jeder Zeile an, ob Du die jeweilige Aussage für gesprächsfördernd/ermutigend oder für gesprächshemmend/entmutigend hältst. Du hast sowohl auf der positiven Seite (+1 bis +3) als auch auf der negativen Seite (-1 bis -3) je drei Abstufungsmöglichkeiten. (+3) heißt sehr gesprächsfördernd/ermutigend, (-3) heißt sehr gesprächshemmend/sehr entmutigend. Notiere außerdem eine stichwortartige Begründung zu jeder Deiner Einschätzungen!*

Redewendungen	+3	+2	+1	-1	-2	-3
Ich finde, wir drehen uns im Kreis						
Klaus, was meinst Du dazu						
Das ist doch kein Argument						
Ich gebe zu, Du hast recht						
Kannst Du das mal erläutern						
Quatsch doch nicht immer dazwischen						
Das ist eine gute Idee						
Hör doch bitte mal zu						
Bis Du mal was kapierst						
Laß Silvia doch mal ausreden						
Ich kapiere das nicht						
Darf ich auch mal was sagen						
Mensch, komm doch mal zur Sache						
Du bist doch ein Blödmann						
Ich bin da ganz anderer Ansicht						
Was meinen denn die anderen dazu						
Denken ist eben Glückssache						
Ich möchte Pia's Aussage unterstützen						
Kannst Du mal lauter reden						
Ich möchte mal zusammenfassen						
Ich fühle mich ziemlich übergangen						
Du störst, merk' dir das						
Hurra, Tim hat was kapiert						

B 52

Gesprächsanalyse

INTENTION: Die Schüler sollen anhand einer vorgegebenen Gesprächssequenz einige typische Mängel erkennen, wie sie in den alltäglichen Unterrichtsgesprächen immer wieder zutage treten. Sie sollen auf diese Weise das eigene Gesprächsverhalten überdenken sowie Regeln auffrischen, die eine konstruktive Gesprächsführung begünstigen.

DURCHFÜHRUNG: Am besten, das nebenstehende Gesprächsprotokoll wird rechtzeitig vor Beginn der Übung an fünf interessierte Schüler ausgeteilt, die die Schüler A - E wahlweise übernehmen und deren Äußerungen in einem einleitenden Rollenspiel zum besten geben. Die übrigen Schüler der Klasse schauen sich das szenische Spiel an und äußern sich anschließend spontan zum Gesprächsverlauf und zu einzelnen Gesprächsbeiträgen. Die vorgetragenen Kritikpunkte werden vom Lehrer an der Tafel festgehalten. Sodann erhalten alle Schüler das dokumentierte Gesprächsprotokoll in Kopie an die Hand. Sie lesen das Protokoll und markieren sich wichtige Stellen. Anschließend setzen sie sich in Tischgruppen zusammen, vergleichen ihre Markierungen, arbeiten Mängel und sonstige Auffälligkeiten heraus, diskutieren strittige Punkte und schreiben am Ende eine gemeinsame kritische Stellungnahme zum Gesprächsverlauf. Zwei ausgeloste Gruppen tragen ihre Stellungnahmen alsdann im Plenum vor. Gleichzeitig notiert der Lehrer die Kritikpunkte, die in der anfänglichen Spontanphase noch nicht genannt wurden, an der Tafel und komplettiert so die Defizit-Übersicht. Darauf aufbauend formulieren die Tischgruppen abschließend 5 - 7 Merksätze, die für zukünftige Gruppen- bzw. Unterrichtsgespräche leitend sein sollten.

VORBEREITUNG: Das vorliegende Gesprächsprotokoll wird entsprechend der Schülerzahl kopiert. Ferner sind die Schüler, die die Gesprächsszene im einleitenden Rollenspiel vorstellen sollen, rechtzeitig zu rekrutieren. Für das Rollenspiel selbst ist ein Gruppentisch im Blickfeld der Klasse zu arrangieren.

Gesprächsprotokoll

Sch. A: Was spricht eigentlich für eine Geschwindigkeitsbegrenzung auf Autobahnen? Laßt uns mal schnell was festhalten; wir haben nur noch knapp 10 Minuten.

Sch. B: Wer trägt nachher eigentlich vor? Also, ich auf keinen Fall. Ich war gestern abend bis 3 Uhr in der Disko. Soll Euch übrigens von Freddy grüßen. Die haben einen neuen Disk-Jockey.

Sch. C: Jetzt halt doch endlich mal Deine Rassel. Wenn Du schon nichts kapierst, dann halt uns doch wenigstens nicht von der Arbeit ab!

Sch. A: Also los, Argumente! Ich schreibe mit.

Sch. B: Was ist das Thema?

Sch. C: Komm, gib's auf! Also Tempo 100, das halt ich einfach für Unfug. Ich bin für Tempo 130 - höchstens.

Sch. D: Bist Du schon mal 220 gefahren? Ich erst am letzten Wochenende mit meinem Bruder. Das ist ein Gefühl, kann ich Dir sagen. Wir sind von Frankfurt nach Darmstadt gebraust, immer links.

Sch. E: Ich bin neulich mit meinem Vater in München gewesen. Hinter Stuttgart - 230 Sachen und mehr.

Sch. A: Ihr seid doch zwei Dummschwätzer; wenig Hirn, aber 200 fahren. Von Ökologie noch nie was gehört - oder?

Sch. C: Komm, nun reg' Dich nicht auch noch auf. Tempo 130 auf Autobahnen; was spricht dafür, was spricht dagegen?

Sch. A: Nein, es geht nicht speziell um Tempo 130, sondern ganz allgemein um Geschwindigkeitsbegrenzungen auf Autobahnen. Das kann auch 100 oder auch 80 sein, wie z.B. auf dem Autobahnstück durch Karlsruhe.

Sch. E: Wenn die die vielen Kameras nicht hätten, dann würde mit Sicherheit kaum einer 80 fahren.

Sch. B: Mein Vater hat neulich erst 120 DM bezahlt, weil ihn die neue Kamera kurz hinter der Rheinbrücke erwischt hat.

Sch. A: Richtig so! Wenn wir die Umwelt schützen wollen und wenn der Verkehrslärm abnehmen soll - das ist wirklich eine Plage für die Leute -, also ich meine, dann muß die Geschwindigkeit beschränkt werden.

Sch. B: Ich bin für "freie Fahrt für freie Bürger"!

Sch. C: Quatschkopp! (zu A gewandt) Komm, wir machen's alleine. Am besten, wir machen eine Tabelle mit zwei Spalten. Links die Pro-Argumente, rechts die Kontra-Argumente.

Sch. A: Also, zu Kontra fällt mir auf Anhieb gar nichts ein. Aber für die Geschwindigkeitsbegrenzung auf Autobahnen weiß ich einiges: Weniger Benzinverbrauch, weniger Schadstoffe, weniger Unfälle ...

Sch. C: Langsam, so schnell kann ich gar nicht schreiben.

Sch. A: Ach ja, und dann noch weniger Lärm.

Sch. C: Und weniger Staus, weil der Verkehr besser fließt.

Sch. A: Trägst Du nachher vor, oder soll ich's machen?

Sch. C: Mach Du's lieber.

Sch. A: O.K.

Sch. B: Braucht Ihr uns nicht mehr, Ihr Streber?

Sch. C: Nein!

B 53 Regelkreis

INTENTION: Die Schüler sollen die wichtigsten Regeln, die für Unterrichtsgespräche gelten, auffrischen und im Gespräch mit Mitschülern diskutieren, ob und inwieweit diese Regeln in der Klasse eingehalten werden. Auf diese Weise wird das Regelbewußtsein der Schüler vertieft und ihre Fähigkeit zur konstruktiven Gesprächsführung verbessert.

DURCHFÜHRUNG: Grundlage dieser Übung ist der Regelkatalog, wie er in Abschnitt I.1 dieses Buches sowie in Baustein B17 vorgestellt wurde. Je nachdem, wieviel Zeit zur Verfügung steht und welche Regeln aufgefrischt werden sollen, werden mehrere Karten mit ausgewählten Regeln in gewissen Abständen über die Außenwände des Klassenraumes verteilt und dort mit Tesacrepp befestigt (Schrift zur Wand). Nun werden im Losverfahren entsprechend viele Gruppen gebildet und den Regel-Karten zugewiesen. Jede Gruppe dreht ihre Karte um und diskutiert im Stehen darüber, ob und inwieweit die jeweilige Gesprächsregel in der Klasse beherzigt wird und was gegebenenfalls getan werden kann/soll, um die Regeleinhaltung zu verbessern. Nach etwa 3 - 5 Minuten werden die Gruppen durch Klingelzeichen aufgefordert, im Uhrzeigersinn zur jeweils nächsten Regel-Karte weiterzugehen und diese in gleicher Weise zu thematisieren. Dieser "Kreislauf" wird solange fortgesetzt, bis jede Gruppe alle Regeln zur Kenntnis genommen und diskutiert hat. Anschließend stellt jede Gruppe zu einer zugelosten Regel ihr Diskussionsergebnis vor. Offene Fragen werden geklärt, neue Vorsätze gefaßt.

VORBEREITUNG: Der Lehrer wählt einige Gesprächsregeln aus, die der Bewußtmachung und Festigung bedürfen, und schreibt diese auf DIN-A4-Karton. Diese Regeln werden - wie erwähnt - mit Tesacrepp an den Außenwänden des Klassenraumes befestigt. Benötigt wird ferner eine Signalklingel, mit der der Stationenwechsel eingeläutet wird.

REGELKATALOG

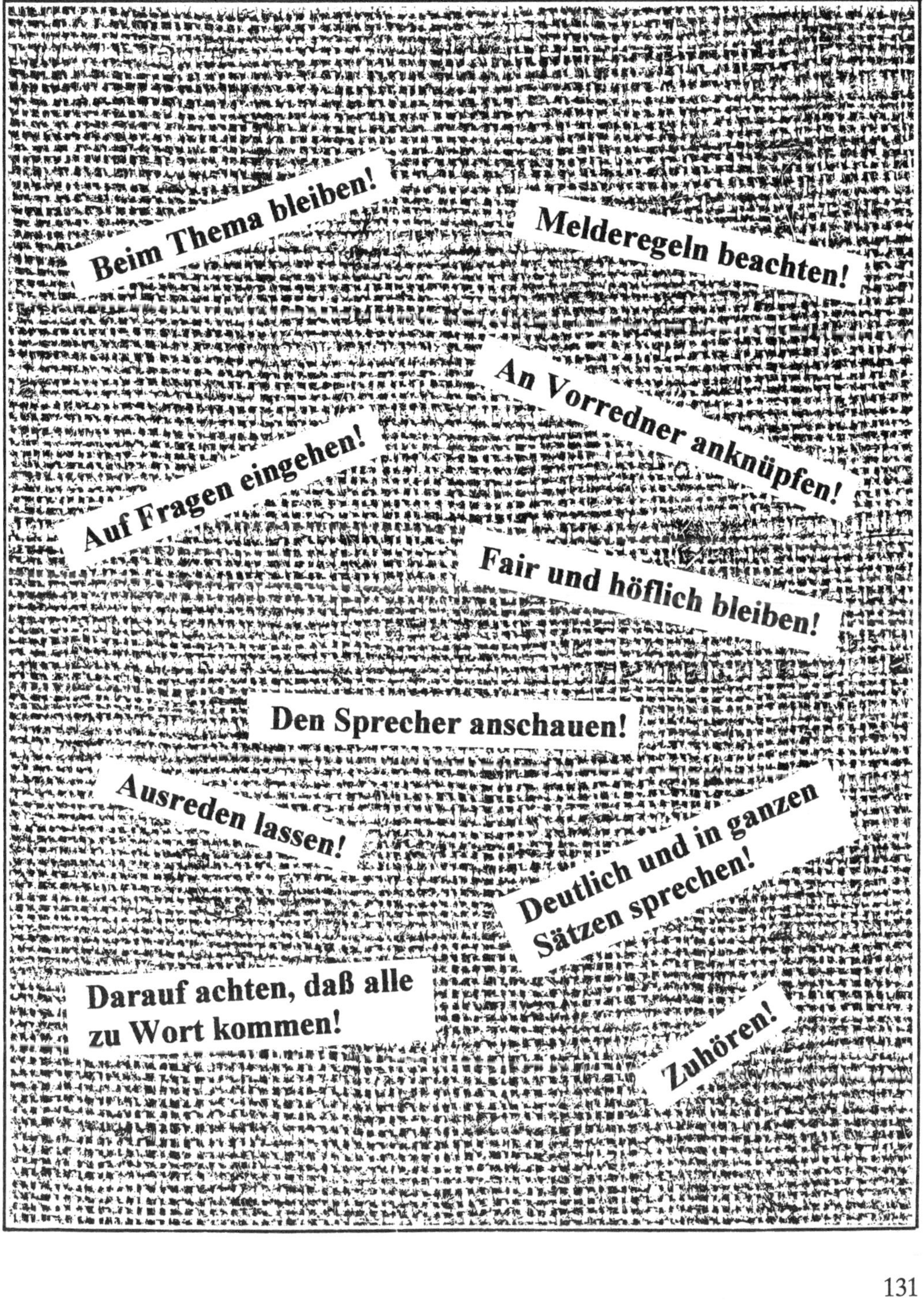

B 54

Doppelkreis

INTENTION: Die Schüler sollen sich paarweise über bestimmte Themen unterhalten und ihre unterschiedlichen Kenntnisse, Erfahrungen und/oder Ideen zusammentragen. Sie sollen sich wechselseitig informieren und einander zuhören. Sie sollen sich auf diese Weise im konstruktiven Miteinander-Reden üben und voneinander lernen.

DURCHFÜHRUNG: Die Schüler der betreffenden Klasse werden durch Verlosen ausreichend vieler Kartenpaare zu Gesprächstandems zusammengeführt, die sich in einem zu bildenden Doppelkreis gegenübersitzen (s. Abbildung). Der Lehrer gibt ein bestimmtes Thema vor, zu dem die einzelnen Gesprächspaare - nach einer kurzen Besinnungs- bzw. Vorbereitungsphase - ihre unterschiedlichen Ideen, Erfahrungen, Meinungen und/oder Sachinformationen zusammentragen. Wichtig ist dabei, daß sich die jeweiligen Gesprächspartner als Sprecher und Zuhörer abwechseln, daß sie einander anschauen, und daß der jeweilige Zuhörer das Gesagte stichwortartig mitschreibt, sofern es sich um Einzelinformationen handelt, die sich protokollieren lassen. Wichtig ist ferner, daß die beiden Gesprächspartner aufeinander angewiesen sind, weil sie z.B. eine gemeinsame Aufgabe zu lösen haben. Wann sie sich als Sprecher und Zuhörer jeweils abwechseln, kann vom Lehrer u.U. durch Klingelzeichen signalisiert werden.

Zuerst erzählen/berichten/informieren z.B. alle Schüler im Innenkreis und diejenigen im Außenkreis hören zu und machen sich ggf. Notizen. Alsdann - nach dem Klingelzeichen - wird das ganze umgedreht. Durch Partnerwechsel (s. Kugellager-Methode) kann der angelaufene Gedanken- bzw. Informationsaustausch überdies in weiteren Gesprächsrunden vertieft werden.

VORBEREITUNG: Zur Bildung des Doppelkreises müssen ggf. Loskärtchen zur Verfügung stehen und die Stühle entsprechend arrangiert werden. Falls die Gesprächspartner differenzierte Sachinformationen (2 Texte, 2 Schaubilder etc.) brauchen, sind diese Medien in ausreichender Zahl zu kopieren.

B 55 Hörerzählung

INTENTION: Die Schüler sollen Informationen, die ihnen von Mitschülern zu einem bestimmten Spezialthema vorgelesen bzw. vorgetragen werden, in eigenen Worten wiedergeben. Sie sollen sich dabei auf den jeweiligen Sprecher konzentrieren, diesen anschauen und ernstnehmen und bei alledem das aktive Zuhören üben.

DURCHFÜHRUNG: Eine mögliche Übungsvariante sieht so aus, daß die Schüler paarweise zusammensitzen oder -stehen (z.B. im Doppelkreis). Jeder Gesprächspartner ist darauf vorbereitet, zu einem bestimmten Spezialthema etwa 2 - 3 Minuten lang in freier Rede zu erzählen bzw. zu berichten, oder aber - als Vorstufe - einen entsprechenden Kurztext vorzulesen (die Themen werden in der Regel vom Lehrer vorgegeben). Nun beginnt in jedem Tandem einer der beiden Schüler mit seinen Darlegungen. Der andere hört zu. Nach vielleicht 30 Sekunden wird ein Schnitt gemacht und der Zuhörende faßt zusammen, was er mitbekommen hat. Ist der Vortragende mit der Zusammenfassung nicht einverstanden, so kann er korrigieren und/oder ergänzen. Dann kommt der zweite Teil der Darlegungen, gefolgt von einer erneuten Zusammenfassung usw. Ist Schüler A mit seinen Ausführungen fertig, wird der Spieß umgedreht. Das gleiche Ritual läuft gleichzeitig in allen Tandems ab. Regeln wie "Blickkontakt halten", "genau zuhören", "in ganzen Sätzen reden", "fair zueinander sein" etc. werden ins Bewußtsein der Schüler gehoben (z.B. durch ausgewählte Regelplakate an der Tafel). Sind genügend unterschiedliche Themen vorhanden, so kann u.U. ein Partnerwechsel erfolgen und das skizzierte Ritual nochmals durchgeführt werden. Abgeschlossen wird die Übung mit einem Feedback.

VORBEREITUNG: Die Schüler müssen ihre Spezialthemen rechtzeitig vor der Übung kennen, damit sie sich vorbereiten können. Etwaige Materialien (Info-Karten, Kurzgeschichten, Schaubilder, Fotos etc.) müssen zur Verfügung stehen. Die Zusammenstellung der Tandems sollte möglichst nach dem Zufallsverfahren/Losverfahren erfolgen.

B 56

Stille Post

INTENTION: Die Schüler sollen sich im Hörverstehen üben und ausgewählte Kurzinformationen über viele Stationen transportieren. Sie sollen dabei erkennen, daß die Ausgangsinformation selten mit der Eingangsinformation übereinstimmt, weil teilweise nicht richtig zugehört wird. Auf diese Weise werden die Schüler angeregt, in zukünftigen Gesprächssituationen genauer hinhören und damit die Chancen für eine gute Verständigung zu verbessern.

DURCHFÜHRUNG: Die Schüler sitzen oder stehen in einer längeren Reihe, damit ein reibungsloser Informationstransport gewährleistet ist. Der Lehrer hat seinerseits mehrere Karten mit themenbezogenen Kurzinformationen (in der Regel nur ein Satz), die er auf die Reise schicken will. Konkret: Er gibt dem ersten Schüler in der Reihe die erste Karte. Dieser liest die Information durch und meldet sie im Flüsterton an den nächsten Schüler weiter. Dieser wiederum flüstert sie dem nächsten ins Ohr usw. Ist die erste Information beim fünften Schüler angelangt, so reicht der Lehrer dem "Anführer" die zweite Karte mit einer neuen Kurzinformation, die dieser erneut durchliest und dem nächsten Schüler weitermeldet usw. Sobald die erste Information in mehr oder weniger zutreffender Form beim letzten Schüler angekommen ist, schreibt dieser die Endfassung auf einen Zettel. Gleiches geschieht mit den nachfolgenden Informationseingängen. Anschließend werden die Ausgangs- und die Eingangsinformationen verlesen und verglichen. Zum Abschluß wird über mögliche Konsequenzen diskutiert, die sich aus dem Spiel ergeben.

VORBEREITUNG: Die Sitzordnung muß eine klare Reihenfolge der Schüler erkennen lassen und eine möglichst problemlose Weitergabe der Kurzinformationen gewährleisten. Der Lehrer erstellt die Info-Karten zum jeweils anstehenden Thema. Als "Schlußlicht" in der Reihe sollte ein Schüler bestimmt werden, der einigermaßen zügig schreiben kann.

B 57

Kettengeschichte

INTENTION: Die Schüler sollen zu vorgegebenen Stichworten/Themen eine Satzkette bilden. Sie sollen dabei das Zuhören üben sowie die Worte des/der Vorredner/s wiederholen. Auf diese Weise nehmen sie Bezug auf den/die Vorredner; sie halten Blickkontakt, formulieren ganze Sätze und trainieren nicht zuletzt ihr Gedächtnis.

DURCHFÜHRUNG: Ausgangspunkt der Übung ist ein themenzentriertes Stichwort, das der Lehrer vorgibt (z.B. "London", "Computer", "Sozialhilfe", "Wohnen" etc.). Die Schüler sitzen im Kreis oder im Karree. Einige von ihnen ziehen Lose mit unterschiedlichen Ziffern. Wer die Ziffer 1 hat, bildet einen ersten Satz zum vorgegebenen Thema/Stichwort. Der Schüler mit der Nummer 2 schaut den Vorredner an, wiederholt dessen Satz und fügt einen weiteren vollständigen Satz hinzu (das kann auch ein Nebensatz sein). Dann kommt der Schüler mit der Nummer 3 an die Reihe. Er schaut ebenfalls seinen Vorredner an, wiederholt beide Sätze und formuliert seinerseits einen dritten Satz usw. Bekommt ein Schüler die bis dahin formulierten Sätze nicht mehr richtig zusammen, so muß der Vorredner helfen. Bis zu welcher Ziffer die Reihe ausgebaut werden kann, hängt von der jeweiligen Klasse und Thematik ab. Hat die erste Gruppe ihre Satzkette abgeschlossen, kommt eine zweite Gruppe nach gleichem Muster an die Reihe. Eine andere Variante: Die Klasse wird in mehrere 6er-Gruppen eingeteilt, die in eigener Regie Satzketten zu vorgegebenen Stichworten bilden (pro Gruppe ein Regelbeobachter). Am Ende wird das Spiel ausgewertet und gemeinsam reflektiert.

VORBEREITUNG: Die benötigten themenzentrierten Stichworte müssen vorab überlegt und als Impulse an die Tafel geschrieben werden. Vorzubereiten sind ferner die Nummernkärtchen für das Losverfahren sowie die Leitfragen für die abschließende Feedback- bzw. Auswertungsrunde.

B 58

Vortragskette

INTENTION: Die Schüler erhalten Gelegenheit, eigene Lernprodukte vor der Klasse zu präsentieren sowie die Ausführungen der Mitschüler zu deren Produkten zusammenfassend zu wiederholen. Sie üben sich also sowohl im Zuhören, wie im Nacherzählen, wie im Präsentieren. Das fördert sowohl die inhaltliche Auseinandersetzung als auch das kommunikative Repertoire.

DURCHFÜHRUNG: Voraussetzung dieser Kommunikationsübung ist, daß die Schüler zu Hause und/oder im Unterricht bestimmte Lernprodukte (Zeichnungen, Geschichten, Gegenstände) hergestellt haben, die es zu präsentieren gilt. Diese Präsentationen werden vor/an der Tafel vorgenommen. Dementsprechend stellt sich die gesamte Klasse im Halbkreis vor der Tafel auf. Wer mit seiner Präsentation beginnt, entscheidet sich per Los, und zwar dergestalt, daß der Lehrer aus den Namenskärtchen der Klasse einen Namen zieht. Der betreffende Schüler heftet sein themenzentriertes Produkt (z.B. seine Zeichnung) an die Tafel und gibt dazu einige Erläuterungen. Die anderen Schüler hören zu und fragen nach, da sie möglicherweise wiederholen müssen. Dann wird ein zweiter Schüler namentlich ausgelost. Dieser wiederholt die Ausführungen seines Vorredners, nimmt alsdann dessen Zeichnung von der Tafel, heftet seine eigene an und erläutert nunmehr diese etwas eingehender. Dabei schaut er die im Halbkreis stehenden Mitschüler an und geht gegebenenfalls auf Fragen ein. Sodann wird ein dritter Name ausgelost. Auch dieser Schüler wiederholt die Ausführungen seines Vorredners und präsentiert dann das eigene Produkt. In dieser Weise wird das Wechselspiel von Zuhören, Nacherzählen und Präsentieren solange fortgesetzt, bis alle Schüler an der Reihe waren. Abgeschlossen wird die Übung mit einer methodenzentrierten Feedbackphase.

VORBEREITUNG: Rechtzeitig vor der Übung ist die Produktherstellung in Auftrag zu geben (Einzelarbeit). Für das Losverfahren während der Präsentationsserie sind Namenskärtchen mit den Namen aller Schüler zu schreiben., Für das Feedback am Ende sind zudem entsprechende Impulse zu überlegen.

B 59

Rätselraten

INTENTION: Die Schüler sollen aus den "rätselhaften" Umschreibungen/Angaben eines Mitschülers auf einen zu suchenden Namen, auf einen Fachbegriff, auf ein Ereignis oder ähnliches mehr schließen. Sie sollen auf diese Weise zum konzentrierten Zuhören, zum verständlichen Formulieren sowie zur fachbezogenen Wiederholung und Klärung veranlaßt werden.

DURCHFÜHRUNG: Einige Schüler erhalten rechtzeitig vor der Übung den Auftrag, je eine rätselhafte Umschreibung einer bestimmten Person, eines Tieres, einer Pflanze, eines Landes, einer Hauptstadt, eines Fachbegriffs, eines historischen Ereignisses etc. vorzubereiten. Die Angaben zum gesuchten Begriff sollten anfangs eher vage sein, dann aber doch immer konkreter werden, damit möglichst alle Schüler das jeweilige Rätsel auch lösen können. Während der Übung selbst geht jeweils einer der vorbereiteten Schüler nach vorne und liest oder trägt seine "rätselhafte Geschichte" vor. Die zuhörenden Schüler schreiben des Rätsels Lösung, sobald sie sie haben, stillschweigend auf einen Zettel. Wer aus den vorgetragenen Umschreibungen nicht schlau wird, macht einen Strich. Dann kommt der nächste Schüler an die Reihe. Wiederum hören die übrigen Schüler zu und versuchen des Rätsels Lösung zu finden. Sodann kommt ein dritter Schüler dran usw. Gewonnen hat, wer die meisten Rätsel richtig gelöst hat. Am Ende der Übung werden die gefundenen Lösungen verglichen sowie etwaige Schwierigkeiten besprochen. Ein Feedback der Zuhörer und der einzelnen Erzähler rundet die Übung ab. Einsetzbar ist das Arrangement in allen möglichen Fächern zur Wiederholung und Vertiefung bestimmter Grundbegriffe (-kenntnisse).

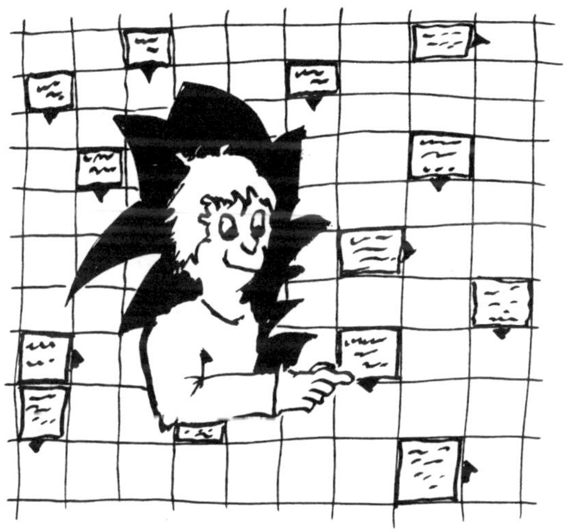

VORBEREITUNG: Der Lehrer muß lernrelevante Namen, Ereignisse, Fachbegriffe etc. vorab festlegen und ausgewählten/ausgelosten Schülern zur Vorbereitung ihres "Rätsels" zukommen lassen. Die Dauer der Umschreibung sollte ca. 1 Minute betragen. Während der Präsentation seines "Rätsels" sitzt/steht der jeweilige Schüler am Lehrerpult.

B 60

Partnerquiz

INTENTION: Die Schüler erhalten zu einem bestimmten Themengebiet, das der Wiederholung bedarf, ausgewählte Quizfragen, die in Partnerarbeit wechselseitig zu stellen und zu beantworten sind. Auf diese Weise lernen sie Fragetechniken, üben sich im Zuhören, formulieren Antworten und wiederholen nicht zuletzt den betreffenden Lernstoff.

DURCHFÜHRUNG: Zunächst müssen lernrelevante Quizfragen festgelegt werden. Diese können einmal vom Lehrer päckchenweise vorgegeben werden, und zwar so, daß Partner A einen anderen Frageset hat als Partner B (z.B. jeweils 10 Fragen). Eine andere Möglichkeit: Die Schüler sichten in mehreren Kleingruppen das Schulbuch, die Haushefte und andere Arbeitsunterlagen und entwickeln selbst eine bestimmte Anzahl von Quizfragen, die die Mitschüler eigentlich beantworten können müßten. Anschließend setzen sich die Schüler in einem Doppelkreis so zusammen, daß jeweils Vertreter unterschiedlicher Vorbereitungsgruppen ein Tandem bilden. Nun stellen zunächst die im Innenkreis sitzenden Schüler ihre Quizfragen. Ihr jeweiliger Gesprächspartner muß die gestellte Frage wiederholen und dann seine Antwort geben. Nach diesem Ritual wird abwechselnd gefragt und geantwortet, bis die vorbereiteten Fragen erschöpft sind. Fragen, die nicht beantwortet werden können, werden vom jeweiligen Fragesteller geklärt und zwecks späterer Wiederaufnahme beiseite gelegt. Am Ende der Fragerunde werden dann diese übriggebliebenen Quizfragen erneut gestellt und sollten jetzt eigentlich beantwortet werden können. In gleicher Weise kann natürlich auch mit den vom Lehrer vorgegebenen Fragepäckchen verfahren werden. Abgeschlossen wird die Übung mit einer inhaltlichen Auswertungs- und methodenzentrierten Feedbackrunde.

VORBEREITUNG: Die betreffenden Quizfragen müssen vor dem Hintergrund des abgelaufenen Unterrichts und der vorliegenden Materialien vorbereitet werden. Jeder Schüler sollte z.B. zehn Fragen haben - die beiden Partner möglichst unterschiedliche. Ferner ist der angedeutete Doppelkreis oder ein entsprechendes Karree zu arrangieren.

B 61

Partnerinterview

INTENTION: Die Schüler sollen sich paarweise zu unterschiedlichen Themen interviewen, um später den jeweiligen Partner im Plenum näher vorzustellen. Sie sollen fragen, zuhören, nachhaken, Vertrauen aufbauen, das Gehörte zwischendurch mal zusammenfassen, Auskünfte geben etc.

DURCHFÜHRUNG: Überall dort, wo es darum geht, persönliche Daten, Erfahrungen, Sichtweisen oder Spezialkenntnisse auszutauschen, kann dieses u.a. im Wege des Partnerinterviews geschehen. Zur Vorbereitung der Übung wird die Klasse in aller Regel in zwei Hälften eingeteilt. Die Schüler der einen Hälfte erhalten Interviewauftrag A, die Schüler der anderen Hälfte Interviewauftrag B (unter Umständen können die beiden Aufträge auch gleich sein). Die Interviewaufträge sind ziemlich offen gehalten (z.B.: Versuche herauszubekommen, was sich Dein Partner unter gutem Unterricht vorstellt ..., was er über das Arbeitsamt weiß ..., was es in seinem Wohnort Besonderes gibt ..., was er am Wochenende so alles erlebt hat ..., was er vom Führerschein auf Probe hält etc.). Jeder Schüler weiß also, zu welchem Thema er interviewen soll und zu welchem Thema er interviewt wird. In einer Stillarbeitsphase bereiten sich alle Schüler auf ihre Aufgaben vor. Dann werden im Losverfahren Tandems gebildet (je ein A- und ein B-Vertreter). Beide interviewen sich z.B. 3 Minuten lang. Sie fragen, sie antworten, sie haken nach, sie fassen zusammen und sie protokollieren stichwortartig mit. Anschließend finden sich alle Schüler in einem Stuhlkreis zusammen und stellen ihren jeweiligen Interviewpartner mit seinen persönlichen Daten/Erfahrungen/Ansichten/Sachauskünften vor.Ein Feedback rundet die Übung ab.

VORBEREITUNG: Der Lehrer muß geeignete Interview-Anlässe überlegen und den Schülern entsprechende Aufträge geben. Bei den Interviews selbst verteilen sich die Partner so im Raum, daß sie gut miteinander reden können. Die Vorstellungsrunde schließlich sieht so aus, daß zuerst alle A-Vertreter und dann alle B-Vertreter zu Wort kommen.

B 62

Wortwechsel

INTENTION: Die Schüler sollen sich im Rahmen eines themenzentrierten Frage-Antwort-Spiels u.a. darin üben, das Wort an den einen oder anderen Mitschüler weiterzugeben, der sich meldet. Sie sollen auf diese Weise veranlaßt werden, die Mitschüler im Blick zu behalten sowie jeweils zu demjenigen hinzuschauen, der fragt bzw. antwortet.

DURCHFÜHRUNG: Im Vorfeld der Übung notiert sich jeder Schüler zu Hause oder im Unterricht eine bestimmte Anzahl von "Schlüsselfragen" zum gerade behandelten Themenfeld, das es zu wiederholen gilt. Auf den so gewonnenen Frageset gestützt, stellt einer der Schüler eine erste Frage. Diejenigen, die eine Antwort wissen, melden sich. Nach einer kurzen Bedenkzeit nimmt der fragende Schüler einen antwortbereiten Mitschüler dran, d.h. er gibt das Wort weiter. Dieser Mitschüler wiederholt die gestellte Frage und fügt seine Antwort an. Dabei hält er Blickkontakt zum fragenden Schüler. Ist jemand mit der Antwort nicht einverstanden, so meldet er sich mit beiden Händen gleichzeitig ("Einspruch") und erhält nun seinerseits das Wort (Einspruch kann auch der Lehrer erheben). Ist die Antwort korrekt, so stellt nun dieser Schüler eine seiner vorbereiteten Fragen. Wiederum melden sich die antwortbereiten Schüler. Der fragende Schüler gibt das Wort weiter usw. So entsteht ein Frage-Antwort-Ritual, das sowohl der fachlichen Wiederholung dient als auch der Festigung bestimmter kommunikativer Grundregeln (präzise fragen, sich melden, Wort weitergeben, den Fragenden anschauen, Einspruch mit zwei Händen signalisieren etc.). Etwaige Regelverstöße werden durch das Signal "Stop" oder durch Klingelzeichen ins Bewußtsein gehoben.

VORBEREITUNG: Sinnvoll ist u.U. ein vorbereitender Exkurs in punkto "Fragetechnik", damit das Fragerepertoire der Schüler angereichert wird (W-Fragen). Rechtzeitig vor der Übung sind die benötigten Fragesets in Auftrag zu geben (z.B. 5 Fragen je Schüler). Während des Frage-Antwort-Spiels ist auf eine geeignete Sitzordnung zu achten.

B 63

Expertenbefragung

INTENTION: Die Schüler sollen nach dem Muster "Journalisten fragen - Politiker antworten" ein bestimmtes Themengebiet sondieren, das der Lehrer vorgibt. Sie sollen sich dabei u.a. im Fragen, Zuhören, aufeinander Eingehen, Blickkontakt halten, Paraphrasieren, präzisen Antworten etc. üben

DURCHFÜHRUNG: Zunächst zur Vorbereitung: Die Klasse wird z.B. in 8 Dreier-Teams aufgeteilt. 4 davon sind "Expertenteams", die sich in unterschiedliche Spezialgebiete des anstehenden Unterrichtsthemas besonders eingearbeitet haben; die 4 anderen sind "Journalistenteams", die mit dem von ihnen zu erschließenden Spezialgebiet ebenfalls einigermaßen vertraut sein müssen, damit sie halbwegs qualifiziert fragen können. Aber ihre Vorbereitung richtet sich doch mindestens ebenso stark auf die Fragestrategie. Haben sich also alle Schüler in dieser Weise vorbereitet, so kann das erste Expertengespräch beginnen. Die beiden Teams, die für das erste Spezialgebiet zuständig sind, nehmen an zwei V-förmig angeordneten Tischen Platz, die so stehen, daß die Akteure (3 Experten, 3 Journalisten) einander sehen können und außerdem von den Zuhörern einigermaßen gesehen werden können (Podiumssituation). Moderiert wird die Befragung vom Lehrer. Die Journalistencrew beginnt entsprechend ihrer vorbereiteten Fragestrategie zu fragen. Die 3 Experten antworten nach bestem Wissen und Gewissen. Dabei wechseln sich alle Beteiligten regelmäßig ab, damit sie auch alle zu Wort kommen können. Der Moderator macht zwischendurch eine Zäsur, um den Zuhörern Gelegenheit zum Fragen zu geben. Am Ende dieser ersten Expertenrunde steht ein Feedback. Dann kommt die zweite Runde zu einem neuen Spezialgebiet, die genauso abläuft wie die erste. Dann die dritte usw. Selbstverständlich können die einzelnen Befragungsrunden auch an verschiedenen Tagen stattfinden.

VORBEREITUNG: Zur Vorbereitung der Schüler ist oben bereits das Wichtigste gesagt worden. Bei den Spezialgebieten handelt es sich in der Regel um ausgewählte Teilthemen aus dem Schulbuch, die vertiefend behandelt werden sollen. Von daher können natürlich auch Zusatzinformationen eingebracht werden.

B 64

Kontrollierter Dialog

INTENTION: Die Schüler sollen in Dreier-Gruppen jeweils paarweise einen Dialog führen, für den bestimmte Regeln gelten (s. unten). Der Dritte im Bunde ist Beobachter und Regelüberwacher. Kennzeichnend für diesen Dialog sind u.a. das aktive Zuhören und das verständnisvolle Paraphrasieren des Gesagten.

DURCHFÜHRUNG: Die Klasse wird mittels bestimmter Loskombinationen (1A, 1B, 1C - 2A, 2B, 2C ...) in Dreier-Gruppen aufgeteilt. Die Schüler mit der Ziffer 1 gehören zusammen, die mit der Ziffer 2 usw. Gleichzeitig regelt der zugehörige Buchstabe, wer Person A, B oder C ist. Nun läuft in allen Gruppen das gleiche Ritual ab: A und B führen zu einem bestimmten Thema, das in der Regel vom Lehrer vorgegeben wird, ein Gespräch. Das Thema sollte relativ offen sein und zu assoziativen Äußerungen, zu Meinungsbekundungen oder auch zu Kontroversen einladen. Der Ablauf im einzelnen: Schüler A beginnt mit einem Gedanken oder einem Argument in Gestalt mindestens eines vollständigen Satzes. Schüler B wiederholt diese Äußerung in eigenen Worten ("Du meinst also ..."; "Ich habe Dich so verstanden, daß ...") und fragt A kurz, ob dieser mit der Wiederholung einverstanden ist. Dann trägt B einen weiterführenden Gedanken oder ein (Gegen)Argument vor und A wiederholt und vergewissert sich, daß er das Gesagte richtig wiedergegeben hat. So wechseln sich A und B ab, bis die vorgegebene Gesprächszeit (z.B. 5 Minuten) abgelaufen ist. Nun teilt Schüler C seine Beobachtungen und Beanstandungen mit. Dann führen A und C und schließlich B und C Dialoge nach dem gleichen Muster, aber zu anderen Themen. B bzw. A haben dann jeweils die Beobachterrolle. Am Ende steht ein Feedback im Plenum.

VORBEREITUNG: Für die Gruppenbildung sind entsprechende Loskärtchen vorzubereiten, die eine eindeutige Zuordnung und Reihenfolge sicherstellen. Des weiteren müssen geeignete Themen überlegt und von den Schülern in einer kurzen Besinnungsphase reflektiert werden. Empfehlenswert ist ferner, daß der Lehrer mit zwei eingeweihten Schülern eine "Musterübung" vormacht, um das beschriebene Ritual zu verdeutlichen.

B 65 Kreisgespräch

INTENTION: Die Schüler sollen ein kontroverses Thema unter Beachtung bestimmter vorgegebener Kommunikationsregeln diskutieren. So sollen sich frei äußern, aufeinander Bezug nehmen, den jeweils angesprochenen Schüler direkt anschauen, dessen Beitrag wiederholen bzw. kommentieren, eigene Gedanken hinzufügen, Melderegeln beachten, das Wort weitergeben etc.

DURCHFÜHRUNG: Die Klasse setzt sich in einem großen Kreis oder im Karree an Tischen zusammen, so daß sich alle Schüler gut sehen können. der Lehrer gibt das betreffende Diskussionsthema vor, zu dem die Schüler über hinreichend Vorwissen bzw. Vorerfahrungen verfügen sollten. Nach einer kurzen Besinnungsphase gibt der Lehrer das Wort an einen der Schüler, die sich melden. Dieser äußert einen Gedanken zum Thema. Dann gibt er das Wort an einen sich meldenden Mitschüler weiter. Dieser muß den letzten Beitrag in eigenen Worten wiederholen, eventuell kurz kommentieren und einen weiteren Gedanken anfügen. Dabei muß er den letzten Sprecher anschauen. Dann gibt er das Wort an einen dritten Schüler weiter, der sich meldet. Dieser wiederholt und ergänzt in gleicher Weise den letzten oder einen vorherigen Beitrag. ("Thomas, du hast gesagt ..., ich finde ...") und hält ebenfalls Blickkontakt zum jeweils angesprochenen Mitschüler usw. Wichtig ist, daß möglichst viele Schüler zu Wort kommen (wer bereits dran war, muß erstmal zurückstehen). Und wichtig ist ferner, daß zwei Regelbeobachter das Geschehen verfolgen, auf Regelverstöße z.B. mit "Stop-Signalen" reagieren und am Ende ein Feedback geben, dem sich die anderen Schüler mit ihren Beobachtungen und Beanstandungen anschließen können.

VORBEREITUNG: Der Lehrer überlegt sich ein fachbezogenes Thema, das einen regen Gedankenaustausch verspricht. Die Sitzordnung muß kommunikationsfördernd sein. Ferner müssen die Gesprächsregeln klargestellt und eventuell in einer kurzen Demonstration verdeutlicht werden. Des weiteren sind die beiden Regelbeobachter zu bestimmen.

B **66**

Stationengespräch

INTENTION: Die Schüler durchlaufen in Gruppen mehrere Stationen im Klassenraum mit unterschiedlichen Gesprächsimpulsen, die schlaglichtartig in das anstehende Unterrichtsthema hineinführen. Die Gespräche sind jeweils relativ kurz und sollen vorrangig anreißen und den Schülern eine gewisse Orientierung vermitteln. Gleichzeitig üben sich die Schüler im freien Sprechen, im Zuhören sowie im Miteinander-Reden.

DURCHFÜHRUNG: Der Lehrer hängt die besagten Gesprächsimpulse an den Außenwänden des Klassenraumes auf (Thesen, Fragen, Zitate, Karikaturen, Schaubilder etc.). Die so entstehenden Gesprächsstationen werden durchnumeriert. Die Schüler ziehen Lose mit den entsprechenden Ziffern. Dann versammeln sich alle mit der Ziffer 1 an Station 1, alle mit der Ziffer 2 an Station 2 usw. Anschließend beginnen die Gespräche unter Berücksichtigung der vom Lehrer erteilten Vorgaben (z.B. 3 Minuten Gesprächsdauer; jedes Gruppenmitglied muß zu Wort kommen; kurze Beiträge; ganze Sätze; aufeinander Bezug nehmen; Zielauftrag erledigen). Überwacht wird die Regeleinhaltung von einem in jeder Gruppe zu bestimmenden Regelbeobachter, der zugleich Gesprächsleiter und mit Einschränkung auch Mitdiskutant ist. Sobald die vereinbarte Gesprächszeit abgelaufen ist, klingelt der Lehrer und die Gruppen wandern im Uhrzeigersinn zur nächsten Station und diskutieren den dort aushängenden/ausliegenden Gesprächsimpuls. Dann ertönt wieder das Klingelzeichen usw. Wie gesagt: Die Gespräche sollen in erster Linie anreißen, inspirieren und Orientierung vermitteln. Haben die Gruppen alle Stationen durchlaufen, so erfolgt zunächst ein gruppeninternes Feedback und dann eine Auswertungsrunde im Plenum, und zwar unter besonderer Beteiligung der Gruppenbeobachter.

VORBEREITUNG: Der Lehrer bereitet geeignete Gesprächsimpulse für die einzelnen Stationen vor. Einige zentrale Gesprächsregeln werden auffällig visualisiert. Die Stationen werden durchnumeriert. Entlang den Außenwänden ist Platz für kleine "Stehzirkel" zu schaffen. Ferner sind die Loskärtchen vorzubereiten und die Regelbeobachter zu bestimmen.

B 67 Gesprächszirkel

INTENTION: Die Schüler sollen zu alternativen Diskussionsfragen/-aspekten, die in den 4 Ecken des Klassenraumes angeboten werden, konstruktive Gespräche führen. Sie sollen je ein Angebot auswählen und in der betreffenden Ecke mit "Gleichgesinnten" Erfahrungen, Argumente, Meinungen und/oder Sachinformationen austauschen und dabei lernen, konstruktiv miteinander zu reden.

DURCHFÜHRUNG: Der Lehrer hängt in den 4 Ecken des Klassenraumes bestimmte Reizwörter, Bilder, Fragen oder sonstige Impulse aus, von denen anzunehmen ist, daß sie die Schüler in unterschiedlicher Weise ansprechen. Das können ganz allgemeine Reizwörter sein (z.B. rot, grün, blau, gelb), die als Brücke zu bestimmten inhaltsbezogenen Gesprächen hinführen. Das können aber auch alternative Impulsfragen, -begriffe oder -fotos mit eindeutiger fachlicher Ausrichtung sein. Wichtig ist, daß die Schüler zu den annoncierten Gesprächsangeboten über hinreichende Vorkenntnisse bzw. -erfahrungen verfügen. Zum Prozedere im einzelnen: Die Schüler wählen aufgrund der 4 Impulse eine Ecke aus, zu der sie sich "hingezogen" fühlen. Für jede Ecke kann eine Obergrenze von z.B. 7 Schülern vorgegeben werden, damit sich die Schülerschaft einigermaßen gleichmäßig verteilt. Dann beginnen die Gespräche, die von je einem in der Gruppe zu bestimmenden Beobachter geleitet und "überwacht" werden. Die Gruppenmitglieder tauschen sich zunächst darüber aus, warum sie sich für den gewählten Impuls entschieden haben. Sie äußern Assoziationen und Gedanken. Dann diskutieren sie anhand der in jeder Ecke ausliegenden Leitfragen das jeweilige Thema. Nach Ablauf der vereinbarten Gesprächsdauer berichten die Gruppenbeobachter über den Gesprächsverlauf und die Gesprächsergebnisse. Ein Feedback aller Beteiligten kann sich anschließen.

VORBEREITUNG: Der Lehrer legt die 4 Gesprächsimpulse fest und hängt sie gut sichtbar/lesbar in den 4 Ecken des Klassenraumes aus. Die zu beachtenden Gesprächsregeln (alle müssen zu Wort kommen, Gesprächszeit beachten, aufeinander eingehen, sachlich bleiben etc.) werden auf farbige Pappe geschrieben und an zentraler Stelle ausgehängt.

B 68

Entscheidungsspiel

INTENTION: Die Schüler werden in Gruppen mit einer bestimmten Entscheidungssituation konfrontiert. Sie sollen argumentieren und im Gespräch zu einer möglichst einvernehmlichen Entscheidung kommen. Dabei müssen alle Gruppenmitglieder gehört werden und grundlegende Gesprächsregeln beachten (z.B. ausreden lassen, jedes Argument gelten lassen, aufeinander eingehen, Kompromiß suchen, niemanden links liegen lassen etc.).

DURCHFÜHRUNG: Der Lehrer gibt das Entscheidungsproblem vor. Das kann eine bestimmte Frage sein (z.B.: Sollte die Mineralölsteuer erhöht werden?). Das kann aber auch eine komplexere Entscheidungssituation sein, bei der eine von mehreren vorgegebenen Alternativen auszuwählen ist (s. nebenstehende Bewerberkartei; möglich ist z.B. auch die Auswahl einer technischen Lösung). Die Entscheidungsfindung selbst läuft in mehreren Arbeitsgruppen ab. Jede Gruppe bestimmt zu Beginn einen Gesprächsleiter, der zugleich Regelbeobachter ist. Zunächst erhalten die Gruppenmitglieder Gelegenheit zur Besinnung bzw. zur fachlichen Vorbereitung. Dann trägt jeder Schüler seine Meinung vor und gibt die nötigen Erläuterungen dazu. Verständnisfragen sind zulässig, Kritik nicht. In einem zweiten Schritt kommentieren die Schüler wechselseitig ihre Argumente, sagen, wo sie zustimmen und was sie eventuell anders sehen. Am Ende der vorgegebenen Gesprächszeit muß eine begründete Entscheidung getroffen werden, der alle zustimmen können, und die jeder vortragen kann. Sodann wird in jeder Gruppe ein Sprecher ausgelost, der die Gruppenentscheidung im Plenum vorträgt und begründet. Abgeschlossen wird die Übung mit einem Feedbeck zum Gesprächsverlauf und zum Gesprächsverhalten in den einzelnen Gruppen.

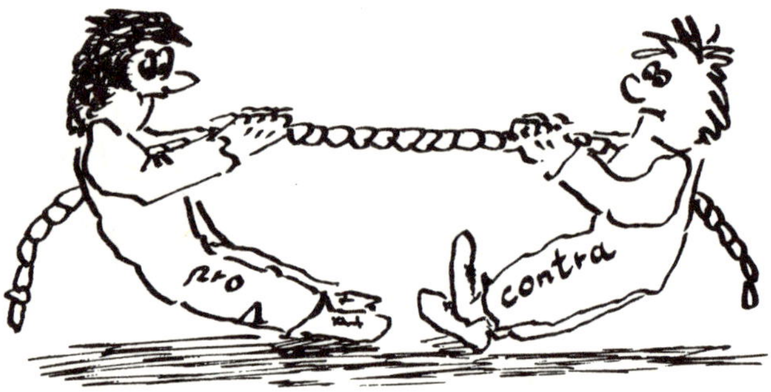

VORBEREITUNG: Zunächst muß ein fach- bzw. themenspezifisches Entscheidungsproblem festgelegt und eventuell ein Arbeitsblatt mit entsprechenden Grundinformationen vorbereitet werden. Ferner werden einige zentrale Gesprächsregeln auffällig visualisiert. Des weiteren sind die Gesprächsbeobachter/-leiter gruppenintern zu bestimmen.

BEWERBERKARTEI

Heike Ernst

Schulabschluß

Abschluß der 10. Klasse der Hauptschule.

Zeugnisnoten

Mathematik: 3; Deutsch: 2; Englisch: 2; Durchschnittsnote der anderen Fächer: 2,6; Informatik-AG wurde nicht besucht.

Bewerbungsunterlagen

Sehr ordentlich und übersichtlich; gut aufgebautes Bewerbungsschreiben.

Testergebnis

Rechnerisches Denken: 3; Aufsatz: 2,6; Rechtschreibung: 1,8; Konzentrationstest: 1,8.

Vorstellungsgespräch

Heike war ziemlich zurückhaltend und phasenweise recht unsicher; ansonsten aber freundlich und gut vorbereitet.

Gesundheitszeugnis

Heike ist für alle Berufe geeignet.

Lutz Enders

Schulabschluß

Abschluß der Gesamtschule (10. Klasse).

Zeugnisnoten

Mathematik: 2; Deutsch: 2; Englisch: 2; Durchschnitt aller anderen Fächer: 2,5; Informatik-AG wurde nicht besucht.

Bewerbungsunterlagen

Sehr schöne formale Gestaltung (hat das Lutz alleine gemacht?)

Testergebnis

Rechnerisches Denken: 2,5; Aufsatz: 2; Rechtschreibung: 3; Konzentrationstest: 2.

Vorstellungsgespräch

Lutz zeigte sich recht aufgeschlossen und redegewandt, stellte gute Fragen; war aber teilweise schon übereifrig!

Gesundheitszeugnis

Sportlich; für alle Berufe geeignet.

Anke Berger

Schulabschluß

Abitur am Heinrich-Heine-Gymnasium.

Zeugnisnoten

Mathematik: 4; Deutsch: 2; Englisch: 1; Durchschnitt aller anderen Fächer: 2,4; Informatik-AG wurde nicht besucht.

Bewerbungsunterlagen

Rechtschreibfehler; Paßbild fehlt.

Testergebnis

Rechnerisches Denken: 3; Aufsatz: 1,2; Rechtschreibung: 3; Konzentrationstest: 4.

Vorstellungsgespräch

Anke hinterließ einen ausgezeichneten Eindruck: selbstsicher, flexibel, redegewandt und sehr interessiert.

Gesundheitszeugnis

Für alle Berufe geeignet – außer dort, wo die Haut besonders belastet ist.

Stefan Bien

Schulabschluß

Abschluß der Realschule in Bergedorf.

Zeugnisnoten

Mathematik: 1; Deutsch: 2; Englisch: 3; Durchschnitt aller anderen Fächer: 2,6; Informatik-AG mit Erfolg besucht.

Bewerbungsunterlagen

Das Bewerbungsschreiben ist sehr knapp; ansonsten guter Gesamteindruck.

Testergebnis

Rechnerisches Denken: 1,2; Aufsatz: 4; Rechtschreibung: 2; Konzentrationstest: 1,5;

Vorstellungsgespräch

Stefan zeigte sich gut vorbereitet, war interessiert, blieb allerdings recht zurückhaltend und sprachlich schwach.

Gesundheitszeugnis

Leichter Sprachfehler (dadurch gehemmt).

B 69

Begründungsspiel

INTENTION: Die Schüler sollen lernen, daß man Behauptungen/Vermutungen/Thesen begründen muß, wenn eine verständnisvolle Kommunikation sichergestellt werden soll. Sie sollen diese Erkenntnis festigen, indem sie Behauptungen und entsprechende Begründungen zu einem bestimmten Themengebiet formulieren und verbalisieren. Sie lernen dabei sowohl auf der Fach- als auch auf der Kommunikationsebene.

DURCHFÜHRUNG: Vorbereitend zur Übung müssen die Schüler zunächst einmal themenzentrierte Behauptungen/Vermutungen/Thesen formulieren und entsprechende Begründungen überlegen (hierbei kann der Lehrer anfangs einige Mustersätze einbringen). Dazu müssen sie natürlich den nötigen fachlichen Ein- und Überblick haben. Die Übung selbst beginnt damit, daß einer der Schüler eine Behauptung/Vermutung/These vorträgt. (Ich behaupte ...; Ich vermute ...; Meine These ist ...) und eine korrespondierende Begründung hinzufügt - beides in vollständigen Sätzen. Ist die Verknüpfung von Behauptung und Begründung methodisch nicht in Ordnung, so können Schüler oder Lehrer durch doppeltes Handaufheben Einspruch anmelden, dem auch sofort stattgegeben wird. Ist alles korrekt, so kommt der zweite Schüler in der Reihe dran., Er wiederholt die Behauptung/Begründung des Vorredners und fügt selbst eine eigene Behauptung und Begründung an (Deine Behauptung ist ...; Zur Begründung hast Du angeführt ...; Ich behaupte ...; Meine Begründung ist ...) Dann kommt der dritte Schüler an die Reihe usw. Nach Möglichkeit sollten alle Schüler mindestens einmal drankommen. Abgeschlossen wird die Übung mit einem kurzen Feedback.

VORBEREITUNG: Die Schüler entwickeln in Arbeitsgruppen zu einem im Unterricht behandelten Thema mehrere Behauptungen/Vermutungen/Thesen und überlegen sich die entsprechenden Begründungen. Für jedes Gruppenmitglied sollten 1 - 2 Kombinationen dabei abfallen. Zu Beginn der Übung wird das skizzierte Ritual durch eine kleine Demonstration verdeutlicht.

B 70 Reportage-Puzzle

INTENTION: Die Schüler sollen auf der Basis unterschiedlicher "Eckdaten" in mehreren Gruppen je eine gemeinsame themenzentrierte Reportage erstellen und in der Klasse präsentieren. Dabei üben sie sich u.a. im freien Reden, im Zuhören, im Aufeinander-Eingehen, im Diskutieren sowie im Kompromisse-Schließen.

DURCHFÜHRUNG: Die Klasse wird in mehrere Gruppen mit je 4 - 5 Schülern aufgeteilt (am besten per Los). In jeder Gruppe werden entsprechend der Teilnehmerzahl unterschiedliche Informationselemente (Begriffe, Fotos, Sprüche etc.) verlost, die sich thematisch verbinden lassen. Die Aufgabe der Gruppenmitglieder ist es nun, aus den vorliegenden Versatzstücken eine themenzentrierte Reportage zu komponieren, die alle Elemente berücksichtigt. Die Übung läuft so ab, daß zunächst einmal jedes Gruppenmitglied sein Element vorstellt. Dann wird gemeinsam überlegt und diskutiert, wie sich die einzelnen Elemente sinnvoll zu einer themenzentrierten (fiktiven) Reportage verknüpfen lassen. Die Reportage soll eine bestimmte Dauer haben (z.B. 2 - 3 Minuten) und im Sinne einer Live-Sendung so präsentiert werden, daß alle Reporter der jeweiligen Gruppe aufeinander aufbauend bzw. aneinander anknüpfend zu Wort kommen. Dieser ganze Klärungs- und Einigungsprozeß verlangt natürlich konstruktives Miteinander-Reden. Die entsprechenden Regeln müssen nötigenfalls durch einige Regelplakate nachdrücklich vor Augen geführt werden und von je einem gruppeninternen Regelbeobachter überwacht werden. Abgeschlossen wird die Übung mit einer Präsentations- und einer Feedbackrunde..

VORBEREITUNG: Die besagten Reportage-Elemente müssen so aufbereitet werden, daß sie verlost werden können (Begriffskarten, Foto-Kopien etc.). Den einzelnen Arbeitsgruppen können durchaus die gleichen "Mosaiksteine" zur Verfügung gestellt werden. Jede Gruppe sollte einen Regelbeobachter haben. Die Reportagen können u.U. auch via Kassettenrecorder präsentiert werden.

B 71

Schneeballmethode

INTENTION: Die Schüler sollen in einem gestuften Brainstorming-Verfahren zu einem bestimmten Thema/Problem Ideen zusammentragen. Sie sollen ihre Ideen in immer größer werdenden Gesprächszirkeln vorstellen, diskutieren und auf einen "harten Kern" hin verdichten, der gleichsam die Quintessenz des individuellen Ideenpools ist.

DURCHFÜHRUNG: Den Schülern wird ein bestimmter Brainstorming-Impuls vorgegeben, der den themenzentrierten Gedankenfluß etwa wie folgt in Gang setzt: Jeder Schüler notiert in einer 3-minütigen Bedenkphase z.B. 3 Vorteile, 3 Nachteile, 3 Ziele, 3 Gründe, 3 Maßnahmen oder er wählt z.B. 3 Fotos oder 3 Fragen aus. Anschließend wird die Klasse in mehrere Dreiergruppen aufgeteilt, in denen jeweils bis zu neun unterschiedliche Punkte zusammenkommen. Die Aufgabe der Gruppenmitglieder ist es nun, in z.B. 10 Minuten aus diesen maximal neun Punkten 4 herauszukristallisieren, die als die wichtigsten erachtet werden. Dementsprechend muß erläutert, begründet, diskutiert und ausgewählt werden, und zwar möglichst sachlich, fair und konstruktiv. Diese Regeln gelten ebenfalls für die dritte Etappe, nämlich das Gespräch in Neunergruppen. Für dieses Gespräch stehen z.B. weitere 10 Minuten zur Verfügung (die Zeitvorgaben können natürlich variiert werden). In diesem Zeitrahmen müssen sich die 3 Dreierteams in jeder Großgruppe auf 5 gemeinsame Punkte verständigen und entsprechend informieren, argumentieren, diskutieren und selektieren. Die so gewonnenen 5 Essentials werden anschließend von jeder Gruppe im Plenum präsentiert. Abgeschlossen wird die Übung u.a. mit einem methodenzentrierten Feedback.

VORBEREITUNG: Der Brainstorming-Impuls wird an die Tafel geschrieben. Er ist in der Regel für alle Gruppen gleich. Die Bildung der Klein- und der Großgruppen kann z.B. mit Hilfe eines Rommeespiels bewerkstelligt werden. Die Gruppen selbst verteilen sich wahlweise im Klassenraum. Die "Essentials" am Ende werden an der Tafel visualisiert.

B 72

Gruppenpuzzle

INTENTION: Die Schüler sollen zunächst arbeitsteilig in mehreren Spezialistengruppen bestimmte Spezialaufgaben besprechen und klären und dann in ihren Stammgruppen als Sachverständige alle anderen informieren sowie etwaige Fragen beantworten. Das fördert sowohl die Fachkompetenz als auch die Kommunikationsfähigkeit.

DURCHFÜHRUNG: Die Klasse wird in mehrere Stammgruppen mit je 4 - 5 Schülern aufgeteilt. An die Mitglieder einer jeden Stammgruppe werden je 4 unterschiedliche, thematisch sich ergänzende Texte/Schaubilder/Diagramme/Fragen etc. verteilt, so daß jedes Stammgruppenmitglied ein spezifisches Medium hat (in 5er-Gruppen haben einmal zwei Schüler das gleiche Medium).
Dieses Medium/Arbeitsblatt wird zunächst durchgelesen und ansatzweise bearbeitet. Dann - nach etwa 5 Minuten - finden sich alle Stammgruppenmitglieder mit jeweils dem gleichen Arbeitsblatt in 4 aufgabenhomogenen Spezialistengruppen zusammen. Hier klären sie in einer vorgegebenen Zeit (z.B. 20 Minuten) ihr jeweiliges Spezialgebiet mit "Gleichgesinnten" ab und gehen alsdann wieder in ihre Stammgruppen zurück. Solchermaßen vorbereitet und abgeklärt, informieren sich alsdann die Stammgruppenmitglieder wechselseitig über ihre unterschiedlichen Spezialgebiete. Sie beantworten Rückfragen und legen ihren Gruppenmitgliedern u.U. einige Kontrollfragen vor, die diese auf der Basis des Gehörten beantworten müssen (derartige Kontrollfragen müssen dann allerdings in den Spezialistengruppen vorbereitet worden sein). Abgeschlossen wird die Übung u.a. mit einem methodenzentrierten Feedback.

VORBEREITUNG: Die unterschiedlichen Arbeitsvorlagen für die Stammgruppen müssen entsprechend der Stammgruppenzahl mehrfach kopiert werden - am besten verschiedenfarbig, damit der Wechsel in die Spezialistengruppen farbabhängig vonstatten gehen kann. Für die einzelnen Arbeitsphasen müssen klare Zeitvorgaben gemacht werden. Für die Gruppenarbeitsphasen sind u.U. Regelbeobachter zu bestimmen.

B 73 Fishbowl

INTENTION: Die Schüler sollen anhand eines exemplarisch inszenierten Innenkreisgesprächs zu einem bestimmten Thema ihr Regelbewußtsein vertiefen. Sie sollen den Gesprächsverlauf beobachten und das Gesprächsverhalten der einzelnen Diskutanten gezielt unter die Lupe nehmen und anschließend bilanzieren (s. Beobachtungsbogen)

DURCHFÜHRUNG: Ähnlich wie in einem Aquarium (Fishbowl) sitzen z.B. 5 diskussionsbereite Schüler als Gruppe in der Mitte des Klassenraumes. Um sie herum sitzen alle anderen Schüler der Klasse, um das anschließende Diskussionsgeschehen als Beobachter zu verfolgen. Vorgegeben wird ein kontroverses Thema, das den Diskutanten einigermaßen vertraut ist (z.B. "Sollten die deutschen Bauern mehr Subventionen erhalten?"; "Sollte bereits ab 16 der PKW-Führerschein gemacht werden können?"; "Sollte es bei uns verboten sein, an Jugendliche unter 18 Jahren Alkohol auszuschenken/zu verkaufen?" etc.) Die Fishbowl-Gruppe diskutiert nun z.B. 20 Minuten lang in eigener Regie. Vorgegeben ist nichts, außer dem Thema. Die zuhörenden Schüler haben währenddessen die Aufgabe, je einen der Diskutanten unter Berücksichtigung des nebenstehenden Beobachtungsbogens genauer zu beobachten (die Beobachtungsmodalitäten sind den Diskutanten bekannt). Nach Abschluß der 20 Minuten setzen sich sowohl die Diskutanten als auch die Beobachtergruppen zu einer kurzen Auswertung zusammen. Dann äußern sich zunächst die Beobachtergruppen zu ihrer jeweiligen Bezugsperson. Abschließend kommen die Diskutanten mit ihren Anmerkungen und Erfahrungen zu Wort.

VORBEREITUNG: Das Thema muß feststehen; der Beobachtungsbogen muß ausreichend kopiert werden. Auf jedem Beobachtungsbogen steht eine Ziffer von 1-5. Dementsprechend sind die Diskutanten numeriert, so daß jeder Beobachter seine Bezugsperson kennt. Diskutanten und Beobachter erhalten zu Beginn der Übung kurz Gelegenheit, sich auf ihre Aufgabe einzustellen.

Beobachtungsbogen

Gesprächsverhalten

	+ —	
Beteiligt sich gut	●—●—●—●—●—●—●	Beteiligt sich kaum
Bleibt beim Thema	●—●—●—●—●—●—●	Schweift vom Thema ab
Spricht andere an	●—●—●—●—●—●—●	Kümmert sich nicht um andere
Redet deutlich	●—●—●—●—●—●—●	Redet undeutlich
Spricht freundlich	●—●—●—●—●—●—●	Spricht aggressiv
Leitet das Gespräch	●—●—●—●—●—●—●	Ist Mitläufer
Ist bei der Sache	●—●—●—●—●—●—●	Hört nicht zu
Geht auf Vorredner ein	●—●—●—●—●—●—●	Redet nur seinen Kram
Blickt Mitschüler an	●—●—●—●—●—●—●	Blickt zum Lehrer hin
Bringt eigene Gedanken	●—●—●—●—●—●—●	Plappert nur nach
Macht anderen Mut	●—●—●—●—●—●—●	Schreckt andere ab
Bringt das Gespräch voran	●—●—●—●—●—●—●	Ist eher ein Hemmschuh
Redet in ganzen Sätzen	●—●—●—●—●—●—●	Redet bruchstückhaft
Redet überzeugend	●—●—●—●—●—●—●	Schwafelt nur
Ist kompromißbereit	●—●—●—●—●—●—●	Ist rechthaberisch
Redet in Maßen	●—●—●—●—●—●—●	Redet zu viel
Bezieht andere ein	●—●—●—●—●—●—●	Denkt nur an sich selbst
Redet verständlich	●—●—●—●—●—●—●	Redet umständlich
Redet knapp und präzise	●—●—●—●—●—●—●	Redet ausschweifend
Redet lebendig	●—●—●—●—●—●—●	Redet langweilig
Läßt andere ausreden	●—●—●—●—●—●—●	Fällt anderen ins Wort

GESAMTNOTE "GESPRÄCHSVERHALTEN": ① ② ③ ④ ⑤ *(ankreuzen)*

Kreuze in den einzelnen Zeilen an, wie Du den von Dir zu beobachtenden Schüler während des Gesprächs erlebt hast. Je weiter links Dein Kreuz, desto positiver, je weiter rechts, desto negativer. Versuche am Ende eine "Gesamtnote" zu finden und überlege Dir eine Begründung. Anschließend kannst Du Deine Eindrücke mit einigen anderen Schülern besprechen, die ebenfalls Deine "Bezugsperson" beobachtet haben.

B 74

Gesprächsleiterschulung

INTENTION: Die Schüler sollen im Rahmen unterschiedlicher themenzentrierter Gesprächsrunden im Klassenverband mit den besonderen Aufgaben und Befugnissen des Gesprächsleiters vertraut gemacht werden. Dabei werden zugleich zentrale Gesprächsregeln aufgefrischt (s. auch B53).

DURCHFÜHRUNG: Im Vorfeld der Übung werden den Schülern alternative Diskussionsthemen genannt, auf die sie sich vorbereiten sollen. Die Übung selbst beginnt mit einer kurzen Einführung des Lehrers in die wichtigsten Aufgaben des Gesprächsleiters, wie sie sich aus der nebenstehenden Übersicht ersehen lassen. Die Schüler erhalten diese Übersicht zudem als Kopie. Alsdann gibt der Lehrer eines der angekündigten Themen vor und übernimmt zu Demonstrationszwecken selbst die Gesprächsleitung. Er eröffnet das Gespräch, nennt das Thema, bittet um Wortmeldungen, erteilt das Wort, moniert etwaige Regelverstöße, faßt gelegentlich zusammen, ermuntert die "Schweiger" zum Mitmachen usw. Nach dieser Demonstration übernimmt ein interessierter Schüler für eine zweite Diskussionsrunde die Gesprächsleitung. Er versucht ähnlich wie der Lehrer zu moderieren und zu lenken. Als Assistent kann ihm unter Umständen ein gesonderter Regelbeobachter zur Seite gestellt werden. Nach etwa 10 Minuten wird das Gespräch abgebrochen und eine kurze Feedbackrunde angesetzt. Dann erhält ein weiterer Freiwilliger die Chance, seine Gesprächsleiterfähigkeiten zu trainieren usw. Derartige Übungen sollten mit wechselnder Besetzung immer mal wieder durchgeführt werden, damit möglichst jeder Schüler seine Chance erhält.

VORBEREITUNG: Der Lehrer überlegt sich rechtzeitig vor der Übung geeignete (kontroverse) Diskussionsthemen, die sich zur Wiederholung/Vertiefung des bereits behandelten Lernstoffs eignen. Ferner muß die nebenstehende Regelübersicht kopiert und eventuell im Großformat im Klassenraum ausgehängt werden.

Aufgaben des Gesprächsleiters

Einige Tips

1 Das Gespräch eröffnen und das Thema nennen, das zur Diskussion steht.

2 Falls irgendwelche Funktionen zu regeln sind (z.B. Protokoll schreiben), dafür Sorge tragen, daß dieses geschieht.

3 Wortmeldungen registrieren/notieren und den betreffenden Schülern das Wort erteilen.

4 Bei doppeltem Handaufheben (Widerspruch, Rückfrage) den jeweiligen Schüler bevorrechtigt zu Wort kommen lassen.

5 Bei Verstößen gegen wichtige Gesprächsregeln Rüge erteilen und die mißachtete Regel in Erinnerung rufen (vgl. Regelplakat).

6 Schweigsame Schüler auch mal ansprechen und zu Wortbeiträgen ermutigen.

7 Gelegentlich mal zusammenfassen und die Richtung des Gesprächs anzeigen (Was ist unsere Aufgabe? Was haben wir erreicht? Was ist noch offen?)

8 Auf die Zeit achten, damit das Gespräch fristgerecht beendet werden kann. Bei Bedarf "sanften Druck" machen.

9 Am Ende des Gesprächs ein zusammenfassendes Schlußwort sprechen und gegebenenfalls die Weiterarbeit regeln.

10 Falls das Gesprächsergebnis präsentiert werden muß, dafür Sorge tragen, daß Gruppensprecher bestimmt wird/werden.

B 75

Talkshow

INTENTION: Die Schüler sollen in Analogie zu seriösen Talkshows im Fernsehen möglichst offene und lebendige Gespräche miteinander führen. Sie sollen dieses anhand ausgewählter Themen tun, wobei sie in Rollen schlüpfen, die unterschiedliche Zugänge zum jeweiligen Thema eröffnen.

DURCHFÜHRUNG: Die Klasse wird in mehrere Gruppen eingeteilt. Jede Gruppe erhält ein Thema, über das sich ergiebig sprechen läßt (z.B.: "Haustiere", "Taschengeld", "Berufswahl", "Ferienerlebnisse", "Schule", "Astronauten", "London" usw.). In einer Vorbereitungsphase überlegen sich die Mitglieder jeder Gruppe unterschiedliche Rollen und Namen (s. unten), die sie während der Talkshow mit Leben füllen wollen; außerdem bereiten sie sich inhaltlich vor. Dann beginnt die erste Talkshow (Dauer z.B. 15 Minuten). Die zuständigen Akteure setzen sich mit Namensschildern versehen an eine hufeisenförmig angeordnete Tischgruppe. Alle anderen Schüler sind Zuschauer. Moderator ist der Lehrer, der sich z.B. den Namen "Schwätzer" oder "Mittler" zulegt. Als solcher leitet er die Talkshow so ein, als fände sie z.B. im Studio 4 des Südwestfunks statt. Er begrüßt die Zuschauer an den Bildschirmen, die Gäste im Studio sowie die Teilnehmer der Talkrunde. Dann stellen sich die Talker in ihren Rollen näher vor, berichten über ihre speziellen Erfahrungen, Erlebnisse, Kenntnisse und Erkenntnisse - möglichst witzig und spritzig, aber auch sachlich und informativ. Sie fragen wechselseitig und plaudern miteinander. Nach Ablauf der Sendezeit erfolgt ein kurzes Feedback. Dann kommt die zweite Gruppe mit ihrem Thema an die Reihe usw.

VORBEREITUNG: Die Themen müssen klar sein, die Gruppen gebildet werden und die spezifischen Rollen geklärt werden (im Falle des Themas "Schule" z.B.: Hausmeister, Sekretärin, Schulleiter, Putzfrau und Schülersprecher). Die Rollen kann durchaus auch der Lehrer vorgeben, ohne sie jedoch inhaltlich auszufüllen.

4. Überzeugend argumentieren und vortragen – rhetorische Übungen

Kommunikationsfähigkeit erstreckt sich natürlich nicht nur auf freies Sprechen und sensibles Miteinander-Reden, sondern verlangt auch und zugleich rhetorische Kompetenz, d.h. das Beherrschen von Strategien, die überzeugendes Argumentieren und Vortragen gewährleisten. Derartige Strategien einzuüben und zu erlernen ist zweifellos ein anspruchsvolles Unterfangen, denn rhetorische Kompetenz schließt eine Vielzahl von Aspekten und Fertigkeiten ein (vgl. u.a. B 91), die selbst viele Erwachsene nur unzureichend beherrschen. Trotzdem, oder gerade deswegen, müssen die Schüler in dieser Hinsicht verstärkt gefordert und gefördert werden, da sie »im wirklichen Leben« schwerlich ohne ein gewisses Maß an rhetorischer Kompetenz auskommen werden. Rhetorische Übungen gehören freilich nicht nur in den Deutschunterricht, der traditionell mit rhetorischen Fragen befaßt ist, sondern sie sollten in möglichst vielen Fächern angesetzt werden, wann immer sich vom jeweiligen Stoffplan her Gelegenheit dazu ergibt. Und Gelegenheiten gibt es wahrlich genug, wenn man als Lehrer nur entschieden genug danach sucht. Argumentations- und Vortragsanlässe gibt es prinzipiell in jedem Fach. Daß dabei selbstverständlich nicht nur rhetorische Fertigkeiten gelernt werden, sondern auch und zugleich fachliche Klärung und Vertiefung stattfindet, ist völlig unstrittig. Das gilt für gruppeninterne Argumentationsversuche genauso wie für themenzentrierte Vorträge vor der Klasse – egal, wo sie stattfinden, ob nun in der Oberstufe, in der Mittelstufe oder in der Grundschule. Entsprechend gefordert werden müssen die Schüler überall. Und je früher sie mit den Grundregeln einer überzeugenden Argumentation und/oder eines guten Vortrags vertraut gemacht werden, um so besser.

Ziel ist es dabei, die Schüler zu ebenso stringenter wie lebendiger Argumentation und Vortragsgestaltung zu befähigen sowie ihnen bewußtzumachen, worauf ein guter/überzeugender Redner so alles zu achten hat, wenn er bei seinen Zuhörern ankommen will. Rhetorik in diesem Sinne ist alles andere als Schönrednerei oder manipulative Überredungskunst, wie sie u.a. in der Verkäuferschulung vorherrschend ist. Vielmehr geht es in diesem vierten Übungsfeld darum, die Schüler für das Zusammenspiel von fachlichen, verbalen und nonverbalen Faktoren gezielt zu sensibilisieren und ihnen bewußtzumachen, daß eine überzeugende Rede letztlich damit steht und fällt, ob der Redner sachkompetent, verständlich und lebendig zu argumentieren versteht.

Die nachfolgenden Übungsbausteine geben den Schülern Gelegenheit, entsprechende Erfahrungen und Einsichten zu gewinnen. Sie probieren und experimentieren; sie argumentieren und reflektieren, sie analysieren und präsentieren, kurzum: Sie üben sich in ebenso lebendiger wie konstruktiver Weise im freien, möglichst überzeugenden Argumentieren und Vortragen. Das geschieht sowohl in Kleingruppen als auch im Plenum. Am Anfang steht hierbei die Auseinandersetzung mit der gängigen Redeangst mit dem Ziel, die vorhandenen Ängste/Beklemmungen zu mindern und das Selbstvertrauen der Schüler nachhaltig zu stärken. Alsdann wird in vielfältiger Weise argumentiert; es werden Tips erarbeitet, Erfahrungen ausgetauscht und unterschiedliche Strategien erprobt. Letzteres gilt nicht zuletzt für die Präsentation von Referaten, Vorträgen, Ansprachen und sonstigen rhetorischen Darbietungen.

Zum verbalen und nonverbalen Repertoire, das den Schülern nahegebracht werden soll, gehören dabei u.a. einfache Sprache, klarer Gedankengang, präzise Ausführungen, direkte Ansprache der Zuhörer, Blickkontakt halten, anregende Beispiele, Stimmvariation, deutliche Artikulation, unterstützende Gestik, lebendige Mimik, passende Körpersprache und manches andere mehr. Dies alles ist nach und nach in den Blick der Schüler zu bringen und in entsprechenden Übungen versuchsweise anzuwenden und auszuprobieren.

Unterstützt wird das skizzierte Rhetorik-Training durch gezielte Videoaufnahmen, die sowohl der tiefergehenden Auseinandersetzung dienen als auch der Information des jeweiligen Redners. Erfahrungsgemäß ist der Blick in den eigenen Spiegel nämlich wesentlich ergiebiger als das Beobachten und Diskutieren fremder Darbietungen. Auf Video aufgenommen werden vorrangig oder ausschließlich rhetorische Präsentationen im Plenum – sei es nun am Rednerpult, am Tageslichtprojektor, an der Tafel oder an der Pinnwand. Insbesondere die Plädoyers, Ansprachen und sonstigen Vorträge am Rednerpult sind erfahrungsgemäß lohnende »Studienobjekte«. Von daher sollte dafür gesorgt werden, daß in den betreffenden Übungsphasen ein Rednerpult oder ein entsprechender Tischaufsatz zur Verfügung steht, damit eine möglichst realistische Vortragssituation hergestellt wird. Dazu gehört auch und nicht zuletzt, daß die Schüler immer wieder nach Stichworten oder sonstigen Vortragsgerüsten ihre Reden halten müssen. Das stellt an die betreffenden Akteure zwar recht hohe Anforderungen, da sie nicht nur frei reden, sondern auch noch eine Reihe anderer rhetorischer Stilmittel berücksichtigen müssen. Aber die bisherigen Erfahrungen zeigen sehr deutlich, daß das Gros der Schüler – wenn das soziale Klima in der Klasse einigermaßen stimmt – durch derartige Herausforderungen eigentlich nur angespornt und motiviert wird (vgl. den Erfahrungsbericht in Kapitel III). Im Klartext: In den Schülern steckt mehr Ehrgeiz und mehr potentielle Kompetenz, als die meisten Lehrkräfte vermeinen. So gesehen ist das nachfolgend umrissene Rhetorik-Training »Entwicklungshilfe« im besten Sinne des Wortes. Es hilft, die latenten Fähigkeiten und Fertigkeiten der Schüler zu entwickeln; und es trägt dazu bei, daß die Schüler schon bald stolz sein können auf das, was sie zu leisten vermögen – nicht nur in rhetorischer Hinsicht, sondern auch in fachlicher Perspektive. Und wer wollte bestreiten, daß Schüler wie Lehrer ermutigende Erfahrungen dieser Art brauchen?!

B 76

Wider die Redeangst

INTENTION: Die Schüler sollen das allseits bekannte Lampenfieber, das häufig zu Beginn einer Rede auftritt, als etwas Normales begreifen und akzeptieren lernen. Sie sollen Erklärungen kennenlernen und Erfahrungen austauschen, die den Umgang mit der verbreiteten Redeangst leichter machen.

DURCHFÜHRUNG: Zu Beginn der Übung liest der Lehrer den nebenstehenden Text möglichst eindringlich vor. Dann folgt eine korrespondierende Punktabfrage (s. Abbildung), bei der die Schüler durch Ankleben eines roten Punktes markieren müssen, wie sehr sie von Lampenfieber heimgesucht werden, wenn sie vor der Klasse eine (kleine) Rede halten müssen. Anschließend gehen die Schüler, die sehr großes oder großes Lampenfieber verspüren, auf die eine Seite des Klassenraumes und diejenigen, die eher wenig oder gar kein Lampenfieber kennen, auf die andere Seite des Raumes. Dann werden Vierer- oder Fünfergruppen gebildet, in denen jede Seite angemessen repräsentiert sein sollte. Die Aufgabe der Gruppen ist es nun, sich darüber auszutauschen, wie sich das besagte Lampenfieber konkret äußert und was gegebenenfalls dagegen getan werden kann, d.h. mit welchen "Tricks" man zu mehr Ruhe, Gelassenheit und Selbstvertrauen gelangen kann. Jede Gruppe hat 2 - 3 "Tricks" auf Kärtchen zu schreiben und anschließend an die Tafel zu heften und zu erläutern. So entsteht eine kleine "Trickkiste". Zum Abschluß erhalten die Schüler den nebenstehenden Text in Kopie und lesen sich diesen in Partnergruppen nochmal laut vor. Wer vorliest, entscheiden die jeweiligen Partner.

Wenn ich vor der Klasse eine (kleine) Rede zu halten habe, dann ist bei mir das Lampenfieber zumeist ...

sehr groß	
groß	
eher gering	
sehr gering	

VORBEREITUNG: Der dokumentierte Text wird entsprechend der Schülerzahl kopiert. Für die Punktabfrage ist einerseits das abgebildete Antwortraster als Plakat vorzubereiten, zum anderen sind die nötigen roten Klebepunkte bereitzustellen. Der erwähnte Gruppenmix läßt sich mit Hilfe eines Kartenspiels bewerkstelligen (z.B. werden zwei Könige auf der einen und drei Könige auf der anderen Seite des Klassenraumes verteilt usw.). Für die abschließende "Trickdokumentation" sind Kärtchen und Stifte bereitzustellen.

Text zum Vorlesen

Sprechhemmungen und Redeängste

Die Redeangst ist eine heimlich Seuche. Jeder hat sie und jeder glaubt, daß er der einzige wäre, der sie hat. Deshalb versucht sie jeder zu verbergen und zu unterdrücken, um sich nicht vor anderen mit dieser "Krankheit" lächerlich zu machen.
Bei einer großangelegten Untersuchung aller repräsentativen Berufsschichten kam heraus, daß 90 Prozent aller Befragten mit Redeangst zu kämpfen haben. Auch die, die täglich im Beruf reden und überzeugen müssen.
Woher kommt das, was kann man dagegen tun? Wir haben die Angst als Gefühlsreaktion, um anders zu reagieren, als bisher. Angst soll entweder zur Flucht oder zum Angriff führen, um es von unseren Urahnen einmal so abzuleiten. Stand unser Ur-Vorfahr plötzlich vor einem Hasen, sollte er schnell zum Angriff übergehen, um die Existenz seiner Familie zu sichern. Bei einem großen Bär dagegen sollte ihm die Angst die schnelle Flucht ermöglichen. Genauso ist es mit Reden:
Entweder Sie drücken sich wirkungsvoll vor jeder Rede und werden dadurch nie zu einem Redner und Überzeuger - oder Sie gehen in den Angriff über und bekämpfen diese Angst wirkungsvoll. Attacke ist noch immer das beste Gegenmittel zur Angst.
Als Sie das erstemal hinter einem Steuerrad saßen und den Verkehr durch die Windschutzscheibe sahen, hatten Sie unsägliche Angst. Das gleiche passierte, als Sie als Kind auf das Fahrrad - oder auf ein Pferd gesetzt wurden. Auch wenn Sie mit Skiern oben auf einem Berg stehen und herunterschauen, haben Sie erst einmal Angst. Die Angst bezieht sich darauf, daß Sie ein Neuland betreten sollen und nicht wissen, wie es ausgeht. Sie haben Angst vor dem Versagen, daß etwas passieren könnte, was Sie nicht kalkulieren können, und das spüren Sie an folgenden Reaktionen. Die gleichen Reaktionen haben Sie übrigens auch, wenn Sie eine Rede halten sollen:

✱Das Herz schlägt höher, dadurch wird der Atem kürzer und das Gehirn scheint wie blockiert.

✱Die Blutgefäße in der Haut verengen sich, wodurch der Blutdruck steigt und man im Gesicht bleich wird.

✱Da auch die Blutgefäße im Bauch sich verengen, bekommt man das übliche flaue Gefühl in der Magengegend.

✱Die Schweißdrüsen werden zu höchster Aktivität angeregt - der "Kalte Schweiß" bricht aus.

✱Die Atemwege trocknen aus, man muß sich räuspern und man hat einen Kloß im Hals.

✱Die Fingerspitzen zittern.

Wer diese Reaktionen kennt, **braucht keine Angst vor ihnen zu haben.**
Vielmehr kann er sich auf diese Reaktionen verlassen, da er ja weiß, daß sie in bestimmten Situationen auftreten. Das gibt ihm Sicherheit, denn er weiß, nach einer kurzen Anfangsphase sind diese Symptome verschwunden.
Man bezeichnet diese Reaktionen auch als Lampenfieber - jeder Schauspieler, obwohl er seit vierzig Jahren auf der Bühne steht, wird Ihnen bestätigen, daß er vor jedem neuen Auftritt Lampenfieber hat.

aus: Rhetorik. Überzeugen - aber wie? Hrsg. von N.B. Enkelmann, Wiesbaden o.J., S. 28

B 77

Selbst-Programmierung

INTENTION: Die Schüler sollen auf der Basis des nebenstehenden "Suggestiv-Rezepts" angeregt werden, sich selbst zu ermutigen und den Glauben an die eigenen Stärken und Möglichkeiten gezielt zu stärken. Sie sollen erkennen, daß die Redewendung "Glaube versetzt Berge" im übertragenen Sinne auch für persönliche Bewährungsproben wie das Halten einer Rede gilt.

DURCHFÜHRUNG: Der Lehrer liest den nebenstehenden Text möglichst eindringlich vor. Dann erhalten die Schüler die Textfassung in Kopie und bereiten sich darauf vor, diese Fassung einigen Mitschülern vorzutragen, und zwar so, daß nicht nur abgelesen, sondern jeder Satz erst kurz studiert und dann möglichst frei und betont vorgetragen wird. Für diese Vortragsrunde werden Kleingruppen mit 3 - 4 Schülern gebildet, die sich in mehreren Stehzirkeln im Klassenraum zusammenfinden. Nacheinander tragen die einzelnen Gruppenmitglieder den Text in der angedeuteten Weise vor. Falls das drei- bis viermalige Vortragen des immer gleichen Textes als zu stereotyp erscheint, kann zum einen auf 1 - 2 ausgewählte Schüler gesetzt werden, die am besten per Los ermittelt werden. Eine andere Variante ist die, daß alle Schüler in der Vorbereitungsphase eine eigene gekürzte, sprachliche veränderte Fassung schreiben und diese vortragen. Das verhindert deckungsgleiche Vorträge. Diese individuellen Versionen sollten auf jeden Fall auch bei der erstgenannten Vorgehensweise abschließend erstellt werden, damit die Schüler ihre persönlichen Zugänge und ihre persönlichen Sprachregelungen finden. Am Ende der Übung erfolgt ein Feedback.

VORBEREITUNG: Die nebenstehende Textfassung ist für alle Schüler zu kopieren. Möglich ist auch, daß der Lehrer in Entsprechung zur eigenen Klasse eine modifizierte Version erstellt und diese vervielfältigt. Die von den Schülern formulierten Individual-Versionen werden von ihnen auf einem DIN-A4-Blatt anschaulich gestaltet und als "Erinnerungsposten" abgeheftet.

Suggestiv-Rezept

Ich kann reden!

Ich kann reden! Das weiß ich ganz genau. Ich rede so oft, und immer komme ich gut durch. Immer fällt mir etwas Sinnvolles ein. Ich werde den Faden schon nicht verlieren. Und wenn doch, dann ist das auch nicht schlimm, denn das passiert schließlich den anderen auch. Nur Ruhe bewahren, dann fließen und sprießen die Gedanken ganz schnell wieder.

Ich habe keine Angst. Nein! Vor wem denn auch. Ich habe mich gut vorbereitet; ich weiß Bescheid. Wenn ich rede, dann bin ich der Experte. Viele andere können mir nicht einmal das Wasser reichen. Und wenn ein bißchen Lampenfieber da ist - was soll's?! Das ist normal und macht mich nur noch leistungsfähiger.

Ich atme tief durch, halte die Luft etwa 4 Sekunden an und atme dann ganz langsam aus, bevor ich mit dem Reden beginne. Das beruhigt und strafft den Oberkörper. Ich bemühe mich, nicht zu schnell zu reden, denn das fördert nur die Hektik. Ich bremse gelegentlich mein Sprechtempo und lasse auch schon mal eine kurze Pause. Das ist für mich gut - und für meine Zuhörer auch!

Meine Gedanken sind klar und gut verständlich. Meine Körperhaltung spiegelt mein Selbstvertrauen. Ich spreche deutlich, natürlich! Meine Stimme ist kräftig. Ich habe keine Scheu, die Mitschüler selbstbewußt anzuschauen, meinen Blick ruhig schweifen zu lassen - von einem zum anderen. Ich spreche ruhig und locker, freundlich und lebendig. Ich will überzeugen, und ich kann überzeugen! Ich bemühe mich. Ich arbeite an mir. Und mehr kann niemand von mir verlangen.

Reden ist besser als Schweigen. Davon bin ich überzeugt. Reden muß sein, damit ich im Leben Erfolg habe. Wer nicht reden kann, der wird schnell untergebuttert. Nein, mit mir nicht. Ich will mich bewähren. Ich will es mir und anderen zeigen, daß ich kein Feigling bin und daß ich schon die richtigen Worte finden werde.

Ich muß ja nicht perfekt sein! Wer ist schon perfekt!? Reden kann man immer nur versuchen. Und je häufiger ich es versuche, um so besser und routinierter werde ich. Ich bin auf dem besten Wege ein guter Redner zu werden. Meine Mitschüler werden staunen, wie gut ich reden kann. Reden können ist ein Hochgenuß!

B 78

Regelschulung

INTENTION: Die Schüler sollen anhand zweier Demonstrationsvorträge des Lehrers erfahren und erkennen, wie wichtig eine durchdachte und lebendige Vortragsweise ist. Darüber hinaus sollen sie sich selbst darin üben, frei und möglichst wirkungsvoll vorzutragen, und zwar unter Beachtung der dokumentierten 9 Grundregeln.

DURCHFÜHRUNG: Der Lehrer trägt eine der beiden dokumentierten Fabeln mit allen Unzulänglichkeiten vor, wie sie für manchen Schülervortrag typisch sind. Er schaut unter sich, spricht hastig und zu leise, liest mehr vom Blatt ab, als daß er frei spricht. Er redet monoton und ohne Tempowechsel, obwohl die Fabel wörtliche Rede und sonstige dramaturgische Elemente enthält. Von seiner Mimik und seiner Gestik her zeigt er sich eher regungslos und daher langweilig. Anschließend äußern sich die Schüler zu der Vortragsweise. Im Anschluß an dieses Feedback benennt der Lehrer zusammenfassend die wichtigsten Defizite und teilt das Blatt mit den 9 Regeln aus. Sodann trägt er die gleiche Fabel unter Beachtung dieser Regeln nochmal vor. Wiederum erhalten die Schüler Gelegenheit zum Feedback. Anschließend verteilt der Lehrer die zweite Fabel. Die Schüler lesen diese und bereiten sich auf einen regelorientierten Vortrag vor (eventuell auch im Rahmen einer vorbereitenden Hausaufgabe). Gehalten werden diese Vorträge zunächst in kleinen Stehzirkeln mit je 4 - 5 Schülern. Alsdann werden 2 - 3 Schüler ausgelost, die ihre Vorträge nochmals vor der ganzen Klasse halten.

REGELN FÜR DIE FREIE REDE

1. Aufrecht sitzen/stehen, damit der Brustkorb frei ist!
2. Erstmal tief durchatmen (Luft etwa 4 Sekunden anhalten)!
3. Die Mitschüler selbstbewußt anblicken! (nur keine Hemmungen!)
4. Frei vortragen - nur gestützt auf wenige Stichworte!
5. Möglichst klar und deutlich sprechen, damit jeder alles mitbekommt!
6. Stimmlage verändern, wo's paßt (lauter/leiser; höher/tiefer)!
7. Sprechtempo wechseln, wo's paßt (langsamer/schneller)!
8. Ruhig mal kleine Pausen lassen (das wirkt der Nervosität entgegen)!
9. Mit den Händen und dem Gesichtsausdruck das Gesagte unterstreichen!

VORBEREITUNG: Die beiden Fabeln werden entsprechend der Schülerzahl vervielfältigt. Gleiches gilt für die Regelübersicht. Die beiden "Kontrast-Vorträge" können u.U. auch von fremden Schülern gehalten und mit Video aufgenommen werden. Videoaufnahmen sind natürlich auch im letzten Teil der Übung sinnvoll.

Zwei Fabeln

Der Löwe und die Stiere

Eine enge Freundschaft verband vier kräftige Stiere. Ein Löwe beobachtetet sie, und seine Begierde nach ihnen wuchs von Tag zu Tag. "Diese acht spitzen Hörner", sagte er sich aber, "sind gefährlich. Sie könnten mich sogar töten, wenn sie mich gemeinsam angreifen."
Da kam ihm eine Idee. Er verbarg sich am Rand der Weide und wartete geduldig, bis sich einer von den anderen ein wenig entfernte. Dann schlich er hin und flüsterte dem Stier zu: "Ah, du bist es, den die anderen drei verspotten." Dem nächsten Stier erzählte er: "Die anderen drei sind eifersüchtig auf dich, weil du größer und schöner bist als sie."
Am Anfang hörten die Stiere nicht auf den Löwen, aber bald fingen sie an, sich gegenseitig zu mißtrauen. Sie gingen nicht mehr gemeinsam auf die Wiese, und nachts rückten sie voneinander ab. Das alles machte sie noch viel mißtrauischer, und jeder dachte von den anderen: Sie warten auf eine Gelegenheit, mir ein Leid anzutun.
Als der Löwe schließlich die Nachricht verbreitete, die vier Stiere wollen sich gegenseitig bekämpfen, weil jeder der Stärkste sein wollte, da fielen sie einander sofort in heller Wut an. Und bald sahen die vier prächtigen Stiere nicht mehr prächtig aus.
Als der Löwe einen von ihnen anfiel und tötete, kamen die anderen dem Gefährten zu Hilfe. Der Löwe zerriß bald danach den zweiten, dann tötete er den dritten, und auch der vierte wurde in einigen Tagen das Opfer des Löwen.

Die Stadtmaus und die Feldmaus

Eine Stadtmaus ging spazieren und kam zu einer Feldmaus. Die tat ihr gütlich mit Eicheln, Gersten, Nüssen und womit sie konnte. Aber die Stadtmaus sprach: "Was willst du hier in Armut leben! Komm mit, ich will dir und mir genug schaffen von allerlei köstlicher Speise."
Die Feldmaus zog mit ihr in ein herrlich schönes Haus, darin die Stadtmaus wohnte, und sie gingen in die Kammern, die voll waren von Fleisch, Speck, Würstchen, Brot, Käse und allem. Da sprach die Stadtmaus: "Nun iß und sei guter Dinge. Solcher Speise habe ich täglich im Überfluß."
Da kam der Kellner und rumpelte mit den Schlüsseln an der Tür. Die Mäuse erschraken und liefen davon. Die Stadtmaus fand bald ihr Loch, aber die Feldmaus wußte nirgends hin, lief die Wand auf und ab und gab schon ihr Leben verloren.
Da der Kellner wieder hinaus war, sprach die Stadtmaus: "Es hat nun keine Not, laß uns guter Dinge sein."
Die Feldmaus antwortete: "Du hast gut reden, du wußtest dein Loch fein zu treffen, derweil bin ich schier vor Angst gestorben. Ich will dir sagen, was meine Meinung ist: Bleib du eine Stadtmaus und friß Würste und Speck, ich will ein armes Feldmäuslein bleiben und meine Eicheln essen. Du bist keinen Augenblick sicher vor dem Kellner, vor den Katzen, vor so vielen Mäusefallen, und das ganze Haus ist dir feind. Von alledem bin ich frei und bin sicher in meinem Feldlöchlein."

Die beiden Fabeln sind zitiert nach: G. Gölz; P. Simon: Besser Lernen, Frankfurt/Main 1991, S. 36 und S. 38

B 79

Stegreif-Reden

INTENTION: Die Schüler sollen zu vorgegebenen Themenstichworten Stegreif-Reden von ca. zweiminütiger Dauer halten. Sie sollen bei diesen Versuchen merken und in ihrer Zuversicht bestärkt werden, daß die Gedanken schon fließen, wenn nur einmal ein Anfang gemacht ist. Auf diese Weise soll ihre sprachliche Flexibilität und Improvisationsfähigkeit verbessert werden.

DURCHFÜHRUNG: Vorbereitend sammelt der Lehrer eine größere Anzahl von Themenstichworten aus dem Erfahrungsbereich der Schüler. Themenstichworte wie "Auto", "Baum", "Wetter", "Glück", "Pause", "Geld", "Buch", "Fernsehen", "Disko", "Fußball" etc. zeigen an, daß die Palette möglicher Vortragsthemen groß ist. Auch unterrichtsorientierte Themenstichworte können vorgegeben werden, sofern die Schüler über hinreichenden Sachverstand verfügen (z.B. am Ende einer Unterrichtseinheit). Improvisation und Fantasie sollten allerdings zugelassen sein, damit eine engagierte und lebendige Rede möglich wird. Falls die Schüler mit der Stegreif-Ansprache noch Probleme haben sollten, kann u.U. auch eine kurze Besinnungsphase vorgeschaltet werden. Zur Prozedur im einzelnen: Die Schüler ziehen eines der vom Lehrer offerierten Themen- bzw. Stichwortkärtchen. Nach einer kurzen Besinnungsphase beginnt einer der Schüler mit seiner Kurzansprache. Dazu sollte er an ein vorbereitetes Rednerpult treten und als Herr/Frau "Redefix" seine Rede halten. Wenn er fertig ist, wird applaudiert und der nächste Redner kommt dran. Nach je 4 Präsentationen wird eine Zäsur gemacht und von Redner- wie von Zuhörerseite ein Feedback versucht. Dann kommen die nächsten vier Redner an die Reihe usw.

VORBEREITUNG: Der Lehrer sondiert geeignete Themenstichworte, und zwar mindestens so viele, wie Schüler in der Klasse sind. Jedes Stichwort wird auf ein kleines Kärtchen geschrieben, so daß sich ein Loskärtchen-Set ergibt. Für die Redeversuche selbst wird ein Rednerpult oder ein entsprechender Tischaufsatz benötigt.

B 80 Kurzreportagen

INTENTION: Die Schüler sollen sich als Reporter versuchen, die über bestimmte Besonderheiten/Attraktionen ihrer Heimatgemeinde in Kurzreportagen live berichten. Sie sollen ihre Kurzreportagen möglichst interessant und überzeugend gestalten, damit sich ein gewisser Werbeeffekt für die betreffende Gemeinde ergibt.

DURCHFÜHRUNG: Die Schüler erhalten als vorbereitende Hausaufgabe den Auftrag, zu ihrer Heimatgemeinde/ihrem Stadtteil eine Kurzreportage mit werbendem Charakter von ca. zweiminütiger Dauer vorzubereiten. Welche Besonderheiten ausgewählt werden, ist Sache der Schüler (kommen mehrere Schüler aus der gleichen Gemeinde, können eventuell alternative Attraktionen ausgelost werden). Zum Ablauf der Übung im einzelnen: Zunächst erhalten die Schüler Gelegenheit, sich in gut gemischten Kleingruppen als Reporter zu üben. Dabei sollte in jeder Gruppe ein einfaches Mikrofon zur Verfügung stehen, das von Reporter zu Reporter weitergereicht wird. Anschließend trägt einer der Schüler im Plenum seine Reportage vor, und zwar frei, mit dem Mikrofon in der Hand, gestützt lediglich auf ein Kärtchen mit wenigen Stichworten. Nach Abschluß der Reportage wird applaudiert. Sodann wird kurz bilanziert, was gut war und was noch besser gemacht werden könnte. Dann kommt der zweite Reporter an die Reihe usw. Wichtig ist, daß alle Reporter, die aus einer Gemeinde kommen, ihre Reportagen in Folge vortragen. Falls die Klasse zustimmt, kann auch eine Jury eingesetzt werden, die jede Reportage kurz kommentiert und bewertet. Empfehlenswert ist ferner der Einsatz einer Videokamera, damit die Schüler erstens in ihrer Reporterrolle bestärkt werden und zweitens sich anschließend auch mal selbst sehen können.

VORBEREITUNG: Damit sich die Reportagen der Schüler nicht zu sehr überschneiden, stimmen diejenigen, die aus der gleichen Gemeinde kommen, vorher ihre Schwerpunkte ab. Für die Präsentation selbst sind Mikrofone bereitzustellen. Ferner sollten ein Camcorder und ein Monitor zur Verfügung stehen.

B 81

Redekarussell

INTENTION: Die Schüler sollen kurze Texte (Fabeln, Witze, Anekdoten etc.) frei und möglichst eindrucksvoll vortragen und dabei die in Baustein B78 dokumentierten "Regeln für die freie Rede" beachten. Sie sollen sich dabei in punkto Rhetorik üben und entsprechendes Selbstvertrauen aufbauen.

DURCHFÜHRUNG: Die Schüler erhalten bestimmte Kurzgeschichten, Witze oder sonstige kurze Vortragstexte (s. nebenstehende Beispiele), die sich in lebendiger Weise vortragen lassen und den Schülern Gelegenheit geben, die Rhetorik-Regeln aus B 78 versuchsweise auszuprobieren. Selbstverständlich ist es auch möglich, daß die Schüler im Rahmen ihrer häuslichen Vorbereitung geeignete Vortragstexte auswählen. Auf jeden Fall ist es wichtig, daß sie sich zu Hause auf ihre Präsentation vorbereiten und diese eventuell vor dem Spiegel und/oder mit Hilfe des Kassettenrecorders schon mal üben. Das Redekarussell selbst beginnt damit, daß mehrere Gruppen mit je 5 - 6 Schülern gebildet werden, die unterschiedliche Kurzvorträge vorbereitet haben. Nun halten die Gruppenmitglieder in kleinen Steh-zirkeln, die über den ganzen Klassenraum verteilt sind, ihre Kurzvorträge in freier Rede. Daran schließt sich eine gruppeninterne Würdigung der Darbietungen an. Nach dieser "Warming-Up-Phase" tragen die Schüler reihum ihre Kurzvorträge im Plenum vor, und zwar am Rednerpult stehend, unter Beachtung der erwähnten rhetorischen Spielregeln. Hat der Lehrer z.B. nur 5 oder 6 Kurztexte im Angebot, die in allen Gruppen parallel vorgetragen werden, dann werden unter den Schülern mit jeweils dem gleichen Text je zwei Präsentatoren ausgelost.

VORBEREITUNG: Falls der Lehrer die Redetexte bereitstellt, genügt es unter Umständen, wenn 5 - 6 unterschiedliche Kurztexte gleichmäßig unter den Schülern verteilt werden. Für die Stehzirkel ist im Klassenraum Platz zu schaffen. Für die abschließende Präsentationsphase im Plenum ist ein Rednerpult bzw. ein Tischaufsatz bereitzustellen.

WITZESAMMLUNG

Fritz kommt zu spät zur Schule. „Ein Mann hatte ein Fünfmarkstück verloren“, entschuldigt er sich. „Da gab es ein riesiges Gedränge, weil alle Leute das Geldstück suchten.“ – „Was hattest du damit zu tun“, fragt der Lehrer. „Ich stand doch auf dem Fünfmarkstück.“

„Bruno, wann machst du denn endlich deine Schulaufgaben?“ fragt die Mutter. „Ich lasse eine Münze entscheiden“, meint Bruno gelassen. „Wenn sie mit der Zahl nach oben fällt, gehe ich zuerst ins Kino. Fällt aber der Adler nach oben, fahre ich zuerst ins Schwimmbad und . . . !“ – „Und deine Schularbeiten?“ – „Na, die mache ich, wenn die Münze auf dem Rand stehen bleibt!“

Der kurzsichtige Lehrer ruft in die Klasse: „Du dahinten, sag mir mal das Gedicht auf!“ „Das kann ich nicht!“ „Darf man fragen, was du gestern abend gemacht hast?“ „Da habe ich mit Freunden ein paar Bier getrunken und dann Skat gespielt.“ „Das ist ja unglaublich! Man fragt sich wirklich, warum du überhaupt noch in die Schule kommst!“ „Um die Heizung zu reparieren – ich bin der Monteur!“

Ferdi hat den ganzen Nachmittag über schriftliche Schularbeiten erledigt. „So, jetzt kann ich mit den Hausaufgaben anfangen“, sagt er zur Mutter. – „Ja, und was hast du denn jetzt die ganze Zeit über gemacht?“ – „Nur Strafarbeiten!“

„Sag mal Freddie“, fragt der Freund, „wie viele Rechenaufgaben hast du in der Arbeit falsch?“ – „Bloß eine einzige!“ gibt Freddie Bescheid. Der Freund staunt: „Was, und die anderen 14 hast du alle richtig?“ – „Nein, wie kommst du darauf? Die habe ich gar nicht angefangen zu rechnen!“

Die Klasse soll ein Bild zeichnen: eine Kuh inmitten von Gras. Die Lehrerin geht zu Karlchen. „Warum zeichnest du kein Gras?“ fragt sie. Karlchen: „Das hat die Kuh bereits aufgefressen!“ – „Und wo ist die Kuh?“ – „Ja, glauben Sie, die bleibt dort, wo kein Gras mehr ist?“

„Stimmt es“, will Wolfgang von der Mutter wissen, „daß mich und dich und Opa und Oma alle der Storch gebracht hat?“ Die Mutter nickt. Nachher steht in Wolfgangs Aufsatz über „Die Geschichte meiner Familie“: „Seit langer Zeit hat es in unserer Familie keine normale Geburt mehr gegeben.“

„Ich wollte meinen Dackel so erziehen, daß er bellt, wenn er sein Fressen haben will. Über hundert Mal habe ich es ihm nun schon vorgemacht!“ – „Und? Bellt er jetzt, wenn er Hunger hat?“ – „Nein, aber nun frißt er nichts mehr, wenn ich nicht vorher belle!“

In der Rechenstunde. „Uwe, ich schenke dir heute zwei Kaninchen und morgen drei Kaninchen, wieviel Kaninchen hast du dann?“ „Dann habe ich sechs!“ „Falsch, das sind doch nur fünf!“ „Nein, das sind wirklich sechs.“ „Wieso?“ „Ich hab schon ein Kaninchen.“

B 82

Redeanalyse

INTENTION: Die Schüler sollen die dokumentierte Rede/Predigt von Bischof Franz Kamphaus analysieren und würdigen. Sie sollen Stärken und Schwächen herausarbeiten sowie zum Thema "Frieden sichern" eine eigene Rede verfassen und diese vor der Klasse möglichst eindrucksvoll vortragen.

DURCHFÜHRUNG: Der Lehrer teilt den nachfolgend abgedruckten Predigttext an alle Schüler aus. Die Schüler lesen den Text durch und markieren wichtige Stellen/Begriffe. Alsdann trägt der Lehrer den Text möglichst frei und betont vor, damit die Schüler die Wirkung des rhetorischen Fragens, der Pausentechnik, des Blickkontakts sowie der Mimik und Gestik "spüren". Die Schüler äußern sich spontan dazu, wie die Rede auf sie gewirkt hat und was sie gut fanden. Anschließend werden mehrere Arbeitsgruppen gebildet, die die Rede näher unter die Lupe nehmen. Leitfragen hierbei können sein: Welches Ziel verfolgt Bischof Kamphaus wohl mit seiner Predigt? Wie versucht er seine Zuhörer zu gewinnen? Welche Botschaft steckt in seinen Ausführungen? Wo liegen die Stärken seiner Predigt? Welche Thesen sollten argumentativ besser abgestützt werden? Nach Abschluß dieser Analyse tragen zwei ausgeloste Gruppen ihre Einschätzungen und "Verbesserungsvorschläge" vor; die anderen Gruppen ergänzen gegebenenfalls. In einem nächsten Schritt gehen die gleichen Gruppen daran, je eine eigene Rede von ca. fünfminütiger Dauer zum Thema "Frieden schaffen - mit oder ohne Waffen?" auszuarbeiten. Diese Reden werden nach Fertigstellung von den Gruppensprechern unter Berücksichtigung der bekannten rhetorischen Stilmittel vorgetragen, eventuell gefilmt und eingehend besprochen.

VORBEREITUNG: Die dokumentierte Rede ist entsprechend der Schülerzahl zu kopieren. Der Lehrer muß sich auf seinen Vortrag dieser Rede/Predigt gut vorbereiten. Die Vorträge sollten möglichst vom Rednerpult aus gehalten werden. Bereitstehen sollte überdies eine Videoanlage.

Rede zum Golfkrieg

Predigt von Bischof Franz Kamphausen

Die Dinge haben ihre zwei Seiten. Und nicht nur die Dinge, mehr noch der Mensch. Nehmen wir unsere Hand: Man kann sie zur Faust ballen und auf den anderen schlagen. Man kann auch die Hand öffnen, und sie dem anderen zum Friedensgruß reichen. Und man kann die Hände falten. Es sitzt alles drin in den Dingen und vor allem in uns selbst: Tod und Leben. Wir ahnen wohl, was für ein Weg das ist, von der Faust zur offenen Hand und zum Händereichen. Mancher wird denken: Ihr habt gut reden, ihr Theologen, vom Frieden und von der Gewaltlosigkeit. Wir sind keine politischen Besserwisser. Die gegenwärtige Weltenstunde gibt uns mehr Fragen auf, als uns Antworten gegeben sind ... auch Gegenfragen:

Zeigt sich nicht die ganze Perversion des Krieges darin, daß wir gegen die Waffen kämpfen müssen, die wir selbst mit hohen Gewinnen in den Sand gesetzt haben? Ist das vernünftig, soll das gar gottgewollt sein? Denken wir nur daran, wie entsetzlich die Opfer unter den Soldaten und in der Zivilbevölkerung sind. Und weiter:

Millionen, Milliarden schluckt der Krieg - fast jeden Tag. Bedenken wir, daß die Summen, die in wenigen Tagen in den Krieg investiert werden, in Jahrzehnten, zum Beispiel für Misereor, nicht zusammengebracht wurden. Millionen und Milliarden werden für einen Krieg verpulvert, und Millionen Menschen in der weiten Welt hungern. Soll das vernünftig sein, gar gottgewollt?

Was sind wir für eine Gesellschaft? Schnell sind wir dabei, die Steuern zu erhöhen, um den Krieg finanzieren zu können. Wir finanzieren den Tod, statt daß wir das Leben fördern. Ist schon je einer auf den Gedanken gekommen, die Steuern zu erhöhen, um die Entwicklung der armen Völker voranzutreiben? Ein Politiker, der das verträte - bekäme er unsere Stimme? Mit Entwicklungspolitik läßt sich bei uns keine Wahl gewinnen, darum fristet sie ein kümmerliches Dasein.

Was sind wir für eine Gesellschaft? Einen übergroßen Teil der Intelligenz investieren wir in Waffen und in immer perfektere Waffensysteme, statt diese Intelligenz für die Entwicklung der armen Völker einzusetzen. Die Armen hungern nicht, weil wir zuviel äßen, sondern weil wir zu wenig denken, zu kleinkariert nur an uns selber denken. Wir investieren in Waffen, und die Krisenherde in der Welt wachsen und produzieren neue Kriege ...

Predigt von Bischof F. Kamphausen zum Golf-Krieg vom 9.2.1991. Zitiert nach: Grundkurs Rhetorik, Klett-Verlag, Stuttgart 1992, S. 54 f.

B 83

Expertenmethode

INTENTION: Die Schüler erhalten Gelegenheit, sich in mehreren Stammgruppen auf je ein bestimmtes Spezialgebiet vorzubereiten, um darüber in sogenannten Expertengruppen zu referieren, in denen sich Schüler mit unterschiedlichen Spezialgebieten zusammenfinden. Auf diese Weise üben sie sich sowohl in fachlicher Hinsicht als auch darin, frei und verständlich vorzutragen.

DURCHFÜHRUNG: Zunächst machen sich die Schüler in mehreren Stammgruppen mit ihrer jeweiligen Spezialaufgabe vertraut. Sie besprechen das jeweilige Informationsmaterial und bereiten sich auf ihren Kurzvortrag vor. Anschließend werden Querschnittsgruppen gebildet, in denen Vertreter aller Stammgruppen zusammenkommen. Diese Experten referieren im Wechsel zu ihren Spezialgebieten. Sie tragen frei vor, halten Blickkontakt und setzen gegebenenfalls visuelle Stützen ein (Schaubilder, Skizzen o.ä.). Die Vorträge werden in mehreren Stehzirkeln gehalten, d.h. referiert wird im Stehen. Anschließend erhalten die Zuhörer Gelegenheit zu Rückfragen und/oder zu Diskussionsbeiträgen. Der jeweilige Experte nimmt bei Bedarf Stellung dazu. Dann kommt der zweite Experte an die Reihe usw. Da diese Prozedur in allen Expertengruppen parallel abläuft, hat am Ende jeder Schüler zu seinem Spezialgebiet einen Kurzvortrag gehalten sowie im übrigen (aktiv) zugehört. Darüber hinaus kann aus jeder Stammgruppe ein Vertreter ausgelost werden, der zum betreffenden Spezialgebiet nochmals im Plenum referiert.

VORBEREITUNG: Jede Stammgruppe erhält ein spezifisches Informationsmaterial (Schaubild, Text o.ä.), das für alle Gruppenmitglieder zu kopieren ist. Die Bildung der Querschnittsgruppen/Expertengruppen läuft so ab, daß in jeder Stammgruppe eine bestimmte Anzahl von Ziffern oder verschiedenfarbigen Punkten auf die zugehörigen Gruppenmitglieder verteilt wird. Alle Schüler mit der gleichen Ziffer/Farbe bilden anschließend eine Expertengruppe.

B 84 Argumentationsstationen

INTENTION: Die Schüler sollen zu einer vorher ausgelosten und gedanklich vorbereiteten Frage/These Stellung beziehen. Sie sollen vor einer Gruppe von Mitschülern argumentieren und sich zu deren Gegenargumenten und Fragen möglichst überzeugend äußern. Diese Argumentationsübungen finden im Wechsel an verschiedenen Stationen statt.

DURCHFÜHRUNG: Unter den Schülern der Klasse werden Kärtchen mit 6 unterschiedlichen Argumentationsanlässen (Fragen, Thesen o.ä.) verlost (z.B.: Sollte Tempo 100 auf allen Autobahnen eingeführt werden? Sollte der Bezinpreis auf 5 DM je Liter angehoben werden etc.). Jeder Argumentationsanlaß wird mehrfach angeboten, damit alle Schüler gefordert sind. Je 6 unterschiedliche Argumentationsanlässe tragen die gleiche Ziffer (6 x 1; 6 x 2; 6 x 3 etc.). Schüler mit der gleichen Ziffer bilden später eine Gruppe. Zunächst jedoch bereiten sich alle Schüler auf ihre Argumentation vor. Sie notieren sich auf einem kleinen Kärtchen einige Stichworte. Dann beginnt die Argumentationsrallye: Die Schüler mit der gleichen Ziffer finden sich an einer der 6 Stationen im Klassenraum ein. An jeder Station liegt ein Plakat mit einer Frage/These verdeckt aus. Das Plakat wird umgedreht und der jeweils zuständige Schüler trägt ca. 2 Minuten lang seine Argumentation vor. Anschließend wird offen diskutiert. Nach ca. 5 Minuten wechseln die Gruppen im Uhrzeigersinn zur nächsten Station. Nun sind andere Schüler mit ihrer Argumentation an der Reihe. Nach ca. 5 Minuten wird erneut gewechselt usw., bis schließlich alle 6 Stationen durchlaufen sind und jeder Schüler einmal argumentiert hat.

VORBEREITUNG: Die betreffenden 6 Fragen/Thesen müssen überlegt und entsprechend der Schülerzahl mehrfach auf schmale Kärtchen geschrieben und numeriert werden (s. oben). Ferner werden die 6 Argumentationsanlässe auf farbige DIN-A4-Karten geschrieben und an geeigneten Stellen im Klassenraum verdeckt ausgehängt/ausgelegt.

B 85

Argumentationskarussell

INTENTION: Die Schüler sollen zu persönlichen Optionen Argumente und Begründungen liefern, die den Mitschülern den eigenen Standpunkt transparent und einsichtig machen. Auf diese Weise soll ihre Argumentationsfähigkeit verbessert und ihre Bereitschaft gestärkt werden, einen Standpunkt zu beziehen.

DURCHFÜHRUNG: Zu Beginn der Übung gibt der Lehrer einen bestimmten Argumentationsimpuls vor, der auf persönliche Präferenzen bzw. Optionen der Schüler abstellt. Mögliche Argumentationsimpulse können z.B. sein: "Welcher Beruf ist Dein Lieblingsberuf und warum?"; "Welche Sportart magst Du am meisten und warum?"; "In welches Land würdest Du am liebsten reisen und warum?"; "Wer ist für Dich ein Vorbild und warum?" ... Die Schüler überdenken zunächst ihre Stellungnahme und notieren auf je einem kleinen Kärtchen einige Stichworte. Alsdann werden mehrere Zufallsgruppen mit je 4 - 5 Schülern gebildet, die sich im Klassenraum zu kleinen Stehzirkeln zusammenfinden und im Wechsel ihre Optionen zum vorgegebenen Argumentationsimpuls kundtun und begründen. Nach dieser "Warming-Up-Phase" geschieht ähnliches im Plenum, indem die Schüler nacheinander vor die Klasse treten (am besten ans Rednerpult) und etwa eine Minute lang zu ihrer Option argumentieren. Entsprechende Argumentationslinien müssen in der Vorbereitungsphase überlegt werden. Nach je 3 Kurzvorträgen kann eine kurze Zäsur gemacht werden, damit sich sowohl die Zuhörer als auch die Akteure zu den Darbietungen äußern können. Empfehlenswert sind überdies Videoaufnahmen.

VORBEREITUNG: Der Lehrer überlegt sich geeignete Argumentationsimpulse und hält diese auf farbigen DIN-A4-Karten fest, um sie bei Gelegenheit im Klassenraum auszuhängen. Zu überlegen ist ebenfalls, wie die Zufallsgruppen gebildet werden sollen. Ferner ist ein Rednerpult bzw. ein entsprechender Tischaufsatz zur Verfügung zu stellen.

B 86

Argumentationswettbewerb

INTENTION: Die Schüler sollen grüppchenweise zu einem bestimmten Thema/Vorhaben und/oder einer aktuellen Kontroverse argumentieren, und zwar so, daß sie die Zustimmung möglichst vieler Mitschüler finden. Sie sollen dabei auch und nicht zuletzt rhetorische Stilmittel einsetzen, wie sie u.a. in B91 umrissen werden.

DURCHFÜHRUNG: Den Schülern werden unterschiedliche Themen/Vorhaben aus dem schulischen, dem kommunalen, dem politischen und/oder dem wirtschaftlichen Bereich vorgegeben, die Anlaß zu Kontroversen bieten und unterschiedliche Argumentationsweisen zulassen (z.B.: "Brauchen wir mehr Ganztagsschulen?"; "Sollten die Noten abgeschafft werden?"; "Sollten Skifreizeiten aufgegeben werden?"; "Sollte die Schulzeit verkürzt werden?" etc.) Zu jedem Thema/Vorhaben werden 4 - 5 Schüler ausgelost oder als Freiwillige gewonnen, die in einem Argumentationswettbewerb mög-lichst überzeugend zu argumentieren versuchen. Zum Ablauf des Wettbewerbs im einzelnen: Zunächst bereiten sich alle Schüler auf ihr jeweiliges Thema vor (hierzu müssen u.U. einschlägige Sachinformationen bereitgestellt werden). Schriftlich festgehalten werden durfen lediglich einige wenige Stichworte auf einem kleinen DIN-A7-Kärtchen. Dann beginnt der erst Wettbewerb, d.h. die vier Schüler, die für das erste Thema zuständig sind, argumentieren in ausgeloster Reihenfolge vom Rednerpult aus. Alle anderen Schüler bilden währenddessen die Jury. Sie signalisieren anschließend, wer nach ihrer Ansicht "gewonnen" hat und begründen ihre Voten in kurzen Stellungnahmen. Sodann kommt die zweite Vierergruppe zu einem neuen Thema an die Reihe usw.

VORBEREITUNG: Entsprechend der Schülerzahl, wählt der Lehrer mehrere Argumentationsanlässe aus, schreibt diese auf schmale Kärtchen und weist diese je 4 - 5 Schülern zu (in der Regel per Los). Bereitzustellen sind ferner die DIN-A7-Kärtchen zum Notieren der Stichworte sowie das Rednerpult. Empfehlenswert ist überdies das Arbeiten mit Video.

B 87

Argumentationsstafette

INTENTION: Die Schüler sollen zu einem vorgegebenen Thema, das kontroverse Einschätzungen zuläßt, unterschiedliche Argumente ins Feld führen. Hierbei werden sie durch das Arrangement zum verbindlichen Argumentieren und zum Einhalten grundlegender Kommunikationsregeln veranlaßt.

DURCHFÜHRUNG: Der Lehrer gibt z.B. das Thema "Werbung" vor. Auf dem Boden des Klassenraumes liegen Rollenschilder im Format 10 cm x 20 cm aus, an denen Schlaufen aus Garn zum Umhängen befestigt sind. Mögliche Rollen sind: Hausfrau, Erzieherin, Familienvater, Suchtberater/in, Ex-Alkoholiker/in etc. Die Zahl der Rollenschilder entspricht der Zahl der Schüler. Die Schilder liegen so aus, daß die Rollenangaben verdeckt sind. Die Übung beginnt nun damit, daß sich jeder Schüler eines der ausliegenden Rollenschilder nimmt und um den Hals hängt (Schrift verdeckt). Alsdann überlegen die Schüler, wie sie in der betreffenden Rolle argumentieren wollen. Dann setzen sie sich mit ihren verdeckten Schildern auf der Brust im Kreis zusammen. Ein Schüler beginnt den Argumentationsreigen, indem er sein Schild umdreht, sich vorstellt und seine Stellungnahme zum Thema Werbung vorträgt. Wer sich anschließen will, meldet sich; der jeweils letzte Redner erteilt das Wort. Der betreffende Schüler, der das Wort erhält, dreht nun seinerseits sein Schild um, stellt sich vor und argumentiert. Dann kommt der dritte Schüler an die Reihe usw., bis schließlich alle ihre Schilder umgedreht und zum Thema argumentiert haben. Erst jetzt kann jemand zum zweitenmal argumentieren bzw. den einen oder anderen Beitrag kommentieren.

VORBEREITUNG: Die Rollenschilder sind zu beschaffen, oben zu lochen und mit einer ausreichend langen Garn-Schlaufe zu versehen. Während der Besinnungsphase wird ununterbrochen Werbung via Kassettenrecorder eingespielt. Ferner ist ein Stuhlkreis zu stellen.

B 88 Werberunde

INTENTION: Die Schüler sollen sich als "Werber" versuchen und in möglichst überzeugender Weise zum Beispiel ihre Heimatgemeinde oder ein Land bzw. eine Stadt ihrer Wahl vorstellen. Auf diesem Wege üben sie sowohl die freie Ansprache als auch die Anwendung rhetorischer Stilmittel.

DURCHFÜHRUNG: Den Schülern wird ein bestimmtes Rahmenthema vorgegeben (z.B. Werbung für einen London-Besuch, für einen England- oder Frankreichaufenthalt, für die Ferienregion X, für eines der EG-Länder, für eine ausgewählte Fremdsprache, für den gewünschten Zielort der nächsten Klassenfahrt, für den Wirtschaftsstandort Deutschland etc.) Sie bereiten sich zu Hause auf ihre "Werbeansprache" vor, die ca. 2 Minuten dauern sollte. Sie notieren sich Stichworte und üben eventuell schon mal vor dem Spiegel und/oder mit Hilfe des Cassettenrecorders. Im Unterricht selbst werden zunächst mehrere Gruppen mit je 5-6 Schülern gebildet, die sich wechselseitig "Probevorträge" halten (warming up). Alsdann werden mehrere Schüler ausgelost, die vor der gesamten Klasse ihre werbenden Ansprachen halten (eventuell kann auch auf Freiwillige gesetzt werden). Nach jeder Ansprache erhält das Publikum Gelegenheit zur Bewertung mit Hilfe dreier Farbkarten, die vorher an alle Zuhörer verteilt worden sind. Wer die grüne Karte hebt, hält die Ansprache für "sehr überzeugend", gelb meint "teilweise überzeugend" und rot heißt "wenig überzeugend". Der jeweilige "Werber" hat das Recht, bis zu drei Zuhörer um eine nähere Begründung ihrer Farbwahl zu bitten. Am Ende der Übung werden Kriterien festgehalten, die eine überzeugende Ansprache auszeichnen.

VORBEREITUNG: Der Lehrer legt das Rahmenthema fest und teilt es den Schülern so rechtzeitig mit, daß sich diese zu Hause vorbereiten können. Die Probe-Ansprachen im Unterricht werden in mehreren Stehzirkeln gehalten. Für die Bewertungsrunde sind ausreichend viele Farbkärtchen (grüne, gelbe, rote) zuzuschneiden und an die Zuhörer zu verteilen.

B 89

Fünfsatzübungen

INTENTION: Die Schüler sollen sich darin üben, systematisch und stringent zu argumentieren. Sie sollen nach der unten beschriebenen Fünfsatzmethode Redemuster zu vorgegebenen bzw. frei gewählten Argumentationsanlässen entwickeln und vor der Klasse frei vortragen. Auf diese Weise lernen sie, kognitiv zu strukturieren und zielgerichtet zu argumentieren.

DURCHFÜHRUNG: Der Lehrer erläutert die Fünfsatzmethode und gibt ein Beispiel dazu (s. nebenstehende Anlage). Kennzeichnend für die Fünfsatzmethode ist, daß mit einem Einstiegssatz begonnen wird, der die Ausgangssituation verdeutlicht. Dann folgen drei erklärende Nebensätze, die alle auf den fünften Satz, den Zielsatz, hinführen. Dieser Zielsatz ist der eigentliche Dreh- und Angelpunkt der Argumentation; er wird daher in aller Regel als erstes überlegt. Zum Ablauf der Übung im einzelnen: Die Klasse wird in mehrere Vierergruppen aufgeteilt. Jede Vierergruppe überlegt sich 4 Zielsätze zu Themen ihrer Wahl (z.B.: "...und deshalb sollte der Schulhof neu gestaltet werden! "... und deshalb brauchen wir ein verstärktes Kommunikationstraining im Unterricht!" etc.). Zu jedem Zielsatz werden vier hinführende Sätze entwickelt, in Kurzfassung notiert und grafisch verknüpft. Jeder Schüler hat am Ende also ein Fünfsatzschema, das er im Plenum vorstellen kann. Die Präsentation selbst sieht so aus, daß die vortragenden Schüler zunächst ihren Zielsatz zur Orientierung nennen und dann ihre gesamte Fünfsatzargumentation anhand des erstellten Schemas entfalten. Im Anschluß daran kann der Lehrer ausgewählte Zielsätze vorgeben, die die Schüler nach der Fünfsatzmethode untermauern müssen.

VORBEREITUNG: Die beiden abgebildeten grafischen Argumentationsmuster werden auf Folie kopiert, damit sie den Schülern anschaulich erläutert werden können. Ferner überlegt sich der Lehrer einige Zielsätze, die in der zweiten Phase der Übung von den Schülern argumentativ abgesichert werden sollen.

Argumentationsschemata

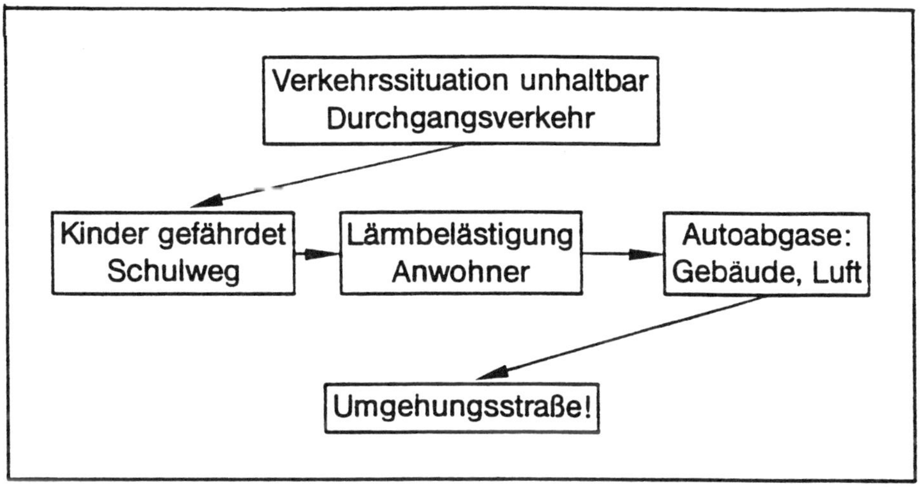

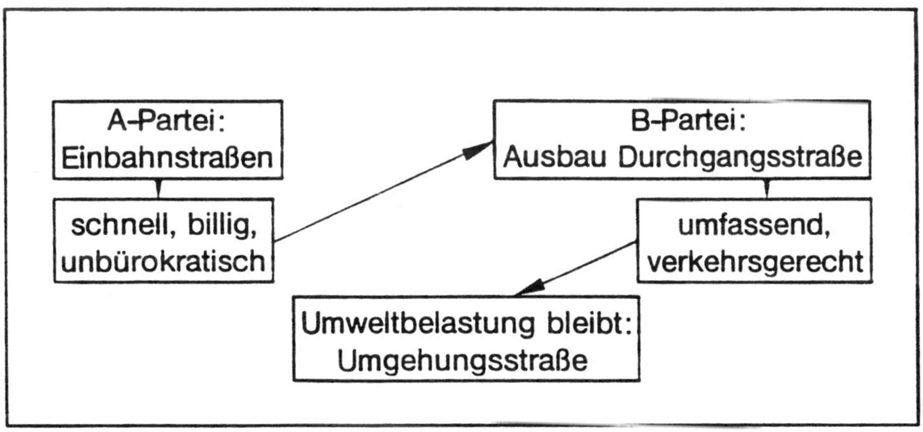

B 90

Plädoyer/Anklage

INTENTION: Die Schüler sollen zu einfachen zivilrechtlichen oder strafrechtlichen Streitfällen Stellung beziehen und zugunsten oder zu Lasten involvierter Personen plädieren. Sie sollen auf diese Weise einen vorgegebenen Sachverhalt näher durchdenken sowie sich darin üben, sachrational und stringent zu argumentieren.

DURCHFÜHRUNG: Den Schülern wird ein bestimmter Fall vorgegeben, der argumentativ zu würdigen ist (s. nebenstehende Anlage). Hierbei genügt es in der Regel, wenn auf einfache Rechtsfälle aus dem Alltag abgestellt wird, die sich mit dem "gesunden Menschenverstand" einigermaßen würdigen lassen (Beschädigung eines Fahrzeuges, Fahrerflucht aus Verlegenheit, Diebstahl eines Anoraks in der Schule, Schulverweis durch den Direktor, Unfall im Hallenbad, Ladendiebstahl, Überfahren einer Ampel bei rot, Defekt an einem Mofa kurz nach Ablauf der Garantiefrist etc.). Am besten, der Lehrer beschreibt interessante Fälle in Kurzform so, daß unterschiedliche Deutungs- und Argumentationsmöglichkeiten offen sind. Möglich ist auch, daß die eine oder andere Meldung aus der Tagespresse aufgegriffen wird, die nach einer rechtlichen Würdigung verlangt. Der Ablauf der Übung im einzelnen: Die Schüler lesen den jeweiligen Fall und bereiten alleine oder in Kleingruppen ihre Plädoyers vor (eventuell unter Heranziehung einschlägiger Gesetzesauszüge, die der Lehrer bereitstellt). Anschließend halten ausgewählte Schüler ihre Plädoyers. Dabei genügt es häufig, wenn sie auf der Basis ihres "intuitiven Rechtsverständnisses" argumentieren. Zum Schluß äußern sich zunächst die Zuhörer zu Form und Inhalt der Plädoyers, sodann kommentiert der Lehrer.

VORBEREITUNG: Der Lehrer sammelt bzw. "konstruiert" einfache Rechtsfälle und erstellt entsprechende Arbeitsblätter, die für alle Schüler kopiert werden. Falls nötig und möglich, werden ausgewählte Gesetzesauszüge z.B. aus dem BGB oder StGB angefügt.

Ein Fall für den Staatsanwalt

Stell Dir vor, Du bist Staatsanwalt und als solcher u.a. für Umweltdelikte zuständig. Im nachfolgend beschriebenen Fall sollst Du Anklage erheben. Wie willst Du argumentieren? Welches Strafmaß willst Du gegebenenfalls fordern? Berücksichtigte bei Deiner Anklageerhebung die unten abgedruckten Auszüge aus dem Wasserhaushaltsgesetz!

Der Fall

Die Besatzung des Stromaufsichtsbootes 'Bussard' ertappt das Tankmotorschiff 'Hasenbüttel', als dieses eine übelriechende gelbliche Flüssigkeit in den Rhein abläßt. Die anschließenden polizeilichen Ermittlungen ergeben, daß Reeder Wassermann und seine Bediensteten von August bis März des vergangenen Jahres fahrlässig und vorsätzlich mindestens 8653 Tonnen Raffinerie-Schmutzwasser in den Rhein abgelassen haben. Ziel der Abfälle hätte die offene Nordsee sein sollen. Wassermanns Ziel aber war, wie die Vernehmungsprotokolle zeigen, allein der Profit. Der Privat-Profit des Dr. Wassermann kommt die bundesdeutschen Steuerzahler teuer zu stehen. Denn die Reinhaltung des einst so wunderschönen Rheins verschlingt jährlich viele Millionen DM. Reeder Wassermann ist allerdings zugute zu halten, daß er bisher als Umweltsünder noch nicht aufgefallen ist.

AUSZÜGE AUS DEM WASSERHAUSHALTSGESETZ

§1a. Die Gewässer sind so zu bewirtschaften, daß sie dem Wohl der Allgemeinheit ... dienen und daß jede vermeidbare Beeinträchtigung unterbleibt.
§18a: Abwasser ist so zu beseitigen, daß das Wohl der Allgemeinheit nicht beeinträchtigt wird. Abwasserbeseitigung im Sinne dieses Gesetzes umfaßt das Sammeln, Fortleiten, Behandeln, Einleiten, Versickern, Verregnen und Verrieseln von Abwasser.
§22: Wer in ein Gewässer Stoffe einbringt oder einleitet oder wer auf ein Gewässer derart einwirkt, daß die physikalische, chemische oder biologische Beschaffenheit des Wassers verändert wird, ist zum Ersatz des daraus einem anderen entstehenden Schadens verpflichtet.
§38: (1) Wer unbefugt ein Gewässer verunreinigt oder sonst dessen Eigenschaften nachteilig verändert, wird mit Freiheitsstrafe bis zu zwei Jahren oder mit Geldstrafe bestraft. (2) Handelt der Täter gegen Entgelt oder in der Absicht, sich oder einen anderen zu bereichern oder einen anderen zu schädigen, so ist die Strafe Freiheitsstrafe bis zu drei Jahren oder Geldstrafe. (3) Der Versuch ist in den Fällen des Absatzes 2 strafbar.
§39: Wer durch eine in §38, Absatz 1, bezeichnete Handlung 1. das Leben oder die Gesundheit eines anderen, eine fremde Sache von bedeutendem Wert, die öffentliche Wasserversorgung oder eine staatlich anerkannte Heilquelle gefährdet oder 2. die Eigenschaften eines Gewässers derart beeinträchtigt, daß es für eine der Nutzungen, denen das Gewässer dient, nicht nur vorübergehend ungeeignet ist, wird mit Freiheitsstrafe bis zu fünf Jahren oder mit Geldstrafe bestraft.

Rhetorik-Stationen

B 91

INTENTION: Die Schüler erhalten Gelegenheit, sich mit grundlegenden Gesichtspunkten der Rhetorik vertraut zu machen. Sie erarbeiten sich anhand unterschiedlicher Info-Bausteine wegweisende Regeln und Strategien, die bei der Vorbereitung und Präsentation einer "guten Rede" zu bedenken sind.

DURCHFÜHRUNG: Die Übung beginnt damit, daß die Klasse in 5 Gruppen aufgeteilt wird. Jede Gruppe erhält einen der nachfolgend dokumentierten Info-Bausteine. Die Gruppenmitglieder lesen den Text, besprechen ihn und erstellen einen Vortragsleitfaden, anhand dessen die übrigen Schüler später informiert werden sollen. Dann versammeln sich alle Schüler im Halbkreis vor der Tafel. Der Sprecher der ersten Gruppe beginnt den Vortragsreigen, indem er Info-Baustein 1 zusammenfassend vorstellt. Er nennt wichtige Tips, gibt Beispiele und stellt sich den Fragen/Anmerkungen der Zuhörer. Unterstützt wird er dabei von seinen Gruppenmitgliedern. Dann kommt der Sprecher der zweiten Gruppe an die Reihe usw., bis schließlich alle Rhetorik-Bausteine vorgestellt worden sind. Sodann gehen die Schüler zurück in ihre Stammgruppen. Sie erhalten nun auch die restlichen Info-Bausteine in Kopie und arbeiten gemeinsam 10 wichtige Tips heraus, die im Falle einer Rede vor einer größeren Gruppe zu beachten sind. Die so erarbeiteten und besprochenen Tips werden abschließend veröffentlicht und zu einem 10-Punkte-Programm der Klasse verdichtet, das als Plakat im Klassenraum ausgehängt wird.

VORBEREITUNG: Die dokumentierten Reprovorlagen werden für alle Schüler kopiert und so auseinandergeschnitten, daß jeder Info-Baustein separat verteilt werden kann. Vor der Tafel ist der nötige Freiraum zu schaffen, damit sich alle Schüler im Halbkreis dort aufstellen können. Für die abschließende Präsentation der Tips sind Folien bereitzustellen. Das 10-Punkte-Plakat wird von interessierten Schülern zu Hause erstellt.

Info-Bausteine

① **Klarer Aufbau/Klare Gliederung der Rede!**

Wenn ich bei den Zuhörern "ankommen" will, dann muß ich meine Rede möglichst logisch und übersichtlich aufbauen. Das fördert die Aufmerksamkeit und sorgt dafür, daß meine Rede besser in Erinnerung bleibt. Ich sage also zu Beginn, worüber ich sprechen will und wie ich vorzugehen gedenke. Ich stelle meiner Argumentation Zahlen voraus, wie zum Beispiel erstens, zweitens, drittens, oder aber a, b und c. Das verdeutlicht die Gliederung meiner Ausführungen und macht es den Zuhörern leichter, meinen Gedanken zu folgen. Wichtig ist: Bei einem Diskussionsbeitrag dürfen nicht zu viele Punkte gemacht werden - drei bis vier sollten die Obergrenze sein. Bei einem richtigen Vortrag/Referat darf die Gliederung natürlich ausführlicher sein; Hauptpunkte werden unter Umständen in Unterpunkte unterteilt. Hilfreich für die Zuhörer ist es außerdem, wenn ich die Gliederung mit Hilfe des Tageslichtprojektors sichtbar mache. Während des Vortrags zeige ich mit einem Stift, den ich auf den Projektor lege, über welchen Punkt ich gerade spreche. Das hilft mir, den Faden nicht zu verlieren.

② **Interessant und verständlich reden!**

Wenn ich bei den Zuhörern "ankommen" will, dann muß ich mich darum bemühen, daß sie sich auch angesprochen fühlen; sie müssen sich in meiner Rede wiederfinden können. Ich interessiere meine Zuhörer also z.B. dadurch, daß ich einen aktuellen Aufhänger suche; ich bringe lebensnahe Beispiele und berichte über persönliche Erfahrungen. Ich lasse Menschen in direkter Rede auftreten; ich ziehe witzige Vergleiche und wähle gelegentlich auch mal saloppe Formulierungen, die für Auflockerung sorgen, ohne vom Thema abzulenken. Zum interessanten und verständlichen Reden gehört aber noch ein Weiteres: Die Beschränkung auf das Wesentliche, und zwar in einer Form, die jeder kapiert. Fremdwörter, die den Zuhörern eventuell unbekannt sind, versuche ich zu vermeiden, oder ich erkläre sie kurz und bündig. Denn Fremdwörter können Unverständnis hervorrufen und dazu beitragen, daß die Zuhörer abschalten. Gleiches gilt für umständliche Formulierungen und abschweifende Darstellungen, die die Zuhörer ermüden oder verwirren. Ich bemühe mich deshalb um knappe und präzise Ausführungen, damit sich niemand langweilen muß.

Info-Bausteine

③ Die Stimme lebendig und fesselnd einsetzen!

Wenn ich bei den Zuhörern "ankommen" will, dann muß ich in gewisser Weise auch stimmlich beeindrucken. Denn die Stimme ist das, was zuerst wahrgenommen wird. Mit der Stimme kann ich etwas lebendig, interessant und fesselnd für die Zuhörer machen, oder ich kann langweilen und zum Abschalten verleiten. So ist es z.B. für die Zuhörer langweilig, wenn jemand minutenlang auf der gleichen Tonhöhe spricht. Derart gleichförmiges Sprechen trägt mit Sicherheit dazu bei, daß die Zuhörer über kurz oder lang einschlafen. Ähnliches gilt, wenn zu leise geredet und/oder eine undeutliche Aussprache gepflegt wird. Ich halte mich deshalb an das Motto: "Der Ton macht die Musik". Ton, Lautstärke Stimmwechsel und Sprechtempo sind die Musik hinter den Worten. Dementsprechend versuche ich meine Stimme zu variieren. Ich spreche mal tiefer und mal höher, mal lauter und mal leiser, mal schneller und mal langsamer. Lauter spreche ich z.B. dann, wenn ich etwas Besonderes hervorheben/betonen möchte. Leiser und langsamer spreche ich, wenn ich nachdenklich machen will, usw.

④ Durch Mimik/Gestik das Gesagte unterstreichen!

Wenn ich bei den Zuhörern "ankommen" will, dann muß ich zum einen möglichst frei reden und zum anderen das Gesagte durch Mimik und Gestik unterstreichen. Ein Redner spricht nicht nur mit seiner Stimme, sondern in gewisser Weise mit seinem ganzen Körper. Seine Körperhaltung, sein Gesichtsausdruck, seine Handbewegungen, sein Verhalten können etwas ausstrahlen, was das Gesagte verstärkt und veranschaulicht oder auch nicht. Ich achte deshalb auf meine Gestik und Mimik und versuche so meine Ausführungen interessanter, werbender und überzeugender zu machen. Ich vermeide alles, was ablenken könnte; ich bemühe mich um Blickkontakt zu meinen Zuhörern und unterstreiche damit mein Interesse an ihnen. Nicht zuletzt achte ich auf meine Hände. Ich weiß: Gefaltete Hände gehören in die Kirche, zur Faust geballte Hände in eine Kampfarena; hinter dem Rükken versteckte Hände können keine Gestik erzeugen, gleiches gilt, wenn die Hände in den Hosentaschen stecken. Andererseits: Seitlich ausgestreckte Arme unterstreichen das Gesagte; eine kopfkratzende Hand verstärkt einen ausgesprochenen Zweifel, usw.

⑤ Durch Sachverstand überzeugen!

Wenn ich bei den Zuhörern "ankommen" will, dann muß ich fachlich einigermaßen Bescheid wissen. Dementsprechend bemühe ich mich um stichhaltige Argumentation, indem ich mich gut informiere. Ich lese z.B. im Schulbuch, ziehe Lexika und sonstige Unterlagen heran und greife bei Bedarf auch mal auf Fachbücher zurück, die ich mir in der Bibliothek ausleihe. Das gilt allerdings nur für umfangreichere Vorträge bzw. Referate, für die ich entsprechend viel Zeit habe, und die ich zu Hause vorbereiten kann. Bei den normalen Gesprächen und mündlichen Beiträgen im Unterricht sieht das dagegen anders aus. Da lege ich schon mal los, auch wenn mir manches noch nicht ganz klar ist. Allerdings bemühe ich mich stets, meine Meinungen/Behauptungen zu begründen und nach Möglichkeit die Fakten sprechen zu lassen. Denn eines ist klar: Je sach- und fachkundiger ich argumentiere, um so eher werde ich meine Zuhörer überzeugen. Vor allem kommt es mir dabei auf "harte Fakten" an, die jeder nachlesen kann, und hinter denen anerkannte "Experten" stehen.

B 92 Verständlich reden

INTENTION: Die Schüler sollen erkennen, daß es bei einer "guten Rede" vor allem darauf ankommt, verständlich und zuhörerorientiert zu sprechen. Sie sollen zentrale "Verständlichmacher" kennenlernen und einen eher unverständlichen Redetext so überarbeiten, daß er für die Zuhörer besser verständlich wird.

DURCHFÜHRUNG: Der Lehrer liest zunächst Text 1 vor (s. nebenstehende Anlage) und läßt die Schüler kurz rekapitulieren, was sie verstanden haben. Anschließend signalisieren die Schüler per Handzeichen, ob sie den Text "gut verständlich", "eher unverständlich" oder "sehr unverständlich" fanden. Das Gros der Schüler schätzt den Text erfahrungsgemäß als "sehr unverständlich" ein. Vor diesem Hintergrund erläutert der Lehrer, wodurch sich die Verständlichkeit eines Redetextes verbessern läßt. Nämlich erstens durch die *Einfachheit* der Sprache (einfache Sätze, geläufige Wörter, konkrete/anschauliche Aussagen), zweitens durch eine *klare Gliederung und Ordnung* des Textes (folgerichtig, übersichtlich), drittens durch *kurze und prägnante Ausführungen* (aufs Wesentliche beschränken, knapp und präzise formulieren) sowie viertens durch *anregende Zusätze*, die die Anteilnahme der Zuhörer steigern (persönliche Erlebnisse, lebensnahe Beispiele, wörtliche Rede, rhetorische Fragen, direktes Ansprechen der Zuhörer, witzige Formulierungen). Nach dieser Lehrerinstruktion erhalten die Schüler Text 1 zur Überarbeitung unter Beachtung der erwähnten 4 Verständlichmacher. Die so gewonnenen Redetexte werden von den Gruppensprechern alsdann im Plenum vorgetragen und gemeinsam gewürdigt. Abschließend erhalten die Schüler Text 2 als Anregung und positive Version.

VORBEREITUNG: Die dokumentierte Reprovorlage wird entsprechend der Schülerzahl kopiert und so auseinandergeschnitten, daß die Texte 1 und 2 separat verteilt werden können. Die 4 Verständlichmacher werden auf Folie oder an der Tafel übersichtlich strukturiert und visualisiert.

Zwei Texte

1. Fassung

Merkmalszusammenhänge in der sprachlichen Kommunikation von Lehrern und Schülern im Unterricht

11 Lehrer(innen), die im 8. bis 9. Volksschuljahr unterrichten, führten in ihren Klassen Unterrichtsgespräche über den gleichen, Schülern verschiedenen Alters geläufigen Gegenstand durch. Die Gespräche wurden vollständig auf Tonband aufgenommen und auf 12 Merkmale der sprachlichen Kommunikation von Lehrern und Schülern hin analysiert. Die Befunde früherer Arbeiten, die auf ein Übergewicht von Lehrern in den unterrichtlichen Interaktionen sowie auf nicht-zufällige Zusammenhänge im Sprachverhalten von Lehrern und Schülern schließen lassen, konnten durch die vorliegenden Ergebnisse bestätigt und ergänzt werden. Erwartungsgemäß erwiesen sich die beobachteten interindividuellen Unterschiede in der sprachlichen Dominanz von Lehrern sowie in der Bevorzugung verschiedener Beeinflussungsstrategien als unabhängig vom Alter der Schüler wie auch von der Klassenstärke. Die Befunde legen die Annahme nahe, daß die analysierten Sprachmerkmale nicht wesentlich von äußeren unterrichtlichen Bedingungen, sondern von persönlichen Haltungen der Lehrer abhängen.

2. Fassung

Wie sprechen Lehrer und Schüler miteinander im Unterricht?

Wissenschaftlicher wollten das wissen und haben eine Untersuchung gemacht. Für diese Untersuchung führten 11 Lehrer(innen) in ihren Klassen Unterrichtsgespräche durch - alle über den gleichen Stoff. Der Stoff war für die Schüler (8. bis 9. Schuljahr) nicht neu. Alle Gespräche wurden auf Tonband aufgenommen. Die Wissenschaftler haben sich diese Aufnahmen angehört und dabei auf 12 verschiedene Dinge geachtet. Folgende Ergebnisse sind dabei herausgekommen.

1. Wie der Lehrer spricht und wie die Schüler sprechen: Das hängt miteinander zusammen. Vielleicht weil sie sich gegenseitig beeinflussen.
2. Lehrer sprechen mehr als Schüler, gleichgültig, wie groß die Klasse ist und wie alt die Schüler sind.
3. Wie Lehrer es anstellen, die Schüler zu beeinflussen: Das ist ebenfalls unabhängig davon, wie groß die Klasse ist und wie alt die Schüler sind.

Aufgrund früherer Untersuchungen haben die Wissenschaftler diese Ergebnisse schon erwartet. Sie sind der Meinung: Wie ein Lehrer mit seinen Schülern spricht, das hängt von seiner persönlichen Einstellung ab und nicht so sehr von äußeren Umständen, wie Klassengröße oder Alter der Schüler.

Die beiden Texte sind entnommen aus: I. Langer u.a.: Sich verständlich ausdrücken, 5. Auflage, München 1993, S. 67 f.

B 93 Kurzreferat

INTENTION: Die Schüler sollen zu einem Thema ihrer Wahl etwa fünf Minuten lang referieren (z.B. zu einem bestimmten Dichter, einem Künstler, einer historischen Persönlichkeit etc.). Sie sollen sich ein entsprechendes Stichwortkonzept als Vortragsleitfaden entwickeln sowie ihr Kurzreferat unter Berücksichtigung der dokumentierten 10 Regeln frei und möglichst eindrucksvoll halten.

DURCHFÜHRUNG: Zunächst stellt der Lehrer die 10 Regeln eines "guten Vortrags" vor (s. Anlage). Anschließend hält er einen etwa 5-minütigen "Mustervortrag", wobei er den besagten Regeln demonstrativ Rechnung zu tragen versucht. Wichtig ist, daß das ganze Prozedere so inszeniert wird, als handele es sich um ein Kurzreferat im Rahmen eines Volkshochschulkurses. Dementsprechend werden die Schüler als "sehr verehrte Gäste" begrüßt und die Ausführungen vom Rednerpult aus vorgetragen. Sodann erfolgt ein kurzes Feedback der Zuhörer (Wie hat mein Vortrag auf Euch gewirkt?). Darauf aufbauend erhalten die Schüler Gelegenheit, sich anhand von Schulbüchern, Lexika und sonstigen Nachschlagewerken auf ein Thema ihrer Wahl vorzubereiten und das erwähnte Stichwortkonzept auf einer DIN-A5-Karte zu notieren (diese Vorbereitung erfolgt in der Regel zu Hause). Hierbei kann der Lehrer Rahmenthemen vorgeben. Die Vorträge selbst werden von den Schülern in Anlehnung an den dokumentierten Regelkatalog gehalten, und zwar nach Stichworten, in freier Rede, vom Rednerpult aus, in Anspielung auf einen fiktiven Volkshochschulkurs. Nach jedem Kurzreferat erfolgt eine kurze Bewertung unter den Gesichtspunkten "Wie verständlich war das Kurzreferat?"; "Wie interessant wurde es vorgetragen?".

VORBEREITUNG: Der dokumentierte Regelkatalog wird für alle Schüler kopiert. Das Rahmenthema ist ggf. vorab zu überlegen. Für den Demo-Vortrag sind Thema und Stichwortkonzept zu klären. Für die Kurzvorträge selbst ist ein Rednerpult bereitzustellen. Ferner empfiehlt sich der Einsatz einer Videoanlage zu "Supervisionszwecken".

10 Regeln für den guten Vortrag

① Erstmal tief einatmen, die Luft etwa 4 Sekunden anhalten und dann langsam ausatmen. Das beruhigt.

② Festen Stand suchen und Körperhaltung straffen (Wohin mit den Händen?)

③ Die Zuhörer in aller Ruhe anschauen und den Blick langsam schweifen lassen (Ich bin hier der Experte!)

④ Das Thema nennen und den Aufbau des Vortrages überblickshaft erläutern (Überblick vermitteln)

⑤ Die Zuhörer mit einem interessanten Einstieg hellhörig machen und für den Vortrag gewinnen (sie z.B. direkt ansprechen)

⑥ Frei und lebendig reden und argumentieren, damit niemand einschläft (Mimik und Gestik einsetzen)

⑦ Die Rede so gestalten, daß die Zuhörer sich angesprochen fühlen (lebensnahe Beispiele und Anregungen, rhetorische Fragen)

⑧ Stimme und Tonlage so variieren, daß die Ausführungen unterstrichen werden (Der Ton macht die Musik!)

⑨ Ruhig mal kleine Pausen lassen und Wiederholungen einfügen; das macht die Rede eindringlicher (Zuhörer brauchen Zeit zum Verschnaufen und zum Nachdenken)

⑩ Am Ende einen guten "Abgang" sichern, denn der letzte Eindruck bleibt auf jeden Fall haften (das muß nicht unbedingt was Witziges sein)

B 94

Gebundener Vortrag

INTENTION: Die Schüler sollen sich mit der Frage auseinandersetzen, wie ein ausformuliertes Redemanuskript am besten vorzutragen ist. Sie sollen eine manuskriptgestützte (freie) Rede des Lehrers eingehender würdigen und sich selbst sowohl im Redenhalten als auch im Redenschreiben üben.

DURCHFÜHRUNG: Der Lehrer instruiert die Schüler, sie sollten sich bitte vorstellen, Teilnehmer einer Abiturfeier zu sein. Dann hält er als Abiturientensprecher/in die dokumentierte Rede der Birgit Jähnke vom Rednerpult aus (s. Anlage). Er hält sich dabei ziemlich konsequent an den Text, versucht aber immer wieder kleine Passagen frei und lebendig vorzutragen, um die Zuhörer zu "fesseln". Anschließend äußern sich die Schüler zur dargebotenen Rede. Sodann erhalten sie den Redetext in Kopie, lesen ihn durch und bereiten sich darauf vor, die gleiche Rede unter Umständen nochmal halten zu müssen (Pausen markieren, Betonungen markieren, frei zu sprechende Sätze markieren etc.). Alsdann werden 3 Schüler ausgelost, die die Rede passagenweise vortragen, und zwar möglichst frei, betont und eindringlich. Im Anschluß daran äußern sich zunächst die Redner und dann die Zuhörer zur dargebotenen Vortragsweise. Falls Zeit ist, können 3 weitere Schüler ausgelost werden, die sich abermals versuchen. Darüber hinaus erhalten die Schüler die Aufgabe, zu Hause eine Rede ihrer Wahl im Umfang von ca. einer DIN-A4-Seite abzufassen, deren Adressaten z.B. Jugendliche, Eltern, Umweltschützer, Landwirte oder sonstige Bürgergruppen sein können. Die vorbereiteten Reden werden in den nächsten Unterrichtsstunden gehalten (Rhetorik-Regeln beachten!).

VORBEREITUNG: Die dokumentierte Abiturrede wird für alle Schüler kopiert. Für den Vortrag sollte ein Rednerpult zur Verfügung stehen. Für die Hausarbeit muß der Lehrer angeben, welche Zielgruppe(n) von den Schülern anzuvisieren ist (sind). Empfehlenswert ist die Aufzeichnung der Reden mit Video.

Abiturientenrede

Rede der Abiturientin Birgit Jähnke. (Leicht gekürzt)

Wir blicken in keine rosige Zukunft. Keiner von uns hat das Gefühl, jetzt heraustreten zu dürfen, um die Welt zu erobern. Jugendlicher Überschwang, idealistische Begeisterung, Sturm und Drang, diese Begriffe passen auf uns nicht.
Wir sind nicht wie die Schülergeneration der Nachkriegsjugend, zu der viele von Ihnen, liebe Eltern und Lehrer, gehörten. Auch sind wir nicht zu vergleichen mit der Schülergeneration von 1968. Wir sind keine Protestler. Manche behaupten sogar, wir seien zu angepaßt.
Wir feiern also Abitur unter ganz anderen Vorzeichen. Wir haben eine Hürde genommen - die erste. Darauf sind wir stolz. Aber unser Abiturzeugnis? Ein wertloser Berechtigungsschein. Für alle Lehrberufe, für alle Ausbildungsberufe gibt es Eignungstests und Wartelisten, für das Studium den Numerus clausus; die Arbeitslosigkeit bedroht auch uns - wir werden uns immer wieder anstrengen müssen. Wir glauben nicht, daß wir alles erreichen können, was wir wollen. Wir haben ein äußerst unsicheres Verhältnis zu unserer Zukunft.
Ursache sind äußere Umstände, für die Sie, liebe Lehrer, nicht verantwortlich sind. Doch einen Punkt möchte ich hier anführen, der Sie betrifft. Wer sich in der Schule ernsthaft für ein Fach interessiert hat, wird sich leichter ein Ziel setzen können. Wer sogar erfahren hat, daß es *viele* interessante Fächer gibt, wird bereit sein, weiter zu lernen, zu vertiefen. Dieser Schüler wird auch nicht so schnell resignieren. In diesem Punkt nehmen Sie als Lehrer ganz entscheidend auf unser Leben Einfluß.
Ich behaupte, daß es keinen von vornherein desinteressierten Schüler gibt. Natürlich stumpfen wir im Schulbetrieb oft ab. Aber jedesmal, wenn wir in unserer Schulzeit ein neues Fach, einen neuen Lehrer bekommen haben, waren wir voller Erwartung gespannt, was nun kommen würde.
Ich behaupte, daß ein Lehrer, der seine Schüler von vornherein für einen uninteressierten Haufen hält, einen schweren, unentschuldbaren Fehler begeht. Gelangweilte Lehrer, abgestumpfte Schüler - ein Teufelskreis, der oftmals schon in der Mittelstufe begonnen hat. In der Oberstufe geht's dann auf das Abitur zu - Interesse ist da ein Luxus, den höchstens noch Religionslehrer für selbstverständlich halten.
Auch die Kameradschaftlichkeit, eine tolle Sache und ein sympathischer Zug vieler unserer Lehrer, ersetzt nicht, worauf es wirklich ankommt: daß Sie als Lehrer zu dem Fach stehen, das Sie schließlich selber einmal gewählt und studiert haben, daß Sie in den Schülern das gleiche Interesse wecken, das Sie dazu gebracht hat, das Fach, Ihr Fach zu studieren ...
Einen Lehrplan, der Sie langweilt, in anonyme Köpfe zu stopfen, ist sinnlos und fatal ... Ich möchte Sie bitten, das Verhältnis zu Ihrem Beruf ernsthaft zu überdenken: Wir können nichts dafür, wenn manche von Ihnen ihr eigenes Fach langweilt.
Aber für uns geht es um alles: um unsere Einstellung zur Zukunft. Sie hatten die Macht, uns zu helfen, mit den düsteren Zukunftsprognosen fertig zu werden. Nicht wenige von Ihnen haben uns durch Ihr sachliches Engagement geholfen, unseren Weg zu finden. Oft, viel zu oft, wurden wir aber auch enttäuscht, abgeblockt, nicht ernst genommen, und ich glaube, wir sind ein eher deprimierter Jahrgang. Die Lichtblicke werde ich jedoch nicht vergessen, und ich möchte allen Lehrern danken, die uns im Laufe der Schulzeit geholfen haben.

aus: *DIE ZEIT, Nr. 35 (1985)*

B 95

Freier Vortrag

INTENTION: Die Schüler sollen sich darin üben, einen längeren Vortrag von 15 - 30 Minuten zu einem bestimmten Unterrichtsthema vorzubereiten und vor der Klasse zu halten. Sie sollen dazu geeignete Vortragsgerüste (Gliederung, Stichwortkette, Struktogramm, Kärtchenfolge) entwickeln, die das freie Vortragen unterstützen und zugleich absichern.

DURCHFÜHRUNG: Den Schülern wird ein bestimmtes Vortragsthema vorgegeben, das im jeweiligen fachlichen Kontext seinen Platz hat. Korrespondierende Sachinformationen stehen zur Verfügung oder können von den Schülern beschafft werden. Im Rahmen einer vorbereitenden Hausaufgabe verfassen die Schüler ein mehrseitiges maschinengeschriebenes Referat, das den Regeln des wissenschaftlichen Arbeitens Rechnung trägt. Darüber hinaus erstellen sie ein korrespondierendes Vortragsgerüst auf einer DIN-A4-Karte. Dieses Vortragsgerüst kann z.B. eine durchdachte Gliederung mit stichwortartigen Zusatzbemerkungen sein. Es kann aus einem übersichtlichen Strukturschema/Flußdiagramm bestehen. Oder es kann sich auch um eine Folge von Stichwort- bzw. Notizkärtchen handeln, die nach und nach aufgedeckt und erläutert werden. Die Hauptsache ist, daß der rote Faden für die Zuhörer gut erkennbar ist. Möglich ist auch, daß die Schüler ihr Vortragsgerüst auf Folie übertragen und einblenden oder auf andere Weise visualisieren. Auf der Basis ihrer selbstgefertigten "Gerüste" halten schließlich ausgewählte/ausgeloste Schüler ihre Vorträge. Videoaufnahmen und -einspielungen sind ratsam. An jeden Vortrag schließt sich ein Feedback an.

VORBEREITUNG: Der Lehrer legt entweder das Vortragsthema selbst fest oder er stellt den Schülern anheim, aus einem bestimmten Themenfeld ein individuell interessierendes Vortragsthema auszuwählen. Zur Orientierung der Schüler stellt er alternative Vortragsgerüste aus seinem eigenen Repertoire vor. Ferner offeriert er Folien, Folienstifte und andere Arbeitsmittel für die erwähnte Visualisierung.

B 96 Team-Vortrag

INTENTION: Die Schüler sollen sich darin versuchen, einen in Gruppenarbeit vorbereiteten Vortrag so zu präsentieren, daß jedes Teammitglied einen verantwortlichen Part übernimmt. Sie sollen auf diese Weise über Arbeitsteilung nachdenken und sich zugleich in punkto Teamarbeit üben.

DURCHFÜHRUNG: Die Schüler finden sich in mehreren Gruppen zusammen und erhalten vom Lehrer ein differenziertes Schaubild oder eine einschlägige Gliederung zu einem bestimmten Unterrichtsthema. Die Gruppenmitglieder klären das vorliegende Vortragsgerüst inhaltlich ab, lesen nötigenfalls im Schulbuch oder in anderen Unterlagen nach und stimmen sich schließlich darüber ab, wie die Präsentation erfolgen soll und wer welchen Part übernimmt. Wichtig ist, daß alle Gruppenmitglieder an der Präsentation so beteiligt sind, daß sich eine Art Stafetten-Vortrag ergibt. Jeder übernimmt einen Teil, und gleichzeitig assistieren sich die Schüler wechselseitig, wenn etwa technische Dienstleistungen nötig sind (Folien auflegen, Projektor einschalten etc.). Wie die Gruppenmitglieder letztlich ihre Arbeitsteilung organisieren, ist allein ihre Sache. Gleiches gilt selbstverständlich auch für den Fall, daß den Gruppenmitgliedern nicht fertige Vortragsgerüste vorgelegt werden, sondern sie diese erst gemeinsam entwickeln müssen. Am Ende der jeweiligen konzertierten Präsentation erfolgt eine kurze (kritische) Würdigung der Darbietung.

VORBEREITUNG: Der Lehrer wählt geeignete Schaubilder oder sonstige Vortragsgerüste aus oder läßt die Schüler solche zum jeweiligen Unterrichtsthema entwickeln. Die benötigten Medien und Arbeitsmittel (Tageslichtprojektor, Folien etc.) sind bereitzustellen. Empfehlenswert sind ferner Videoaufnahmen von einzelnen Team-Präsentationen, die anschließend zur Intensivierung der Reflexion eingespielt werden.

B 97

Visualisierung

INTENTION: Die Schüler sollen Mittel und Wege erproben, wie ein Vortrag wirkungsvoll visualisiert werden kann. Sie sollen u.a. mit Folien, Plakaten und Metaplanmaterialien experimentieren und bei alledem ein Gespür dafür entwickeln, worauf bei einer guten Visualisierung zu achten ist.

DURCHFÜHRUNG: Die Klasse wird in mehrere Kleingruppen eingeteilt, die in einem ersten Schritt die Aufgabe erhalten, zu einem bestimmten Unterrichtsthema je eine übersichtliche und informative Folie zu erstellen, die die wichtigsten Aspekte des Themas vor Augen führt. Jede Gruppe erstellt zunächst einen Entwurf und überträgt diesen dann auf Folie. Die entsprechenden Arbeitsmittel stehen zur Verfügung. Zu achten ist bei der Foliengestaltung u.a. auf Schriftgröße, Platzeinteilung, grafische Elemente und übersichtliche Gliederung. Anschließend halten Vertreter der einzelnen Gruppen anhand der erstellten Folien ihre Kurzvorträge. Eine (kritische) Würdigung sowohl der Foliengestaltung als auch der Präsentationsweise schließt sich an. (Werden die Zuhörer angeschaut? Ist die Folie übersichtlich und gut lesbar gestaltet? etc.). In ähnlicher Weise kann mit anderen Visualisierungsstrategien experimentiert werden. So z.B. mit Plakaten, die als Vortragsgerüste gestaltet und präsentiert werden. Oder mit Pappkarten in verschiedenen Farben und Formen, die durchdacht beschriftet und schrittweise zu einem Vortrags-Struktogramm zusammengefügt werden. Letzteres korrespondiert mit der Metaplantechnik. Am Ende einer jeden Übung werden wichtige Erfahrungen und Grundsätze festgehalten.

VORBEREITUNG: Die Themen und Materialien, zu denen die Schülergruppen referieren und visualisieren sollen, müssen von Lehrerseite festgelegt werden. Ferner sind Folien, wasserlösliche Stifte, Plakate, Farbkarten, Tesacrepp und sonstige Arbeitsmittel bereitzustellen. Gleiches gilt für den Tageslichtprojektor.

B **98**

Ansprache/Laudatio

INTENTION: Die Schüler sollen sich darin üben, Geburtstagsansprachen und sonstige Fest- bzw. Jubiläumsansprachen zu halten. Sie sollen den Unterschied zwischen einer argumentativen Rede und einer auf Würdigung und/oder auf Besinnung zielenden Ansprache erkennen.

DURCHFÜHRUNG: Der Lehrer hält zunächst eine "Musterrede". Er würdigt z.B. die Klasse, einen ausgewählten Schüler oder auch einen verdienten Schulangehörigen (Hausmeister, Putzfrau). Diese Würdigung muß zwar nicht frei von kritischen Anmerkungen sein, aber sie sollte einen eindeutig positiven Tenor im Sinne der tradierten "Lobrede" haben. Der Lehrer erläutert anschließend die Vorbereitung und den Aufbau seiner Ansprache. In einem nächsten Schritt verständigt sich die Klasse auf fünf Adressaten aus dem schulischen Bereich (beliebte Lehrer/innen und sonstige Schulangehörige), die eine kleine "Laudatio" verdienen. Alsdann werden fünf Schülergruppen gebildet, die zu ihrem jeweiligen Adressaten im Brainstorming-Verfahren all das zusammentragen, was in die Würdigung einbezogen werden kann/soll. Anschließend wird die Ansprache komponiert und (stichwortartig) formuliert. Dauer der Ansprache: 3 - 5 Minuten. Die Präsentation der Ansprachen erfolgt durch die Gruppensprecher in der nächsten Stunde, und zwar in Anwesenheit der zu "ehrenden" Personen (rechtzeitig einladen; eventuell auch ein kleines Präsent bereithalten). Weiterführen läßt sich diese Übung z.B. in der Weise, daß jedem Schüler zu seinem Geburtstag ein kleine "Laudatio" zuteil wird, die in je einem kleinen Team vorbereitet und von einem interessierten Mitschüler gehalten wird.

VORBEREITUNG: Der Lehrer bereitet seine "Musteransprache" vor. Für die Ansprache selbst sollte ein Rednerpult bereitstehen. "Heuchelei" sollte vermieden, aber begründetes Lob gezielt gesucht und ausgesprochen werden. Die zuständigen "Geburtstagsredner" müssen frühzeitig festgelegt werden.

B 99

Wahlrede

INTENTION: Die Schüler erhalten Gelegenheit, sich als "Wahlkämpfer" zu versuchen, und durch überzeugende Reden möglichst viele Wähler hinter sich zu bringen. Wähler sind die restlichen Schüler der Klasse, die mit ihren Voten zugleich ein Feedback in punkto Rhetorik geben.

DURCHFÜHRUNG: Besonders naheliegend sind Wahlreden immer dann, wenn die Klassensprecherwahl ansteht - vorausgesetzt, es gibt mehrere Kandidaten. Die betreffenden Schüler bereiten sich vor und präsentieren in ca. fünfminütigen Wahlreden ihre Vorstellungen und Vorschläge zur Arbeit des Klassensprechers. Anschließend kann eine kurze Befragung der Kandidaten erfolgen. Sodann wird geheim abgestimmt, d.h. jeder wahlberechtigte Schüler notiert den Namen seines Favoriten auf einem kleinen Zettel, faltet diesen und wirft ihn in eine Wahlbox. Wer bei der Auszählung die meisten Stimmen hat, ist als Klassensprecher gewählt. Abschließend äußern sich die Schüler zu den vorgetragenen Wahlreden. Eine Alternative hierzu sind fiktive Wahlreden, die interessierte Schüler z.B. als Kandidaten für den Deutschen Bundestag, für den Landtag, für das Europaparlament oder für das Gemeindeparlament halten können. Wichtig ist, daß sich jeweils mehrere Kandidaten bereitfinden, die fiktive Namen und einschlägige Grundinformationen erhalten und sich gezielt vorbereiten. Wie diese Kandidaten ihre Wahlreden schließlich akzentuieren und wie sie rhetorisch agieren, das ist allein ihre Sache. Die Reden werden mit Video aufgenommen und nach erfolgter Wahl nochmals angesehen, analysiert und besprochen.

VORBEREITUNG: Der Lehrer nutzt einen naheliegenden Wahlanlaß und rekrutiert 3 - 4 Kandidaten, die ihre Wahlreden zu Hause vorbereiten. Einschlägiges Informationsmaterial ist bereitzustellen (z.B. Parteiprogramme). Bereitstehen sollten ferner ein Rednerpult sowie eine intakte Videoanlage.

5. Komplexere Kommunikations- und Interaktionsspiele

In diesem letzten Trainingsfeld geht es vorrangig darum, das von den Schülern in vielen kleineren Übungen erworbene Kommunikationsrepertoire zusammenhängend zur Anwendung zu bringen. Von daher werden im Rahmen der nachfolgend dokumentierten Kommunikations- und Interaktionsspiele keine bestimmten Fähigkeiten und Fertigkeiten geübt, wie das in den bisher skizzierten Übungsfeldern der Fall ist. Vielmehr zielen diese abschließenden Bausteine darauf, den Schülern Gelegenheit zu geben, in recht umfassender Weise miteinander zu sprechen und einander zuzuhören, zu argumentieren und zu diskutieren, zu fragen und zu antworten, zu informieren und zu debattieren, sich zu einigen und Stellung zu beziehen. Selbstverständlich werden die betreffenden Kommunikationsverläufe und -aktivitäten auch ausgewertet und gemeinsam reflektiert (Feedback), damit die Schüler ihr Kommunikationsrepertoire bewußt und durchdacht weiterentwickeln können. Ja mehr noch: Die Zielsetzung, die sich mit den nachfolgenden Arrangements verbindet, ist gleich eine dreifache: Zum einen sollen die Schüler ihr kommunikatives Know-how vertiefen und festigen, zum zweiten sollen sie ausgewählte Kommunikationsszenarien, wie sie für offene, demokratische Gesellschaften typisch sind, in modellhafter/vereinfachter Form kennen- und verstehenlernen. Und zum dritten sollen sie bei alledem bestimmte fachliche Sachverhalte, Probleme und/oder Zusammenhänge aktiv durchdringen und begreifen.

Die vorgestellten Kommunikationsszenarien (Rollenspiel, Konferenzspiel, Planspiel, Debatte, Tribunal etc.) haben ihren Ort vor allem in den Fächern, in denen Aussagen, Sachverhalte, Maßnahmen, Entscheidungen, Planungen, Thesen, Fragen, Interpretationen oder sonstige Probleme kontrovers zu diskutieren sind. Das gilt für Sozialkunde, Erdkunde, Wirtschaftslehre, Rechtskunde und Geschichte genauso wie für Deutsch, Religion und Ethik. Selbst in den mathematisch-naturwissenschaftlichen Fächern lassen sich Kommunikationsszenarien der genannten Art immer mal wieder einsetzen, wenn Strittiges auf der Tagesordnung steht. Und wer wollte behaupten, daß es in den Naturwissenschaften keine strittigen Konzepte, Projekte, Theoreme oder Theorien gibt?!

Derartige Kommunikations- und Interaktionsszenarien kennenzulernen und das eigene strategische Repertoire gezielt auszubauen, das ist für die meisten Schüler ein ebenso wichtiges wie hilfreiches Unterfangen. Hilfreich nicht zuletzt für das spätere Leben in Beruf und Gesellschaft. Denn Kontroversen, Verhandlungen und sonstige interessengeleitete Auseinandersetzungen gehören nun einmal zur Demokratie wie das Salz zur Suppe. Von daher spricht eigentlich alles dafür, in der Schule möglichst früh und möglichst intensiv eine passable »Kultur des konstruktiven Streitens« anzubahnen und einzuüben. Die nachfolgenden Übungsarrangements bieten Anlässe und Gelegenheiten, dieser Streitkultur näherzukommen. Die betreffenden Kommunikationsabläufe sind zwar relativ zeitintensiv und können von daher im Unterricht nicht allzuhäufig realisiert werden, aber ihr verstärkter Einsatz in der Schule ist auf jeden Fall lohnend – für Schüler wie Lehrer.

Zeitintensiv sind die nachfolgenden Kommunikations- und Interaktionsspiele deshalb, weil sie stets mehrphasig ablaufen und den Schülern relativ viel Zeit für selbstgesteuerte Gespräche und/oder Verhandlungen lassen. Die grundlegenden Arbeitstakte, die mehr oder weniger ausgeprägt für alle Spiele gelten, sind (a) Informationsverarbeitung in der jeweiligen (Interessen-)Gruppe, (b) Meinungsbildung und/oder Vorbereitung von Statements zum anstehenden Thema/Problem, (c) Argumentation und/oder Disputation im anschließenden Forum/Plenum sowie (d) Auswertung und Reflexion des Spielverlaufs und der Spielergebnisse. Beim angesprochenen Planspiel kommt zudem noch eine recht ausgedehnte Verhandlungsphase hinzu, die der Plenarphase vorgeschaltet ist. Der Zeitansatz für Planspiele liegt daher bei fünf und mehr Unterrichtsstunden. Von der Unterrichtsorganisation her ist deshalb auf jeden Fall auf Doppelstunden oder größere Stundenblöcke abzustellen. Nötigenfalls müssen eben Einzelstunden zusammengelegt werden, damit der jeweilige Kommunikations- und Interaktionsprozeß nicht zu sehr auseinandergerissen wird.

Für die Spieldurchführung ist weiterhin wichtig, daß das von den Schülern entwikkelte Regelwerk für gutes Kommunizieren (vgl. u.a. B 17, B 53 und B 74) im Klassenraum aushängt und von eigens berufenen Regelbeobachtern überwacht wird. Diese Regelbeobachter können sowohl vom Lehrer als auch von den Schülern bestimmt, per Los ermittelt oder nach einem festen Rotationsverfahren »berufen« werden. Ihre Aufgabe ist es, die vereinbarten Regeln besonders im Auge zu behalten und dafür Sorge zu tragen, daß sie von den jeweiligen Akteuren eingehalten werden. Etwaige Verstöße werden angesprochen und führen unter Umständen zu sogenannten »Abmahnungen«. Darüber hinaus sind die Regelbeobachter in den abschließenden Feedbackphasen immer wieder als Berichterstatter gefragt, um das Kommunikations- und Interaktionsverhalten in ihrer jeweiligen Bezugsgruppe (das kann auch die ganze Klasse sein) in Anlehnung an die bestehenden Regeln zu kommentieren. Das ist anfangs zwar nicht leicht, kann von den Schülern mit der Zeit aber recht kompetent geleistet werden. Damit diese Kompetenz und Sensibilität möglichst breit wächst, müssen möglichst alle Schüler mal als Regelbeobachter drankommen. Das gilt natürlich nicht nur für die im folgenden dokumentierten Kommunikationsspiele, sondern auch für eine Reihe von Übungen, wie sie in den vorangehenden Abschnitten vorgestellt wurden.

Unterstützt werden sollte dieser Übungs- und Klärungsprozeß durch gelegentliche Videoaufzeichnungen, die gemeinsam analysiert werden. Die Zeitdauer und Komplexität der nachfolgenden Kommunikations- und Interaktionsspiele macht es in der Regel zwar nicht möglich, den kompletten Kommunikationsprozeß zu filmen, wohl aber einzelne Sequenzen wie Gruppenarbeit, Verhandlungsführung, Debatte, Plädoyer, Präsentation oder Feedback – je nachdem, was besonders ausgewertet und thematisiert werden soll.

B 100

Rollenspiel

INTENTION: Die Schüler sollen sich im jeweiligen fachlichen Kontext als Rollenspieler versuchen. Sie sollen die vorgegebenen Rollen fachlich vorbereiten und durchspielen. auf diese Weise üben sie sich sowohl in der Sache als auch in kommunikativer Hinsicht.

DURCHFÜHRUNG: Der Lehrer überlegt sich eine Grundsituation, in der verschiedene Personen ein bestimmtes Thema/Problem offen und/oder kontrovers verhandeln (z.B.: Vater, Mutter, Tochter, Sohn und Onkel diskutieren in einer "Familienkonferenz" die Berufsvorstellungen der Tochter, oder: Chef, Facharbeiter, Auszubildender, Praktikant und Jugendvertreter diskutieren am konkreten Fall über Jugendarbeitsschutz im Betrieb etc.). Zur Vorbereitung des Gesprächs werden mehrere Teams gebildet, die je eine Rolle vorbereiten. Dazu erhalten sie knapp gefaßte Rollenkärtchen, die von Team zu Team verschieden sind. Hinzu kommen i.d.R. fachliche Grundinformationen zum jeweiligen Thema/Problem, die für alle gleich sind. Die Mitglieder der einzelnen Vorbereitungsgruppen lesen und besprechen zunächst die vorliegenden Unterlagen und überlegen alsdann, wie sich der von ihnen zu entsendende Rollenspieler verhalten und wie er im Spiel argumentieren soll. Anschließend setzen sich die Delegierten der Gruppen auf einer improvisierten "Bühne" zusammen und führen das Rollenspiel durch. Falls ein integrierender Gesprächsleiter erforderlich ist, kann sich der Lehrer in irgendeiner Nebenrolle einklinken. Am Ende des Rollenspiels steht ein Feedback sowohl der Rollenspieler als auch der Zuhörer.

VORBEREITUNG: Je nachdem, welches Thema/Problem im Rollenspiel verhandelt werden soll, muß der Lehrer entsprechende Rollenkärtchen und Sachinformationen (Leittext) vorbereiten und ausreichend kopieren. Vorzubereiten sind ferner Namensschilder für die einzelnen Rollenspieler, eine kleine "Bühne" sowie etwaige Requisiten (Schlips, Brille, Arbeitskittel etc.).

B 101

Konferenzspiel

INTENTION: Die Schüler sollen zu einem vorgegebenen Thema/Problem eine Konferenz vorbereiten und praktisch durchspielen. Sie sollen bei dieser Konferenz unterschiedliche Argumente und Sichtweisen einbringen sowie mögliche Problemlösungen sondieren und diskutieren.

DURCHFÜHRUNG: Der Lehrer gibt ein lernrelevantes ökonomisches, politisches, naturwissenschaftliches, technisches oder auch pädagogisches Problem vor, zu dem differenziertes Informationsmaterial vorliegt. Mögliche Konferenzthemen können z.B. sein: Wie soll die Arbeitslosigkeit bekämpft werden? Was kann gegen das Waldsterben getan werden? Wodurch läßt sich die Rheinverschmutzung reduzieren? Wie sollte die europäische Agrarpolitik umgestaltet werden? Welche Art von Entwicklungshilfe ist sinnvoll? usw. Das jeweilige Konferenzthema ist eingehend vorzubereiten sowie möglichst vielschichtig und konstruktiv zu diskutieren. Teilnehmer der jeweiligen Konferenz sind fiktive Experten, Betroffene und/oder Interessenvertreter, denen differenziertes Informationsmaterial zur Verfügung steht. Die Vorbereitung kann alleine oder in Teams erfolgen. An der anschließenden Konferenz nehmen in der Regel alle Schüler in unterschiedlichen Rollen teil. Sie sitzen in einer großen Runde, haben selbst ausgedachte Rollenschilder vor sich und äußern sich zum anstehenden Problem aufgrund ihrer gewonnenen Erkenntnisse und ihrer jeweiligen Interessenlage. Konferenzleiter ist der Lehrer. Die Konferenz dauert normalerweise ca. 30 Minuten. Sie kann gefilmt werden. Abschließend erfolgt eine Auswertungsrunde.

VORBEREITUNG: Der Lehrer legt das Konferenzthema fest und stellt das entsprechende Informationsmaterial zur Verfügung (Schulbuch und/oder kopiertes Material). Je nach Thema können die Schüler zu mehreren Interessengruppen zusammengefaßt werden, die sich gemeinsam vorbereiten, in der Konferenz selbst aber in ihrer fiktiven Rolle agieren.

B 102 Hearing

INTENTION: Die Schüler sollen zu einem vom Lehrer vorgegebenen Thema unterschiedliche Stellungnahmen vorbereiten und in einer Anhörung präsentieren. Sie sollen auf diese Weise ein differenziertes Meinungsbild konstituieren sowie interessengeleitetes Argumentieren üben.

DURCHFÜHRUNG: Der Lehrer nennt ein lernrelevantes Thema, zu dem ein bestimmter Bundestags-, Landtags-, EG- oder UN-Ausschuß (z.B. Verkehrsausschuß, Agrarausschuß, Verteidigungsausschuß, Rechtsausschuß, Wirtschaftsausschuß) ein Hearing veranstalten will. Thema des Hearings kann z.B. sein: "Soll hierzulande Tempo 100 auf allen Autobahnen eingeführt werden?". Dazu angehört werden sollen z.B. Vertreter des ADAC, des Verbandes der Automobilindustrie, des Bundes für Umwelt- und Naturschutz sowie der Polizei. Dementsprechend werden vier Schülergruppen gebildet, denen einschlägiges Informationsmaterial zur Verfügung gestellt wird, aus dem sich wichtige Fakten und Argumente zur Verdeutlichung der jeweiligen (Interessen) Position ableiten lassen. Darüber hinaus muß der Ausschuß, der das Hearing veranstaltet, besetzt werden. Ihm sollten der Lehrer sowie drei interessierte Schüler angehören. Sowohl dieser Ausschuß als auch die anzuhörenden Interessengruppen arbeiten das vorliegende Material durch und bereiten sich auf das Hearing vor. Die Anhörung selbst läuft so ab, daß die Vertreter der einzelnen Interessengruppen nacheinander vor den Ausschuß gerufen werden und dort zum anstehenden Thema Rede und Antwort stehen. Die übrigen Schüler sind währenddessen jeweils Zuhörer und Protokollanten. Am Ende bilanziert der Ausschußvorsitzende (Lehrer) das Ergebnis des Hearings. Ein Feedback schließt sich an.

VORBEREITUNG: Das Thema muß festliegen; die angesprochenen Sachinformationen müssen bereitgestellt werden. Die Gruppenbildung erfolgt in der Regel nach dem Zufalls- bzw. Losverfahren. Für das Hearing ist ein entsprechendes Arrangement zu stellen (der Anzuhörende sitzt den Ausschußmitgliedern am Tisch gegenüber).

B 103

Tribunal

INTENTION: Die Schüler sollen sich aus unterschiedlichen Blickwinkeln zu einem aktuellen Geschehen/Konflikt vor dem Europäischen oder dem Internationalen Gerichtshof äußern. Sie sollen auf diese Weise den betreffenden Konflikt erschließen sowie sich im konsequenten Argumentieren üben.

DURCHFÜHRUNG: Der Lehrer greift ein bestimmtes politisches Geschehen auf, das sich eignet, vor dem Europäischen oder dem Internationalen Gerichtshof verhandelt zu werden. Militärische Konflikte wie der Golfkrieg oder der Jugoslawische Bürgerkrieg oder aber die Strafzölle der EG auf Bananen aus dem sogenannten Dollarraum waren und sind mögliche Anlässe für ein derartiges Tribunal. Kennzeichnend für das Tribunal ist, daß es Angeklagte, Ankläger, Verteidiger und Richter gibt, die mit ihren Argumenten das betreffende Geschehen vielschichtig ausleuchten und zu seiner rationalen Klärung beitragen. Nehmen wir z.B. den Golfkrieg: Angeklagter wäre z.B. die irakische Führung. Ankläger wären die kuwaitische, die israelische und die amerikanische Regierung. Die Richterfunktion läge bei der zuständigen Kammer des Internationalen Gerichtshofes (hierzu gehört u.a. der Lehrer). Dementsprechend werden fünf Gruppen gebildet. Einschlägige Sachinformationen müssen vorliegen und von den einzelnen Parteien vorbereitend durchgearbeitet werden. Das Tribunal selbst läuft so ab, daß zunächst die Vertreter der anklagenden Parteien zu Wort kommen, dann die beklagte Partei Stellung bezieht (sich verteidigt) und schließlich der Richterausschuß, dem der Lehrer vorsitzt, eine zusammenfassende Würdigung der Argumente vornimmt. Ein Urteilsspruch erfolgt in der Regel nicht.

VORBEREITUNG: Ein geeigneter Konflikt muß ausgewählt und entsprechend vielschichtiges Material zusammengestellt und für die zu bildenden Schülergruppen vervielfältigt werden. Für Dokumentations- und Auswertungszwecke sollte eine Videoanlage zur Verfügung stehen.

B 104

Pro-und-Kontra-Debatte

INTENTION: Die Schüler sollen nach dem Muster der bekannten Fernsehsendung "Pro-und-Kontra" eine Debatte zu einem vorgegebenen Thema führen. Sie sollen Pro-Argumente und/oder Kontra-Argumente zusammentragen sowie als Anwälte oder als Experten in der einen oder anderen Weise Stellung beziehen.

DURCHFÜHRUNG: Der Lehrer gibt ein kontrovers zu diskutierendes Thema vor (z.B. "Ehe ohne Trauschein?", "Führerschein auf Probe?", "Abitur bereits nach der 12. Klasse?", "Ersatzdrogen auf Krankenschein?", "Weniger Subventionen für Landwirte?", "Staatliche Förderung der Teilzeitarbeit?", "Kürzung der Sozialhilfe?", "Deutsche Blauhelme in Krisengebiete?" etc.) Dazu liegt differenziertes Informationsmaterial vor, das sowohl der Pro- als auch der Kontra-Seite Argumente liefert. Zum Prozedere im ein-zelnen: Die Klasse wird in sechs Kleingruppen eingeteilt, von denen zwei Gruppen die Strategien des Pro-Anwaltes "Jasager" und des Kontra-Anwaltes "Neinsager" vorbereiten. Die vier anderen Gruppen präparieren die vier Experten (2 pro, 2 kontra), die später von den Anwälten befragt werden. Das Material der Expertengruppen sollte grundsätzlich so beschaffen sein, daß sich unterschiedliche Argumentationsschwerpunkte ergeben. Ferner wird jedem Experten eine naheliegende Rolle zuge-wiesen (z.B. Dr. Hühnermann, Vorsitzender des Bauernverbandes). Nach Abschluß der Vorbereitungsphase legen die beiden Anwälte ihre Sichtweisen dar. Dann befragen sie im Wechsel die Vertreter der vier Expertengruppen. Zum Abschluß halten sie ihre Plädoyers, an die sich eine Abstimmung der zuhörenden Schüler anschließt. Abgerundet wird die Debatte durch ein gezieltes Feedback.

VORBEREITUNG: Das Thema ist festzulegen; das Informationsmaterial muß zusammengestellt, vervielfältigt und eventuell gruppenbezogen differenziert werden. Die Gruppenbildung erfolgt in der Regel nach dem Zufallsprinzip. Ferner sind Namensschilder für die sechs Akteure zu schreiben.

B 105

Parlamentsdebatte

INTENTION: Die Schüler sollen in einer Art Parlamentssitzung eine vorgegebene Entscheidungsfrage thematisieren. Sie sollen Entscheidungsalternativen einbringen, begründen und diskutieren. Sie sollen den Meinungsbildungsprozeß voranbringen und am Ende über die bestehenden Alternativen demokratisch abstimmen.

DURCHFÜHRUNG: Kennzeichnend für die Parlamentsdebatte ist ein klar geregeltes Entscheidungsverfahren, an dessen Ende ein Beschluß steht. Zum Prozedere im einzelnen: Zunächst muß ein Entscheidungsproblem aus dem schulischen oder kommunalen Bereich vorliegen, das die Schüler möglichst konkret betrifft (Wohin soll die nächste Klassenfahrt gehen? Welchen Titel soll die Schülerzeitung bekommen? Was kann auf Ortsebene für die Jugendlichen getan werden? etc.).

Die Klasse wird in mehrere Gruppen aufgeteilt, die das besagte Entscheidungsproblem intern vordiskutieren und Anträge/Vorschläge zur Problemlösung vorbereiten. Dann beginnt die Parlamentssitzung. Der Vorsitzende (Lehrer) eröffnet die Sitzung und begrüßt die Vertreter der einzelnen "Parteien". Sodann fordert er die Antragsteller auf, ihre Anträge/Vorschläge vorzu-bringen und näher zu begründen. Die Redezeit ist begrenzt. Verständnisfragen sind erlaubt, Kommentare und Diskussionen noch nicht. Dann beginnt die allgemeine Debatte. Dikus-sionsberechtigt sind alle Parlamentsmitglieder/Schüler. Während der Debatte können vorliegende Anträge zurückgezogen oder auch abgeändert werden. Dann läßt der Vorsitzende per Handzeichen oder mittels Stimmzettel über die verbleibenden Anträge abstimmen. Der weitestgehende Antrag wird zuerst behandelt. Am Ende gibt der Vorsitzende das Abstimmungsergebnis bekannt.

VORBEREITUNG: Der Lehrer überlegt sich ein geeignetes Entscheidungsproblem und erläutert den Schülern das Prozedere. Die Gruppen werden in der Regel nach dem Zufallsprinzip gebildet. Für die Sitzung selbst ist eine geeignete Sitzordnung zu schaffen. Ferner sind Stimmzettel vorzubereiten.

B 106

Planspiel

INTENTION: Die Schüler sollen in einem mehrstufigen Planungs- und Verhandlungsprozeß versuchen, ihre Interessen möglichst geschickt und wirksam durchzusetzen. Auf diesem Wege üben sie sich im Argumentieren und Diskutieren, im Verhandeln und Kompromisse schließen.

DURCHFÜHRUNG: Im Mittelpunkt des Planspiels steht ein relativ komplexes politisches oder ökonomisches Problem, von dem unterschiedliche Interessengruppen tangiert sind (z.B. Betriebsrat, Unternehmensleitung, Stadtrat, Bürgerinitiative, Gewerkschaft, Mieterverein, Berufsgenossenschaft etc.). Dementsprechend werden im Unterricht mehrere Schülergruppen gebildet, die in die Rollen der betreffenden Interessengruppen schlüpfen und von deren Warte aus zum jeweiligen Problem zu argumentieren und zu verhandeln versuchen. Dazu stehen den besagten Gruppen spezifische Rollenkarten sowie ein Set an problembezogenen Grundinformationen (Info-Zeitung) zur Verfügung. Die Mitglieder der einzelnen Interessengruppen arbeiten zunächst die vorliegenden Informationen durch; sie klären ihre jeweilige Position und überlegen, wie sie die eigenen Ziele und Interessen im anstehenden Verhandlungsprozeß bestmöglich durchsetzen können. Näher erläutert wird dieser Kommunikations- und Interaktionsprozeß im nebenstehenden Phasenschema. Der Zeitbedarf pro Planspiel: 5 - 6 Unterrichtsstunden. Davon entfallen etwa 2 Stunden auf die Spieleinführung und die Meinungsbildung in den einzelnen Interessengruppen sowie weitere 3 Stunden auf den Verhandlungsprozeß i.w.S. Eine Aufteilung des Planspiels auf mehrere getrennte Unterrichtssequenzen ist möglich.

VORBEREITUNG: Die Spielunterlagen (Problembeschreibung, Rollenkarten, Zusatzinformationen) müssen erstellt und/oder kopiert werden. Nähere Hinweise und Planspielvorlagen finden sich in dem bei Beltz erschienenen Planspielebuch des Verfassers "Wirtschaft und Politik erleben". Sicherzustellen sind größere Stundenblöcke sowie die nötigen Arbeitsmittel.

Spielsequenzen

Die wichtigsten Phasen der Planspiels

Spieleinführung: Der Lehrer stellt das Planspiel vor, erläutert seinen Ablauf, veranlaßt die Gruppenbildung und teilt die Rollenkarten sowie die sonstigen Spielunterlagen an die einzelnen Interessengruppen aus.

⇩

Informationsphase: Die Schüler lesen die Spielunterlagen durch, markieren wichtige Stellen und klären auftretende Verständnisfragen innerhalb der Gruppe. Bei Bedarf kann der Lehrer als Experte herangezogen werden.

⇩

Strategiebildung: Die Gruppenmitglieder diskutieren ihre jeweilige Situation, ihre Ziele und ihre Interessen. Des weiteren überlegen sie, wie sie im bevorstehenden Verhandlungsprozeß vorgehen, argumentieren und taktieren wollen.

⇩

Verhandlungsphase: Zwischen den einzelnen Interessengruppen werden Briefe ausgetauscht, Informationen weitergegeben und Verhandlungen aufgenommen. Es wird argumentiert und diskutiert; es werden "Koalitionen" geschmiedet und partielle Übereinkünfte getroffen.

⇩

Konferenzphase: In dieser abschließenden Gesprächsrunde sitzen alle Beteiligten an einem "runden Tisch". Die aktuellen Positionen und Problemlösungsvorschläge werden von den Gruppensprechern dargelegt und weitergehend diskutiert. Die Gesprächsleitung liegt in dieser Phase beim Lehrer. Ein endgültiger Kompromiß ist nicht nötig.

⇩

Spielauswertung: In der Nachbetrachtung wird der abgelaufene Kommunikations- und Verhandlungsprozeß rekonstruiert und gemeinsam reflektiert. Die Schüler teilen sich ihre persönlichen Erfahrungen/Beobachtungen mit und geben sich wechselseitig Feedback.

B 107

Theaterspiel

INTENTION: Die Schüler sollen sich auf der Bühne in bestimmten Rollen als "Schauspieler" versuchen. Sie sollen auswendig gelernte Monologe und Dialoge vor einem größeren Zuschauerkreis möglichst einfühlsam und wirkungsvoll vortragen. Dabei gelangen die Grundelemente einer guten Rhetorik zur Anwendung.

DURCHFÜHRUNG: Voraussetzung dieser Kommunikationsübung ist, daß ein geeignetes Theaterstück vorliegt bzw. von den Schülern geschrieben/umgeschrieben wird. Die betreffenden Rollen werden auf die Schüler verteilt, wobei möglichst alle Interessenten beteiligt sein sollten. Die zugeteilten Rollen werden auswendig gelernt und in der einen oder anderen Probe geübt, kritisch besprochen und so ausgefeilt, daß eine eindrucksvolle Vorführung gesichert ist. Regisseur ist der Lehrer; die Proben finden in der Regel in der Aula der Schule auf der dortigen Bühne statt. Die Proben werden ganz oder auszugsweise mit Video aufgenommen, damit sich die betreffenden Akteure gelegentlich selbst sehen und hören können. Die Aufführung des jeweiligen Theaterstückes kann für einen mehr oder wenige großen Kreis von Schülern, Lehrern, Eltern und sonstigen Interessenten geöffnet werden. Das spornt einmal die betreffenden Schüler an, zum anderen ist es ein wichtiges Stück Öffentlichkeitsarbeit, auf das eine "gute Schule" nicht verzichten kann. Eventuell kann das vorbereitete Theaterstück vor unterschiedlichen Auditorien gleich mehrfach aufgeführt werden. Das ist Training für die beteiligten Schüler und belohnt diese für die doch recht umfängliche Vorbereitungsarbeit.

VORBEREITUNG: Das Theaterstück muß ausgewählt bzw. von den Schülern geschrieben/umgeschrieben werden. Die betreffenden Szenen/Sprechtexte müssen für die zuständigen Schüler kopiert werden. Für die Proben sind Termine und Räumlichkeiten zu klären Gleiches. Gleiches gilt für die Uraufführung und etwaige weitere Vorstellungen.

III. Dokumentation einer Projektwoche »Kommunizieren lernen«

Im folgenden wird beispielhaft gezeigt, wie ein systematisches Kommunikationstraining als Kompaktveranstaltung ablaufen kann. Das gewählte Organisationsmodell »Projektwoche« hat den Vorteil, daß die involvierten Schüler eine ganze Woche lang aus dem normalen Unterrichtsprogramm ausgekoppelt sind und sich höchst intensiv mit kommunikativen Fragen, Problemen, Übungen und Strategien beschäftigen können. Durchgeführt wurde die besagte Projektwoche »Kommunizieren lernen« in der Klasse 9c des Trifelsgymnasiums in Annweiler (südliches Rheinland-Pfalz) – einer Klasse, in der die »braven Lerner« vorherrschend waren, während die Kommunikationsbereitschaft und -fähigkeit ansonsten eher unzureichend entwickelt war. So gesehen, handelte es sich um eine ziemlich normale Lerngruppe mit überwiegend zurückhaltenden Schülerinnen und Schülern, deren mündliche Mitarbeit unter anderem aufgrund dialektbedingter Sprechhemmungen beeinträchtigt war. Das einwöchige Kommunikationstraining trug erheblich dazu bei, die vorhandenen Sprechhemmungen abzubauen sowie das mündliche Repertoire der Schüler sichtbar und hörbar zu fördern.

1. Vorbereitende Maßnahmen und Regelungen

Angebahnt und unterstützt wurde das anvisierte Kommunikationstraining zum ersten durch eine korrespondierende Gesamtkonferenz des Kollegiums, zum zweiten durch eine »Einführungsstunde« in der Klasse 9c und zum dritten durch flankierende organisatorische Regelungen, die sowohl den Stundenplan als auch die Raumnutzung betrafen.

a) Gesamtkonferenz

Diese fand einige Wochen vor Beginn des Kommunikationstrainings statt und diente gleichermaßen der Information wie der Sensibilisierung und Motivierung des Kollegiums. An der Konferenz nahmen fast alle Lehrkräfte der Schule teil. Die Konferenz war auf drei Stunden angelegt und verlief in folgenden Etappen:

1. Phase In einem einführenden Kurzreferat wurde überblickshaft begründet und erläutert, warum ein verstärktes Kommunikationstraining in der Schule notwendig ist. Die wichtigsten Begründungsstränge wurden anschaulich visualisiert und kommentiert (vgl. dazu das Argumentationsraster in B 22). Verwiesen wurde u.a. auf lernpsychologische, berufssoziologische, bildungstheoretische und sozialisationsspezifische Befunde, die allesamt für eine forcierte Kommunikationsschulung im Unterricht sprechen. Ein kurzer Meinungs- und Gedankenaustausch schloß sich an.

2. Phase In einem zweiten teilnehmerzentrierten Arbeitsabschnitt erhielten die versammelten Lehrkräfte Gelegenheit, das alltägliche Kommunikationsverhalten ihrer Schüler zu bilanzieren und (selbst-)kritisch zu reflektieren. Das begann zunächst mit einer Punktabfrage, d.h., jedes Kollegiumsmitglied taxierte die Kommunikationskompetenz der Schüler mittels eines roten Klebepunktes auf einem vorbereiteten Pinnwand-Plakat anhand folgender Vorgabe: »Mit der Kommunikationskompetenz meiner Schüler bin ich im großen und ganzen … sehr zufrieden / zufrieden / eher unzufrieden / sehr unzufrieden.« Das Ergebnis war bemerkenswert und alarmierend zugleich: 70 Prozent der anwesenden Lehrkräfte waren mit der Kommunikationskompetenz ihrer Schüler »eher unzufrieden«, und nur 30 Prozent bekundeten, daß sie im großen und ganzen »zufrieden« seien. »Sehr zufrieden« war übrigens niemand. Dieses Meinungsbild löste engagierte Gespräche in ad hoc sich bildenden Kleingruppen aus. Diese Gespräche wurden nach ca. zehn Minuten abgebrochen und in anderer Form weitergeführt. Diese Form sah so aus, daß sich alle Lehrkräfte in einem Doppelkreis paarweise zusammensetzten (vgl. B 24 und B 54) und sich wechselseitig über ihre Einschätzungen und die dahinter stehenden Erfahrungen austauschten. Durch Rotation wurden sodann neue Gesprächspaare gebildet, die sich abermals austauschten usw. Dieser Partnerwechsel vollzog sich insgesamt dreimal. Die Besprechungsdauer betrug jeweils ca. fünf Minuten. Eine Auswertung im Plenum erfolgte nicht. In einem weiteren Arbeitsschritt notierte alsdann jedes Kollegiumsmitglied zusammenfassend einige konkrete Kritikpunkte auf einem vorbereiteten Zettel mit der Kopfzeile: »Was ich am Gesprächsverhalten meiner Schüler unbefriedigend finde ...«. Die so ermittelten Kritikpunkte wurden anschließend in mehreren Zufallsgruppen, die per Los gebildet wurden, ausgetauscht und diskutiert, wobei jede Gruppe zusätzlich die Aufgabe hatte, die wichtigsten Kritikpunkte auf einem größeren Plakat übersichtlich zu visualisieren (vgl. das nachfolgend dokumentierte Ergebnis-Plakat). Die so entstandenen Plakate wurden abschließend von den Gruppensprechern präsentiert und näher erläutert. Erreicht werden sollte mit diesem mehrstufigen Reflexions- und Klärungsprozeß dreierlei: Zum einen sollten die Lehrkräfte zum (selbst-)kritischen Nachdenken über das Kommunikationsverhalten ihrer Schüler veranlaßt werden, zum zweiten sollten sie ihre entsprechenden Beobachtungen und Erfahrungen ungeschminkt austauschen und zentrale Problemanzeigen gemeinsam festhalten. Und zum dritten schließlich sollten sie durch die praktizierten Kommunikationsarrangements einen kleinen Eindruck davon bekommen, wie im Rahmen des Kommunikationstrainings mit den Schülern gearbeitet wird.

3. Phase Im letzten Teil der Gesamtkonferenz wurde das Kollegium mit dem geplanten Trainingsprogramm überblickshaft vertraut gemacht. Vorgestellt wurde das auf Seite 49 abgebildete 5-Stufen-Modell, an dem sich das Vorgehen während der Projektwoche orientiert. Hingewiesen wurde auf die Zweiteilung des Trainings: auf die fachunabhängige Metakommunikation an den beiden ersten Tagen sowie auf die am Themenbereich »Ökologie« festgemachten Erzähl-, Diskussions- und Argumentationsübungen an den drei folgenden Tagen. Hingewiesen wurde ferner auf den »therapeutischen« Zuschnitt des Trainings, d.h. auf das sukzessive Voranschreiten vom Einfachen zum Komplizierteren, vom kleingruppenbezogenen »warming up« zur mündlichen Darbietung im Plenum oder in größeren Diskussionsrunden. Rückfragen aus dem Kollegium wurden beantwortet. Des weiteren wurden die organisatorischen Rahmenbedingungen kurz thematisiert (s. unten) sowie die bestehenden Hospitationsmöglichkeiten angesprochen. Zum letzteren Punkt verständigte sich das Kollegium nach kurzer Debatte darauf, drei interessierte Lehrkräfte, die in der besagten Klasse 9c unterrichteten, für

KRITISCHE ANMERKUNGEN
ZUM
GESPRÄCHSVERHALTEN DER SCHÜLER

PERSÖNLICHE FAKTOREN

- mangelndes Selbstbewußtsein
- Angst, eigene Meinung zu äußern
- daraus folgend: Passivität

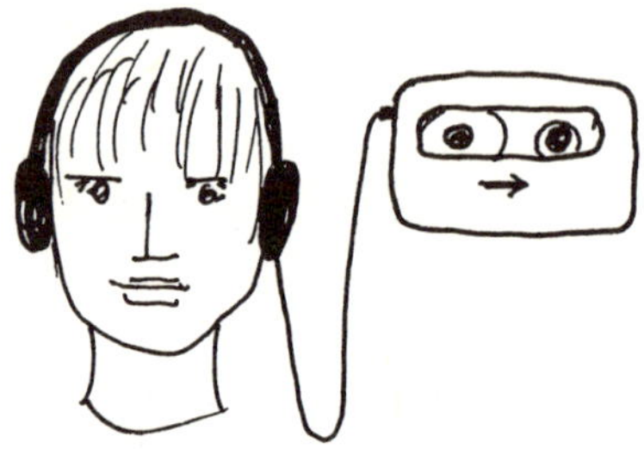

SOZIALE KOMPETENZ

- mangelnde Fähigkeit, anderen zuzuhören
- mangelnde Fähigkeit, auf Beiträge von Mitschülern einzugehen

Meinungen anderer nicht tolerieren und in die eigene Meinungsbildung einbeziehen

Lehrerorientiertes Gesprächsverhalten (Reden zum Lehrer hin)

Spontanes Antworten ohne direkten Bezug zum Thema bzw. zur Fragestellung

SPRACHLICHE KOMPETENZ

- mangelnde Ausdrucksfähigkeit
- Sprechen in Satzfragmenten
- Schwierigkeiten, einen Sachverhalt in eigenen Worten zu formulieren

Plakat einer Lehrergruppe

eine ganze Woche vom Unterricht freizustellen, um auf diese Weise eine konzertierte Hospitation zu ermöglichen. Einziges Anliegen an die Begünstigten: Sie sollten das eingeübte Kommunikationsrepertoire in der 9c gezielt weiterpflegen und ihr erworbenes Know-how bei Bedarf interessierten Lehrkräften/Lehrerteams zur Verfügung stellen. Letzteres ist zwischenzeitlich in recht eindrucksvoller Weise geschehen, was sich u.a. daran ablesen läßt, daß sich mittlerweile mehrere Lehrerteams gebildet haben, die – unterstützt durch die Hospitanten – in allen 9. Klassen, in allen 7. Klassen und in allen 11. Klassen kommunikationszentrierte Projektwochen durchgeführt haben.

b) Schnupperstunde

Im Anschluß an die skizzierte Gesamtkonferenz fand in der Klasse 9c eine sogenannte »Schnupperstunde« statt, mit der sich die Absicht verband, die Schüler auf die bevorstehende Projektwoche einzustimmen sowie ihnen einige orientierende Vorinformationen zukommen zu lassen. Der Ablauf dieser »Schnupperstunde« sah wie folgt aus: Zunächst wurde das Pilotprojekt mit einigen einführenden Sätzen erläutert. Dann erhielten die Schüler Gelegenheit, ihre Erwartungen und Wünsche zum Projekt in einer kurzen Blitzlichtrunde zu äußern sowie bestehende Rückfragen vorzubringen. In einem nächsten Schritt wurde, ausgehend von dem Sprichwort »Reden ist Silber, Schweigen ist Gold«, eine praktische Kommunikationsschleife durchgespielt, die einen Vorgeschmack auf das bevorstehende Kommunikationstraining geben sollte. Eröffnet wurde diese Kommunikationsschleife mit einer Punktabfrage zum besagten Sprichwort, d.h., jeder Schüler mußte mittels eines roten Klebepunktes auf einem Plakat deutlich machen, ob er dem Sprichwort eher zustimmt oder eher ablehnend gegenübersteht. Darüber hinaus waren die Schüler gehalten, sich zu ihren Einschätzungen je eine kurze Begründung zu überlegen und zu notieren. Anschließend wurden im Abzählverfahren (1, 2, 3 … 1, 2, 3 …) Gesprächspartner mit gleicher Ziffer ermittelt, die sich in einem Doppelkreis paarweise gegenübersetzten und abwechselnd zu dem Sprichwort Stellung bezogen. Nach etwa fünf Minuten wurden die Gesprächspartner gewechselt, und ein neuerlicher Gedankenaustausch fand statt (vgl. dazu die Kugellager-Methode in B 24). In einem nächsten Schritt fanden sich die Schüler in Sechsergruppen zusammen, um eine abschließende Stellungnahme zum besagten Sprichwort zu erarbeiten und anschließend im Plenum vorzutragen. Der vortragende Gruppensprecher wurde hierbei jeweils per Kartenspiel ermittelt (verlost wurden 6 Karten, darunter ein As.). Aufbauend auf dieser Kommunikationsschleife, wurden zu guter Letzt einige ergänzende Hinweise zur bevorstehenden Trainingswoche gegeben. Fazit: Die Schüler waren im Verlauf der skizzierten »Schnupperstunde« nicht nur ausnahmslos zum Sprechen und Argumentieren gekommen; sie hatten auch und zugleich einen ersten Eindruck davon erhalten, was während des Kommunikationstrainings so alles auf sie zukommen würde.

c) Sonderregelungen

Die organisatorischen Rahmenbedingungen, die für die Zeit des Kommunikationstrainings galten, sahen wie folgt aus: Die Schüler der Klasse 9c waren für die besagte Projektwoche vom regulären Unterricht freigestellt. Diese Sonderregelung hatte die Schulleitung in Abstimmung mit dem Kollegium, den Eltern und den betreffenden Schülern genehmigt. Eine weitere Sonderregelung betraf den Klassenraum, der während der Woche normalerweise mehrfach hätte gewechselt werden müssen. Als Klassenraum stand der 9c ausnahmsweise ein Raum in einem Nebengebäude zur Verfügung, der während der ganzen Woche freigehalten wurde, so daß ohne Zeitdruck und ohne Raumwechsel gearbeitet werden konnte. Pausen wurden nicht nach dem Klingelzeichen ausgerichtet, sondern immer dann eingelegt, wenn sie vom Arbeits- bzw. Kommunikationsprozeß her angebracht erschienen. Von daher konnte sehr organisch gearbeitet und gelernt werden. Die Sitzordnung sah im allgemeinen so aus, daß die Schüler im Karree saßen (s. Abbildung) und sich allesamt sehen konnten. Ein Durchlaß auf beiden Seiten des Karrees sorgte dafür, daß bei Bedarf einzelne Schüler problemlos nach innen gelangen konnten, um sich z.B. mit den außen sitzenden Mitschülern zu Gesprächspaaren zusammenzufinden (Doppelkreis). Teilnehmer des Kommunikationstrainings waren – wie bereits angedeutet – nicht nur die Schüler der Klasse 9c, sondern auch noch einige Lehrkräfte der Schule, die sich Anregungen für ihren eigenen Unterricht holen und/oder das Pilotprojekt unter Umständen in anderen Klassen neu auflegen wollten. Die drei Dauer-Hospitanten, die für die ganze Woche freigestellt worden waren, hatten ab Dienstag darüber hinaus die Auflage, alle Übungen auch praktisch mitzumachen, weil die Schüler auf diese »tätige Integration« Wert legten. An technischen Gerätschaften standen während der Trainingswoche ein Camcorder, ein Videogerät mit Monitor sowie ein Tageslichtprojekter zur Verfügung.

Skizze des Klassenraumes

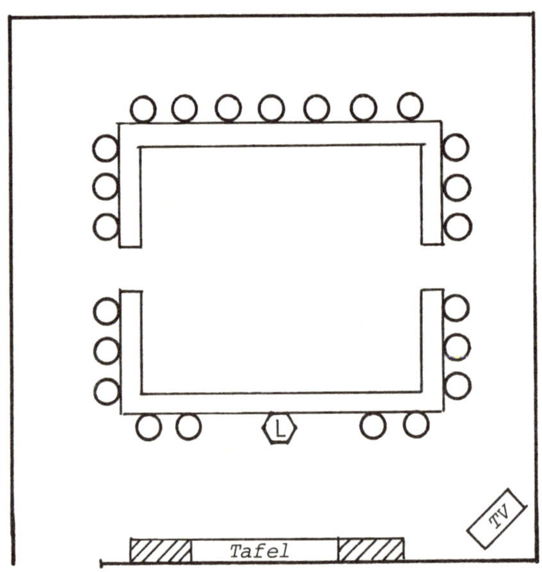

2. Das Trainingsprogramm im Überblick

Das Kommunikationstraining in der Klasse 9c fand Anfang Februar 1994 statt und dauerte von Montag bis Freitag – jeweils von 8.00 Uhr bis 13.00 Uhr. Die Schüler waren in diesem Zeitraum also ausschließlich mit kommunikativen Fragen und Übungen beschäftigt. Während der beiden ersten Tage standen fachunabhängige Kommunikationsübungen im Vordergrund, die dem Ziel dienten, das Thema Kommunikation in den Blick der Schüler zu bringen, alltägliche Verhaltensweisen und Defizite bewußtzumachen sowie die Bereitschaft der Schüler zu fördern, sich in kommunikativer Hinsicht verstärkt zu üben und immer wieder selbstkritisch zu prüfen. Diese Art der »Metakommunikation« wurde an den drei folgenden Tagen durch fachbezogene Kommunikationsschleifen ergänzt und erweitert, die durchgängig auf den Themenbereich »Ökologie« konzentriert waren, d.h. auf die kommunikative Reflexion und Klärung ökologischer Sachverhalte und Sichtweisen (selbstverständlich können auch andere Themenfelder ausgewählt werden). Zwar ergaben diese themenzentrierten Übungen in der Summe keineswegs eine ausgereifte Unterrichtseinheit, wohl aber boten sie den Schülern vielfältige Anlässe, ihr ökologisches Vor- und Grundverständnis zu klären sowie korrespondierende Argumentations- und Diskussionsversuche zu starten. Lernen konnten die Schüler also nicht nur in kommunikativer Hinsicht, sondern auch und zugleich auf inhaltlich-fachlicher Ebene.

Eingestiegen wurde am Montag mit diversen Berichten und Gesprächen zum alltäglichen Kommunikationsgeschehen im Unterricht. Eingegangen wurde u.a. auf die Gesprächsbeteiligung der Schüler, auf bestehende Gesprächshemmnisse sowie auf das Phänomen der Redeangst. Ziel hierbei war es, die Schüler zur bewußten Auseinandersetzung mit dem eigenen Kommunikationsverhalten zu veranlassen, ihr Problembewußtsein und ihre Selbstkritikbereitschaft auszubauen sowie ihr strategisches Repertoire in puncto Redeangst zu verbessern. Am Dienstag ging es alsdann vorrangig darum, den Schülern die Relevanz eines verstärkten Kommunikationstrainings einsichtig zu machen, um auf diesem Wege ihre Motivation und Bereitschaft zu fördern, am eigenen Kommunikationsrepertoire zu feilen und die eigene Kommunikationskompetenz weiterzuentwickeln. Die entsprechenden Übungen dienten daher durchweg dazu, die verschiedenen Begründungsebenen zu sondieren und zu reflektieren, die für ein verstärktes kommunikationszentriertes Lehren und Lernen in der Schule sprechen. Diese Begründungsebenen hatten die Schüler im Rahmen einer nachbereitenden Hausaufgabe zusammenfassend zu würdigen.

Am Mittwoch begann sodann das eigentliche Kommunikationstraining in Anbindung an den Themenbereich »Ökologie«. Von seinem Aufbau her war das Training

1. Tag

REFLEXION DES ALLTÄGLICHEN KOMMUNIKATIONSGESCHEHENS

■ Ansichten zum Projekt ■ Gesprächsbeteiligung im Unterricht ■ Störfaktoren im Alltag ■ Wie Schüler sich selber einschätzen ■ Umgang mit Sprechangst ■ Hausaufgabe: Reportage schreiben

2. Tag

ÜBUNGEN ZUR FÖRDERUNG DER KOMMUNIKATIONSBEREITSCHAFT

■ Reportagen verlesen ■ Thesen bewerten und diskutieren ■ Begründungsspiel ■ Simulation/Analyse von Vorstellungsgesprächen ■ Schülerreden sondieren ■ Hearing ■ Hausaufgabe: Plädoyers schreiben

3. Tag

FREIES ERZÄHLEN UND BERICHTEN ZUM THEMENFELD "ÖKOLOGIE"

■ Plädoyers vorlesen ■ Reizwortassoziationen ■ Erlebnisberichte ■ Fotoassoziationen ■ Bildergeschichte ■ Karikaturenrallye ■ Begriffsnetzwerk ■ Hausaufgabe: Bilder zeichnen

4. Tag

AKTIVES ZUHÖREN UND DISKUTIEREN ZUM THEMENFELD "ÖKOLOGIE"

■ Bilderpräsentation ■ Fantasiegeschichten ■ Satzketten ■ Frage-Antwort-Spiel ■ Reportagen erstellen ■ Einfaches Planspiel ■ Hausaufgabe: Spickzettel zum "guten Vortrag" anfertigen

5. Tag

VORTRAGS- UND ARGUMENTATIONSVERSUCHE ZUM THEMENFELD "ÖKOLOGIE"

■ Expertenvorträge zum Thema "Rhetorik" ■ Fünfsatz-Argumentationen ■ Mustervortrag des Lehrers ■ Plädoyers der Schüler zu alternativen Themen- bzw. -fragestellungen ■ Anklageerhebung ■ Wochenbilanz

Abb. 13

so angelegt, daß die Sprachkompetenz der Schüler progressiv gefordert und entwickelt wurde. Am Mittwoch standen daher relativ einfache Kommunikationsaktivitäten im Vordergrund, d.h., die Schüler hatten in unterschiedlichen Varianten zu berichten und zu erzählen, was ihnen zum Komplex »Natur und Umwelt« so alles einfiel und wichtig erschien. Im Vordergrund standen also assoziative, monologische Verfahren der verschiedensten Art – angefangen bei persönlichen Erfahrungsberichten über Reizwort- und Fotoassoziationen bis hin zu themenzentrierten Bildergeschichten. Kennzeichnend für alle diese Kommunikationsaktivitäten war, daß es kein richtig oder falsch gab, die Gefahr des Versagens für den einzelnen Schüler mithin stark reduziert war. Das schaffte eine relativ angstfreie Sprechsituation und ermutigte selbst die Ängstlichen und/oder die Schweiger unter den Schülern zum freien Sprechen und Erzählen. Jeder kam mal dran und konnte in kleineren oder größeren Gesprächszirkeln seine mehr oder weniger ausgereiften Vorkenntnisse und Voreinstellungen zum besten geben, ohne Gefahr zu laufen, von anderen Schülern oder vom Lehrer korrigiert bzw. kritisiert zu werden. So gesehen wurde am Mittwoch nicht nur das Themenfeld »Natur und Umwelt« aspekthaft aufgerissen, sondern die besagten Berichte und Erzählungen dienten auch und zugleich dazu, die Kommunikationsbereitschaft der Schüler zu verbessern.

Am Donnerstag wurde dieser Weg der »programmierten Ermutigung« fortgesetzt, verbunden mit einigen neuen Anforderungen und Qualifikationsabsichten. Gefragt war in dieser Phase nämlich nicht mehr nur das freie Sprechen und Erzählen, sondern auch und besonders der aktive/konstruktive Dialog mit anderen Schülern. Dementsprechend standen Übungen im »aktiven Zuhören« sowie im konstruktiven Miteinander-Reden im Vordergrund. Denn gerade beim Zuhören, Wiedergeben und verständnisvollen Würdigen von Argumenten und Ansichten der Mitschüler offenbaren viele Schüler erhebliche Defizite. Diesen Defiziten sollte mit den angedeuteten dialogischen Übungen entgegengewirkt werden. Zwar waren von den wenigen Übungen keine Wunder zu erwarten, gleichwohl konnte den Schülern so manches bewußtgemacht werden, was ihre Fähigkeit und Bereitschaft zur verständnisvollen Kommunikation unterstützte. Dazu gehörte u.a. das Erkennen und Beherzigen solcher Verhaltensmaximen wie: zuhören, ausreden lassen, verständlich reden, den anderen ernst nehmen, Blickkontakt halten, auf Argumente der Mitschüler eingehen, Kompromisse suchen und finden etc.

Diese dialogfördernden Übungen wurden am Freitag unter besonderer Berücksichtigung rhetorischer Ansätze und Strategien weitergeführt. Unter dem Motto »Das kleine 1 x 1 der Rhetorik« wurden ausgewählte Vortrags- und Argumentationsübungen durchgeführt. Ausgangspunkt dieser Übungen war die Erarbeitung grundlegender Vorinformationen zum »guten Vortrag«. Aus diesen Vorinformationen, die den Schülern zur Verfügung gestellt wurden, gingen wegweisende Anregungen zur verbalen und nonverbalen Vortragsgestaltung und -präsentation hervor. Diese Anregungen versuchten die Schüler im Rahmen knapp gefaßter Plädoyers zu wechselnden ökologischen Fragestellungen aufzunehmen und umzusetzen. Zum Setting dieser Plädoyers: Die Schüler erhielten thematisch passende Kurzinformationen, aus denen sich Argumente für ihr jeweiliges Plädoyer ableiten ließen (zu plädieren hatten sie u.a. für die Mehrwegflasche). Diese Argumente waren stichwortartig auf einem DIN-A7-Kärtchen zu notieren und als übersichtliches Vortragsgerüst aufzubereiten. Mit diesem »Spickzettel« in der Hand gingen die Schüler nach und nach zum bereitstehenden Rednerpult und hielten vor laufender Kamera und vor einem erweiterten Zuhörerkreis (Mitschüler plus hospitierende Lehrkräfte) ihre Plädoyers. Wohlgemerkt: Sie taten dies in freier Rede, am Rednerpult stehend und unter Berücksichtigung der erarbeiteten rhetorischen Stilmittel (direkte Ansprache der Zuhörer, lebendige Gestik und Mimik, gezielte Stimmvariation, überzeugender Redeaufbau etc.). Der Zeitraum betrug je Plädoyer 2–4 Minuten. Alle Kurzvorträge wurden mit dem erwähnten Camcorder gefilmt und anschließend kurz eingespielt, kommentiert und bei Bedarf näher besprochen. Derartige Reflexionsphasen wurden im übrigen auch im Anschluß an die meisten anderen Übungen durchgeführt, die während der Woche realisiert wurden. Gewiß, rhetorische Glanzleistungen konnten von den Schülern nach der einen Woche (noch) nicht erwartet werden; was sie de facto jedoch zu leisten vermochten und sich letztendlich auch zutrauten, das verdiente allen Respekt. Nähere Ausführungen dazu finden sich in Abschnitt III.7.

Zu den konzeptionellen Besonderheiten des Trainings gehörte ferner, daß die Schüler an allen Tagen bestimmte Hausaufgaben zu erledigen hatten, die im Sinne der Vor- und/oder Nachbereitung in den laufenden Lern- und Arbeitsprozeß integriert waren. So mußten sie am Ende des ersten Tages z.B. einen fiktiven Zeitungsbericht zum angelaufenen Kommunikationstraining schreiben. Am Ende des zweiten Tages hatten die Schüler in einer schriftlichen Stellungnahme differenziert zu begründen, warum das freie Sprechen, Vortragen und Diskutieren in der Schule verstärkt gefördert werden sollte. Am Ende des dritten Tages mußten sie zum Thema »Natur und Umwelt« ein persönliches Bild zeichnen, das in der nächsten Stunde vorzustellen und zu erläutern war. Und am Ende des vierten Tages hatten sie auf der Basis des vorliegenden Rhetorik-Materials einen möglichst übersichtlichen »Spickzettel« mit wichtigen Tips zum »guten Vortrag« zu erstellen. Alle diese Hausaufgaben-Produkte wurden in der jeweils nachfolgenden Stunde nicht nur zur Wiederholung des zurückliegenden Unterrichts herangezogen, sondern auch und zugleich als praktische Kommunikationsanlässe genutzt. Kommuniziert wurde im Verlauf der Woche also sehr viel. Und festgehalten/dokumentiert wurde ebenfalls so manches. Sei es nun in Form von Plakaten, Protokollkärtchen oder Zeichnungen, die an den Außenwänden des Klassenraumes befestigt wurden, oder sei es in Form von Arbeitsblättern, Merkblättern oder sonstigen Informationsmaterialien, die in den Methodenordner der Schüler Eingang fanden.

Zum Schluß noch einige Anmerkungen zur Variabilität des skizzierten Trainingsprogramms: Selbstverständlich sind die in Abbildung 13 angedeuteten und in den nachfolgenden Abschnitten näher erläuterten Übungen kein unverrückbarer Trainingskanon. Variationen zeitlicher und methodischer Art sind in der Praxis immer wieder nötig und auch sinnvoll. Das hat sich nicht zuletzt im Rahmen der zurückliegenden Trainingswoche gezeigt. Das geplante und das realisierte Trainingsprogramm waren nur selten deckungsgleich. Auch inhaltlich sind natürlich Akzentverschiebungen möglich, die an die Stelle des Ökologie-Themas unter Umständen ein ganz anderes fachspezifisches Themenfeld treten lassen. Wichtig ist nur, daß die ausgewiesenen Trainingsetappen mit ihren gestuften Anforderungen und ihrem »therapeutischen« Zuschnitt erhalten bleiben, denn diese Grundlinie des Trainings hat sich ohne jeden Zweifel bewährt. Andernfalls besteht die Gefahr, daß die Projektwoche zu einem beliebigen kommunikativen Aktionismus verkommt, der mit progressiver Kommunikationsförderung nur noch wenig zu tun hat.

3. Erster Tag: Nachdenken über Kommunikation

Kennenlernspiel: Der erste Tag begann mit einem einfachen Kennenlernspiel, das die Schüler in lockerer Form zum Sprechen veranlaßte und dem »neuen Lehrer« (Klippert) einige Informationen über die Klasse zukommen ließ. Konkret: Jeder Schüler hatte sich zunächst mit wenigen Sätzen persönlich vorzustellen: Sodann wurden Partnergruppen gebildet. Die Aufgabe der jeweiligen Partner war es, sich wechselseitig zu ihrem Lieblingsfach zu interviewen. Anschließend stellten sie reihum ihre Interviewergebnisse vor, d.h., sie nannten ihren jeweiligen Partner und erläuterten/begründeten dessen Lieblingsfach. So gesehen war jeder Schüler binnen einer Stunden mehrfach sprachlich aktiv geworden.

Blitzlicht: Nach dieser »Warming-up-Phase« erläuterte der Lehrer zunächst noch mal in knappen Worten die Konzeption und den Ablauf der Trainingswoche. Dann mußten die Schüler in einer zweiten Blitzlichtrunde ein knappes Statement zum Projekt selbst abgeben, und zwar ausgehend von der Leitfrage: »Was haltet ihr eigentlich vom bevorstehenden Kommunikationstraining?« Die Schüler äußerten nach einer kurzen Besinnungsphase reihum ihre Gedanken, Wünsche und Erwartungen. Vom Tenor her war sehr viel guter Wille, sehr viel Neugierde und nicht zuletzt auch eine gute Portion Hoffnung zu erkennen, die Woche werde Gelegenheit geben, in lebendiger Weise zu lernen, bei alledem fürs praktische Leben zu profitieren sowie im Mündlichen zukünftig vielleicht besser abzuschneiden.

Punktabfrage: In einer dritten Etappe wurde die mündliche Beteiligung der Schüler direkt unter die Lupe genommen. Das heißt: In einer Punktabfrage hatte jeder Schüler einzuschätzen, ob er sich an den gängigen Unterrichtsgesprächen regelmäßig, häufig, manchmal, selten oder nie beteilige. Kenntlich zu machen waren die individuellen Einschätzungen mittels roter Klebepunkte auf einem entsprechend strukturierten Plakat (vgl. die Skizze und die nähere Erläuterungen in B 3). Bemerkenswertes Ergebnis in der Klasse 9c war, daß das Gros der Schüler zu erkennen gab, in mündlichen Phasen recht zurückhaltend zu agieren und sich eher selten zu beteiligen. Nur einige wenige Schüler signalisierten mit ihren Punkten eine »häufige« Beteiligung. Für die Rubrik »regelmäßig« entschied sich niemand. Egal, ob diese Einschätzungen nun objektiv zutreffend waren oder nicht, entscheidend war das vertiefende Gespräch der Schüler, das sich daran anschloß. Dieses Gespräch sah so aus, daß sich die Schüler in mehreren kleinen Gesprächszirkeln, die per Los zusammengestellt wurden, zu ihren Punkten äußerten und die dahinter stehenden Erfahrungen und Umstände erläuterten (Wo ist meine Beteiligungsbereitschaft größer? Wo ist sie kleiner? Warum?). Nach etwa zehn Minuten wurden die Gruppen komplett neu gemischt (vgl. B 83), und der angelaufende Gedanken- und Erfahrungsaustausch ging in die zweite Runde.

Plakatgestaltung: Aufbauend auf diesen beiden Gesprächsrunden, erhielten die Schüler in einer nächsten Arbeitsetappe je einen DIN-A6-Zettel, auf dem sie stichwortartig festzuhalten hatten, wodurch ihre Gesprächsbereitschaft im Unterricht unter Umständen gehemmt bzw. behindert werde. Jeder Schüler hatte auf seinem Zettel 3–5 hemmende Faktoren zu notieren. Daraufhin wurden erneut mehrere Zufallsgruppen gebildet, die nunmehr die Aufgabe hatten, die individuell bilanzierten Hemmnisse zusammenfassend und möglichst anschaulich zu visualisieren. Dadurch kam es in den einzelnen Gruppen zu recht kritischen und selbstkritischen Gesprächen über den alltäglichen Unterricht, über destruktives Schülerverhalten und nicht zuletzt über fragwürdiges Lehrerverhalten. Interessant dabei war, daß der Lehrerseite von den Schülern der 9c eine maßgebliche »Mitschuld« an der eher defizitären Gesprächsbereitschaft und -fähigkeit in der Klasse zugewiesen wurde. Beklagt wurden u.a. der sture/langweilige Unterricht, die vielen Fremdwörter der Lehrer, ihre inkonkreten Fragen und ihre Neigung zum »Verhör«, ihre Ungeduld und »Rachsucht«, wenn ein Schüler einmal etwas Falsches sage, ihre unfaire und gelegentlich auch ironische Art, mit der sie manchen Schülern begegneten, sowie ihre oftmals weitschweifigen und langweiligen Reden und Belehrungen, die verhinderten, daß Schüler überhaupt zu Wort kämen (vgl. dazu das abgebildete Plakat einer der Gruppen). Darüber hinaus hatten die besagten Gruppen natürlich auch eine ganze Menge am Verhalten der Mitschüler auszusetzen (fallen ins Wort, machen sich über Mitschüler lustig, hören nicht richtig zu, gehen nicht aufeinander ein, reden unverständliches Zeug etc.). Doch die Hauptkritik richtete sich ohne Zweifel an die Adresse der Lehrer. Die so erstellten Plakate wurden zunächst im Klassenraum ausgehängt und von den betreffenden Gruppensprechern näher erläutert. Später dann wurden sie auf Anregung der Schüler und der hospitierenden Lehrkräfte im Lehrerzimmer der Schule als mahnender Denk- und Diskussionsanstoß »ausgestellt«.

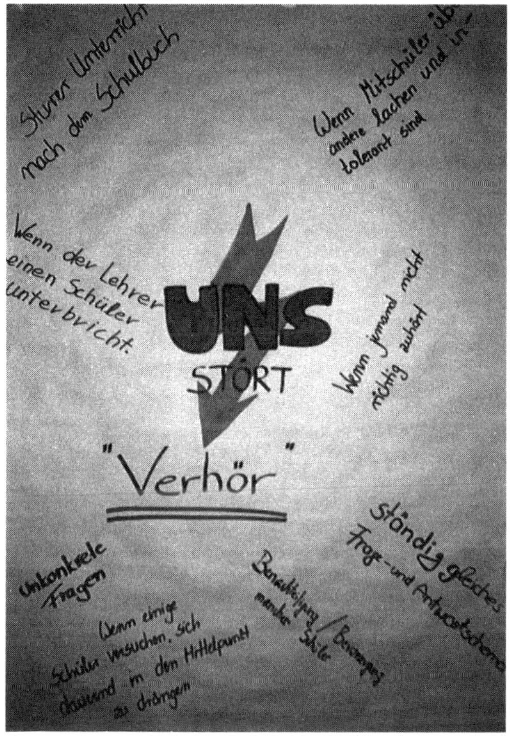

Plakat einer Gruppe

Fragebogen: Nachdem die alltäglichen Gesprächshemmnisse auf diese Weise sondiert und erörtert worden waren, erhielten die Schüler Gelegenheit zur differenzierteren Auseinandersetzung mit ihren persönlichen Dispositionen anhand des abgebildeten Fragebogens (vgl. auch B 1). Anzukreuzen hatten sie, ob es ihnen eher schwer- oder eher leichtfalle, die angeführten mündlichen Leistungen im Unterricht zu erbringen. Anschließend wurden die notierten Einschätzungen in mehreren Kleingruppen ausgetauscht, besprochen und zahlenmäßig zusammengefaßt. Aus den so entstandenen Gruppenspiegeln erstellte der Lehrer sodann in einer extra angesetzten Pause den abgebildeten Klassenspiegel (vgl. Abb. 14). Dieser Klassenspiegel wurde via Tageslichtprojektor im Plenarverband eingeblendet und von den Schülern wahlweise kommentiert und diskutiert. Zum Abschluß dieser Phase wurde den Schülern das in Abbildung 15 dokumentierte Regelpuzzle als Arbeitsblatt ausgeteilt, dessen Bearbeitung zu einigen grundlegenden Gesprächsregeln führte, deren Einhaltung den Schülern für den weiteren Arbeits- und Kommunikationsprozeß angeraten wurde.

Befragungsergebnisse aus der Klasse 9c

Dieses zu leisten ...	***fällt mir ...***	
	eher schwer	eher leicht
Vor der Klasse frei und unbekümmert zu reden	9	9
An der Tafel etwas zu erläutern	7	11
Laut und deutlich zu sprechen	1	17
Etwas zu sagen, auch wenn ich nicht ganz sicher bin	17	1
Klar und verständlich zu formulieren	8	10
Andere von meiner Meinung zu überzeugen	11	7
Zu einem Thema einen kleinen Vortrag zu halten	11	7
Aufmerksam zuzuhören, wenn andere reden	3	15
Bei Gesprächen nicht einfach dazwischenzureden	3	15
In Gesprächsphasen aktiv mitzumachen	6	12
Auf die Beiträge der Vorredner einzugehen	4	14
Beim Reden die Mitschüler anzuschauen	10	8
Bei Diskussionen fair und sachlich zu bleiben	3	15
Ein Gespräch (z.B. in Gruppen) zu leiten	15	3
Im Mündlichen eine gute Note zu erreichen	7	11

Abb. 14

Lückenhafte Gesprächsregeln

1 S__H M_LD__!

2 I_ G__Z_N _ÄT___ R___N!

3 L_U_ _N_ DE__L__H SP__C___!

4 K__Z __D P_ÄZ___ A_G____TI____!

5 B_I_ TH___ B___B_N! (F__G_ B_AC____!)

6 M_IN__G__/B_H_UP__NG__ B_G_U__E_!

7 G__ Z__Ö__N, W_N_ A_D___ __DE_!

8 A__ V_RR__N__ B_ZU_ _EH___!

9 B_I_ R__E_ D__ M__S_HÜ__R A_S___U__!

10 D__ W_RT W_IT__G_B__N!

11 N_C__ E_NF__H "N_C_P__PP___"!

12 FAI_ _N_ H__L__H S___!

13 D__ SC_W_IG__ Z__ SP__C___ B__NG__!

14 N_B__G__PRÄ___ V__MEI___!

15

- *Ergänze die fehlenden Buchstaben bitte so, daß sich wichtige Gesprächsregeln ergeben!*
- *Kreuze die 3 Regeln an, gegen die in Eurer Klasse am häufigsten verstoßen wird!*
- *Überlege Dir eine weitere Regel, die in Eurer Klasse Beachtung finden sollte! Trage sie in die untere Freizeile ein!*

Abb. 15

Thema: Redeangst: Die letzte Etappe des ersten Trainingstages war dem Phänomen der Redeangst gewidmet. Zwar war dieses Phänomen in den vorangegangenen Arbeitsphasen immer mal wieder angesprochen worden, aber eine intensivere Auseinandersetzung war bis dahin nicht erfolgt. Diese Auseinandersetzung wurde zum Abschluß des Tages kleinschrittig geführt, und zwar in der Absicht, die Herkunft dieser Angst verständlich zu machen sowie individuelle Gegenmaßnahmen zu sondieren. Eingeleitet wurde dieser Klärungsprozeß mit einer Assoziationsrunde, die dadurch entzündet wurde, daß das Reizwort »Redeangst« groß an die Tafel geschrieben wurde. Die Schüler tauschten nach einer kurzen Besinnungsphase ihre korrespondierenden Erfahrungen in den bestehenden Tischgruppen aus. Anschließend wurde ihnen zur Ermutigung und zusätzlichen Informationen der in B 9 dokumentierte Texte zum Thema Redeangst vom Lehrer vorgelesen. Die Schüler mußten aufmerksam zuhören und den Textinhalt anschließend im Rahmen eines Doppelkreis-Arrangements (vgl. B 54) je einem Zufallspartner gegenüber zusammenfassend wiedergeben. Auf diese Weise verarbeiteten die Sprecher den Text und brachten ihn zugleich in einer persönlichen Version zur Sprache. Durch Partnerwechsel wurde zudem sichergestellt, daß auch die Zuhörer mal als aktive Repetitoren drankamen. Abgerundet wurde dieser Reflexionsprozeß in Sachen Redeangst mit einem strategieorientierten Brainstorming unter dem Motto: »Was können wir gegen die Redeangst tun?« In mehreren Gruppen trugen die Schüler Ideen und bewährte Verhaltensmaximen zusammen und filterten schließlich je 3–5 Tips heraus, wie der Redeangst wirkungsvoll zu begegnen sei. Diese Tips wurden auf separate Pappstreifen geschrieben und abschließend von den Gruppensprechern präsentiert. Ausgewählte Tips wurden darüber hinaus auf eine Wandzeitung aufgeklebt und dienten im weiteren als stumme Mahnung und Anregung.

Hausaufgabe: Die Hausaufgabe, die die Schüler vom ersten auf den zweiten Tag zu erledigen hatten, sah folgendermaßen aus: Sie mußten eingedenk des bisherigen Informations- und Arbeitsprozesses einen fiktiven Zeitungsbericht zum Thema »Kommunikation im Unterricht« schreiben. Die entsprechende Arbeitsanweisung lautete:

Stellt Euch vor, Ihr seid Reporter/innen einer Tageszeitung (z.B. Rheinpfalz). Schreibt bitte einen informativen und interessanten Artikel über das Thema »Kommunikation im Unterricht«. Geht dabei von dem aus, was Ihr bisher gehört und miterlebt habt. Schreibt Euren Artikel so, als wärt Ihr Beobachter und Begleiter der Projektwoche der Klasse 9c des Trifelsgymnasiums Annweiler. Der Umfang Eures Artikels sollte etwa eine DIN-A4-Seite betragen.

Was bei diesem Reflexionsversuch herauskam, zeigt beispielhaft der in Abbildung 16 dokumentierte Zeitungsbericht der Schülerin Stefanie Burkhart. Auch die übrigen Zeitungsartikel ließen eine bemerkenswerte Ernsthaftigkeit und Interessiertheit der betreffenden Schüler/innen erkennen.

4. Zweiter Tag: Die Kommunikationsbereitschaft stärken

Am zweiten Projekttag ging es vorrangig darum, den Schülern die Relevanz eines stärker kommunikationszentrierten Lehrens und Lernens einsichtig zu machen, d.h., ihre Sensibilität und Bereitschaft zu steigern, selbstkritisch und engagiert am eigenen Kommunikationsrepertoire zu arbeiten und das eigene Sprech- und Kommunikationsverhalten zu verbessern. Dieser Vergewisserungsschritt war und ist eine unerläßliche Voraussetzung dafür, daß die Schüler das angebotene Kommunikationstraining mit der nötigen Motivation, Ernsthaftigkeit und persönlichen Betroffenheit wahrnehmen und angehen. Zu den Übungen im einzelnen:

Vorlesen: Der zweite Projekttag begann damit, daß sich die Schüler zunächst in mehreren Kleingruppen/Tischgruppen die angefertigten Zeitungsartikel zum Thema »Kommunikation im Unterricht« wechselseitig vorlasen. Darüber hinaus mußte am Ende dieser Vorleserunde jede Gruppe einen ihrer Artikel auswählen, der anschließend im Plenum vorzulesen war. Vorlesender war der jeweilige Verfasser (vgl. die dokumentierte Reportage der Schülerin Stefanie Burkhart). Mit dieser Leseaktion wurde nicht nur der vorangehende Arbeitstag aufgefrischt und selektiv gewürdigt, sondern jeder Schüler kam auch sogleich wieder zum Sprechen, so daß sich erst gar keine Gelegenheit ergab, ins altgewohnte Phlegma zu verfallen. Diese Phase verlief insgesamt lebendig und diszipliniert zugleich und trug sicher dazu bei, daß den Schülern der Sinn und der methodische Zuschnitt der Trainingswoche verstärkt zu Bewußtsein kam.

Thesenreflexion: In einem nächsten Schritt hatten die Schüler vorgegebene Thesen zu bewerten und zu diskutieren, die unterschiedliche Einschätzungen zum Stellenwert kommunikativen Lernens enthielten. Welche Thesen zur Verhandlung anstanden, zeigt das dokumentierte Arbeitsblatt (vgl. Abb. 17, S. 227). Zum Prozedere im einzelnen: Zunächst erhielt jeder Schüler das besagte Arbeitsblatt in Kopie und mußte jede These innerhalb der vorgegebenen Skala von +3 (= volle Zustimmung) bis –3 (= völlige Ablehnung) einschätzen und entsprechend ankreuzen. Sodann erhielt jeder Schüler sechs rote Klebepunkte und mußte seine Einschätzungen zu den sechs Thesen auf einem analog zu Abbildung 17 strukturierten Plakat im Plenum markieren. So entstand ein Klassenspiegel. Interessant und wichtig dabei war, daß die Einschätzungen der Schüler zu den einzelnen Thesen durchweg über vier und mehr Spalten streuten, so daß sich ein fruchtbares Meinungsspektrum ergab, das im weiteren Anlaß zu enga-

Kommunikation im Unterricht

In der Klasse 9c des Trifelsgymnasiums kommt jeder zu Wort

Reden muß man üben, wenn man es können will. Das weiß eigentlich jeder. Doch wie sieht es in der Schule tatsächlich aus? Der Lehrer fragt, die Schüler schweigen. Dieser Zustand ist auf jeder Schule derselbe. Daran muß sich etwas ändern, wenn es nach Herrn Klippert geht, der mit der Klasse 9c des Trifelsgymnasiums Annweiler vom 1. 2. bis 4. 2. 94 das Kommunizieren üben will. In dieser Woche sollen die Schüler lernen, freier zu reden und anderen Schülern besser zuzuhören.

Schon gleich am ersten Tag ging es voll ans Werk. Im Gegensatz zur normalen Sitzordnung in der Schule waren am Montag die Tische und Stühle so gestellt, daß jeder jeden sehen konnte und daß auch Herr Klippert richtig in die Gruppe einbezogen war. Nach einem kurzen »Kennenlernspiel« wurden die Schüler durch Zufallsverfahren mit Spielkarten in mehrere Gruppen verteilt, wo sie sich über das Projekt Kommunikation unterhalten mußten. Mit diesem Zufallsprinzip wird die ganze Zeit ausgewählt, auch die Gruppensprecher wurden so bestimmt. So kann jeder drankommen. Damit soll vor allem ruhigeren Schülern auf die Sprünge geholfen werden, sie sollen durch aktivere Mitarbeit sozusagen aus der Reserve gelockt werden.

Später dann mußten die Gruppen Plakate malen und übersichtlich gestalten. Dabei ging es um das Thema: »Was die Schüler an den alltäglichen Unterrichtsgesprächen stört«. Dabei kam eine ganze Menge heraus, was erklärt, warum viele Schüler soviel Angst vor dem mündlichen Mitmachen haben. Daß es vielen Schülern ziemlich schwerfällt, sich an Unterrichtsgesprächen zu beteiligen, kam auch bei einer Befragung heraus, die anschließend durchgeführt wurde. Die Besprechung der Ergebnisse dieser Befragung führte unter den Schülern zu heftigen Diskussionen. Das bedeutete, daß sich viele Schüler mündlich beteiligten, und zwar viel mehr als im normalen Unterricht. Und das ist ja gerade das Ziel der ganzen Sache, daß nämlich die Schüler im Laufe der Tage ihre Angst vor dem Reden verlieren und sich besser am Unterrichtsgespräch beteiligen. Das ist sicherlich von Vorteil für die Oberstufe, für Vorstellungsgespräche oder für den späteren Beruf. Und wenn sich das Projekt als erfolgreich herausstellt, dann wird sich sicher auch noch manch anderer Lehrer ein Beispiel an diesen neuen Unterrichtsmethoden nehmen. Gut wäre das schon. *(Stefanie)*

Abb. 16: Bericht einer Schülerin

gierten Kontroversen gab. Diese Kontroversen wurden methodisch in unterschiedlicher Weise ausgetragen. In einer ersten Runde ging es zum Beispiel lediglich um These 1, d.h., die Schüler, die mit ihren Einschätzungen zu dieser These deutlich auseinander lagen, erhielten Gelegenheit, ihre unterschiedlichen Sichtweisen und Argumente offen vorzutragen. Daran schloß sich eine kurze Diskussion mit dem Ziel an, den Stellenwert des Mit-Redens im Unterricht und anderswo argumentativ zu unterstreichen. Vertieft wurde diese Diskussion anhand einer anschließenden Fishbowl-Runde zur zweiten These. Dieses Fishbowl-Arrangement (vgl. B 73) sah so aus, daß je drei Schüler, die auf der Plus- und auf der Minusseite gepunktet hatten, zu einer Podiumsrunde zusammenkamen und die besagte These stellvertretend für die ganze Klasse diskutierten. Anschließend konnten sich sowohl die Mitschüler als auch der Lehrer mit ergänzenden Anmerkungen und Argumenten einbringen. Auch hier war es das Ziel, die Schweiger unter den Schülern »positiv zu verunsichern« und ihre Kommunikationsbereitschaft zu stärken. Dieses Ziel galt auch und nicht zuletzt für die dritte

Was hältst du von den folgenden Aussagen?

Kreuze in der nachfolgenden Tabelle bitte an, ob Du der jeweiligen Aussage (These) eher zustimmst oder ob Du sie eher ablehnst! Überlege Dir entsprechende Begründungen! Du kannst bei Deiner Beurteilung zwischen unterschiedlichen Graden der Zustimmung bzw. Ablehnung wählen (+3 heißt »volle Zustimmung«; –3 heißt »volle Ablehnung«; stimmst Du nur teilweise zu, dann wähle +2 oder +1; bei eingeschränkter Ablehnung kreuze –2 oder –1 an!).

Thesen	**+3**	**+2**	**+1**	**–1**	**–2**	**–3**
Reden ist Silber, Schweigen ist Gold!						
Wer schweigsam ist, sollte gefälligst in Ruhe gelassen werden!						
In den Schulen müßte das freie Sprechen und Diskutieren sehr viel mehr gefördert werden!						
Viele Gespräche im Unterricht sind nichts anderes als unfruchtbares Geschwätz!						
Die Gesprächsbeteiligung und -fähigkeit müßte stärker in die Leistungsbewertung (Notengebung) einfließen!						
Die Fähigkeit zur gepflegten Rede ist nur wenigen gegeben!						

Abb. 17

Reflexionsrunde, in der sich die Schüler arbeitsteilig mit den Thesen 3–6 auseinanderzusetzen hatten. Dazu wurden vier Zufallsgruppen gebildet, denen je eine dieser Thesen zur näheren Verhandlung und zur Erarbeitung einer Stellungnahme zugelost wurde. Die vorbereiteten Stellungnahmen wurden abschließend von den Gruppensprechern im Plenum vorgetragen und vom Lehrer bei Bedarf ergänzend kommentiert.

Begründungsspiel: Weitergehend ausgebaut wurde die skizzierte Überzeugungsarbeit durch ein zweiphasiges Argumentationsarrangement, das sechs wichtige Begründungsstränge für kommunikatives Lehren und Lernen in den Blick der Schüler brachte. Argumentierender war zunächst der Lehrer. Er hielt unter Bezugnahme auf das abgebildete Argumentationsraster (vgl. Abb. 18) einen etwa zehnminütigen Vortrag. Dabei wurde das Raster mittels Tageslichtprojektor eingeblendet und sukzessive erläutert. Anschließend wurden mehrere Sechsergruppen gebildet, die die Aufgabe hatten, den Vortrag des Lehrers zusammenfassend zu wiederholen. Dazu erhielten die jeweiligen Gruppenmitglieder das abgebildete Argumentationsraster in Kopie und losten intern mit Hilfe entsprechender Nummernkärtchen aus, wer für welchen Begründungsstrang zuständig war. Nachdem die Zuständigkeiten geregelt waren, erläuterten sich die Gruppenmitglieder reihum die betreffenden Begründungsstränge, führten

Wer sich mündlich übt und am Unterricht beteiligt, der ...

① steigert auf diese Weise sein Selbstvertrauen und Durchsetzungsvermögen in der Klasse und anderswo!

② hat gute Chancen, im Mündlichen auf eine bessere Note zu kommen!

③ erwirbt Fähigkeiten, die in demokratischen Organisationen und Gremien dringend gebraucht werden!

④ verschafft sich durch das »Darüber-Reden« fachlich mehr Klarheit und Sicherheit!

⑤ erwirbt wichtige soziale Kompetenzen, die das soziale Miteinander fördern (z.B. in der Klasse)!

⑥ lernt etwas, was er im späteren Beruf oder im Studium gut gebrauchen kann!

Abb. 18

Beispiele an, brachten eigene Erfahrungen ein und besprachen etwaige Unklarheiten. Verbleibende Restfragen wurden abschließend an den Lehrer gerichtet und von diesem beantwortet (vgl. dazu auch B 22).

Vorstellungsgespräche: In einem vierten Arbeitsschritt wurde der bereits angesprochene berufsbezogene Begründungsstrang vertiefend gewürdigt und konkretisiert, da die Schüler in diesem Punkt erfahrungsgemäß besonders hellhörig und aufgeschlossen sind. In einen ordentlichen Beruf hineinkommen wollen schließlich alle. Wie sehr der erfolgreiche Berufsstart mittlerweile jedoch von guten kommunikativen Leistungen abhängig ist, das ist den wenigsten Schülern bekannt. Wer heutzutage in einem attraktiven, größeren Betrieb als Auszubildender oder als Fachkraft unterkommen möchte, der muß in aller Regel ein beachtliches Maß an Kommunikationskompetenz und sozialem Einfühlungsvermögen nachweisen. Dieser Tatbestand wurde den Schülern anhand zweier realitätsgetreuer Simulationsspiele vor Augen geführt. Beim ersten Simulationsspiel handelte es sich hierbei um ein auf Video aufgenommenes Vorstellungsgespräch einer Realschülerin, aus dem sich eklatante Kommunikationsdefizite sowohl im verbalen wie im nonverbalen Bereich ersehen ließen (vgl. das dokumentierte Gesprächsprotokoll in Abb. 19). Dieses Vorstellungsgespräch, das die simulierte Variante einer tatsächlichen Vorstellungsrunde vom Vortag war, wurde den Schülern im Film gezeigt und anschließend kritisch analysiert und von Lehrerseite ergänzend erläutert und kommentiert. Interessant und aufrüttelnd an diesem Vorstellungsgespräch war, daß das im Film gezeigte Mädchen – trotz guter Zeugnisnoten – bereits wiederholt in derartigen Situationen gescheitert war, und zwar vorrangig deshalb weil sie in kommunikativer Hinsicht ganz offenkundig zuwenig geübt, viel zu defensiv, unsicher, ohne Strategie, Routine und Selbstbewußtsein war. Das erkannten die Schüler sehr deutlich. Und natürlich bekamen sie auf diesem Wege auch einen recht kräftigen Motivationsschub, um am eigenen Kommunikationsverhalten nachdrücklicher als bisher zu arbei-

Protokoll des Vorstellungsgesprächs

(Auszug)

P: Guten Tag Anja, ich heiße Arend und bin hier der Personalchef bei der Firma Ufer. Du hast dich beworben als Großhandelskaufmann. Wie kamst du denn überhaupt dazu?

A: Ja, der Beruf hat mich schon immer interessiert; ich habe mich dann erkundigt und war beim Arbeitsamt. Dort habe ich einige Adressen bekommen von Betrieben. Mein Vater hat sich auch erkundigt und hat gesagt, daß da noch Stellen frei sind.

P: Und dann hast du dich bei uns beworben. Na gut, was stellst denn du dir eigentlich so vor, was du als Großhandelskauffrau bei uns so machen mußt?

A: Daß ich viel Schreibarbeiten machen muß und mit Waren zu tun habe. Waren, die eingehen und die verkauft werden.

P: Du sagst, viel Schreibarbeiten. Wie meinst du das? Meinst du, daß du auf dem Büro arbeitest – oder?

A: Also Schreibmaschinenschreiben ... (Pause) (...)

P: Machst du das gerne?

A: Ja, das mache ich gerne! ... (Pause)

P: Hast du auch schon mal überlegt, Einzelhandelskauffrau zu werden?

A: Ja schon, aber da hat man ja mehr mit Verkauf zu tun, also überwiegend; dann wäre ich ja Verkäuferin! Also ich würde mich mehr für Großhandelskauffrau interessieren.

P: Gut, vom Berufsbild her hat der Großhandelskaufmann noch ein bißchen mehr Büroarbeiten zu tun, aber in der Praxis sieht das so aus, daß du überwiegend zu verkaufen hast. Würde dir denn sowas Spaß machen?

A: Ja, da hätte ich dann ja viel Kontakt mit den Menschen, den Kunden; das würde mir schon Spaß machen. (...)

P: Zu deinen Bewerbungsunterlagen: Die sind ganz ordentlich. Aber hier die Mitarbeitsnote, da hast du eine 3; wie kommt denn die so zustande?

A: Also, das weiß ich auch nicht ... (Pause) ... Ich hab schon mitgearbeitet, aber, ich hab auch oft was gewußt, nur hab ich mich nicht gemeldet.

P: Na ja, wir brauchen ja aktive Leute, die auf die Kundschaft zugehen können, und nicht so passive Leute, die die Kundschaft auf sich zukommen lassen. Aber noch was anderes: Deutsch und Mathematik – da hast du `ne 4 jeweils. Wie kommen die Noten zustande?

A: In Mathematik, da hab ich schon immer Schwierigkeiten gehabt, schon in der Grundschule. In Deutsch, da war ich eigentlich immer gut und bin dann erst in den beiden letzten Jahren abgesackt.

P: Wie sieht's denn bei dir in der Rechtschreibung aus?

A: Also, da ist es besser als im Aufsatz.

P: Gut, Anja; ich hab dich ja jetzt ziemlich viel ausgefragt. Hast du eigentlich noch Fragen an mich?

A: Mich würde interessieren, wieviel Auszubildende sich bei Ihnen beworben haben.

P: Oh, das sind viele ... Wir würden gerne noch mehr Leute einstellen, aber wir können auch nicht so viele ausbilden ... (Pause) ... Hast du noch weitere Fragen?

A: Eigentlich nicht ... (Pause) ...

Abb. 19

ten und zu feilen. Ein ähnlicher Effekt stellte sich aufgrund des zweiten Simulationsspiels ein, das diesmal live in der Klasse durchgeführt wurde. Bei diesem Simulationsspiel ging es um eine kommunikationszentrierte Gruppenprüfung, wie sie in einem größeren Geld- und Kreditinstitut de facto abgelaufen war. Diese Gruppenprüfung wurde nachgestellt und von den Schülern mit einigen »Aha-Erlebnissen« und einer gehörigen Portion »produktiver Verunsicherung« absolviert (nähere Hinweise zu diesem Simulationsarrangement finden sich in B 21).

Demo-Reden: Einen weiteren »Kick« bekamen die Schüler durch das Einspielen zweier auf Video gespeicherter Schülerreden, die bei anderen Gelegenheiten aufgenommen worden waren und recht eindrucksvoll zeigten, wozu Schüler der Mittelstufe nach einigem Training in der Lage sind. Bei den beiden Demonstrationsreden ging es im ersten Fall um eine fiktive Ansprache an die Bauern unter Ludwig XIV., im zweiten Fall um ein Plädoyer für die Mehrwegflasche. Gehalten wurde die erste Rede von einer Schülerin einer 8. Klasse (Hauptschule), die zweite von einer Schülerin einer 9. Klasse (Gymnasium). Für die Schüler waren beide Reden Herausforderung und Stimulanz zugleich. Falls der eine oder andere Leser dieser Zeilen an einer Kopie sowohl der letztgenannten Demo-Vorträge als auch des oben angesprochenen Vorstellungsgesprächs interessiert sein sollte, bitte eine VHS-Leerkassette an das EFWI Landau, Luitpoldstraße 8, 76829 Landau/Pfalz, schicken und die nötigen Briefmarken für die Rücksendung beilegen. Wir werden uns um eine baldige Überspielung bemühen.

Hearing: Abgeschlossen wurde die skizzierte Überzeugungsarbeit mit einem Hearing zur Frage: »Brauchen wir in der Schule ein Fach Kommunikation?« Aufgerissen wurde diese Frage mit Hilfe des in B 20 dokumentierten Interviews des »Spiegel« mit dem Chef der Personalentwicklung bei VW, Peter Haase. Zum Prozedere im einzelnen: Zunächst erhielten die Schüler den Interviewtext zur Lektüre. Dann hatten sie die Aussagen von Peter Haase in Partnerarbeit zusammenfassend nachzuerzählen, um am Ende zu der o.g. Leitfrage vorzustoßen. In einem nächsten Schritt wurden 4 Gruppen mit unterschiedlichen Rollen gebildet (Schülersprecher, Elternvertreter, Schulleitung, Vertreter der Wirtschaft), die zur erwähnten Leitfrage »Brauchen wir in der Schule ein Fach Kommunikation?« aus ihrer jeweiligen Rollenperspektive heraus eine Stellungnahme zu erarbeiten hatten. Anschließend fand das besagte Hearing im Sinne einer Podiumsveranstaltung statt. Dieses Hearing lief so ab, daß der Lehrer als »Bildungsminister« die vier Gruppensprecher nacheinander anhörte und hier und da gezielt befragte. Abschließend faßte der »Bildungsminister« die wichtigsten Erkenntnisse und Schlußfolgerungen noch mal zusammen.

Hausaufgabe: Ähnlich wie am Vortag diente auch diesmal die Hausaufgabe dazu, den abgelaufenen Arbeitsprozeß rückblickend zu reflektieren und die wichtigsten Erkenntnisse des Tages zusammenfassend zu bilanzieren. Dementsprechend hatten die Schüler die Aufgabe, eine detaillierte Begründung dahingehend zu schreiben, warum es wichtig sei, frei und überzeugend sprechen, vortragen und diskutieren zu können.

Warum es wichtig ist, überzeugend sprechen, argumentieren und diskutieren zu können

Überzeugend sprechen, gut argumentieren, vortragen und diskutieren zu können ist eine Fähigkeit, die einem immer wieder zugute kommt. Angefangen bei der Schule, wo man durch Redegewandtheit gute Noten erzielen kann, bis hin zum späteren Berufsleben ist es von großem Vorteil, gut sprechen zu können. Immer wieder sind es eben jene Leute, die größere Chancen haben, eine Stelle zu finden. Bei einer Bewerbung spielt nämlich neben den Zeugnisnoten die Redebegabung eine große Rolle. Harmoniert die Redekunst mit einem selbstsicheren Auftreten und sind die Noten dann noch einigermaßen durchschnittlich, so hat man schon sehr gute Aussichten auf die Lehrstelle. Macht man allerdings von Anfang an schon einen schüchternen, geduckten Eindruck auf den Prüfer und kann vor lauter Nervosität keinen vollständigen Satz herausbringen, so kann es passieren, daß man sehr schnell durchfällt. Auch später kann man nur durch eine gute mündliche Leistung höhere Berufspositionen erreichen. Da heute außerdem in der Wirtschaft immer mehr im Team gearbeitet wird, ist es gut, durch Gespräche das soziale Miteinander zu fördern. Das gilt auch im sonstigen Leben. Da Probleme sich leichter mit anderen Menschen lösen lassen, sollte jeder einigermaßen überzeugend sprechen, argumentieren und diskutieren können.

Neben den beruflichen Vorteilen, die man durch überzeugendes Sprechen erzielen kann, ist die Redefähigkeit auch in jeder weiteren außerberuflichen Tätigkeit von großer Bedeutung. Sei es in politischen Organisationen, im Vereinswesen oder in sonstigen Verbänden. Immer wieder ist die Kunst des freien Sprechens unheimlich wichtig. Ein Redner, der nur stur von einem Blatt abliest und die Zuhörer kaum anschaut, wirkt auf die Leute langweilend. So trägt die Begabung, überzeugend reden zu können, oft auch dazu bei, seinen Willen besser durchsetzen und andere von seiner Meinung besser überzeugen zu können. Im allgemeinen hilft einem diese Begabung auf allen Lebenswegen und trägt außerdem automatisch zu einem Anwachsen des eigenen Durchsetzungsvermögens und Selbstvertrauens bei. *(Holger)*

Abb. 20: Stellungnahme eines Schülers

Die zu erstellenden Plädoyers sollten ca. eine DIN-A4-Seite umfassen und in der nächsten Stunde vorgetragen werden. Was bei dieser Hausarbeit an Produkten herauskam, zeigt beispielhaft das dokumentierte Plädoyer von Holger Mohra (vgl. Abb. 20).

5. Dritter Tag: Themenzentriertes Erzählen und Berichten

Hauptanliegen an diesem dritten Tag war es, die Schüler in aller Breite zu fordern und zu ermutigen, sich fachbezogen zu äußern und persönliche Sichtweisen und Vorkenntnisse zum Themenbereich »Ökologie« zur Sprache zu bringen. So gesehen wurde die bereits angelaufene »therapeutische Arbeit« mit fachlicher Akzentsetzung weitergeführt, und zwar mit dem Ziel, in der Klasse hörbar und erfahrbar zu machen, daß alle Schüler etwas zu sagen haben und durchaus auch Interessantes und Wichtiges zu sagen wissen, wenn sie es nur versuchen und sich nicht länger vor der mündlichen Mitarbeit drücken können. Derartige Anstöße brauchen zwar längst nicht alle Schüler, aber die vielen Schüchternen, Zurückhaltenden und/oder »Mundfaulen« unter ihnen sind erfahrungsgemäß auf solche Herausforderungen und Warming-up-Phasen angewiesen, wenn sie aus ihrer mehr oder weniger chronischen Schweigsamkeit herausfinden sollen. Erleichtert wurde den Schülern die geforderte mündliche Mitarbeit durch die besondere Betonung persönlicher Erfahrungsberichte und assoziativer Verfahren, bei denen es kein »richtig« oder »falsch« im strengen Sinn des Wortes gab und somit ein wirkliches Scheitern so gut wie ausgeschlossen war. Zu den durchgeführten Übungen im einzelnen:

Vorleserunde: Am Anfang des dritten Tages stand die Präsentation der zu Hause geschriebenen Plädoyers (vgl. Abb. 20). In mehreren Vierer- und Fünfergruppen lasen sich die Schüler ihre Stellungnahmen zur Bedeutung eines versierten Kommunikationsverhaltens reihum vor, diskutierten etwaige Fragen und wählten anschließend je eines der vorgetragenen Plädoyers aus, um es später gegebenenfalls im Plenum vorlesen zu können. Ins Plenum eingebracht wurden dann allerdings nur zwei dieser Plädoyers, da sie sich aufgrund der gemeinsamen Vorbereitung doch relativ stark ähnelten. Wer vortragen mußte/durfte, wurde per Kartenspiel entschieden (die beiden »Asse« mußten vorlesen). Ergänzende Anmerkungen des Lehrers schlossen diese Wiederholungs- und Vergewisserungsphase ab.

Reizwortassoziationen: In einem zweiten Arbeitsabschnitt wurde die ökologiezentrierte Reflexion und Kommunikation aufgenommen, indem zunächst das Reizwort »Natur« assoziativ gedeutet und kommentiert wurde. Konkret lief diese Einstiegsübung so ab, daß das besagte Stichwort »Natur« in großen Buchstaben an die Tafel geschrieben wurde. Der entsprechende Arbeitsimpuls an die Adresse der Schüler lautete: »Woran denkt Ihr beim Stichwort ›Natur‹? Welche Aspekte oder Vorkommnisse fallen Euch dazu ein? Notiert bitte je drei Aspekte stichwortartig auf den vorliegenden

Kärtchen!« (Jeder Schüler erhielt drei DIN-A6-Kärtchen). Nach einer kurzen Besinnungsphase schrieben die Schüler ihre Stichworte auf. Alsdann wurden mehrere Zufallsgruppen gebildet, deren Mitglieder sich reihum ihre Stichworte/Aspekte vorstellten und erläuterten. Kritik und/oder Widerspruch war in dieser Phase nicht zugelassen. Jedes Gruppenmitglied wurde angehört und konnte das mitteilen, was ihm zum Thema »Natur« durch den Kopf ging bzw. wichtig erschien. Über die Einhaltung dieser Regel wachte in jeder Gruppe der »älteste« Schüler. In einem nächsten Schritt erhielten die Schüler sodann Gelegenheit zur Stafettenpräsentation, d.h., sie setzten sich in einem Stuhlkreis zusammen und präsentierten nach und nach in selbstgewählter Folge ihre Begriffskärtchen (jeweils nur eins!), bis schließlich alle unterschiedlichen Stichworte/Aspekte offengelegt worden waren. Dabei galt der Grundsatz, daß möglichst alle Schüler stichwortbezogen zu Wort kommen sollten. Das jeweils eingebrachte Kärtchen wurde nach seiner Vorstellung in die Mitte des Stuhlkreises auf den Boden gelegt, so daß mit der Zeit eine recht breit gefächerte »Assoziationslandschaft« entstand. Abschließend wurden die ausliegenden Kärtchen gruppiert und auf einer Wandzeitung übersichtlich zusammengestellt.

Erlebnisberichte: In einer dritten Gesprächsrunde wurde das Thema »Natur und Umwelt« weitergehend beleuchtet, und zwar in einer sehr persönlichen Art und Weise. Konkret: Die Aufgabe der Schüler war es, ihre bisherigen Naturerfahrungen Revue passieren zu lassen und unter dem Motto »Mein schönstes Naturerlebnis« einen persönlichen Erlebnisbericht zu überlegen und anschließend vor Mitschülern vorzutragen. Nach einer kurzen Vorbereitungsphase wurden mehrere Zufallsgruppen gebildet, deren Mitglieder sich wechselseitig ihre ausgewählten Naturerlebnisse erzählten. Verständnisfragen waren in dieser Erzählphase zulässig, Kritik und sonstige wertende Kommentare nicht. Überwacht wurde die Einhaltung dieser Regel diesmal nicht durch den »ältesten«, sondern durch den »jüngsten« Schüler in der jeweiligen Gruppe. Nach Abschluß dieser Erzählphase wurden aus einem Stapel Namenskärtchen die Namen zweier Schüler gezogen, die ihre Erlebnisberichte noch mal im Plenum vortragen mußten/durften (hierbei kann natürlich auch auf Freiwillige gesetzt werden, falls einzelne Schüler durch die Zufallsauswahl noch zu sehr verunsichert werden könnten).

Fotoassoziationen: In einer vierten Assoziations- und Gesprächsrunde erhielten die Schüler Gelegenheit, ihren Vorkenntnissen und Voreinstellungen zum Thema »Natur und Umwelt« mit Hilfe ausgewählter Fotos Ausdruck zu geben (vgl. dazu auch B 37). Dazu wurden zunächst etwa 40 sogenannten »Fotoimpulse« auf dem Boden des Klassenraumes ausgelegt, die unterschiedliche Assoziationen zum besagten Thema zuließen (vgl. Abb. 21a und 21b auf S. 234). Die Schüler stellten sich im Kreis um die Fotolandschaft herum auf und verschafften sich in einer etwa dreiminütigen Sichtungsphase einen gewissen Überblick über das vorliegende Foto-Angebot. Anschließend wählte jeder Schüler eines dieser Fotos aus, das ihm einen wichtigen Aspekt des Themas »Natur und Umwelt« auszudrücken schien. Bei Bedarf konnten sich auch zwei Schüler das gleiche Foto auswählen. Sodann tauschten sich die Schüler zunächst in

Abb. 21a

Abb. 21b

mehreren Kleingruppen und dann im Plenum über ihre Fotos und die damit verbundenen Assoziationen aus. Die Plenarrunde lief dabei so ab, daß alle Schüler im Kreis saßen und ihre Fotos nach und nach hochhielten und näher erläuterten, bis sich schließlich jeder mal fotobezogen zum Thema »Natur und Umwelt« geäußert hatte. Die Aspektvielfalt und Anschaulichkeit, die auf diese Weise erreicht werden konnte, war beachtlich. Darüber hinaus wurden die Schüler in hohem Maße sprachlich aktiviert und zum konzentrierten Zuhören veranlaßt.

Bildergeschichte: In einer fünften Assoziationsetappe wurde der ökologische Wandel anhand einer einfachen Bildergeschichte ansatzweise thematisiert und zur Sprache gebracht (vgl. Abb. 22, S. 236). Angedeutet wurde in dieser Bildergeschichte die sukzessive Zerstörung von Wald und Flur zugunsten einer fragwürdigen Modernisierung und Industrialisierung ländlicher Regionen. Zur Übung selbst: Die Schüler erhielten das dokumentierte Arbeitsblatt in Kopie und mußten die Entwicklung der Gemeinde Neudorf im Zeitraum von 1950–2000 aus der Sicht eines älteren Dorfbewohners versuchsweise schildern (vgl. die betreffende Arbeitsanweisung). Dabei waren sowohl Fantasie und Sachverstand als auch sprachliches Darstellungsvermögen gefragt. Verbunden wurde das Erzählen der Bildergeschichte mit der in diesem Buch bereits vorgestellten Kugellager-Methode (vgl. B 24), d.h., die Schüler saßen sich nach einer etwa fünfminütigen Vorbereitungsphase in einem Doppelkreis paarweise gegenüber – innen die Journalisten und außen die Herren und Frauen Altmann (s. die Arbeitsanweisung in Abb. 22). Die Altmanns berichteten nun über die Entwicklung der Gemeinde Neudorf, die Journalisten hörten zu, fragten nötigenfalls nach und faßten abschließend die wichtigsten Informationen, die sie erhalten hatten, noch mal zusammen. Anschließend wurden die Partner und die Rollen gewechselt, d.h., die ehemaligen Journalisten waren nun die Altmanns und hatten in dieser Rolle die von ihnen vorbereiteten Versionen den neuen Partnern/Journalisten darzulegen. Zu guter Letzt wurden zwei interessierte Schüler veranlaßt, im Plenum als Herr oder Frau Altmann über die Entwicklung Neudorfs zu referieren, und zwar so inszeniert, als handele es sich um Vorträge anläßlich einer VHS-Veranstaltung (u.a. wurde ein Rednerpult bereitgestellt).

Karikaturen-Rallye: Fortgeführt wurde die angelaufene Problematisierung ökologischer Entwicklungen in einer weiteren Assoziations- und Kommunikationsetappe mit Hilfe ausgewählter Karikaturen aus Tageszeitungen, Schulbüchern und Broschüren (vgl. Abb. 23a und 23b, S. 237). Der Ablauf der Karikaturen-Rallye im einzelnen: Zunächst wurden die Schüler paarweise »zusammengelost«. Dann zog jedes Tandem eine Karikatur, die es zu interpretieren, zu besprechen und anschließend im Plenum vorzustellen galt. Die nachfolgende Plenumphase sah alsdann so aus, daß sich alle Schüler im Halbkreis vor der Tafel versammelten. Die jeweils präsentierenden Partner gingen nach vorne, hefteten ihre Karikatur an die Tafel (sie hatte DIN-A4-Format) und gaben die nötigen Erläuterungen dazu. Dann nahmen sie ihre Karikatur von der Tafel ab, hefteten sie an eine Nebenwand, und das nächste Paar kam mit seiner Präsentation an die Reihe usw., bis schließlich alle Schülerpaare ihre Karikaturen vorgestellt und

Ein Dorf verändert sich

Bericht eines Dorfbewohners

Die nachfolgenden Bilder geben einen gerafften Überblick über die Entwicklung der Gemeinde Neudorf im Zeitraum von 1950 bis 1990. Wie es im Jahre 2000 aussehen wird, das läßt sich fast schon erahnen.

Stelle Dir vor, Du bist ein alteingesessener Bürger von Neudorf. Du lebst dort seit 1950 und hast die gesamte Entwicklung mitbekommen. Manches hat Dich geärgert, für anderes hast Du Verständnis. Dein Name ist »Altmann«.

Als Mitglied des Gemeinderates hast Du nun die ehrenvolle Aufgabe bekommen, über die Entwicklung der Gemeinde Neudorf in der Rundfunksendung »Dörfer verändern ihr Gesicht« zu berichten. Bereite Dich gut auf Deinen Bericht vor; ein Journalist wird Dich später interviewen. Eventuell wirst Du auch noch eingeladen, einen Kurzvortrag anläßlich einer Veranstaltung der Volkshochschule zu halten.

Was Du erzählst, das ist Deiner Phantasie überlassen. Du kannst die Entwicklung schildern; Du kannst Probleme ansprechen; Du kannst über das Dorfleben früher und heute berichten; Du kannst einzelne Personen zu Wort kommen lassen; Du kannst Vermutungen zur weiteren Entwicklung anstellen; usw.

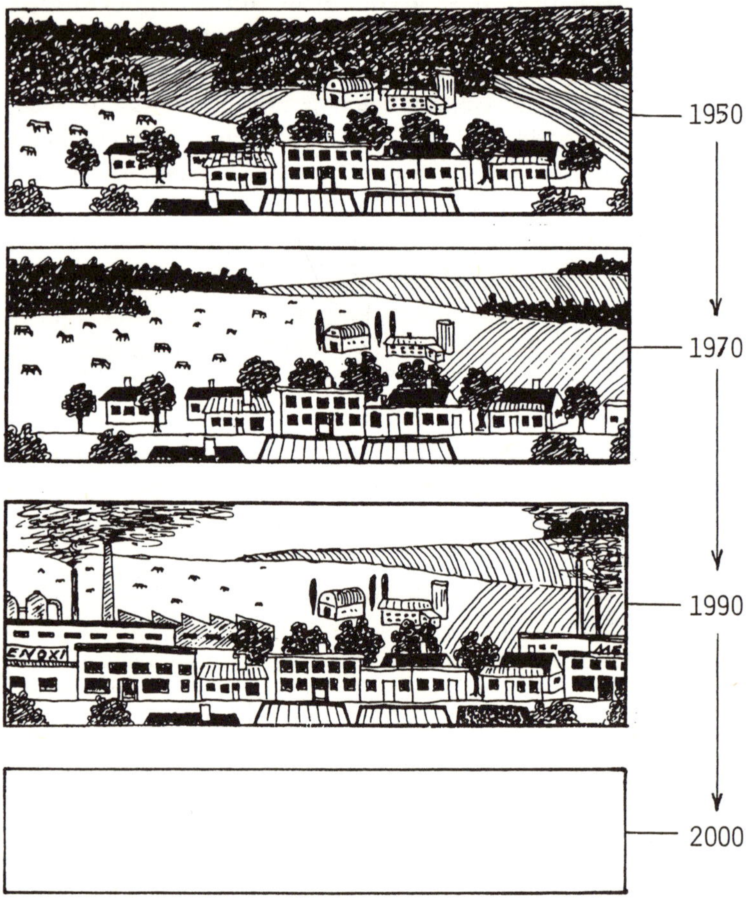

Abb. 22

Abb. 23a (R. Löffler)

Abb. 23b (J. Wolter)

erläutert hatten. Welcher Partner dabei jeweils federführend das Wort ergriff, das hatten die betreffenden Gesprächspartner zu entscheiden. Gewünscht war lediglich, daß sich möglichst beide Partner aktiv an der Präsentation beteiligen.

Begriffsnetzwerk: In einer letzten Etappe erhielten die Schüler die Aufgabe, vorgegebene Begriffe zum Themenbereich »Ökologie« individuell zu überdenken, in Kleingruppen zu erläutern und zu besprechen sowie abschließend zu insgesamt fünf Stichwortgruppen zusammenzufügen (vgl. Abb. 24). Dieser Arbeitsprozeß sah im einzelnen so aus, daß zunächst mehrere Schülergruppen gebildet wurden, die je einen kompletten Set Begriffskärtchen erhielten. Die vorliegenden Begriffskärtchen wurden alsdann gleichmäßig auf die Gruppenmitglieder verteilt/verlost, von diesen kurz gesichtet und überdacht und schließlich in der Gruppe versuchsweise kommentiert. Dabei ging es natürlich nicht um fachlich fundierte Vorträge, sondern einzig und allein darum, vorhandene Vorkenntnisse und Voreinstellungen auf Schülerseite zu mobilisieren und der gemeinsamen Reflexion zugänglich zu machen. Von daher war es selbstverständlich zulässig, daß die zunächst zuhörenden Gruppenmitglieder zum jeweiligen Fachbegriff ergänzende Assoziationen und/oder Kenntnisse einbrachten. So entstand nach und nach ein themenzentriertes Begriffsnetzwerk, das fachliche Orientierung vermittelte und zugleich vielfältige Anlässe zum Sprechen und zum Gedankenaustausch bot. Am Ende dieses gruppeninternen Klärungsprozesses stellte eine der vier Gruppen ihr geordnetes Begriffsnetzwerk in der Weise vor, daß die zusammengehörigen Begriffe blockweise an die Tafel geschrieben, mit passenden Überschriften versehen und knapp erläutert wurden. Ergänzende/korrigierende Anmerkungen der Mitschüler und des Lehrers rundeten diesen »kategorialen Überblick« ab.

Hausaufgabe: Vorbereitend für den nächsten Tag, hatten die Schüler je ein persönliches Bild zum Themenbereich »Natur und Umwelt« im DIN-A4-Format zu zeichnen. Dabei war es ihnen völlig freigestellt, wie und was sie zeichnerisch zum Ausdruck bringen. Die so entstehenden Bilder sollten – und das wußten die Schüler – zu Beginn des nächsten Tages in freier Rede vor der ganzen Klasse präsentiert und erläutert werden. Was bei dieser häuslichen Produktionsarbeit herauskam, zeigen beispielhaft die Abbildungen 25a–25d (S. 240f.).

Stichworte

Zum Themenkreis »Natur und Umwelt«

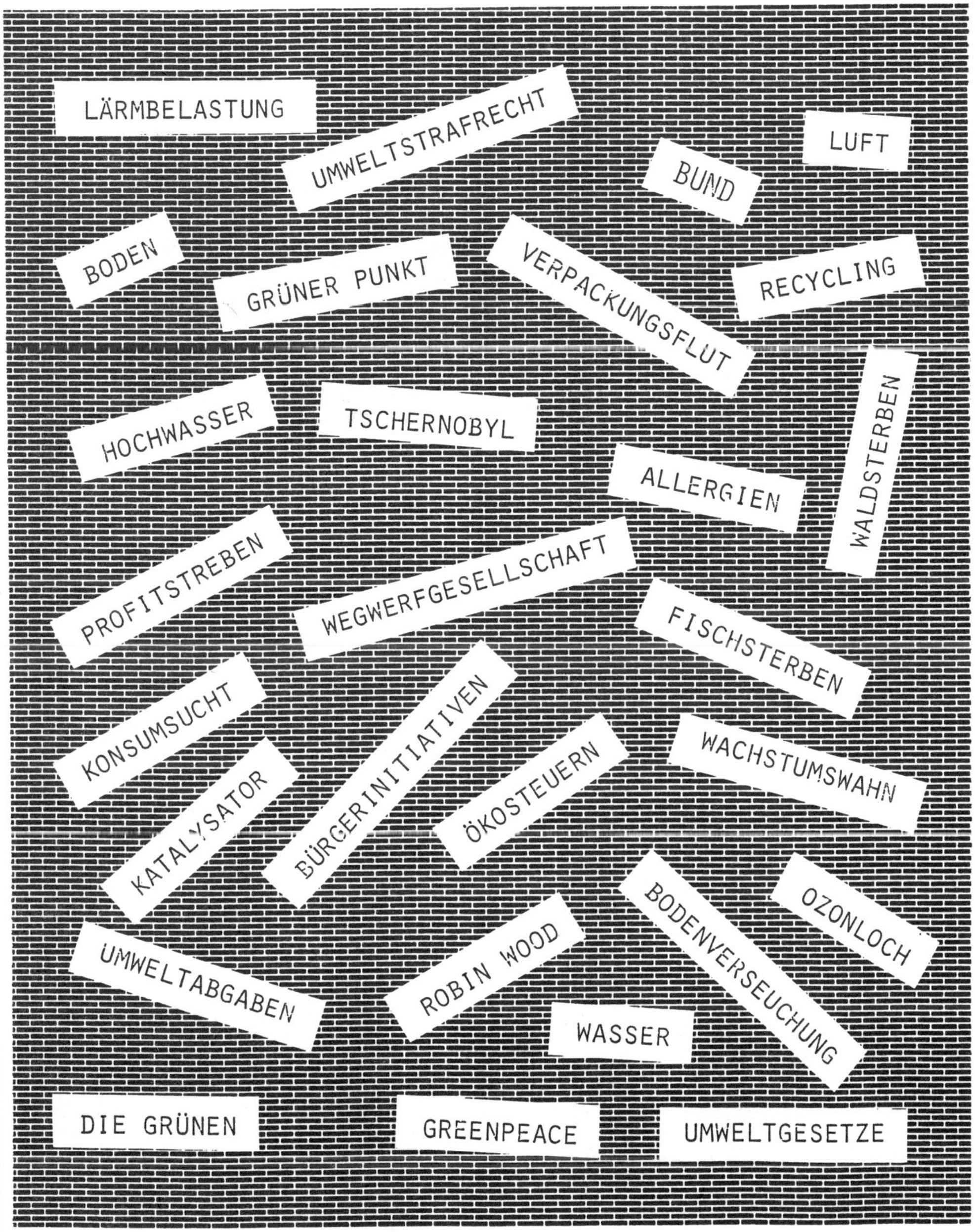

Abb. 24

Abb. 25a

Abb. 25b

Abb. 25c

Abb. 25d

6. Vierter Tag: Themenzentriertes Miteinander-Reden

Schwerpunkt des vierten Tages war das regelgebundene »Miteinander-Reden« mit dem Ziel, die Schüler zur bewußteren und sensibleren Dialogführung zu veranlassen und zu befähigen. Besonderes Augenmerk galt dabei dem verständnisvollen Zuhören unter Berücksichtigung solcher Regeln wie: den Partner anschauen, aufmerksam zuhören, nicht unhöflich unterbrechen, das Gesagte in gewissen Abständen zusammenfassend wiederholen, den Partner durch geeignete Gesten (z.B. Nicken) und sonstige bestätigende Rückmeldungen zum Weiterreden ermutigen etc. Eine derartige »Kultur des guten Zuhörens« ist unter Schülern – wie unter vielen Erwachsenen – bislang eher die Ausnahme und nicht die Regel. Von daher war und ist es wichtig, durch geeignete Übungen entsprechende Gewohnheiten und Techniken »einzuschleifen«.

Bilderpräsentation: Eine erste Übung im aktiven Zuhören wurde mit der Präsentation der zu Hause gezeichneten Bilder zum Thema »Natur und Umwelt« verknüpft (vgl. Abb. 25a–25d). Gezeichnet hatten alle Schüler, obwohl ihnen von seiten des Lehrers keinerlei Sanktionen gedroht hätten, wenn sie die Hausaufgabe nicht erledigt hätten. Das spricht für ihre Motivation. Zwar waren die produzierten Bilder mehr oder weniger ausdrucksvoll ausgefallen, aber bemüht und versucht hatten sich alle. Die Bilderpräsentation selbst sah so aus, daß sich alle Schüler mit ihren »Werken« in der Hand im Halbkreis vor der Tafel versammelten. Dann wurde durch Ziehen eines Namenskärtchens der erste Schüler ausgelost, der sein Bild vor der Klasse zu präsentieren hatte. Dazu heftete dieser sein Bild mit Tesakrepp an die Tafel, stellte sich mit Blick zu den Mitschülern neben sein Bild und erläuterte seine Intention und die Aussagen seines »Werkes«. Die Mitschüler waren währenddessen aufgefordert, aufmerksam zuzuhören, um anschließend das Gesagte gegebenenfalls wiederholen zu können. Dann wurde das zweite Namenskärtchen gezogen. Der betreffende Schüler hatte nunmehr zunächst die Ausführungen seines Vorredners zusammenfassend zu wiederholen und dann sein eigenes Bild anzuheften und in knappen Worten zu erläutern (die gewürdigten Bilder wurden an einer Seitenwand befestigt). Alsdann wurde ein drittes Namenskärtchen gezogen, und auch dieser Schüler mußte zuerst wiederholen und anschließend sein eigenes Bild präsentieren. So kamen nach und nach alle Schüler als Wiederholer und/oder Präsentatoren an die Reihe. Zu wiederholen hatten insofern nicht alle Schüler, weil die ausgelosten Namenskärtchen stets wieder in den Stapel zurückgegeben wurden, so daß einige Schüler auch ein zweites- oder gar ein drittesmal drankamen. Konzentriertes Zuhören war daher also jederzeit von allen Schülern gefordert.

Fantasiegeschichten: In einer zweiten Etappe des aktiven Zuhörens ging es für die Schüler darum, sich in die Situation bestimmter Bürger zu versetzen und aus deren Perspektive heraus zum Thema »Umweltschmutz und Umweltschutz« zu berichten. Welche Bürger und welche Situationen dabei angesprochen waren, läßt sich aus den Abbildungen 26a und 26b ersehen. Zum Prozedere im einzelnen: Die Schüler erhielten zunächst Abbildung 26a. Die Hälfte der Klasse mußte sich nun als Journalist, die andere Hälfte als Fabrikanwohner vorbereiten. Sodann wurde ein Doppelkreis gebildet (vgl. B 54). Im Innenkreis saßen die Journalisten, im Außenkreis die Fabrikanwohner. Dann begannen die vorgesehenen Paarinterviews. Der jeweilige Journalist leitete ein und hörte aufmerksam zu, und der betreffende Fabrikanwohner berichtete über seine Erfahrungen mit der Fabrik im speziellen und mit dem Umweltschutz ganz allgemein. Am Ende des zwei- bis dreiminütigen Berichts faßte der zuständige Journalist das Gehörte in eigenen Worten zusammen und vergewisserte sich so, ob er die Ausführungen seines Gegenüber zutreffend verstanden hatte. Andernfalls mußte der jeweilige Fabrikanwohner intervenieren und richtigstellen. Insgesamt standen für diese Gesprächsrunde ca. fünf Minuten zur Verfügung. Nach Ablauf dieser Zeitspanne rückten alle Innenkreis-Schüler im Uhrzeigersinn drei Stühle weiter, so daß sich neue Gesprächspaare ergaben. Nun begann eine zweite Interviewrunde mit vertauschten Rollen, d.h., die Innenkreis-Schüler waren jetzt die Fabrikanwohner und die außen sitzenden Gesprächspartner die Journalisten. Vom Ablauf her verlief diese zweite Runde wie die erste. Dann wurde erneut weitergerückt, und Abb. 26b bildete die Grundlage der nun folgenden Interviews. Das skizzierte Ritual mit wechselnden Rollen und Partnern wurde beibehalten.

Satzketten: In einer dritten Übungssequenz wurde den Schülern Gelegenheit gegeben, ihre Zuhör- und Konzentrationsleistungen an einfachen Beispielen zusätzlich zu überprüfen sowie persönliche Schwierigkeiten und Defizite zu erkennen. Begonnen wurde dabei mit einer sogenannten »Stille-Post-Übung«, d.h., die Schüler stellten sich im Klassenraum in einer langen Schlange auf. Nun wurde dem ersten in der Schlange ein Kärtchen mit einer ökologischen Grundinformation gezeigt, die er lesen und in Originalfassung dem nächsten in der Schlange ins Ohr flüstern mußte, dieser wiederum dem nächsten usw. Die eingebrachten Grundinformationen waren:

- □ *Jede dritte Pflanzenart ist in der Bundesrepublik Deutschland vom Aussterben bedroht!*
- □ *Über sechs Millionen Windeln landen täglich in deutschen Mülltonnen!*
- □ *In der Bundesrepublik Deutschland belaufen sich die jährlichen Umweltschäden auf mehr als 100 Milliarden DM!*
- □ *Über 50 Prozent des deutschen Waldes sind mehr oder weniger stark geschädigt!*
- □ *Wer die Umwelt nicht ehrt, dem ist schon bald die Zukunft verwehrt!*

Sobald die erste Grundinformation beim fünften Schüler in der Schlange angekommen war, wurde dem ersten in der Reihe ein zweites Kärtchen gezeigt, nach einer Weile ein drittes usw. Der letzte Schüler in der Schlange mußte die bei ihm ankommenden

ANSICHTEN ...

Stelle Dir vor, Du wohnst in einem Einfamilienhaus diesseits des Flusses. Von Deinem Wohnzimmer aus schaust Du direkt auf die Fabrik.

Bereite Dich darauf vor, daß Du alsbald von einem Reporter des Umwelt-Magazins befragt wirst. Dieser arbeitet an einer Artikelserie zum Thema "Bürger berichten über Umweltschmutz und Umweltschutz". Was Du dem Reporter erzählst, ist Deiner Fantasie überlassen. Nur mußt Du Dich an die oben angedeutete Rolle halten und über die unten abgebildete Situation möglichst sachkundig und überzeugend berichten.

Abb. 26a

ANSICHTEN ...

Stelle Dir vor, Du wohnst in einem der im Vordergrund stehenden Wohnhäuser, und zwar in der Stadtmitte. Du bist Rentner/in und fast den ganzen Tag zu Hause.

Bereite Dich darauf vor, daß Du alsbald von einem Reporter des Umwelt-Magazins befragt wirst. Dieser arbeitet an einer Artikelserie zum Thema "Bürger berichten über Umweltschmutz und Umweltschutz". Was Du dem Reporter erzählst, ist Deiner Fantasie überlassen. Nur mußt Du Dich an die oben angedeutete Rolle halten und über die unten abgebildete Situation möglichst sachkundig und überzeugend berichten.

Abb. 26b

Sätze aufschreiben, so daß anschließend die Eingangs- und die Endversionen verglichen werden konnten. Die auftretenden Differenzen waren beträchtlich, ja teilweise sogar so eklatant, daß die Eingangsinformation völlig entstellt war. Das gab natürlich Anlaß zu Gesprächen, zu selbstkritischen Anmerkungen und zu strategischen Überlegungen. Aufgenommen wurden diese Überlegungen im Rahmen weiterführender Konstruktions- und Kommunikationsübungen, die so abliefen, daß vorgegebene Anfangssätze durch sukzessives Hinzufügen von neuen Sätzen zu kleinen Fantasiegeschichten ausgebaut werden mußten. Vom Lehrer vorgegeben wurden dabei u.a. folgende Impulssätze:

- *Förster Baum geht durch den Wald ...*
- *Der Wasserspiegel der Mosel stieg und stieg ...*
- *Polizist Wächter ertappt einen Umweltsünder auf frischer Tat ...*
- *Aus dem Schornstein der Chemie-AG steigt stinkender Qualm ...*
- *Die Müllabfuhr streikt ...*

Das darauf aufbauende Ritual sah folgendermaßen aus: Einer der Schüler las den ersten Impulssatz vor. Wer einen weiterführenden Satz/Nebensatz anfügen wollte, meldete sich und wiederholte – sofern er vom Vorredner das Wort erhielt – diesen ersten Satz und fügte dann seinen eigenen zweiten Satz hinzu. Dann gab er das Wort an einen dritten Bewerber weiter, der nun bereits die beiden genannten Sätze zu wiederholen hatte, ehe er einen eigenen dritten Satz hinzufügte usw. Dieses Zusammenspiel von Zuhören, Melden, Wortweitergeben, Wiederholen und Satzanfügen wurde so lange fortgesetzt, bis schließlich der Faden riß, d.h., die Rekonstruktion der entwickelten Satzkette nicht mehr klappte. Die Zahl der bis dahin beteiligten Schüler wurde zu statistischen Zwecken festgehalten. Dann wurde, ausgehend von einem neuen Impulssatz, eine zweite Satzkette nach dem gleichen Modus entwickelt. Dabei galt – wie in den anderen Konstruktionsphasen auch – die eherne Regel, daß grundsätzlich nur jene Schüler dranzunehmen waren, die vorher noch nicht zu Wort gekommen waren – vorausgesetzt, sie meldeten sich. Auf diese Weise sollten möglichst alle Schüler aktiviert werden, was de facto auch gelang. Insgesamt wurden in dieser Übungsphase mehrere Satzketten bzw. kleine »Öko-Geschichten« konstruiert sowie – parallel dazu – einige grundlegende Kommunikationsregeln bewußtgemacht und eingeübt.

Frage-Antwort-Spiel: Im Mittelpunkt dieser Übung standen die dokumentierten Informationstexte zu einigen bedrohten Tierarten (vgl. Abb. 27, S. 246). Methodisch wurde dabei so vorgegangen, daß jeder Schüler zwei dieser Texte zur Lektüre und zur Erarbeitung erhielt, um dann 7 korrespondierende »Schlüsselfragen« zu formulieren, auf die die Mitschüler Antworten wissen sollten. Daraufhin fanden sich die Schüler paarweise zusammen und nahmen sich zunächst die erste Tierart vor. Die Fragen stellte zuerst der »größte« Schüler im jeweiligen Tandem. Sein Partner hatte die Fragen zu wiederholen und dann zu antworten oder die betreffende Antwort im Text zu suchen. Anschließend wurde der zweite Informationstext herangezogen, und das Frage-Antwort-Ritual lief genau umgekehrt ab. In einem nächsten Schritt wurden die Tier-

Der Steinadler

Dieser große Greifvogel lebt – von Norwegen bis nach Nordafrika – ausschließlich im Hochgebirge. Auf Felsvorsprüngen, seltener auch auf Bäumen, wird das Nest gebaut, jedes Jahr im Februar. Dann werden dafür die Äste gesucht und die Horste angelegt. Oft haben die Steinadlerpaare, die lebenslang zusammenbleiben, in ihrem Revier auch mehrere Horste. Ende Februar bis Anfang Mai werden zwei Eier gelegt. Die Brutzeit beträgt etwa 40 Tage, ist also ziemlich lange. Und noch einmal etwa 80 Tage lang bleiben die Kleinen im Nest. Sie werden in den ersten 4 Wochen nur vom Weibchen gefüttert, bekommen kleine Fleischbrocken. Manchmal, wenn es nicht viel Futter gibt, kommt es zu richtigen Kämpfen zwischen den Jungen. Es dauert fast 8 Wochen, bis die jungen Steinadler beginnen, selbst Fleisch zu zerlegen. Dann können sie auch bald das Nest verlassen.
Steinadler sind schnelle und gewandte Flieger. Im Aufwind segeln und gleiten sie im Gebirge, und sie können es auf Geschwindigkeiten von bis zu 150 km/h bringen, im Sturzflug sogar auf etwa 300 km/h. Für ihre Beutetiere kommen sie fast immer völlig unerwartet, wenn sie in geringer Höhe über den Boden segeln und hinter Bodenerhebungen auftauchen. Zu den Beutetieren gehören Murmeltiere, Hasen, Kaninchen, Füchse, Dachse, Ratten, verwilderte Haustiere, Jungtiere oder schwache Tiere von Schafen, Rehen, Gemsen. Auch Aas fressen die Steinadler.
Es gibt nur noch wenige – nicht mehr als 20 – Brutpaare. Steinadler sind empfindlich gegen alle Störungen – durch Tourismus, Fotografieren, Lärm – und Umweltgifte.

Der Seehund

Diese Robbe, die in der Nordsee lebt, geriet vor fast zwei Jahren in die Schlagzeilen, als Tausende dieser Tiere tot an den Stränden gefunden wurden. Die Ursache war ein Virus, ein Krankheitserreger. Aber es bestätigte sich auch, daß alle Seehunde geschwächt und anfällig waren. Sie leben in einem der belastetsten und verschmutztesten Gewässer. In ihrem Körper hat sich Gift angesammelt, Quecksilber zum Beispiel oder Pflanzenschutzmittel wie DDT und Lindan.
Aber Seehunde sind auf diesen verdreckten Lebensraum angewiesen, sie sind dem Leben im Wasser angepaßt. Sie haben einen spindelförmigen, schon fischähnlichen Körper und Schwimmflossen. An Land sind sie plump und bewegen sich durch Robben auf dem Bauch fort. Auf den Sandbänken im Wattenmeer liegen sie bei Niedrigwasser. Sie brauchen Ruhe, werden aber immer wieder durch Ausflügler, Schiffe und Flugzeuge gestört. Das ist schlimm, vor allem in der Zeit der Aufzucht der Jungen. Die Seehunde werden nach etwa einem Jahr Tragzeit im Mai oder Juni geboren. Bei der Geburt sind sie 90 Zentimeter lang und 12 Kilogramm schwer. Zum Säugen geht es immer aufs Trockene. Werden die Tiere jetzt zu oft gestört und müssen ins Wasser flüchten, erhalten die Jungen nicht genügend Nahrung und setzen nicht ausreichend Speck an. Dann fehlt ihnen die Kraft zum Überleben. Schon mit der ersten Flut nach der Geburt auf der Sandbank müssen sie ins Wasser. Junge Seehunde werden drei Wochen lang gesäugt.

Der Lachs

Dieser große Fisch – er kann bis zu 150 Zentimeter lang werden – galt früher nicht als teure Delikatesse. Er war in den meisten Flüssen heimisch, auch im Rhein. Alljährlich war er zu sehen, gegen den Strom anschwimmend und anspringend, wenn er seine Laichplätze aufsuchte. Dahin nämlich zieht es ihn – aus dem Meer bis in die Oberläufe und die Quellgebiete der Flüsse. Die Weibchen legen dort im kiesigen Grund ihre Eier ab, die dann von den Männchen befruchtet werden. Nicht alle Lachse schaffen den Weg zurück, denn die Anstrengung des Wanderns stromaufwärts ist groß! Während der ersten zwei Jahre, manchmal auch länger, bleiben die geschlüpften Lachse im Fluß. Dann schwimmen sie in Richtung Meer. Aber zur Fortpflanzung kehren sie immer wieder an die Stelle zurück, an der sie selbst die erste Lebenszeit verbrachten.
Lachse brauchen vor allem eins: sauberes Wasser! Der Rückgang ihrer Bestände begann, als sich an den Flüssen die großen Industrien breitmachten und als diese Flüsse schiffbar gemacht wurden – durch Staustufen, die dem Lachs das Wandern nicht mehr ermöglichen. Und Wasser, das nicht durch Chemikalien verdreckt ist, gibt es nur noch selten.

Der Laubfrosch

Er ist kaum zu verwechseln mit den Wasserfröschen und Kröten, denn der Laubfrosch ist viel kleiner. Er fällt auch gleich durch seine intensiv grüne Hautfarbe auf. Mit ihren saugnapfähnlichen Finger- und Zehenspitzen können Laubfrösche sich überall anklammern, und deshalb können sie auch gut klettern. Sie führen im Schilf, zwischen Wasserpflanzen und im Gebüsch ein verstecktes Leben. In warmen Nächten sind sie besonders munter. Dann ist ihr lautes Quaken zu hören – vom April, wenn die kleinen Frösche aus dem Winterversteck kriechen, bis zum Sommeranfang.
Zwar legen die Weibchen unzählige Eier. Aber davon werden viele von anderen Tieren gefressen. Das hat diese Tierart nie bedroht. Laubfrösche sind mit kleinen Gewässern zur Eiablage zufrieden. Und nun finden sie nicht einmal davon ausreichend viele! Dem grünen Kletterer fehlen die Bäche, Teiche, die Gewässer mit viel Pflanzenbewuchs am Ufer. Sie werden noch immer trockengelegt, begradigt, verbaut, verschmutzt. Der Laubfrosch siedelt sich auch an künstlich angelegten Feuchtgebieten an. Von denen müßte es sehr viel mehr geben, und sie müßten ein wirklicher Ersatz für die vielen verlorengegangenen Naturgewässer sein.

Abb. 27

arten drei und vier näher unter die Lupe genommen und in neu gebildeten Tandems nach dem skizzierten Muster abwechselnd befragt.

Reportagen erstellen: In einer fünften Etappe hatten die Schüler die Aufgabe, auf der Basis unterschiedlicher »Leittexte« zu den Problemfeldern Waldsterben, Müllberg, Gewässerverschmutzung, Treibhauseffekt und Ozonloch anregende Kurzreportagen von jeweils drei- bis fünfminütiger Dauer zu erstellen. Dementsprechend wurden fünf Gruppen gebildet, denen je ein Leittext zugelost wurde, der von den Gruppenmitgliedern durchzuarbeiten und selektiv auszuwerten war (vgl. den Leittext in Abb. 28, S. 248f.). Dabei kam es naturgemäß zu Diskussionen, zu klärenden Gesprächen und zu mehr oder weniger konfliktreichen Reduktions- und Entscheidungsprozessen. Am Ende dieses Prozesses mußte jede Gruppe eine Kurzreportage mit kurzen Berichtssequenzen, Interviews, Kommentaren und sonstigen Informationsspots vorbereitet haben. Die so entstandenen Reportagen wurden anschließend im Sinne einer »Live-Sendung« vor der Klasse präsentiert. Möglich wäre in dieser Phase selbstverständlich auch der Einsatz des Kassettenrecorders.

Einfaches Planspiel: Die sechste und letzte Etappe des Tages bestand darin, auf der Basis der dokumentierten Fallstudie (vgl. Abb. 29, S. 250f.) plausible Vorschläge zur weiteren Entwicklung der fiktiven Kleinstadt Westheim zu unterbreiten. Dazu mußten die Schüler zunächst das vorliegende Material durchlesen. Dann wurden mehrere Zufallsgruppen (Stadtratsfraktionen) gebildet, die über die Situation und die Entwicklungsperspektiven der Gemeinde Westheim berieten und entsprechende Stellungnahmen für die bevorstehende Stadtratssitzung vorbereiteten. Die Stadtratssitzung selbst wurde vom Lehrer als »Bürgermeister« geleitet und lief im übrigen so ab, daß die betreffenden Fraktionssprecher zunächst ihre Stellungnahmen vortrugen und dann die strittigen Punkte und Vorschläge diskutiert wurden.

Hausaufgabe: Als Hausaufgabe erhielten die Schüler abschließend den Auftrag, die in B 91 dokumentierten Kurztexte zum »guten Vortrag« sorgfältig durchzuarbeiten und die daraus hervorgehenden Rhetorik-Tips in einem »Spickzettel« im DIN-A4-Format übersichtlich zusammenzufassen. Auf diese Weise sollten sie gedanklich und strategisch auf den letzten Trainingstag eingestimmt werden.

Der Treibhauseffekt

Was der Treibhauseffekt bewirken wird

Vorhersagen von Wissenschaftlern

Dürren, Sturmfluten, die ganze Länder verschlingen, Mißernten, Hunger – so und ähnlich drastisch sagen Wissenschaftler die Folgen eines globalen Temperaturanstiegs voraus.

Globaler Dauersmog

Schuld am Treibhauseffekt sind in erster Linie die Industriegesellschaften, sie legen dem Planeten einen grauen Mantel aus Industrie- und Zivilisationsgasen um, der die Welt in den Hitzestau treibt. – Denken wir uns die Erde aus der Vogelperspektive: Abermillionen von Autos rollen in meilenlangen Kolonnen über Autobahnen, Highways, Landstraßen, in Japan wie in Kanada, von den Alpenpässen bis zur Transamazonika. Aus ihren Auspufftöpfen quellen Kohlendioxid (CO_2), Kohlenmonoxid, Stickoxide, Benzol und Schwefeldioxid. Über den industriellen Ballungsgebieten der Erde steigt der Qualm aus Kohlekraftwerken und Erdölraffinerien auf – ein Großteil des weltweiten CO_2-Ausstoßes geht auf das Konto dieser menschgemachten, grauen Wolken. (. . .)

Erwärmen wir das „Zelt der Erde" weiter so wie bisher, dann steigt die Durchschnittstemperatur bis zum Jahr 2030 weltweit um 1,5 bis 4,5 Grad Celsius. In den kommenden 50 Jahren wird es dann auf der Erde heißer sein als in den 100 000 Jahren zuvor. Die Industriegesellschaften, so die Prognosen mancher Wissenschaftler, werden die Lufthülle so stark erwärmen, daß wir Temperaturen wie zur Zeit der Dinosaurier vor einer Million Jahren erreichen. (. . .)

Die fiebernde Erde wird das Eis an den Polen zum Schmelzen bringen, das Wasser der Ozeane dehnt sich aus, Küstenregionen, Flußdeltas und ganze Inselketten können wie Atlantis in den Salzfluten versinken.

Die Verdopplung des Kohlendioxidgehalts in der Atmosphäre bis zum Jahr 2040 könnte diesen Temperaturanstieg bewirken:

Region	Temperatur
Nordamerika	+ 2° C
Europa	+ 2° C
Sibirien	+ 4° C
Behringstraße	+ 8° C
Japan	+ 6° C
China	+ 2 bis + 6° C
Antarktis	0 bis + 4° C
Schwarzafrika	0 bis + 2° C
Westafrika	- 2° C
Südamerika	+ 2 bis + 6° C
Pazifik	bis + 10° C

Angaben nach: Globus-Kartendienst v. 20. 5. 1992;

Wandernde Wüsten

Das Land von neun Millionen Menschen an der Küste Bangladeschs etwa würde vom Meer Quadratmeile für Quadratmeile geschluckt werden, überflutet, versalzen, unbewohnbar. Die Deutsche Meteorologische Gesellschaft und die deutsche physikalische Vereinigung warnen davor, daß heutige Trockenzonen in Nordafrika, Arabien, Zentralasien und im Süden der USA um Hunderte von Kilometern in Richtung Norden wandern könnten: mitten in die dichtbesiedelten, fruchtbaren Regionen, in denen es im Winter regnet. Der Mittelmeerraum würde veröden und versteppen, die Existenzen der Landwirte, Abertausender von Familien wären bedroht – Hungersnöte stehen den heute satten Ländern bevor.

(Leben unter der Fieberglocke; in: Greenpeace-Nachrichten I/1989, S. 7-8)

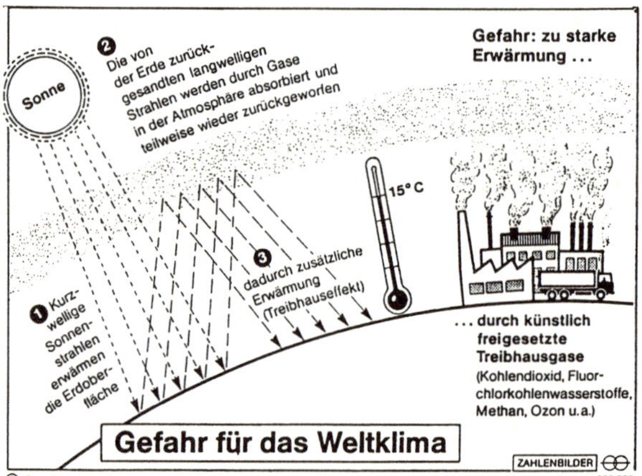

© Erich Schmidt Verlag 665 050

Die Erdatmosphäre enthält Gase, die wie das Glasdach eines Treibhauses zwar das Sonnenlicht durchlassen, aber die durch die Sonneneinstrahlung entstehende Wärme zurückhalten. Viele menschliche Tätigkeiten verursachen einen Anstieg der Konzentration dieser Gase und damit - so fürchten viele Sachverständige - schon in den nächsten Jahrzehnten ein Ansteigen der Temperatur der Erdatmosphäre mit der Folge, daß sich die Wüsten ausbreiten und der Meeresspiegel ansteigt. Den größten Beitrag zum Treibhauseffekt erbringen Kohlendioxid (50 Prozent), Methan (19 Prozent). Während jedoch die weitere Zunahme der FCKW (Treibgase u.ä.) durch Umstellung auf andere Produkte verhindert werden kann, ist dies bei Methan und Kohlendioxid ganz anders. Methan entweicht oder entsteht unter anderem bei der Öl- und Gasförderung, bei der Viehzucht und dem Reisanbau. Kohlendioxid ist der Rückstand bei jeder Verbrennung von Kohlenstoff und seinen Verbindungen; es entsteht beim Heizen, Kochen oder Autofahren, in Industriebetrieben und Heizkraftwerken genauso wie bei der Brandrodung in Entwicklungsländern. - Globus-Kartendienst v. 20.2.1989; Statistische Angaben: Erster Zwischenbericht der Enquête-Kommission „Vorsorge zum Schutz der Erdatmosphäre".

Deutschland wird Orkanland

Abb. 28a

Vermutliche Folgen des Klimawandels

Die Folgen einer globalen Temperaturerhöhung von drei bis neun Grad Celsius bis 2050 werden allgemein als Weltkatastrophe eingeschätzt. Vor allem zwei klimatische Primäreffekte (*Hauptwirkungen*) werden erwartet:

– Der Meeresspiegel wird wahrscheinlich um bis zu 1,5 Meter ansteigen, insbesondere infolge der Wärmeausdehnung des Meeres; sollte allerdings das westantarktische Schelfeis abschmelzen, so ist auch ein Anstieg um fünf Meter nicht ausgeschlossen.

– Die Niederschlagsmengen könnten zwar im globalen Mittel (*weltweiten Durchschnitt*) zunehmen, aber regional (*örtlich*) sehr stark variieren (*verschieden sein*); in vielen Gegenden wird es trockener werden. Die heutigen Trocken- und Wüstenzonen im nördlichen Afrika könnten sich nach Norden verschieben und auf die südeuropäischen Mittelmeerländer übergreifen. Kornkammern wie der amerikanische Mittelwesten könnten zu Trockenzonen werden, extreme Dürren und Überschwemmungskatastrophen, Wirbelstürme und Sturmfluten würden zunehmen, in vielen Gebieten könnte das Trinkwasser knapp werden.

Dieser Primäreffekt würden gleich eine ganze Kette von katastrophalen Folgewirkungen nach sich ziehen; drei davon sollen herausgegriffen werden.

– Alle Küstengebiete bis fünf Meter über dem Meeresspiegel (dort lebt etwa die Hälfte der Erdbevölkerung) werden gegen Sturmfluten und Salzwassereindringen verwundbar. In Bangladesh (→ *Kasten*) und den Niederlanden liegen 80 Prozent aller ökonomischen (*wirtschaftlichen*) Vermögenswerte unter der Fünf-Meter-Grenze.

– Die Klimazonen der Erde werden sich verändern, mit verheerenden Folgen für die Waldbestände, die Landwirtschaft und damit für die Ernährungssituation der Menschheit. (. . .)

– Die Erhöhung des Meeresspiegels wird unzählige Menschen zu Umweltflüchtlingen machen. Schon bei einem Anstieg von 80 cm werden wahrscheinlich 50 Millionen Menschen vor dem Wasser fliehen müssen. Die Verschiebung der Klima- und Anbauzonen würde zu Arbeitskräftewanderung, Bodenspekulation, Massenbankrotten in der Landwirtschaft und im Tourismus führen; (. . .) soziale Unruhen und polizeistaatliche Unterdrückung könnten zunehmen.

(Rainer Grießhammer/Peter Hennicke/ Christian Hey, Klimakatastrophe und Dritte Welt; in: Eine Welt für alle, a.a.O., S. 284-285)

Woher kommt das CO_2?

Ein Amerikaner erzeugt durchschnittlich 25 Tonnen Kohlendioxid (CO_2) im Jahr; ein Bewohner eines typischen Dritte-Welt-Landes indes nur 0,7 Tonnen. Die Klimaforscher sagen, daß jeder Bürger dieser Welt zwei Tonnen CO_2 produzieren darf, ohne daß wir schwere Klimaveränderungen in Kauf nehmen müssen.

Beginnen wir mit dem Autofahren: Ein Liter Sprit erzeugt beim Verbrennen etwa 2,4 Kilogramm CO_2. Wenn Sie im Jahr 20 000 Kilometer zurücklegen, macht das bei einem durchschnittlichen Verbrauch von zehn Litern auf 100 Kilometer zehn Tonnen CO_2.

Wer mit einem Jet fliegt, produziert etwa 0,3 Kilogramm CO_2 pro Kilometer. Sollten Sie einmal im Jahr auf die Kanarischen Inseln jetten und fliegen einmal geschäftlich von Hamburg nach München, sind Sie für weitere 2,5 Tonnen CO_2 verantwortlich.

Jeder Bundesbürger trägt durch Heizen und Stromkonsum durchschnittlich mit vier Tonnen zum bundesweiten CO_2-Ausstoß bei. Wenn Sie eine kleine Wohnung besitzen, dürfen Sie von dieser Zahl etwas abziehen. Leben Sie in einer großzügigen Villa mit Swimming-Pool, so müssen Sie ordentlich was dazurechnen.

Sieben Tonnen kommen noch hinzu, wenn Sie all die Nahrungsmittel und Konsumgüter berücksichtigen, die Sie während eines Jahres kaufen. Wiederum: ziehen Sie ein paar Tonnen ab, wenn Sie sehr bescheiden leben und beispielsweise wenig Fleisch essen *(vgl. hierzu Kasten S. 28)*. Legen Sie hingegen Wert auf Kleidung mit dem letzten Chic, auf CD-Player, Videogerät oder Erdbeeren im Dezember, so müssen Sie ein paar Tonnen draufschlagen.

Insgesamt werden Sie vermutlich bei zehn bis zwanzig Tonnen CO_2 pro Jahr ankommen: Das ist in jedem Fall weit mehr Treibhausgas, als unser Planet vertragen kann.

(Greenpeace-Nachrichten Nr. IV/1989, S. 9)

Thema des Tages
Klimaschock Liegt Köln in 60 Jahren an der Nordsee?

Forscher einig: Umweltschmutz heizt Klima auf

Umweltgipfel Rio de Janeiro:

„Klimakonvention" verabschiedet

Die Zahl der Teilnehmer war der Bedeutung des Themas angemessen: Auf der größten multinationalen Konferenz aller Zeiten trafen sich Anfang Juni '92 über 100 Staats- und Regierungschefs sowie rund 15 000 Delegierte (*Länderabgeordnete*) in Rio de Janeiro, um über das Raumschiff Erde und seine Bewohner zu befinden. Die Diagnose (*Beurteilung*): erhebliche Mängel.

Zwanzig Jahre nach der ersten Umweltkonferenz der Vereinten Nationen in Stockholm wurde der Patient Erde erstmals ganzheitlich gesehen. In der Grundsatzerklärung von Rio heißt es unter Punkt 25: Frieden, Entwicklung und Umweltschutz hängen voneinander ab, sie sind nicht zu trennen. (. . .)

Abb. 28b

PLANSPIEL

ZUR STADTENTWICKLUNG IN WESTHEIM

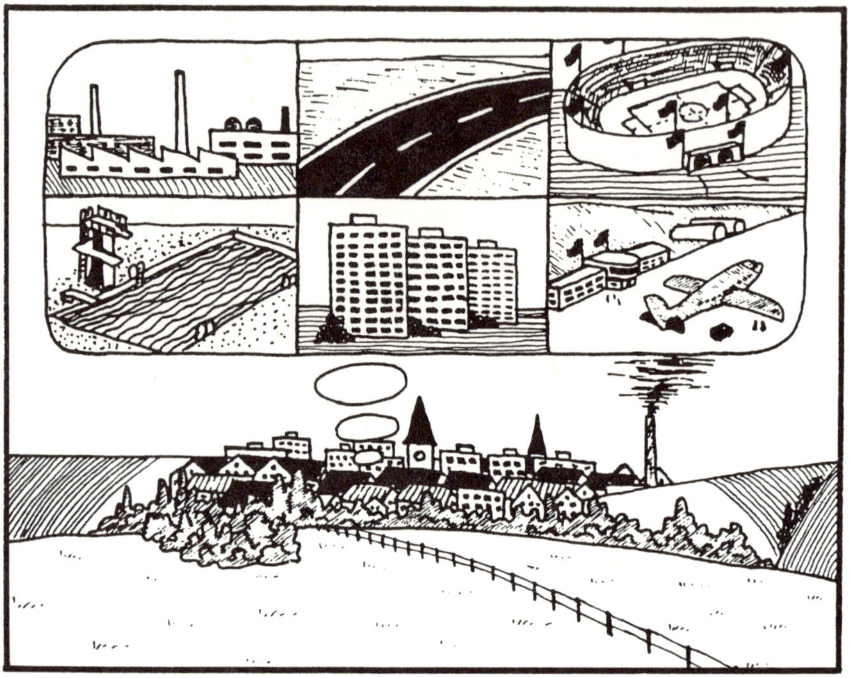

Die auf dem Bild angedeutete Kleinstadt Westheim hat rund 6000 Einwohner. Sie liegt in einer landschaftlich reizvollen Gegend am Rande eines Mittelgebirges. Die klimatischen Bedingungen sind ausgesprochen günstig. So geht aus einer Studie von Professor Ratgeber hervor, daß Westheim alle Voraussetzungen erfüllt, die derzeit für Luftkurorte gelten. Westheim ist zwar noch kein Luftkurort, hätte aber alle Chancen, als solcher anerkannt zu werden. Etwa 40 Kilometer von Westheim entfernt liegt die Großstadt Ratefurt mit zur Zeit 600 000 Einwohnern. Wirtschaftlich läuft in Ratefurt alles bestens. Neue Betriebe siedeln sich an, zusätzliche Arbeitsplätze entstehen und die Bevölkerung Ratefurts wächst nahezu unaufhaltsam. Da Bauplätze rar und teuer sind, ziehen viele Ratefurter aufs Land- bis hin nach Westheim und häufig noch weiter. Westheims Bevölkerung hat aufgrund dieser Zuwanderungsbewegung in den letzten fünf Jahren um rund 2000 Einwohner zugenommen. Ein großes Neubaugebiet ist bereits entstanden. Das Interesse an Wohnungen und Baugelände in Westheim nimmt rasch zu. Ähnliches gilt für die Errichtung von Gewerbebetrieben. Selbst einige Großbetriebe haben Interesse am Aufbau verschiedener Zweigwerke bekundet, da in Ratefurt die Gewerbeflächen

Abb. 29a

immer knapper und immer teurer werden. Diese Zweigwerke könnten auf mittlere Sicht durchaus einige Tausend Arbeitsplätze bringen. Nutznießer einer solchen Entwicklung wären nicht nur die Beschäftigten in Westheim, sondern auch Handel, Handwerk und nicht zuletzt die Stadtverwaltung, die mit beträchtlichen Mehreinnahmen bei der Gewerbesteuer rechnen könnte. Allerdings verlangen die betreffenden Großbetriebe erhebliche Vorleistungen der Stadt Westheim. Die Verkehrswege - vor allem in Richtung Ratefurt - müßten kräftig ausgebaut werden; eine autobahnähnliche Schnellstraße ist bereits im Gespräch. Ja selbst ein gut ausgebauter Regionalflughafen am Südrand von Westheim wäre zu überlegen, der den Großflughafen von Ratefurt entlasten und gleichzeitig dazu beitragen würde, daß Geschäftsleute schnell und bequem nach Westheim kommen können. Für Maßnahmen dieser Art stellt die Landesregierung im Rahmen ihrer Wirtschaftsförderung beträchtliche Zuschüsse und günstige Kredite zur Verfügung. Dennoch bliebe natürlich an der Gemeinde Westheim der größte Batzen der benötigten Finanzmittel hängen, zumal noch weitere Aufwendungen nötig wären, um die Attraktivität Westheims zu steigern: Die innerstädtischen Verkehrswege müßten ausgebaut und neue Bauplätze und Gewerbeflächen erschlossen werden. Das alles kostet viel Geld und wäre letztlich nur dadurch zu machen, daß sich die Gemeinde Westheim kräftig verschuldet, d.h. Kredite aufnimmt. Andere Gemeinden tun das zwar auch, aber in Westheim hielt man sich bisher mit Krediten ziemlich zurück. Allerdings müssen auch die möglichen Vorteile gesehen werden, die die angedeuteten Maßnahmen bringen könnten. Vieles spricht dafür, daß sich diese Maßnahmen längerfristig sehr wohl auszahlen. Bei kräftig steigenden Steuereinnahmen könnte für die Bevölkerung von Westheim sogar einiges herausspringen: Ein modernes Erlebnisbad, ein neues Stadion für die örtlichen Sportvereine und manches andere mehr. *Wie also soll der Stadtrat entscheiden? Welche Vorstellungen und Vorschläge zur zukünftigen Entwicklung Westheims habt Ihr als Partei A, B, C oder D zu unterbreiten? Bereitet Euch gut vor!*

ARBEITSHINWEISE

- *Als erstes werden im Losverfahren vier Arbeitsgruppen gebildet, die je eine Partei bilden. Partei A vertritt vorrangig die Interessen der Wirtschaft (Industrie, Handwerk, Handel), Partei B tritt besonders für die Belange des Fremdenverkehrs ein, Partei C engagiert sich schwerpunktmäßig im Bereich Umwelt- und Naturschutz und Partei D setzt sich traditionell besonders für die Interessen der Arbeitnehmer und der "kleinen Leute" ein.*
- *Lest in Eurer Gruppe zunächst den obigen Informationstext genau durch! Unterstreicht wichtige Stellen und überlegt gemeinsam, wie es in Westheim weitergehen soll. Diskutiert und erarbeitet Vorschläge, die Ihr in der bevorstehenden Stadtratssitzung unterbreiten wollt! Beachtet dabei die oben erwähnte "Parteilinie", damit Ihr Eure Stammwähler nicht enttäuscht!*
- *Die Stadtratssitzung selbst läuft so ab, daß der Bürgermeister (Lehrer) die Leitung hat und die Sitzung eröffnet. Dann tragen die Sprecher der Parteien A, B, C und D ihre Stellungnahmen und Vorschläge vor. Anschließend wird offen diskutiert, zurückgefragt, kommentiert und kritisiert. Am Ende der Sitzung wird über die verbleibenden Vorschläge/Wege abgestimmt. Genehmigt ist der Weg, auf den die meisten Stimmen entfallen.*

Abb. 29b

7. Fünfter Tag: Themenzentriertes Argumentieren und Vortragen

Im Mittelpunkt des fünften Tages standen ausgewählte rhetorische Übungen und Versuche – angefangen bei einfachen Argumentationsmethoden (Fünfsatzstrategie) über spickzettelgestützte Kurzvorträge in Kleingruppen bis hin zu relativ anspruchsvollen Plädoyers im Plenum. Mit diesen letztgenannten »Highlights« sollte einmal das Trainingsprogramm der Woche abgerundet werden, zum anderen ging es darum zu testen, inwieweit das abgelaufene Trainings- und Aufbauprogramm die Schüler in ihrem Selbstbewußtsein und in ihrer rhetorischen Routine vorangebracht hatte. Es kann vorweggenommen werden: Die rhetorischen Darbietungen der Schüler der 9c konnten sich durchaus sehen lassen. Das Wichtigste dabei: Jeder Schüler versuchte sich abschließend im »öffentlichen« Vortrag und in der Anwendung rhetorischer Stilmittel. Niemand kniff oder suchte irgendwelche Ausflüchte, um der angesetzten Bewährungsprobe zu entgehen. Und alle waren am Ende nicht nur erleichtert, es geschafft zu haben, sondern auch stolz darauf, was sie geleistet hatten und was sie in puncto Kommunikation auf die Reihe gebracht hatten. Zum Tagesverlauf im einzelnen:

Grundinformationen zur Rhetorik: In einem ersten Schritt hatten die Schüler anhand ihrer zu Hause erstellten »Spickzettel« zu berichten, worauf bei der Vorbereitung und Präsentation eines »guten Vortrags« zu achten ist. Grundlage ihrer Berichte war – wie erwähnt – das in B 91 dokumentierte dreiseitige Informationspapier. Organisiert war dieser Informationsaustausch in der Weise, daß sich je 5–6 Schüler zu einem Stehzirkel zusammenfanden und sich unter Zuhilfenahme ihrer »Spickzettel« richtungweisende Tips zum »guten Vortrag« gaben. Federführend berichteten dabei jeweils nur zwei Gruppenmitglieder, die per Los ermittelt wurden. Etwaige Verständnisfragen und/ oder Meinungsverschiedenheiten half der Lehrer zu klären. Abschließend trug ein Freiwilliger aus der Klasse die gesammelten Tips und Tricks zum »guten Vortrag« im Plenum vor, wobei er das bereitstehende Rednerpult nutzte. Ergänzende Hinweise des Lehrers rundeten diese Informationsphase ab.

Fünfsatzargumentation: In einer zweiten Übungsphase erhielten die Schüler Gelegenheit, sich mit einer einfachen Argumentationsmethode – der sogenannten »Fünfsatzmethode« ansatzweise vertraut zu machen. Dazu erhielten sie zunächst das in Abbildung 30a und 30b (S. 254f.) dokumentierte Informationsmaterial, das Auskunft sowohl über die Fünfsatzmethode als auch über ihre praktische Anwendung am Beispiel des Themas »Umgehungsstraße« gab. Die Erarbeitung dieses Materials sah so aus, daß die Schüler die beiden Seiten erstmal durchlasen, dann in den Tischgruppen vertiefend darüber sprachen und sich schließlich darauf vorbereiteten, zum einen oder anderen Stichwortkonzept eventuell einen Kurzvortrag vor der Klasse zu halten. Im nächsten Schritt wurden vier Schüler ausgewählt, denen je ein Stichwortkonzept zugelost wurde. Daraufhin wurde das erste der vier Stichwortkonzepte via Tageslichtprojektor eingeblendet, und der betreffende Schüler mußte seine Argumentation in freier Rede, der Klasse zugewandt, den Overheadprojektor geschickt nutzend, vortragen (einige Tips zur Nutzung des Overheadprojektors waren den Schülern vorab gegeben worden). Anschließend wurde die Präsentation kurz reflektiert, und der nächste Schüler kam mit dem zweiten Stichwortkonzept an die Reihe, dann der dritte usw. Auf diese Weise wurde sowohl die Fünfsatzmethode näher geklärt als auch das Präsentieren mit Hilfe des Overheadprojektors ansatzweise geübt.

Mustervortrag des Lehrers: Zur Vertiefung und Veranschaulichung des Gelernten hielt der Lehrer in einer dritten Übungssequenz einen »Mustervortrag« zum Thema: »Brauchen wir eine Geschwindigkeitsbegrenzung auf Autobahnen?« Dabei achtete er sowohl auf eine sachlich stringente Argumentation als auch auf eine rhetorisch geschickte Vortragsweise, die den erarbeiteten Rhetorik-Regeln und -Empfehlungen Rechnung trug (vgl. dazu auch die Regelübersicht in B 93). Gehalten wurde dieser »Mustervortrag« vom Stehpult aus, gestützt auf ein wohlüberlegtes Stichwortkonzept, in möglichst lebendiger, zuhörerorientierter Weise. Klar, daß dieser »Mustervortrag« gut vorbereitet und unter rhetorischem Blickwinkel bewußt durchgeplant sein mußte. Im Anschluß an die Darbietung des Lehrers äußerten sich zunächst die Schüler in kritischer und/oder lobender Weise; dann nahm der Lehrer selbst noch mal Stellung zu seiner Vortragsweise, zu seinen Intentionen und zu seinen Erfahrungen während des Vortrags. Am Ende wurden die in B 93 dokumentierten Regeln für den »guten Vortrag« zur Abrundung ausgeteilt und vom Lehrer kurz erläutert.

Plädoyers: Auf der skizzierten Vorarbeit aufbauend, erhielten die Schüler in einer ausgedehnteren vierten Übungsphase die Aufgabe, themenzentrierte Plädoyers vorzubereiten und unter Beachtung der erarbeiteten Rhetorik-Regeln vorzutragen. Dazu erhielt jeder Schüler ein einseitiges Leitmaterial mit einigen Grundinformationen z.B. zur Einwegflasche, zum Tempo 120, zum Transrapidprojekt oder zur Ökosteuer (vgl. die Abbildungen 31a und 31b, S. 256f.). Je vier bis fünf Schüler bekamen das gleiche Infoblatt, arbeiteten also parallel. Sie lasen die vorliegenden Grundinformationen durch und erstellten individuell ein knappes Stichwortkonzept, das ca. fünf Stichworte umfassen sollte, die übersichtlich auf einem kleinen DIN-A7-Kärtchen zu notieren waren. Nach Abschluß dieser Vorbereitungsphase begannen die eigentlichen Plädoyers, für die jeweils 2–4 Minuten angesetzt waren. Dazu rief der Lehrer das jeweilige Thema auf, und die betreffenden Schüler hielten ihre Plädoyers in ausgeloster Reihenfolge. Hierbei mußte der jeweilige Redner mit seinem Kärtchen in der Hand ans Rednerpult treten und in freier Rede sowie unter Beachtung der erarbeiteten rhetorischen Maximen sein Plädoyer halten. Gleichzeitig war die laufende Videokamera auf ihn gerichtet, und als Zuhörer waren nicht nur die Mitschüler präsent, sondern auch noch meh-

ÜBERZEUGEND ARGUMENTIEREN

(ARGUMENTATIONSMUSTER ZUM THEMA "UMGEHUNGSSTRASSE")

Stellt Euch vor, die Kleinstadt, in der die Umgehungsstraße gebaut werden soll, heißt Burgau. Stellt Euch weiterhin vor, Ihr wohnt dort und sollt im Rahmen einer Bürgerversammlung möglichst überzeugend begründen, warum Burgau dringend eine Umgehungsstraße braucht.

Lest Euch dazu die nachfolgenden Informationen und Beispiele genau durch! Besprecht in der Gruppe die einzelnen Argumentationsmuster und bereitet Euch darauf vor, daß Ihr eventuell anhand eines der vier Stichwortkonzepte einen kurzen Vortrag halten müßt!

Bei Eurem Vortrag müßt Ihr Euch an das vom Lehrer vorgegebene Stichwortkonzept halten. Was Ihr jedoch zu den fünf Stichworten in den Kästchen im einzelnen ausführt, das ist Euch selbst überlassen. Ein bißchen Fantasie kann da nichts schaden!

! Denkt immer dran: Überzeugen kann nur, wer klar und stichhaltig argumentiert, und wer seine Zuhörer so anzusprechen versteht, daß diese wachgerüttelt werden und sich mit ihren Interessen und Wünschen wiederfinden! !

FÜNF-SATZ-ARGUMENTATION

Überzeugendes Argumentieren verlangt, daß ein "roter Faden" da ist, der dem Redner wie dem Zuhörer Sicherheit und Klarheit verschafft.

Die Fünf-Satz-Methode ist ein solcher Leitfaden, der zielgerichtetes und überzeugendes Argumentieren und Vortragen erleichtert. Konkret heißt das: Der jeweilige Redner überlegt sich für seinen Redebeitrag 5 Kernsätze (s. Beispiele), die er sich stichwortartig notiert und folgerichtig verknüpft. Der letzte dieser Sätze ist der "Zielsatz", auf den es besonders ankommt. Er wird deshalb meist auch als erstes geklärt. Nach dieser Vorbereitung erläutert der Redner seine Stichworte in der vorgesehenen Abfolge. Welche Ordnungsmuster dabei möglich sind, zeigen beispielhaft die nachfolgenden Konzepte.

A. Der Aufsatzplan

Beim Aufsatzplan gilt die Dreistufigkeit: "Einleitung - Hauptteil - Schluß". Der Redner beginnt also mit einer knappen einleitenden Äußerung; dann entfaltet er im Hauptteil seine unterschiedlichen Argumente, die im Prinzip gleichrangig nebeneinander stehen, und leitet daraus schließlich seine Schlußfolgerung/en ab (s. rechte Spalte)

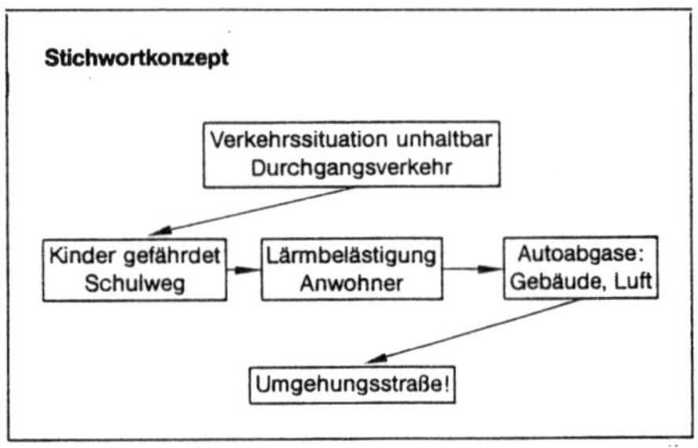

FÜNF-SATZ-BEISPIEL

1) Der starke Durchgangsverkehr in unserer Stadt ist für alle Bürger eine unhaltbare Belastung geworden.

2) Zum ersten sind die Kinder auf dem Schulweg ständig stark unfallgefährdet.

3) Zum zweiten ist besonders nachts die Lärmbelästigung für die Anwohner unerträglich geworden.

4) Und drittens und vor allem gilt: Die Autoabgase schädigen die Gebäude und vergiften die Luft.

5) Um noch größere Schäden von uns und unserer Umwelt abzuwenden, bleibt nur eines: Unsere Stadt Burgau braucht dringend eine Umgehungsstraße!

Abb. 30a

B. Die Kette

Im Gegensatz zum Aufsatzplan gibt es bei der Argumentationskette kein Nebeneinander von Argumenten, sondern ein straffes Nacheinander. Entweder im Sinne einer logischen Folge (1., 2., 3., 4., 5.) oder im Sinne eines zeitlichen Ablaufs (zunächst, dann, daraufhin, schließlich, zu guter Letzt).

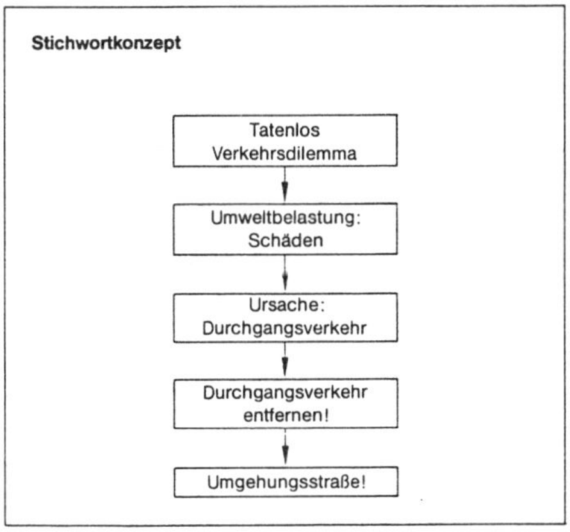

FÜNF-SATZ-BEISPIEL

1) Gegen die unhaltbare Verkehrssituation in unserer Stadt wird noch immer nichts getan.

2) Das führt dazu, daß die Gesamtumweltbelastungen zu Schäden führen, die später nicht mehr beseitigt werden können.

3) Deswegen müssen wir schnell und gründlich das Problem des Durchgangsverkehrs in unserer Stadt angehen.

4) Voraussetzung für eine umweltgerechte Lösung wäre die Entfernung des Durchgangsverkehrs aus unserer Stadt.

5) Darum gibt es für Burgau nur eine Lösung: Wir brauchen dringend eine Umgehungsstraße!

C. Der Kompromiß

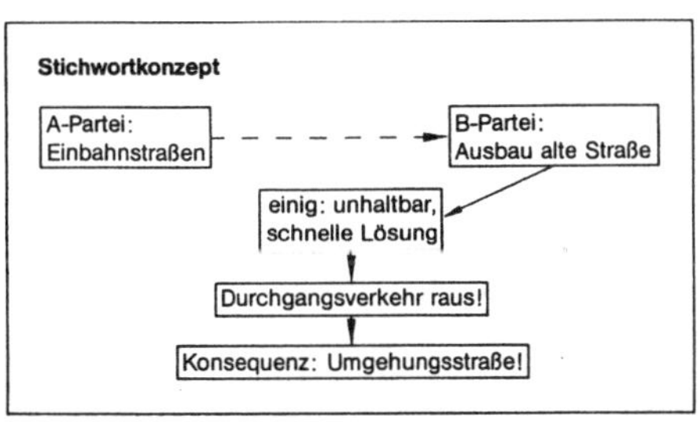

Beim Kompromiß werden zunächst zwei gegensätzliche Positionen angesprochen, die aber Gemeinsamkeiten aufweisen. Diese Gemeinsamkeiten werden anschließend herausgearbeitet und auf den Zielsatz hin zugespitzt.

FÜNF-SATZ-BEISPIEL

1) Die A-Partei will das Verkehrsproblem in unserer Stadt mit Hilfe von Einbahnstraßen in den Griff bekommen.

2) Die B-Partei möchte dagegen dem Verkehrschaos durch den Ausbau der alten Durchgangsstraße beikommen.

3) Beide sind sich darin einig, daß die Verkehrssituation unhaltbar geworden ist und eine schnelle Lösung her muß.

4) Von daher liegt es aber doch nahe, den Durchgangsverkehr ganz aus unserer Stadt herauszunehmen.

5) Insofern stimmen wir eigentlich alle darin überein: Unsere Stadt braucht eine Umgehungsstraße!

D. Der Vergleich

Beim Vergleich werden ebenfalls zwei gegensätzliche Positionen dargelegt, allerdings ausführlicher als beim obigen Kompromiß. Erst ganz am Ende nennt und begründet der jeweilige Redner seine eigene Ansicht.

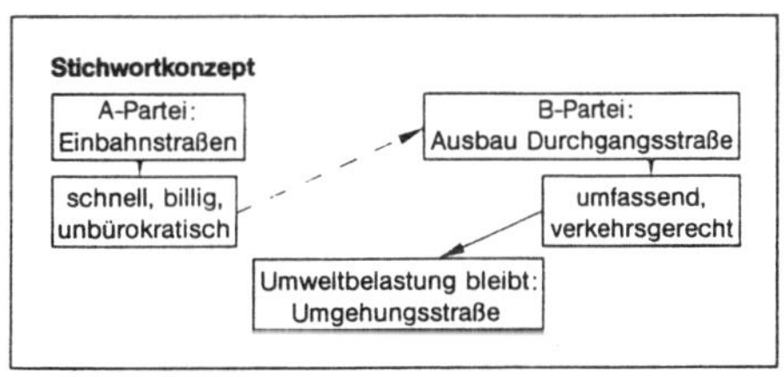

FÜNF-SATZ-BEISPIEL

1) Die A-Partei will das Verkehrsproblem in unserer Stadt durch ein System von Einbahnstraßen in den Griff bekommen.

2) Sie begründet das damit, daß dies die schnellste, billigste und unbürokatischste Lösung wäre.

3) Die B-Partei dagegen möchte dem Verkehrschaos durch den Ausbau der alten Durchgangsstraße beikommen.

4) Nach ihrer Ansicht sei das eine umfassende und verkehrsgerechte Lösung.

5) Da beide Vorschläge nichts dazu beitragen, die Umweltbelastung unserer Bürger zu verringern, bin ich der Meinung: Wir brauchen eine Umgehungsstraße!

Abb. 30b (erstellt in Anlehnung an: Niedenhoff / Schuh, 1989, S. 50ff.)

PLÄDOYER GEGEN EINWEG-VERPACKUNGEN

Überlege Dir eine Argumentationskette, die mit dem Zielsatz endet: "Und deshalb bin ich für die Mehrweg-Flasche!". Beziehe dabei die nachfolgenden Informationen mit ein! Mache Dir einen Stichwortzettel, der Dir bei Deinem späteren Kurzvortrag als Leitfaden dient!

Verpackt,

Nach einer Modellrechnung des Umweltbundesamtes aus dem Jahre 1981 rechnen sich zum Beispiel die Verpackungskosten (Behälterkosten, Spülkosten, Umverpackung) für 1 Liter Bier wie folgt: Mehrwegflasche 16,8 Pfennig, Einwegflasche 49,6 Pfennig, Dose 75,7 Pfennig.

Der Kunde greift gern in den Regalen an Platikschlauch und Verbundkarton vorbei zur Pfandflasche, wenn sie ihm angeboten wird.

"Getränk 7 Pfennig, Büchse 22 Pfennig".

Aluminiumdosen erfordern einen

22mal größeren Energieaufwand als Pfandflaschen

verkauft,

Ex- und Hopp-Flaschen und Einwegdosen verursachen jährlich in der Bundesrepublik allein beim Bier einen Abfallhaufen, der 12 000 Güterwaggons füllen würde.

In vier Jahren, von 1975 bis 1979 verdoppelte sich der Absatz an Getränkedosen. 1981 waren es bereits 2,6 Milliarden Stück, 1986 werden es nach Prognosen des Umweltbundesamtes 3,3 Milliarden Stück sein, also bald das Vierfache von 1975.

Trend zur Wegwerfverpackung ungebremst

Insgesamt kostet die Hausmüllbeseitigung pro Jahr vier Milliarden Mark.

Verschleierte Kosten

verschleudert

"Einwegverpackung". Ein Weg zwar - aber einer, für den der Verbraucher zweimal zahlt: beim Einkauf und bei der Müllabfuhr.

Mehr als die Hälfte des Hausmülls besteht aus weggeworfenen Verpackungen. Ein Ende des "Ex- und -Hopp" ist nicht abzusehen.

Abfall: Die Einwegverpackung verursacht - bezogen auf das Gewicht - im Schnitt zwölfmal so viel Abfall wie eine vergleichbare Mehrwegflasche; das Abfallvolumen (bezahlt über die Abfallbeseitigungsgebühr) ist gar 32mal so groß.

Abb. 31a

PLÄDOYER FÜR TEMPO 120 AUF ALLEN AUTOBAHNEN

Dichter Verkehr, eine Vielzahl von ständig wechselnden Beschränkungen: Wirklichkeit auf deutschen Autobahnen. (Foto: variopress)

Die einen halten die bundesdeutschen Autobahnen für die sichersten und komfortabelsten der Welt, den anderen sind sie gleichbedeutend mit Tempowahn, Lärmbelästigung und Umweltzerstörung. Anders als bei unseren europäischen Nachbarn gibt es in Deutschland keine generelle Geschwindigkeitsbegrenzung auf Autobahnen. Zwar gelten für rund ein Drittel des deutschen Autobahnnetzes Tempolimits, aber ansonsten herrscht "freie Fahrt".

Dabei spricht eine Menge dafür, eine Obergrenze einzuführen - wie sie ja auf Landstraßen und in den Städten längst klaglos akzeptiert wird. Der Verkehr auf bundesdeutschen Autobahnen ist immer dichter geworden, Stauungen wechseln abrupt mit Abschnitten ab, wo die "freie Fahrt" so aussieht, daß sich eine Kolonne Personenautos mit hoher Geschwindigkeit - und meist zu geringem Sicherheitsabstand - an einer endlosen Reihe von Lastzügen vorbeibewegt. Schert ein Lastwagen aus, ist die Situation nur zu oft nicht mehr kontrollierbar - schwere Serienunfälle sind die Folge.

Ein Tempolimit auf den deutschen Schnellfahrpisten - ob nun bei 120 oder 130 Stundenkilometern - würde dieses Risiko vermindern, und der Verkehrsfluß würde gleichmäßiger. Auch nach unten ist ja eine Grenze da: Langsamer als 60 darf keiner fahren auf der Autobahn. Aus gutem Grund. Denn zu große Geschwindigkeitsunterschiede zwischen den Fahrzeugen vergrößern die Unfallgefahr. Die durchschnittliche Höchstgeschwindigkeit der Autos ist in den vergangenen Jahrzehnten ständig gestiegen. Nicht mitgewachsen ist aber die Reaktionsfähigkeit der Autofahrer.

Und wir werden mehr Verkehr auf den deutschen Autobahnen bekommen in den nächsten Jahren. Fahrer aus den Nachbarländern sind ohnehin an eine begrenzte Höchstgeschwindigkeit gewöhnt. Sie ist ja auch einfacher einzuhalten als die ständig wechselnden Regeln, die es heute auf unseren Autobahnen gibt. Eine Rückkehr aus dem Ausland macht jedem den Unterschied erfahrbar: Der Tempostreß nimmt zu, sobald wir wieder heimatlichen Asphalt unter den Rädern haben.

Daß die deutschen Autos im Ausland nur deswegen verkäuflich seien, weil sie das Etikett "autobahngetestet" tragen, ist ein gern gesungenes Lied der Automobilindustrie. Sie kann sich beruhigen: Ihre Autos müssen Vorzüge haben, die auch in Ländern mit Tempolimits nutzbar sind - sonst gäbe es schon jetzt keinen Exportmarkt mehr für bundesdeutsche Autos.

Können wir auf die Einsicht der Autofahrer bauen? Wohl nicht. Deshalb muß eine Geschwindigkeitsbegrenzung her!

Abb. 31b (diese Seite ist gestaltet in Anlehnung an DIE RHEINPFALZ v. 28. 5. 1994) rere hospitierende Lehrkräfte der Schule. So gesehen, war die Situation ausgesprochen belastend und anspruchsvoll. Und dennoch waren alle Schüler bereit, sich diesen Anforderungen zu stellen und sich als Redner zu versuchen. Sie hatten die Möglichkeit zurückzuziehen, aber keiner der Schüler machte Gebrauch davon. Das signalisierte sowohl das gewachsene Selbstvertrauen als auch das entstandene »Wir-Gefühl« in der Klasse. Die Plädoyers selbst fielen zwar unterschiedlich eloquent und überzeugend aus, aber alle hatten kleinere oder größere Erfolgserlebnisse (vgl. das Redeprotokoll in Abb. 32). Und woran im weiteren noch zu arbeiten sein würde, das ließ sich u.a. aus den Videoaufzeichnungen ersehen, die nach jeder themengleich argumentierenden Schülergruppe eingespielt und kurz besprochen wurden. Dabei äußerte sich zunächst der jeweilige Redner; erst dann konnten sich interessierte Mitschüler mit ihren Anmerkungen und Tips einbringen.

Wochenbilanz: Zum abschließenden Feedback setzten sich die Schüler in einem großen Kreis zusammen, um anhand der Leitfrage »Was war für euch in dieser Woche interessant und wichtig?« Bilanz zu ziehen. Der Tenor der Schüler war ausgesprochen positiv. Alle fühlten sich irgendwie bestärkt, bestätigt und ermutigt, auf dem eingeschlagenen Weg weiterzumachen und am eigenen Kommunikationsrepertoire zu arbeiten. Es sei nie langweilig gewesen; es habe Spaß gemacht, und die Woche habe viel gebracht. Die Schüler hätten sich mündlich viel mehr beteiligt als sonst; keiner habe sich zurückgezogen oder gestört; jeder habe mitgemacht; die Stimmung in der Klasse habe sich von Tag zu Tag gebessert; das Gemeinschaftsgefühl in der Klasse sei gewachsen; das »Durcheinanderwürfeln« der Schüler sei interessant gewesen und habe Schüler zusammengebracht, die sonst gar nichts miteinander machen würden. Des weiteren habe sich das intensive Arbeiten am Stück über die ganze Woche als gut und lernfördernd erwiesen; man habe endlich mal in Ruhe arbeiten können; man habe eine Menge fürs praktische Leben gelernt; die meisten Schüler hätten die Wichtigkeit der Kommunikation zum erstenmal wirklich begriffen; und interessant sei auch gewesen, wie sich der Lehrer im Hintergrund gehalten und die Fäden so gezogen habe, daß die Schüler ungewöhnlich viel arbeiteten und kommunizierten ... So oder ähnlich lauteten die Rückmeldungen der Schüler im Rahmen der Wochenbilanz. Im Anschluß an dieses Feedback fand ein gemeinsames Pizzaessen im Klassenraum statt, das für einen angenehmen Ausklang der Woche sorgte und das »Wir-Gefühl« zusätzlich stimulierte.

REDE-PROTOKOLL

(Eine Schülerin plädiert für die Mehrwegflasche)

Wir haben uns heute ja alle hier versammelt, um über Müllprobleme zu reden. Wie Sie sicher wissen: die Müllprobleme wachsen uns ja langsam über den Kopf. Deshalb ist zur Zeit auch viel im Gespräch die Mehrwegverpackung.

Aber trotzdem: Jeder redet darüber, aber keiner tut was. Und ich frage Sie: Wie oft sind sie schon alle in ein Geschäft gegangen und haben sich eine Cola-Dose oder eine Fanta-Dose oder sonst etwas gekauft, obwohl nebendran vielleicht eine Mehrwegflasche stand. Also ich denke, daß man einmal bei sich selbst anfangen sollte.

Und ein wichtiger Aspekt dabei sind eigentlich auch noch die Herstellungskosten. Wenn Sie bedenken, wieviel Energie man aufwenden muß, um eine Dose herzustellen, nämlich 22 mal mehr als bei einer Mehrwegflasche, dann ist es doch schon gewaltig. Und wenn Sie eine Dose kaufen, dann ist die Verpackung an sich dreimal so viel wert wie der Inhalt. Und dann kommt auch wieder hinzu: Sie müssen einkaufen, und dann ist auch noch die Entsorgung nötig. Das sind alles Argumente gegen die Dose.

Die Einwegflaschen sind da schon etwas besser; sie sind nicht ganz so teuer, wenn Sie so wollen. Aber trotzdem: Das Glas muß wieder eingeschmolzen werden - das ist auch wieder ein teures Verfahren - und wieder neu verarbeitet werden.

Ich denke, daß deshalb die Mehrwegidee sehr gut ist, weil Sie eben die Flaschen kaufen können; es ist Pfand drauf, und Sie geben die Flaschen wieder zurück, und sie werden gesäubert. Und Sie können irgendwann dann wieder Ihre alte Flasche im Supermarkt kaufen - mit neuer Milch, mit neuem Wasser, was auch immer.

Und ich denke, daß diese Wiederverwendung wirklich stärker im Trend sein sollte, vor allem, weil's billiger ist, wenn Sie den Energieaufwand und überhaupt den Kostenaufwand betrachten.

Ich denke auch, daß es hauptsächlich an der Industrie hängt; wir müssen eine Industrieumstellung herbeiführen, die nicht mehr so viele Einwegverpackungen herstellt.

Und deshalb plädiere ich für Mehrwegverpackungen, weil sie besser sind, und ich denke, die Industrie kann uns dabei sehr viel helfen. Danke!

Abb. 32 (wörtliche Abschrift der Rede von Barbara Schaan)

8. Rückblick und Ausblick – ein Resümee

Das vielleicht wichtigste Ergebnis der Woche haben bereits die Schüler formuliert: Das kontinuierliche Arbeiten am Stück, ohne die lästigen Unterbrechungen durch Klingelzeichen, Fächerwechsel und Lehrerwechsel, hat den Lern- und Gruppenprozeß erheblich gefördert und zu einem ebenso intensiven wie motivierenden Unterfangen werden lassen. Das spricht eindeutig für das Konzept einer kompakten Trainingseinheit, wie sie die Projektwoche »Kommunizieren lernen« darstellt. Den Schülern muß das Thema Kommunikation unter die Haut gehen; es muß sie im besten Sinne des Wortes gefangennehmen; es muß sie bewegen; es muß sie zur ebenso engagierten wie selbstkritischen Arbeit am eigenen Kommunikationsrepertoire veranlassen. Das aber ist durch die gelegentlichen, meist sehr lehrerzentriert angelegten Unterrichtsgespräche im gängigen Fachunterricht beim besten Willen nicht zu erreichen.

Bewährt hat sich ferner das geschilderte Trainingskonzept mit seinem progressiven Aufbau, seinem »therapeutischen« Zuschnitt und seinen wechselnden und wachsenden Anforderungen. Das Wechselspiel von Kleingruppe und Großgruppe, die Partner- und Gruppenbildung nach dem Zufallsprinzip, das Arrangieren einer lückenlosen Beteiligung aller Schüler an den anstehenden Übungen, das gemeinsame Entwickeln und Überwachen grundlegender Kommunikationsregeln, das demonstrative Vertrauen auf die Kommunikationsfähigkeit der Schüler, das Zulassen von Fehlern und gelegentlichen Unzulänglichkeiten, das mutmachende Feedback am Ende der einzelnen Übungen und Versuche – das alles hat dazu beigetragen, daß sich die Schüler gleichermaßen gefordert und gefördert sahen und daß in der Klasse eine Atmosphäre der wechselseitigen Ermutigung und Toleranz entstand. Zwar muß dieser Prozeß des sozialen Lernens nicht überall so effizient verlaufen wie in der Klasse 9c. Aber die soziale Integrationswirkung, die mit dem vielfältigen Kommunizieren in ständig wechselnden Zusammensetzungen verbunden ist, stellt sich erfahrungsgemäß überall ein, wo in der skizzierten Weise gearbeitet wird. So gesehen war die dokumentierte Projektwoche nicht nur ein wegweisendes Kommunikationstraining, sondern auch und zugleich ein Schritt zur Verbesserung des sozialen Miteinanders in der Klasse.

Die Lerneffekte, die während der Woche erzielt wurden, können sich sehen lassen. Das geht nicht zuletzt aus den oben beschriebenen Rückmeldungen der Schüler hervor. Zusammenfassend läßt sich feststellen: Die Gesprächsbereitschaft der Schüler konnte durch das intensive Üben und Reflektieren wesentlich gefördert werden; die zu Wochenbeginn signalisierten Ängste und Beklemmungen wurden im Trainingsverlauf deutlich abgebaut. Parallel dazu stiegen das Selbstbewußtsein und das Zutrauen der Schüler zur eigenen Leistungsfähigkeit. Und natürlich erweiterte sich aufgrund der vielfältigen Übungen und Klärungsprozesse auch das praktische Kommunikationsrepertoire der Schüler: Frei erzählen, nach Stichworten berichten, aktiv zuhören, einen kleinen Vortrag halten, Interviews führen, miteinander reden und diskutieren, vereinbarte Regeln einhalten, überzeugend argumentieren – dieses und manches andere mehr wurde im Verlauf der Woche vergleichsweise eindringlich geübt. Entsprechend wuchsen die Sicherheit, die Sensibilität und das praktische »Know-how« der Schüler.

Natürlich darf man die angedeuteten Lerneffekte nach der einen Woche nicht überbewerten. Denn klar ist, daß das erworbene Kommunikationsrepertoire schnell wieder in Vergessenheit gerät, wenn es im alltäglichen Unterricht nicht weitergepflegt und gefestigt wird. Von daher steht und fällt der längerfristige Erfolg solcher Kompakttrainings wie der skizzierten Projektwoche mit der Nacharbeit und der Weiterführung des eingeübten Repertoires durch die betreffenden Fachlehrer der Schule. Das aber heißt weiter, daß diese Fachlehrer das Trainingsprogramm kennen und mit den eingeführten Methoden, Ritualen und Regeln einigermaßen vertraut sein müssen, damit sie das eine oder andere im eigenen Fachunterricht sensibel und engagiert aufgreifen und weiterführen können.

Daß dieser Transfer ins »Alltagsgeschäft« hinein im Trifelsgymnasium relativ gut gelungen ist, lag einmal daran, daß das Kollegium der Schule im Rahmen der eingangs skizzierten Gesamtkonferenz die Gelegenheit erhielt, sich mit dem Trainingskonzept und seinen Zielen näher vertraut zu machen. Zum zweiten trug dazu aber auch und vor allem bei, daß sich eine Gruppe von Lehrkräften entschloß, während der Woche mehr oder weniger regelmäßig zu hospitieren. Auf diese Weise gelang es, etwa sechs bis acht Lehrkräfte relativ gut mit dem Konzept, dem Ablauf und den Ergebnissen des geschilderten Kommunikationstrainings vertraut zu machen. Diese Kerngruppe war es denn auch, die die Arbeit gezielt weiterführte. Und zwar einmal natürlich in der Klasse 9c, in der die erwähnten drei Dauerhospitanten das kommunikationszentrierte Arbeiten und Lernen verstärkt betonten. Das zweite Aktionsfeld war die Durchführung entsprechender Projektwochen »Kommunikation« in den Klassen 9a und 9b. Zuständig für diese Projektwochen war jeweils ein kleines Lehrerteam, das das Übungsprogramm gemeinsam plante und arbeitsteilig umsetzte. Bestrebt waren diese Lehrerteams darüber hinaus, weitere Lehrkräfte der Schule anzusprechen, in die Planung einzubeziehen, zu Hospitationen zu ermutigen und so allmählich zur aktiven Mitarbeit zu bewegen. Letzteres ist in einigen Fällen durchaus gelungen. So hat sich die Gruppe der »erfahrenen Insider» mittlerweile (nach etwa 9 Monaten) so weit vergrößert, daß neben den 9. Klassen auch in allen 7. Klassen und in allen 11. Klassen entsprechende Projektwochen »Kommunizieren lernen« durchgeführt werden konnten, und zwar jeweils von kleinen Teams. Den Berichten dieser Teams zufolge sind die durchgeführten Projektwochen nicht nur bei den betreffenden Schülern und deren Eltern gut angekommen, sondern gezeigt hat sich ferner, daß das erworbene »Knowhow« der Teammitglieder durchaus ausgereicht hat, einen erfolgreichen Arbeits- und Übungsprozeß zu organisieren und zu moderieren. Für Nachahmer und Pioniere stehen die Vorzeichen für ein lohnendes Kommunikationstraining also offenbar nicht schlecht.

IV. Abschließende Hinweise zum schulinternen Innovationsprozeß

Eine entscheidende Voraussetzung für den konsequenten Ausbau des kommunikationszentrierten Arbeitens und Lernens in der Schule ist, daß die verantwortlichen Lehrkräfte entsprechend sensibilisiert und qualifiziert sind. Oder anders ausgedrückt: Solange es den zuständigen Lehrkräften an praktischem »Know-how« und an innerer Überzeugung und Ambitioniertheit mangelt, so lange werden sie sich in punkto Kommunikationstraining verständlicherweise zurückhalten. Ohne Kompetenz und praktisches Repertoire – das zeigen die zurückliegenden Innovationsprozesse – gibt es keine wirksame Innovation. Deshalb bedarf es zwingend einer mehrgleisigen Qualifizierungsoffensive, damit neue Wege konsequent gesucht und gefunden werden. Eine erste innovationsstützende Maßnahme dieser Art betrifft den didaktisch-methodischen Service. In dieser Hinsicht liefert das vorliegende Buch eine Fülle erprobter Anregungen und Materialien, die interessierten Lehrkräften die Planung und Gestaltung ihres Kommunikationstrainings erheblich erleichtern. Die zweite zentrale Qualifikationsschiene ist die schulinterne Klärungs- und Überzeugungsarbeit, von der es ganz entscheidend abhängt, ob und inwieweit der skizzierte Innovationsprozeß in Gang kommt. Wie dieser Klärungsprozeß in der Praxis angelegt sein kann, das zeigt ansatzweise die Prozeßbeschreibung in Abschnitt III.1. Weitergehende Anregungen dazu finden sich in den nachfolgenden Abschnitten.

1. Gezielte Aus- und Fortbildung

Das Manko der tradierten Lehreraus- und -fortbildung ist, daß dem kommunikationszentrierten Lehren und Lernen in der Schule viel zuwenig Aufmerksamkeit geschenkt wird. Wenn Kommunikationsfragen thematisiert werden, dann in erster Linie unter dem Aspekt, wie der Lehrer seinen Stoff darbietet, wie er seine Impulse setzt und wie er mit seinen Schülern kommuniziert. Im Zentrum steht also die Lehrerkommunikation und nicht die Schülerkommunikation. Dementsprechend spielt das Kommunikationstraining mit Schülern eine sehr nachgeordnete Rolle. Daß sich daran etwas ändern muß, ist in diesem Buch hinreichend deutlich gemacht worden. Voraussetzung für eine Veränderung ist jedoch, daß in der Lehrerausbildung neue Akzente gesetzt und entsprechende Kompetenzen vermittelt werden. Und zwar weniger im Sinne theoretischer Aufklärung und Belehrung, sondern vor allem in der Form, daß kommunikationszentrierte Übungen und Simulationsspiele durchgeführt werden, die exemplarisch erfahrbar und erlebbar machen, wie ein entsprechendes Training im Unterricht organisiert und moderiert werden kann. Diese Art des »learning by doing« trägt erfahrungsgemäß nicht nur dazu bei, das die betreffenden Lehrkräfte ermutigt und inspiriert werden, sondern es erweitert ganz konkret auch das unterrichtsbezogene »Know-how«. Derartige Erfahrungen und Konkretionen sind durch keine noch so guten (theoretischen) Instruktionen und Appelle zu ersetzen. Welche Übungen und Simulationsspiele gegebenenfalls in Frage kommen, das läßt sich aus dem breitgefächerten Angebot in diesem Buch ersehen (vgl. Kapitel II und III). Die Aufgabe der »Ausbilder« in den zuständigen Hochschulen, Studienseminaren und Lehrerfortbildungsinstituten wäre es lediglich, das eine oder andere Kommunikationsarrangement aufzugreifen bzw. selbst zu entwickeln und in den gängigen Fach- und/oder pädagogischen Seminaren mit Leben zu füllen. Dementsprechend müßte die Seminararbeit stärker Trainingscharakter haben; und die zuständigen Lehrerbildner müßten sich in besonderem Maße als Organisatoren und Moderatoren der anstehenden Lernprozesse verstehen (vgl. Abb. 34, S. 269). Daß eine derartige Synchronisation von fachlichem und methodischem Lernen, von didaktischem Anspruch und praktischer Seminargestaltung möglich und wirksam ist, das zeigen die bisherigen Erfahrungen des Verfassers sehr deutlich. Sie zeigen allerdings auch, daß sich viele Lehrerbildner mit den veränderten Rollenvorstellungen und Anforderungen, die eine stärker teilnehmeraktive, kommunikationszentrierte Seminararbeit nun einmal mit sich bringt, nach wie vor recht schwer tun. Zugegeben, derartige Seminare zu organisieren und zu moderieren, ist nicht nur ungewohnt, sondern wirft immer wieder auch die Frage auf, ob auf diesem (experimentellen) Weg denn auch genug gelernt wird – eine ebenso berechtigte wie irreführende Frage. Berechtigt ist diese Frage deshalb, weil die angehenden Lehrkräfte selbstverständlich berufsfeldrelevante Kompetenzen erwerben sollen. Irreführend ist sie jedoch insofern, als sie unterschwellig den Primat der Belehrung und der Wissensvermittlung betont, so als sei Methodenkompetenz in erster Linie eine Frage der Methodenkenntnis. Kompetenzvermittlung ist aber deutlich mehr und deutlich anders zu sehen als Kenntnisvermittlung. Daher brauchen Lehrkräfte, die als Kommunikationstrainer kompetent arbeiten sollen, vor allem praktische Erfahrungen und praktisches »Know-how«.

Zuständig für diesen Qualifizierungsprozeß ist – wie erwähnt – nicht nur die Lehrerausbildung (1. und 2. Phase), sondern auch die Lehrerfortbildung. Und Fortbildungsbedarf in Sachen Kommunikationsschulung besteht in wachsendem Maße. Er besteht einmal im schulinternen Bereich, also in den Kollegien, zum anderen aber auch innerhalb der Lehrerschaft ganz generell. Auf beiden Ebenen bietet der Verfasser seit vielen Jahren gezielte Fortbildungsveranstaltungen an, und zwar eineinhalbtägige Veranstaltungen für Kollegien und dreitägige Trainingsseminare für Lehrkräfte aller Schularten. Wie diese Veranstaltungen im einzelnen ablaufen, geht überblickshaft aus den beiden Programmen in Abbildung 33 (S. 266) hervor. Beide Programme sind so konzipiert, daß in der jeweiligen Lehrergruppe ein sukzessiver Klärungsprozeß in Gang gebracht wird, d.h., die versammelten Tagungsteilnehmer erhalten Gelegenheit, sich kleinschrittig voranzutasten und eigene Erfahrungen und Vorsätze zu sammeln. Hierbei ist der Tagungsleiter im besten Sinne des Wortes »Entwicklungshelfer«, d.h., er informiert, organisiert und moderiert so, daß die versammelten Lehrkräfte ihre Fähigkeit und Bereitschaft zur Intensivierung des Kommunikationstrainings im Unterricht sukzessive zur Entwicklung bringen. Zur Dramaturgie und zum Ablauf dieses Entwicklungsprozesses einige nähere Erläuterungen:

Am Anfang der jeweiligen Veranstaltung steht ein Impulsreferat, in dem knapp begründet und ausgeführt wird, warum eine verstärkte Kommunikationsschulung im Unterricht erforderlich ist. Diese Impulse werden in einer zweiten teilnehmeraktiven Phase weiterführend behandelt und konkretisiert, und zwar in der Weise, daß die versammelten Lehrkräfte schrittweise bilanzieren und diskutieren, wie es um die Kommunikationskompetenz ihrer Schüler bestellt ist und welche Defizite und hemmenden Faktoren sie im Unterrichtsalltag beobachten. Dabei geht es keineswegs nur um die Unzulänglichkeiten der Schüler, sondern auch und zugleich um gesprächshemmende Restriktionen, für die die Lehrkräfte verantwortlich sind. Präsentiert werden die zusammengetragenen Beobachtungen und Beanstandungen mit Hilfe großer Plakate, die von mehreren Gruppen übersichtlich gestaltet und im Plenum näher erläutert werden. Abgerundet wird diese einführende Reflexionsphase durch ein weiteres Impulsreferat, in dem das anvisierte Gesprächstraining mit Schülern in groben Zügen umrissen wird. Gestützt sind diese Anmerkungen auf das 5-Stufen-Modell, wie es in Abbildung 12 auf S. 49 dieses Buches dokumentiert wird.

Danach folgt der eigentlich zentrale Teil der Veranstaltung, nämlich das praktische Durchspielen und Auswerten ausgewählter Kommunikationsarrangements, die auch bereits mit Schülern durchgespielt wurden und sich als Trainingsbausteine bewährt

Lehrerfortbildungstagungen

Schulinterne Veranstaltung	*Dreitägiges Trainingsseminar*
1. Tag *(Beginn 15.00 Uhr)* ● Begrüßung/Vorbemerkungen zum Tagungsprogramm und zum Tagungsthema ● Punktabfrage: Einschätzungen zur Gesprächskompetenz der Schüler/innen ● Gruppenbrainstorming: Was fördert bzw. behindert die Gesprächsbeteiligung der Schüler/innen im Unterricht? ● Impulsreferat: Kommunikationstraining konkret (Überblick über das Trainings-programm) *18.30 Uhr Abendessen* anschließend gemütliches Beisammensein im Clubraum des Tagungshauses **2. Tag** *(9.00 Uhr bis ca. 16.30 Uhr)* ● Trainingsfeld I: Gesprächsbereitschaft (wieder-)beleben – praktische Übungen und Beispiele ● Trainingsfeld II: Miteinander reden lernen – praktische Übungen und Beispiele *Gemeinsames Mittagessen* ● Trainingsfeld III: Das kleine Einmaleins der Rhetorik – praktische Übungen und Beispiele ● Strategieplanung: Maßnahmen zur Intensivierung des Kommunikationstrainings an der eigenen Schule ● Tagungsbilanz: Rückblick auf den Tagungsverlauf	**1. Tag der Veranstaltung** *10.30 – 12.30 Uhr* ● Begrüßung/Hinweise zum Tagungs-programm/Einführung ins Tagungsthema (Impulsreferat mit Aussprache) ● Erfahrungsaustausch: Gesprächsverhalten und Gesprächsförderung im Unterrichtsalltag (Gruppenarbeit) *15.00 – 18.00 Uhr* ● Trainingsfeld I: Praktische Übungen mit propädeutischer Ausrichtung (Nachdenken über Kommunikation, Problembewußtsein schaffen, Gesprächsbereitschaft stärken, Regeln erarbeiten) **2. Tag der Veranstaltung** *9.00 – 12.30 Uhr* ● Trainingsfeld II: Praktische Übungen und Reflexionen mit dem Schwerpunkt »Freies Sprechen und Erzählen« *15.00 – 18.00 Uhr* ● Trainingsfeld III: Praktische Übungen und Reflexionen mit dem Schwerpunkt »Aktives Zuhören und Diskutieren« **3. Tag der Veranstaltung** *9.00 – 12.30 Uhr* ● Trainingsfeld IV: Praktische Übungen und Reflexionen mit dem Schwerpunkt »Überzeugendes Argumentieren und Vortragen« ● Aktionsplanung: Nächste Schritte an der eigenen Schule?

Abb. 33

haben. Die Lehrkräfte wechseln also in die Schülerrolle und führen ganz konkrete Übungen durch, die sehr lebendig und anschaulich erfahrbar machen, wie die Kommunikationsbereitschaft und -fähigkeit der Schüler gezielt gefördert werden kann. Eingestiegen wird hierbei mit verschiedenen propädeutischen Übungen, die zur selbstkritischen Auseinandersetzung mit dem alltäglichen Kommunikationsgeschehen in der Klasse sowie zum Generieren erfolgversprechender Kommunikationsregeln Anlaß geben (vgl. B1–B22). Im nächsten Schritt werden einfache Übungen im freien Erzählen und Berichten vorgestellt und partiell durchgespielt (vgl. B23–B48). Dann wird das »Miteinander Reden« exemplarisch geübt und schließlich unter dem Motto »Das kleine Einmaleins der Rhetorik« an der Vortragsgestaltung und -präsentation gearbeitet. Im Rahmen der SCHILF-Tagung (vgl. Abb. 33, S. 266) bleibt für die praktischen Übungen natürlich weniger Raum als im Verlauf des dreitägigen Trainingsseminars. Aber auf praktisches Arbeiten an und mit ausgewählten Kommunikationsarrangements wird in jedem Fall Wert gelegt. Denn davon hängt die anschließende Umsetzung im eigenen Unterricht ganz entscheidend ab.

Abgeschlossen wird jede dieser Fortbildungsveranstaltungen mit einer Art Aktionsplanung, d.h., die versammelten Lehrkräfte erhalten die Aufgabe, zunächst individuell und dann in Gruppen Vorsätze und Maßnahmen zu fixieren, wie das angepeilte Kommunikationstraining an der eigenen Schule intensiviert und praktisch umgesetzt werden kann/soll. Diese Optionen werden abschließend im Plenum vorgestellt, erläutert und bei Bedarf diskutiert.

2. Neuorientierung der Lehrerrolle

Zu den Konsequenzen des skizzierten Klärungsprozesses gehört die Neuorientierung der Lehrerrolle. Traditionell ist der Lehrer nämlich in erster Linie Stoffvermittler und bestenfalls am Rande »Entwicklungshelfer« im angedeuteten Sinne. Entsprechend geprägt sind sein Selbstverständnis und seine Berufsauffassung. Seine Aufmerksamkeit gilt vor allem fachwissenschaftlichen und fachdidaktischen Ansprüchen. Das Fachwissen ist unverkennbar der Dreh- und Angelpunkt sowohl in der Unterrichtspraxis als auch in der Lehrerausbildung. Methodische, kommunikative und soziale Zielsetzungen spielen demgegenüber eine ziemlich nachgeordnete Rolle. Dementsprechend verstehen sich viele Lehrkräfte vorrangig oder gar ausschließlich als »Fachlehrer« und als »Wissensvermittler«. Ihre Ambitionen gelten in erster Linie der Klärung und Erklärung der Sache und weniger der Vermittlung korrespondierender Arbeits- und Kommunikationsmethoden. Lehrpläne und Schulbücher stützen diese einseitige Fixierung des Unterrichts auf die Stoff- bzw. Wissensvermittlung, die vor allem in den Gymnasien, in den Realschulen und in den berufsbildenden Schulen verbreitet ist. Erfahrungsgemäß ist aber auch bei vielen Hauptschullehrern der Wunsch dominant, möglichst viel Stoff über die Bühne zu bringen.

Gegen dieses Ansinnen ist prinzipiell auch nur wenig einzuwenden. Nur darf es nicht den Blick dafür verstellen, daß Bildung deutlich mehr ist als einseitiges Pauken fachlicher Kenntnisse und Erkenntnisse. Eine zeit- und zukunftsgerechte Bildungsarbeit muß auch und nicht zuletzt das kommunikative Repertoire der Schüler entwickeln helfen. Das aber ist durch direktive Methoden und enzyklopädische Belehrung ganz gewiß nicht zu erreichen. Kommunikationskompetenz muß durch Kommunizieren gelernt werden, wobei der Lehrer die entsprechenden Kommunikationsinseln gezielt suchen, organisieren und moderieren muß. Er muß den Schülern immer wieder Räume und Anlässe eröffnen, die Gelegenheit zum freien Sprechen, Argumentieren, Vortragen und Diskutieren geben. Er muß sich dementsprechend zurücknehmen, muß hinter kommunikationsfördernde Regieanweisungen, Materialien und Regeln zurücktreten. Kurzum: Er muß sehr viel stärker als bisher zum Organisator und Moderator kommunikationszentrierter Lern- und Arbeitsprozesse werden (vgl. Abb. 34, S. 269).

Diese Erweiterung des Lern- und Bildungsverständnisses ist Ausdruck eines auf Mündigkeit und Demokratiefähigkeit zielenden Menschenbildes. Eines Menschenbildes, das »humanistische Bildung« im strengen Sinne des Wortes verlangt und demgemäß auf Persönlichkeitsentwicklung in einer ebenso weiten wie anspruchsvollen Form abstellt. Schulische Bildungsarbeit zielt danach auf die Förderung von Selbständigkeit, Selbstbestimmung und Selbstverantwortung, auf die Ausbildung von Sach-, Urteils-,

Der gute Moderator

bemüht sich in kommunikationszentrierten Unterrichtsphasen um folgendes Verhalten:

- ☞ Er verhält sich eher defensiv und tritt hinter einschlägige Kommunikationsarrangements, Arbeitsaufgaben und Materialien zurück.
- ☞ Er ist vorrangig Organisator und Moderator themenzentrierter Kommunikations- und Klärungsprozesse.
- ☞ Er fädelt produktive Kommunikations- und Lernprozesse ein, die die Schüler eigenverantwortlich auszugestalten haben.
- ☞ Er ermutigt die Schüler zum experimentellen Denken, Reden und Diskutieren, auch auf die Gefahr hin, daß Fehler und Lernumwege auftreten.
- ☞ Er berät und informiert die Schüler in der Regel erst dann, wenn diese konkrete Fragen haben und Rat brauchen.
- ☞ Er fördert auf diese Weise die Selbständigkeit, die Selbstverantwortung, das Selbstbewußtsein und die kommunikative Routine der Schüler.
- ☞ Er unterrichtet natürlich nicht nur so, sondern bemüht sich um einen »Methoden-Mix«, der auch stärker lehrerzentrierte Phasen mit einschließt.

Abb. 34

Kritik- und Handlungsfähigkeit, auf die Pflege von Kooperation und Kommunikation. Wohlgemerkt: Diese Option ist keineswegs neu, wohl aber ist ihre praktische Befolgung und Umsetzung in der Unterrichtspraxis bislang eher dürftig. Zwar gibt es eine ganze Reihe engagierter Lehrkräfte, die den skizzierten »Paradigmenwechsel« begriffen haben und ein entsprechend verändertes Rollenverständnis zu kultivieren versuchen; aber sie sind in den meisten Schulen noch deutlich in der Minderheit. Dem Gros der Lehrer/innen fällt es nach wie vor eher schwer, die Schüler loszulassen und zum selbstgesteuerten Kommunizieren zu ermutigen. Zu groß ist die Befürchtung, daß dabei zuwenig herauskommt, d.h., daß die Schüler fachlich zuwenig lernen und womöglich Fehler machen, die hernach mühsam wieder korrigiert werden müssen. Zugegeben, Fehler können vorkommen, und oberflächliches Denken ist keineswegs ausgeschlossen. Nur gilt dieses genausogut für den herkömmlichen lehrerzentrierten Unterricht. Lediglich mit dem Unterschied, daß ausgesprochene Fehler und Mißverständnisse im kommunikationszentrierten Unterricht die Chance zur Korrektur und/oder zur vertiefenden fachlichen Klärung eröffnen, was für latente (unausgesprochene) Defizite sehr viel weniger gilt. Themen- und fachbezogenes Kommunizieren geht in aller Regel also nicht zu Lasten des fachlichen Lernens, sondern begünstigt dieses vielmehr durch die aktive und interaktive Art der Auseinandersetzung, mit der die Schüler an den jeweiligen Lerngegenstand/Lernstoff herangehen. Hinzu kommt als weiterer zentraler Punkt, daß die Schüler nur so ihre persönliche Kommunikationskompetenz testen und verbessern können. Und daß dieses notwendig und lohnend ist, ist im vorliegenden Buch eingehend untermauert worden.

Denn über die unzulängliche Kommunikationsbereitschaft und -fähigkeit der Schüler zu klagen ist nur das eine; sie zu verbessern ist das andere. Letzteres aber verlangt nicht nur von den Schülern neue Bemühungen und Strategien, sondern setzt auch und zugleich auf seiten der Lehrkräfte voraus, daß diese sowohl ihre Unterrichtsplanung und -gestaltung als auch ihr persönliches Kommunikations- und Interaktionsverhalten entsprechend ausrichten und verändern. So gesehen müssen viele Pädagogen verstärkt lernen, die skizzierte Moderatorenrolle mit der nötigen inneren Überzeugung zu akzeptieren und daran zu arbeiten, sie möglichst engagiert und kreativ auszufüllen.

3. Bildung tatkräftiger Innovationsteams

Die anstehende Innovationsaufgabe erfolgreich zu realisieren ist erfahrungsgemäß immer dann schwer, wenn einzelne Lehrkräfte mit dieser Aufgabe auf sich alleine gestellt sind und die praktischen Schritte und Veränderungen alleine leisten müssen. Deshalb ist eine gezielte Kooperation mit gleichgesinnten »Pionieren« im Kollegium dringend anzuraten. Wer Unterricht innovieren will, wer die Kommunikationskompetenz der Schüler nachdrücklich fördern möchte, der tut erfahrungsgemäß gut daran, sich in entsprechenden »Innovationsteams« zu engagieren (vgl. Abb. 35). Damit sind Lehrerteams gemeint, die u.a. in ihrem Anspruch und Anliegen übereinstimmen, dem kommunikationszentrierten Lernen und Arbeiten im Unterricht mehr Raum zu geben und im Sinne einer »konzertierten Aktion« daran zu arbeiten, die Kommunikationskompetenz der Schüler möglichst nachhaltig zu fördern.

Zwar ist es erfahrungsgemäß weder nötig noch möglich, alle Mitglieder eines Kollegiums aktiv und kreativ in das betreffende Innovationsvorhaben einzubinden, aber sinnvoll ist es auf jeden Fall, so viele Lehrkräfte wie möglich in korrespondierende Teams auf Klassen-, Jahrgangs-, Stufen- oder Schulebene zu integrieren, um sie so zu möglichst kompetenten »Überzeugungstätern« werden zu lassen. Das beginnt beim Konsensbildungsprozeß in der Gesamtkonferenz und reicht über die korrespondierende Arbeit in den Fach- und Stufenkonferenzen bis hin zur sehr konkreten Operationalisierung und Erprobung der vorgesehenen Übungen und Materialien in den zuständigen »Innovationsteams« auf Klassen-, Jahrgangs- und/oder Fachebene. Diese Innovationsteams sind genaugenommen methodenzentrierte Projektgruppen, die sich u.a. dem Kommunikationstraining verschrieben haben und entsprechende Trainingsprogramme zu entwickeln und zu realisieren versuchen. Die im letzten Kapitel dokumentierte Projektwoche »Kommunizieren lernen« könnte zum Beispiel ein solches Trainingsprogramm sein. Die besagten Innovationsteams sind also gleichsam die »Avantgarde« in Sachen Kommunikationstraining und müssen daher mit entsprechend engagierten, ideenreichen und ambitionierten Lehrkräften besetzt sein.

Die Größe dieser Teams kann unterschiedlich ausfallen, je nachdem, welches Vorhaben sie betreuen. Im günstigsten Fall kann sogar das ganze Kollegium ein einziges großes Innovationsteam sein, das sich lediglich aus arbeitstechnischen Gründen in mehrere Subteams aufteilt. Aber dieser Idealfall, daß sich tatsächlich alle Lehrkräfte aktiv an einem Projekt wie dem hier zur Debatte stehenden Kommunikationstraining beteiligen, ist erfahrungsgemäß eher die Ausnahme und nicht die Regel. Die Regel ist vielmehr, daß in jedem Kollegium neben den tatkräftigen Innovatoren immer auch eine gewisse Zahl von Mitläufern und mehr oder weniger viele Skeptiker/Gegner an-

Innovationsteams

Mögliche Teams		*Chancen der Teamarbeit*
– Fachkonferenz – Klassenkonferenz – Stufenkonferenz – Projektgruppe – Gesamtkonferenz etc.		– Arbeitserleichterung – Zeitersparnis – Inspiration – Ermutigung – Klärung – Solidarität – Ansporn etc.

Abb. 35

zutreffen sind. Deshalb geht es beim angedeuteten Teamwork auch in erster Linie darum, die latenten Innovationspotentiale zu wecken und die innovationsbereiten Lehrkräfte stärker »zusammenzuschweißen«. Ein tragfähiges »Wir-Gefühl« ist unstrittig von Vorteil und begünstigt außerdem die Integration der erwähnten Mitläufer und teilweise sogar der Skeptiker/Gegner. Ursächlich für diese Sogwirkung sind u.a. die offenkundigen Vorteile, die die Teamarbeit für jeden einzelnen hat, wenn es um die Operationalisierung und Implementation eines konkreten Innovationsvorhabens geht (hier: Kommunikationstraining). Als positiv und ermutigend werden Innovationsteams in aller Regel deshalb erlebt, weil sie ...

- dem einzelnen mehr Sicherheit und Rückendeckung geben, da die wechselseitige Vergewisserung sowohl die interne Klärung und Konsensbildung voranbringt, als auch ein Mehr an Solidarität und pädagogischem Miteinander erfahrbar werden läßt;
- der drohenden Resignation und individuellen Überforderung vorbeugen, indem sie den einzelnen Lehrkräften ein soziales Netzwerk bieten, das ermutigt, Ideen spendet, Verantwortung reduziert und insgesamt in vielfältiger Weise entlastet;
- den Arbeitsaufwand der einzelnen Teammitglieder reduzieren, da durch die arbeitsteilige Vorgehensweise der Gesamtertrag der Arbeit gesteigert und die Zahl der gesichteten bzw. entwickelten Lehr-/Lernhilfen maßgeblich vergrößert werden kann;
- einen größeren Ideenreichtum gewährleisten, da die »Ping-Pong-Effekte« beim Brainstorming oder während der Sondierung/Erarbeitung geeigneter Unterrichtshilfen in der Gruppe sehr viel größer sind als im »stillen Kämmerlein« zu Hause;
- immer wieder zu konkreten Absprachen und Kooperationsverbünden führen, die für die Erprobungsarbeit wichtig sind und darüber hinaus den Boden bereiten für wechselseitige Hospitationen und Reflexionen im Unterrichtsalltag.

Zugegeben, diese Vorteile der Teamarbeit sind den meisten Lehrkräften durchaus bekannt. Nur führt diese Einsicht noch lange nicht dazu, konsequent Teamarbeit anzustoßen und zu praktizieren. Im Gegenteil, in den meisten Schulen ist Teamarbeit ein ziemlich unterbelichtetes Feld, da es an entsprechenden Gewohnheiten und Überzeugungen mangelt. Gleichwohl ändert dieses nichts an der Tatsache, daß Innovationsprozesse um so konsequenter und erfolgreicher verlaufen, je ausgeprägter sie von Teams geplant und getragen werden. Andernfalls besteht leicht die Gefahr, daß sich die einzelnen Lehrkräfte früher oder später überlastet fühlen, daß ihnen womöglich die Ideen ausgehen oder daß ihnen der erforderliche Zeitaufwand zu groß erscheint. Fazit also: Teamarbeit ist die Voraussetzung wie die Gewähr dafür, daß das anvisierte Kommunikationstraining zu einem erfolgreichen Unterfangen wird.

4. Veränderte Unterrichtsgestaltung

Die Spielräume für ein verstärktes Kommunikationstraining im Unterricht sind durchaus vorhanden, wie sich beim genauen Lesen der gängigen Lehrpläne und der sonstigen bildungspolitischen Verlautbarungen zeigt. Gewiß, die meisten Lehrpläne sind im Kern so konzipiert, daß zu den jeweiligen Themenfeldern fast ausschließlich inhaltlich-fachliche Lernziele ausgewiesen werden, die ganz überwiegend auf Wissens- und Kenntnisvermittlung abstellen. Von daher ist es wichtig, gezielter in den Vorworten und/oder zwischen den Zeilen zu lesen, denn dort finden sich genügend brauchbare Hinweise zur Legitimation eines verstärkten Kommunikationstrainings. Zwar gibt es von Fach zu Fach und von Bundesland zu Bundesland beträchtliche Unterschiede, aber Legitimationsquellen zur Begründung einer nachdrücklichen Kommunikationsschulung im Unterricht lassen sich fast überall finden. Das Problem ist daher weniger die Legitimierung eines derartigen Unterrichts, zumal es viele gute und anerkannte Gründe dafür gibt (vgl. Kap. I). Das eigentliche Hemmnis ist vielmehr die Scheu vieler Lehrkräfte vor einer entsprechenden Umstellung ihrer Unterrichtsplanung und -organisation.

Umdenken aber ist angesagt. Das läßt sich aus den Darlegungen in diesem Buch hinreichend ersehen. Die erste unverzichtbare Neuerung ist beispielsweise die, daß im kommunikationszentrierten Unterricht sehr viel stärker als bei der herkömmlichen Unterrichtsplanung nach geeigneten Kommunikationsanlässen und -arrangements gesucht werden muß, die die Schüler zum themenzentrierten Sprechen, Argumentieren, Vortragen und/oder Diskutieren veranlassen. Anregungen und Beispiele, wie ein solcher kommunikationszentrierter Unterricht angelegt sein kann, finden sich im vorliegenden Buch in großer Vielzahl. Einmal zum Themenbereich Ökologie in Kapitel III, zum anderen in Gestalt der thematisch noch näher zu füllenden Bausteinesammlung in Kapitel II. Kennzeichnend für alle diese Lehr-/Lernarrangements ist die besondere Betonung kommunikativer Ziele und Anforderungen. Mit anderen Worten: Im Zentrum der Unterrichtsarbeit stehen nicht so sehr die Inhalte, sondern vorrangig die Kommunikationsstrategien und -probleme der Schüler. Das gilt insbesondere für die propädeutische Phase zu Beginn der Trainingsarbeit (vgl. Abschnitt II.1).

Eine zweite wichtige Veränderung, die der kommunikationszentrierte Unterricht mit sich bringt, betrifft die nachdrückliche Ausweitung der Gruppen- und Partnerarbeit. Wie die in den Kapiteln II und III vorgestellten Kommunikationsarrangements erkennen lassen, sind die betreffenden Übungen ziemlich durchgängig mit Gruppen- und Partnerarbeit verbunden. Die Schüler reden sich in Kleingruppen zumeist erst warm, bevor sie in größeren Gruppen oder im Plenum ihre mündlichen Beiträge leisten. Dieses Wechselspiel von Kleingruppe und Großgruppe, von »warming up« und mündlicher Bewährungsprobe ist kennzeichnend für die meisten kommunikationszentrierten Lernphasen (natürlich läuft der Unterricht nicht ständig so ab!). Typisch für diese Unterrichtsarbeit ist ferner der häufige Einsatz des Zufallsverfahrens bei der Gruppenbildung. Im Regelfall werden die Partner oder Kleingruppen nämlich nicht nach dem Wunsch der Schüler zusammengestellt, sondern durch Abzählen oder Auslosen gewonnen. Dadurch wird verhindert, daß sich immer die gleichen »Spezis« zusammenfinden und andere Schüler womöglich ausgegrenzt werden. Gleichzeitig wird auf diese Weise sichergestellt, daß durch die angedeutete Rotation und Fluktuation Schüler zueinander finden und miteinander kommunizieren, die sich ansonsten wohl weiter aus dem Weg gegangen wären. So gesehen ist das besagte Zufallsverfahren eine ganz gezielte und ganz bewußte Intervention zur Förderung der sozialen Interaktion und des sozialen Lernens in der Klasse. Daß solches wichtig und chancenreich ist, zeigen die bisherigen Erfahrungen in ganz unterschiedlichen Klassen, Schularten und Schulstufen sehr deutlich. Was sie jedoch auch zeigen, ist, daß die Durchführung der skizzierten Kommunikationsarrangements zumeist relativ viel Zeit braucht, da mehrstufig kommuniziert, ausgewertet und reflektiert werden muß. Von daher ist bei der Stundenplangestaltung in den Schulen verstärkt darauf zu achten, daß Doppelstunden und größere Stundenblöcke in der Hand einzelner (interessierter) Lehrkräfte vorgesehen werden, damit diese bei Bedarf komplexere Kommunikations- und Arbeitsinseln an einem Stück realisieren können.

Eine dritte Besonderheit der kommunikationszentrierten Unterrichtsorganisation besteht in der gezielten Einführung und Pflege gewisser Rituale. Dazu gehört einmal die mehr oder weniger regelmäßige Wiederkehr bestimmter kommunikativer Grundformen (Morgenkreis, Tagesschau, Wochenschau, Blitzlicht, Doppelkreis, Expertenmethode etc.), die dazu beitragen, daß die Schüler immer wieder verbindliche Sprechanlässe vorfinden, die ihnen vertraut sind und deren Abläufe und Anforderungen sie gut kennen. Das mindert ihre potentielle Angst, schafft Sicherheit und Selbstvertrauen und begünstigt nicht zuletzt die Bildung kommunikativer Routinen. Ähnliches gilt übrigens auch für die Einführung und allmähliche Internalisierung grundlegender Kommunikationsregeln, wie sie in diesem Buch u.a. in B 17 und B 53 aufgelistet wurden. Auch das ist eine Form der Ritualisierung, die dazu beiträgt, daß die Schüler im Wege des »learning by doing« positive Gewohnheiten ausbilden und so ihre Fähigkeit und Bereitschaft zum konstruktiven Kommunikationsverhalten verbessern.

Eine vierte Besonderheit des hier ins Auge gefaßten Kommunikationstrainings betrifft die Ausgestaltung des Klassenraumes, d.h., der Klassenraum sollte ein möglichst kommunikationsförderndes »Ambiente« aufweisen. Das beginnt ganz zentral bei der Sitzordnung. Ein Unterricht, in dem die Schüler tiefgestaffelt hintereinandersitzen und zum Lehrerpult hin ausgerichtet sind, ist für kommunikationszentrierte Lernphasen denkbar ungeeignet. Denn sensibles Kommunizieren und Interagieren der Schüler verlangt zwingend eine Sitzordnung, bei der sie Blickkontakt halten und unmittelbar aufeinander eingehen können. Eine derartige Sitzordnung herzustellen ist angesichts der großen Klassen und der relativ kleinen Räume in vielen Schulen gewiß nicht leicht.

Aber mit ein wenig Improvisation und konsequenter Routinebildung in bezug auf das gezielte Umstellen von Tischen und Stühlen läßt sich erfahrungsgemäß eine ganze Menge erreichen, was wirksames Kommunzieren begünstigt. Für die Schüler selbst sind derartige Umräumaktionen in aller Regel eine recht willkommene Abwechslung sowie eine Gelegenheit zum Entspannen und zum Auftanken neuer Konzentration – vorausgesetzt, sie sind in dieser Hinsicht im besten Sinne des Wortes geübt und routiniert. Diese Gestaltungsaufgabe ist jedoch nur die eine Seite des »kommunikationsfördernden Ambientes«, von dem weiter oben die Rede war. Die andere Seite betrifft die Klassenraumausstattung im weitesten Sinne des Wortes: Angefangen beim »Tapezieren« der Klassenraumwände mit grundlegenden Regelplakaten und sonstigen Lernprodukten, die die Schüler erinnern, bestätigen und immer wieder inspirieren, bis hin zu solchen Ressourcen wie Pinnwänden und Rednerpult. Wichtig ist nur, daß die Schüler sich angeregt und ernstgenommen fühlen und daß sie sich durch die ganze Situation und das ganze Ambiente herausgefordert und ermutigt sehen, am eigenen Kommunikationsrepertoire konsequent und selbstkritisch zu arbeiten.

5. Alternative Trainingsvarianten

Daß viele Schüler ihre Kommunikationsbereitschaft und -fähigkeit nur unzureichend entwickeln können, wenn ihnen im Unterricht bestenfalls beiläufig Gelegenheit zur mündlichen Beteiligung gegeben wird, ist in diesem Buch verschiedentlich deutlich gemacht worden. Nötig ist vielmehr ein möglichst intensives Einüben und »Einschleifen« grundlegender kommunikativer Regeln und Strategien. Oder anders ausgedrückt: Für die Schüler muß durchdachtes Kommunizieren zur alltäglichen Übung und Gewohnheit im Unterricht werden. Das gilt für die Grundschule genauso wie für die Hauptschule, für die Realschule genauso wie für die Gesamtschule, für das Gymnasium genauso wie für die berufsbildende Schule. Kommunikationsanlässe müssen in allen Schularten und Schulstufen verstärkt gesucht und geschaffen werden – inhaltlich zwar unterschiedlich ausgerichtet und methodisch mehr oder weniger anspruchsvoll, aber immer darauf zielend, das Kommunikationsrepertoire der Schüler regelorientiert zu erweitern und zu qualifizieren.

Selbstverständlich kann der Stellenwert, der dem kommunikationszentrierten Lehren und Lernen beigemessen wird, je nach Fach, Altersstufe und Lehrkraft verschieden ausfallen. So wird er im Deutschunterricht im allgemeinen größer sein als etwa im Mathematikunterricht, obwohl im mathematisch-naturwissenschaftlichen Bereich wesentlich größere Kommunikationsanteile der Schüler möglich und auch nötig wären. Letztlich muß es jedoch den verantwortlichen Lehrkräften überlassen bleiben, welche Art und Intensität der Kommunikationsschulung sie anstreben. Grundsätzlich reicht die strategische Palette von punktuellen Übungen im regulären Fachunterricht, die ohne nennenswerte Sonderregelungen und ohne engere Lehrerkooperation auskommen, bis hin zu konzertierten Trainingsprogrammen mehrerer Lehrkräfte, die u.U. fächerübergreifendes Arbeiten, Stundenzusammenlegungen, gemeinsame Unterrichtsplanung, Teamteaching und manches andere mehr verlangen. Die bisher erprobten Trainingsvarianten in Kurzfassung:

a) **Gelegentliche Übungen im Fachunterricht:** Hierbei ergeht an alle Fachlehrer die Anregung, bei der Unterrichtsplanung und -gestaltung verstärkt auf fachspezifische Kommunikationsarrangements zu achten und diese gezielter zu suchen, zu organisieren und mit den Schülern reflektiert durchzuspielen. Welche Arrangements dabei potentiell in Frage kommen, läßt sich aus den Methodenskizzen in den Kapiteln II und III ersehen. Der Vorteil dieser fachbezogenen Implementationsstrategie ist, daß an den unterrichtsorganisatorischen und curricularen Rahmenbedingungen wenig oder gar nichts geändert werden muß. Der Nachteil ist freilich, daß das Kommunikationstraining auf diese Weise ziemlich dem Zufall überlassen bleibt und von den Schülern als solches nur unzureichend wahrgenommen, reflektiert und verinnerlicht wird. Wechselseitige Absprachen und koordiniertes Üben der Lehrkräfte sind unter diesen Umständen auf jeden Fall nicht nötig. Aber genau das ist das Problem, da diese Unverbindlichkeit leicht dazu führt, daß die betreffenden Fachlehrer aus ihrem tradierten stofforientierten Denken, Planen und Unterrichten erst gar nicht richtig herausfinden. Von daher bedarf es neben der fachimmanenten Kommunikationsschulung ganz dringend unterstützender fachübergreifender Kompakttrainings, die Schülern wie Lehrern einen möglichst intensiven Zugang zum Lernfeld Kommunikation eröffnen. Anregungen dazu geben die nachfolgenden Trainingsvarianten.

b) **Intensivprogramme der Deutschlehrer und/oder der Klassenlehrer:** Diese Variante zeichnet sich dadurch aus, daß die besagten Lehrkräfte auf ein möglichst intensives und umfassendes Kommunikationstraining verpflichtet werden. Da sie in ihren Klassen in aller Regel relativ viele Stunden haben und von ihrer Funktion her ohnehin besondere Verantwortung für das kommunikative und soziale Lernen der Schüler tragen, sind die Chancen für eine erfolgreiche Trainingsarbeit unter diesen Umständen recht günstig. Hinzu kommt beim Fach Deutsch, daß vom Lehrplan her sehr viele Anforderungen gestellt werden, die für eine nachdrückliche Förderung und Pflege grundlegender kommunikativer Fähigkeiten und Fertigkeiten der Schüler sprechen. Das gilt insbesondere für den Bereich der Rhetorik. Im Falle der Klassenlehrer besteht zusätzlich die Verpflichtung, die erzieherische Verantwortung in besonderer Weise ernst zu nehmen und dementsprechend die Kommunikationskompetenz, die Selbständigkeit und die Teamfähigkeit der Schüler zu fördern. So gesehen ist die Gefahr relativ gering, daß das in der Obhut der Deutschlehrer und/oder der Klassenlehrer liegende Kommunikationstraining nicht über den Status eines unverbindlichen, randständigen Anliegens hinauskommt. Den Konsens in der Gesamtkonferenz vorausgesetzt, sind die besagten »Kernlehrer« recht zuverlässige Garanten für eine konsequente Trainingsarbeit – vorausgesetzt, sie sind in dieser Hinsicht entsprechend interessiert und engagiert.

c) **Konzertiertes Sockeltraining in ausgewählten Klassen:** Kennzeichnend für diese Variante ist das periodische Zusammenwirken einzelner Lehrerteams im Dienste der Kommunikationsschulung. Das heißt konkret: Auf Klassen-, Jahrgangs- oder Stufenebene finden sich interessierte Lehrkräfte zusammen, die für einen bestimmten Zeitraum (z.B. zwei Wochen) besonderes Augenmerk auf das Einüben grundlegender Kommunikationsregeln und -techniken legen. Damit dieses Üben nicht wahllos geschieht, sondern möglichst systematisch und koordiniert erfolgt, müssen sich die am Sockeltraining beteiligten Lehrkräfte natürlich abstimmen, und zwar mit dem Ziel, eine wohlüberlegte konzertierte Aktion auf den Weg zu bringen, in deren Verlauf die Schüler in ebenso intensiver wie synchronisierter Weise mit den wichtigsten Gesichtspunkten des »guten Kommunizierens« vertraut gemacht werden. Das entsprechende Übungsprogramm stellen die beteiligten Lehrkräfte gemeinsam zusammen. Sie überlegen sich geeignete Arrangements, klären die damit verbundenen Lernziele und Lernchancen, besprechen den Ablauf und die Auswertung der ins Auge gefaßten Übungen und führen diese Übungen schließlich arbeitsteilig durch. Wer im Endeffekt was wann macht, das ist von den betreffenden Teammitgliedern im Sinne einer Rahmenplanung zu klären und zu vereinbaren. Natürlich geht es dabei weniger um die Details, sondern im wesentlichen nur um die grobe Koordination der Übungen und der Verfahrensweisen, damit in der Durchführungsphase möglichst ein Kommunikationstraining »aus einem Guß« herauskommt. Der Zeitraum, über den sich dieses konzertierte Sockeltraining erstreckt, kann unterschiedlich lang sein. Je nachdem, wieviele Wochenstunden das jeweilige Team auf das kommunikationszentrierte Arbeiten verwendet, kann die besagte konzertierte Aktion durchaus zwei und mehr Wochen dauern. Apropos Wochenstunden: Bei der praktischen Erprobung hat sich gezeigt, daß es unbedingt ratsam ist, die Teams so zu bilden, daß ein gemeinsames Zeitkontingent von ca. 15–20 Unterrichtsstunden pro Woche zusammenkommt, die schwerpunktmäßig der Kommunikationsschulung gewidmet werden können. Der Vorteil eines derartigen »Crashkurses« ist, daß er die Schüler so massiv und vielschichtig mit Kommunikationsfragen konfrontiert, daß eine nachhaltige Wirkung geradezu programmiert ist. Gleichwohl reicht das skizzierte Sockeltraining alleine natürlich nicht aus, um die angebahnten kommunikativen Fähigkeiten und Fertigkeiten auf Dauer zu verankern. Hinzu kommen muß ganz zwingend eine möglichst kontinuierliche Pflege und Weiterentwicklung des vermittelten Grundrepertoires – sei es nun im Rahmen des »normalen« Fachunterrichts oder sei es im Rahmen zusätzlicher konzertierter Kommunikationstrainings in größeren zeitlichen Abständen (z.B. in der Orientierungsstufe, in der Mittelstufe und zu Beginn der Oberstufe).

d) **Projektwoche »Kommunizieren lernen«:** Da es in vielen Schulen mittlerweile üblich geworden ist, hin und wieder eine Projektwoche durchzuführen, liegt es natürlich nahe, diese organisatorische Grundform für ein gezieltes Kommunikationstraining zu nutzen. Je nachdem, wieviele Lehrkräfte bereit und in der Lage sind, eine derartige Projektwoche zu organisieren und zu moderieren, werden unterschiedlich viele Klassen, Jahrgangsstufen und/oder Schulstufen in den Genuß dieses Trainings kommen können. Pro Klasse ist in aller Regel ein Lehrer als »Trainer« zuständig. Er kann sich zwar auch mit anderen Lehrkräften abwechseln oder gar ein Teamteaching initiieren, aber angesichts der dünnen Personaldecke in den Schulen ist das eher die Ausnahme als die Regel. Ort des Kommunikationstrainings kann einmal ein geeigneter Raum in der Schule sein, der die ganze Woche über exklusiv zur Verfügung steht. Zum anderen kann aber auch so verfahren werden, daß mit der/den betreffenden Lerngruppe/n ins Schullandheim gegangen oder der eine oder andere »öffentliche Raum« in der Gemeinde genutzt wird. Zum Wochenablauf selbst muß an dieser Stelle nichts weiter ausgeführt werden, da in Kapitel III eingehende Hinweise und Anregungen zur Gestaltung einer kommunikationszentrierten Projektwoche gegeben worden sind. Die Vorzüge einer derartigen Projektwoche liegen auf der Hand: Die Schüler sind eine Woche lang ausschließlich mit kommunikationszentrierten Reflexionen, Übungen und Klärungen beschäftigt, ohne daß ein Klingelzeichen, ein (Fach-)Lehrerwechsel oder ein Raumwechsel stört. Das führt erfahrungsgemäß zu einem höchst intensiven Lernen und schafft zugleich eine Situation, in der Lehrer wie Schüler gelassener und organischer arbeiten können, als das im üblichen Unterrichtstrubel möglich ist.

e) **Kommunikationszentrierte Arbeitsgemeinschaften:** Diese Variante hat zwar den Vorteil, daß sie schulorganisatorisch leicht zu managen ist, da die AGs in der Regel nachmittags stattfinden und von daher den Schulbetrieb nicht weiter stören. Auch ist nicht zu bestreiten, daß die betreffenden AG-Teilnehmer mit der Zeit einiges lernen können, was ihrer Kommunikationsfähigkeit zugute kommt. Andererseits hat die Organisationsform der Arbeitsgemeinschaft zwei gravierende Nachteile, die ihre Lernwirksamkeit beträchtlich schmälern. Zum einen verteilt sich die organisierte Übungsarbeit über zahlreiche Einzel- und Doppelstunden, so daß eine zusammenhängende, progressive Kompetenzentwicklung nahezu unmöglich ist. Zum anderen sind die besagten AGs mit dem schwer zu lösenden Problem behaftet, daß immer nur ein Teil der bestehenden Lerngruppen/Klassen das angebotene Training nutzt, obwohl der andere Teil die Kommunikationsschulung womöglich noch dringlicher bräuchte. Diese Selektion ist in aller Regel auch gar nicht zu vermeiden, da für ein breiter angelegtes AG-Angebot mit kommunikativer Schwerpunktsetzung in den meisten Schulen schlicht die Lehrerkapazitäten fehlen. So gesehen ist eine kommunikationszentriert angelegte AG für vielleicht zwanzig Interessenten bestenfalls ein Tropfen auf den heißen Stein. Gleichwohl: Auch diese Trainingsvariante hat in der Schulpraxis ihren Stellenwert, wenngleich sie natürlich erheblich weniger bringt als die Kompakttrainings b–d.

Wichtig ist jedoch, daß die skizzierten Trainingsvarianten bzw. Organisationsformen nicht im Sinne eines »Entweder-Oder« verstanden, sondern als komplementäre Wege gesehen werden, die sich in der einzelnen Schule durchaus miteinander kombinieren lassen. Das gilt insbesondere für die punktuellen Angebote der Fachlehrer und die mehr oder weniger weit reichenden Kompakttrainings. Ja selbst ein konzertiertes Sockeltraining einzelner Teams auf der einen Seite und eine flankierende Rhetorikschulung z.B. im Deutschunterricht auf der anderen Seite sind parallel zu realisieren. Möglichkeiten gibt es also viele. Wichtig ist nur, daß gezielte Akzente gesetzt und kommunikationszentrierte Lerninseln möglichst zahlreich eingerichtet werden, die den Schülern helfen, ihr Kommunikationsrepertoire nachhaltig zu entwickeln und zu pflegen. Das gilt auch und nicht zuletzt für den »normalen Fachunterricht«.

6. Konsequenzen für die Leistungsbeurteilung

Eines ist klar: Wenn der Kommunikationsschulung im Unterricht so viel Raum gegeben und so viel Bedeutung beigemessen wird, wie das aus diesem Buch hervorgeht, dann muß das Konsequenzen für die Leistungsmessung und -beurteilung haben. Ja mehr noch: Schüler, die sich in kommunikativer Hinsicht bemühen und das eigene Kommunikationsrepertoire regelorientiert erweitern und verbessern, haben sogar ein Anrecht darauf, daß ihre Lernanstrengungen auch entsprechend gewürdigt werden. Andernfalls entsteht nur zu leicht der mißverständliche Eindruck, die ganzen »kommunikativen Spielereien« seinen letztlich doch nicht so wichtig. Wenn dieser Eindruck vermieden und der einseitigen Fixierung vieler Schüler auf das vordergründige Einpauken des jeweiligen Lernstoffs wirksam entgegengetreten werden soll, dann muß die Kommunikationskompetenz der Schüler verstärkt bewertet werden. Zwar nicht gleich vom ersten Tag an, aber doch mittelfristig, nachdem eine Zeitlang gezielt geübt worden ist. Die Schulordnungen der Bundesländer lassen eine derartige Bewertung der mündlichen Schülerleistungen nicht nur zu, sondern sie schreiben sie in aller Regel sogar sehr nachdrücklich vor. Nur, in der Schulpraxis sind die mündlichen Noten häufig auf nichts anderes gestützt als auf punktuelle Tests und sonstige Abfragen. Selbstgesteuertes und regelgebundenes Kommunizieren der Schüler wird demhingegen wenig gefordert und auch nur entsprechend zurückhaltend bewertet. Diese Praxis ist falsch und fatal zugleich. Falsch ist sie, weil sie den Schülern Falsches signalisiert, nämlich die relative Unwichtigkeit kommunikativer Leistungen und Qualifikationen. Und fatal ist sie insofern, als sie die Schüler, die sich um ein engagiertes und »gepflegtes« Kommunikationsverhalten bemühen, tendenziell entmutigt und benachteiligt. Das verträgt sich weder mit dem humanistischen Bildungsanspruch, wie er in unseren Schulen reklamiert wird, noch genügt es den geltenden Kriterien der Schulordnungen.

Wie die Kommunikationsleistung der Schüler de facto erfaßt und bewertet werden kann, das geht indirekt aus den Regelkatalogen in diesem Buch hervor (vgl. u.a. B 17, B 53, B 73, B 74 und B 93). Je nachdem, ob das Diskussionsverhalten, die Vortragspräsentation, die Argumentationstechnik oder die Gesprächsleitung zu bewerten ist, gelten unterschiedliche Kriterien, die zusammengefaßt ein mehr oder weniger umfängliches Bewertungsraster ergeben (vgl. Abb. 36, S. 282). Selbstverständlich müssen den Schülern die entsprechenden Kriterien frühzeitig bekannt sein; und selbstverständlich müssen sie auch möglichst vielfältig Gelegenheit erhalten, sich im regelgerechten Kommunizieren und Vortragen zu üben. Aber dann ist es auch statthaft, das Kommunikationsverhalten der Schüler unter Zugrundelegung der besagten Kriterien (vgl. Abb. 36, S. 282) zu beurteilen. Vom Prozedere her ist die Leistungsfeststellung dabei

Mögliches Bewertungsraster

Beobachtungskriterien****	***Bewertungsskala****				
	– –	–	?	+	+ +
Macht mündlich engagiert und konstruktiv mit					
Redet verständlich und in vollständigen Sätzen					
Beherrscht die verabredeten Melderegeln					
Spricht deutlich und artikuliert					
Kann zuhören und läßt andere ausreden					
Geht auf andere Schüler ein/hält Blickkontakt					
Bleibt in Gesprächen fair und sachlich					
Argumentiert durchdacht und präzise					
Redet stets zum Thema/zur anstehenden Frage					
Begründet eigene Meinungen/Behauptungen					
Kann frei erzählen und berichten					
Kann überzeugend vortragen					
Bringt das Gespräch voran/gibt Impulse					
Kommunikationsleistung insgesamt					

* – / – – heißt negativer bzw. sehr negativer Eindruck; + / + + heißt positiver bzw. sehr positiver Eindruck; (?) bedeutet: unklar, keine aussagekräftigen Informationen.

** Natürlich können die angeführten Beobachtungskriterien auch modifiziert und zahlenmäßig reduziert werden. Ferner ist wichtig, daß in der Praxis nicht zu jedem Kriterium fundierte Einschätzungen vorliegen müssen, sondern das vorliegende Raster ist lediglich eine Beobachtungs- und Bewertungshilfe für die betreffenden Lehrkräfte. Die mündliche Gesamtnote schließlich ist ein Konglomerat aus den registrierten Eindrücken und Beobachtungen.

Abb. 36

vorrangig eine Sache der Beobachtung, d.h., der betreffende Lehrer beobachtet das Kommunikationsverhalten seiner Schüler in möglichst konsequenter und systematischer Form. Diese Systematik kann z.B. folgendermaßen aussehen:

1. Den Schülern werden zunächst die geltenden (vereinbarten) Regeln offengelegt und – wenn nötig – beispielhaft erläutert. Flankierend dazu werden auch die Eltern in einem Elternbrief/Elternabend entsprechend »aufgeklärt«.
2. In den nächsten Wochen setzt der Lehrer immer wieder ausgedehntere themenzentrierte Kommunikationsphasen an, in denen die Schüler aktiv sind und er selbst

Zeit und Gelegenheit hat, das Kommunikationsverhalten seiner Schüler relativ gezielt und intensiv zu beobachten.

3. Da erfahrungsgemäß nicht alle Schüler gleichzeitig zu beobachten sind, konzentriert sich der Lehrer für jeweils eine Woche auf eine bestimmte Schülergruppe, die davon allerdings keine Kenntnis haben muß.
4. Bewertungsrelevante Kommunikationsleistungen der anderen Schüler werden während dieser Zeit am Rande zwar auch registriert; aber das vorrangige Augenmerk gilt eindeutig der besagten Kerngruppe.
5. Der Lehrer taxiert das beobachtete Kommunikationsverhalten seiner Bezugsschüler in Anlehnung an das abgebildete Kriterienraster (vgl. Abb. 36) und trägt seine vorläufigen Einschätzungen – soweit er solche gewonnen hat – mit Bleistift in das vorliegende Bewertungsraster ein.
6. Nach etwa sechs Wochen zieht er eine Zwischenbilanz, d.h., er resümiert für alle Schüler der Klasse, wie ihr Kommunikationsverhalten nach den bisher gezeigten Leistungen zusammenfassend zu bewerten ist. Dabei kann bei einzelnen »unauffälligen« Schülern unter Umständen auch nur ein Fragezeichen herauskommen.
7. Diese Zwischenbilanz wird den Schülern in einer eigens vorgesehenen Feedbackphase offengelegt und punktuell erläutert. Gleichzeitig können die Schüler in dieser Phase ergänzende Beobachtungen und Einschätzungen vorbringen.
8. In der Folgezeit achtet der Lehrer besonders auf diejenigen Schüler, deren Bewertung noch unklar bzw. umstritten ist. Ansonsten setzt er seine selektive Beobachtungstätigkeit in der beschriebenen Weise fort, um am Ende des Halbjahres ein möglichst differenziertes und fundiertes Bild von den einzelnen Schülern zu erhalten.

7. Nur Mut: Wer wagt, der gewinnt!

Der in diesem Buch skizzierte Weg der Kommunikationsschulung ist gewiß kein ganz einfaches und alltägliches Unterfangen, aber ein Vorhaben, das sich mit ein wenig gutem Willen durchaus erfolgreich realisieren läßt. Das zeigen die bisherigen Versuche und Erfahrungen einer ganzen Reihe von Lehrkräften, die das skizzierte kommunikationszentrierte Arbeiten fest in ihr Unterrichtsprogramm aufgenommen haben. Experimentiert wurde diesbezüglich in den verschiedensten Schularten und Schulstufen – angefangen bei der Grundschule über Haupt- und Realschulen bis hin zu Gymnasien und berufsbildenden Schulen. Bedient haben sich die betreffenden Lehrkräfte dabei durchweg aus dem Pool der in diesem Buch dokumentierten Kommunikationsarrangements. Selbstverständlich wurden die ausgewählten Übungsbausteine bei Bedarf altersgemäß modifiziert und fachbezogen mit Inhalten gefüllt. Aber die Erfahrungen und Rückmeldungen der betreffenden Lehrkräfte waren durchweg positiv und ermutigend. Der eindeutige Tenor war: Ein verstärktes Kommunikationstraining mit Schülern ist machbar, und es ist auch lohnend. Machbar ist es um so leichter und um so besser, je mehr Lehrkräfte an einem Strang ziehen und je intensiver sie im Rahmen ihrer kommunikationszentrierten Unterrichtsplanung und -gestaltung kooperieren – und natürlich: je konsequenter sie die Anregungen, Materialien und Organisationshilfen im vorliegenden Buch nutzen. Das alles reduziert den Arbeitsaufwand der besagten Lehrkräfte, intensiviert ihren Kommunikations- und Klärungsprozeß, inspiriert sie zu gemeinsamen Taten, mindert die potentiellen Frustrationen und schafft ein Mehr an Sicherheit und Zielstrebigkeit auf dem anstehenden Weg.

Lohnend ist ein verstärktes Kommunikationstraining also nicht nur für die daran teilnehmenden Schüler, sondern auch für die verantwortlichen Lehrkräfte. Dazu sind in den Abschnitten I.5 und I.6 bereits ausführlichere Anmerkungen gemacht worden. Zusammenfassend läßt sich an dieser Stelle resümieren: Da das Wohl und Wehe der Lehrkräfte ganz entscheidend davon abhängt, daß ihre Schüler erfolgreich kommunizieren und lernen können, ist es auf jeden Fall sinnvoll, in die Kommunikationsschulung zu investieren. Und zwar gleich aus einem doppelten Grund: Zum einen begünstigt das besagte Kommunikationstraining die effektive und konstruktive Sachauseinandersetzung der Schüler und trägt damit den zuständigen Lehrer/innen vermehrt Bestätigung und positives Feedback ein. Zum zweiten fördert das verstärkte Einüben kommunikativer Fähigkeiten und Fertigkeiten die Methodenkompetenz und die Selbststeuerungsfähigkeit der Schüler, was eine gewisse Entlastung auf Lehrerseite mit sich bringt. Zum letzteren ganz konkret: Die betreffenden Lehrkräfte müssen grundsätzlich weniger disziplinieren und in sonstiger Weise intervenieren, wenn die Schüler über die nötige Kommunikationskompetenz und Selbständigkeit verfügen. Das schont ihre Nerven, reduziert die physisch-psychische Belastung und stärkt nicht zuletzt ihre Bereitschaft, die Schüler häufiger in eigener Regie kommunizieren und zusammenarbeiten zu lassen. So gesehen werden die kommunikationszentriert arbeitenden Lehrkräfte mittelfristig sowohl vom ständigen »Gebenmüssen« als auch von den meist recht strapaziösen Störmanövern eines mehr oder weniger großen Teils der Schülerschaft entlastet. Egal, wie groß diese Entlastungswirkung im Einzelfall auch immer sein mag, sie ist auf jeden Fall wohltuend und begünstigt eine positive Einstellung zum Unterricht wie zu den Schülern. Damit jedoch keine Mißverständnisse entstehen: Es liegt dem Autor dieses Buches fern, das intendierte Kommunikationstraining gleichsam zum Allheilmittel im problembeladenen Schulalltag hochzustilisieren. Das wäre unrealistisch und irreführend zugleich. Unstrittig ist allerdings, daß das vorgestellte Übungsprogramm für Lehrer wie für Schüler einen vielversprechenden Ansatz darstellt, im Unterrichtsalltag leichter, erfolgreicher und zufriedenstellender über die Runden zu kommen. Und das ist durchaus eine erstrebenswerte Perspektive. Von daher spricht eigentlich alles dafür, die skizzierte Neuorientierung des Unterrichts offensiv anzugehen und entsprechende Schritte zur Intensivierung des kommunikativen Lehrens und Lernens zu wagen. Oder anders ausgedrückt: Wer in dieser Hinsicht etwas wagt, der hat im Prinzip nur zu gewinnen.

Ermutigung ...

Wer die Schüler das Kommunizieren lehrt,
wer ihr Selbstbewußtsein und ihre Routine vermehrt,
wer, statt zu klagen, zu handeln beginnt,
wer die Schüler auf diese Weise für sich gewinnt,
wer kreativ ist und neue Wege probiert,
wer Methode und Inhalt gezielt integriert,
wer zum Sprechen ermutigt und Rhetorik betont,
der wird für sein Wirken zumeist auch belohnt!

Literaturverzeichnis

Aebli, H.: Zwölf Grundformen des Lehrens und Lernens. Eine allgemeine Didaktik auf psychologischer Grundlage. Stuttgart 1983.

Allhoff, D.-W./Allhoff, W.: Rhetorik & Kommunikation. Regensburg 1993.

Allhoff, D.-W. (Hrsg.): Sprechen lehren – reden lernen. Beiträge zur Stimm- und Sprachtherapie, Sprechbildung und Sprecherziehung, Rhetorischen und Ästhetischen Kommunikation. München 1987.

Behme, H.: Miteinander reden lernen. Sprechspiele im Unterricht. München 1992.

Berthold, S.: Reden lernen. Übungen für die Sekundarstufen I und II. Frankfurt a.M. 1993.

Bruner, J.S.: Der Akt der Entdeckung. In: Entdeckendes Lernen. Hrsg. von H. Neber. Weinheim und Basel 1981, S. 15ff.

Enkelmann, N.B.: Rhetorik. Das ABC der Beeinflussungskunst. Wiesbaden o.J.

Fittkau, B. u.a.: Kommunizieren lernen (und umlernen). Trainingskonzeptionen und Erfahrungen. Aachen-Hahn 1989.

Galperin, P.J.: Die geistige Handlung als Grundlage für die Bildung von Gedanken und Vorstellungen. In: Ders. u.a.: Probleme der Lerntheorie. Berlin (Ost) 1974.

Gora, St.: Grundkurs Rhetorik. Eine Hinführung zum freien Sprechen. Stuttgart 1992.

Gordon, Th.: Lehrer-Schüler-Konferenz. Wie man Konflikte in der Schule löst. Reinbek 1981.

Gudjons, H.: Spielbuch Interaktionserziehung. 185 Spiele und Übungen zum Gruppentraining in Schule, Jugendarbeit und Erwachsenenbildung. Bad Heilbrunn 1990.

Hage, K. u.a.: Das Methoden-Repertoire von Lehrern. Eine Untersuchung zum Unterrichtsalltag in der Sekundarstufe I. Opladen 1985.

Keim, H./Wollenweber H. (Hrsg.): Realschule und moderne Arbeitswelt. Arbeitsgesellschaft und Qualifikation im Wandel. Köln 1992.

Kleist, H.v.: Über die allmähliche Verfertigung der Gedanken beim Reden. Aus: Sämtliche Werke. Hrsg. von H. J. Meinerts (Bertelsmann-Lesering) o.J., S. 897ff.

Klippert, H.: Methoden-Training. Übungsbausteine für den Unterricht. Weinheim und Basel 1994.

Klippert, H.: Lernziel Selbständigkeit. Methodentraining mit Schülern. In: arbeiten + lernen/Wirtschaft, Heft 5/1992, S. 10ff.

Klippert, H.: Berufswahl-Unterricht. Handlungsorientierte Methoden und Arbeitshilfen für Lehrer und Berufsberater. Weinheim und Basel 1991.

Klippert, H.: Handlungsorientiertes Lehren und Lernen in der Schule. In: Schulmagazin 5–10, Heft 1/1991, S. 54ff.
Klippert, H.: Wirtschaft und Politik erleben. Planspiele für Schule und Lehrerbildung. Weinheim und Basel 1984.
Langer, I. u.a.: Sich verständlich ausdrücken. München 1993.
Lemmermann, H.: Schule der Debatte. München 1991.
Linke, A./Sitta, H.: Gespräche: Miteinander reden. Ein Basisartikel. In: Praxis Deutsch, Heft 83/1987, S. 14ff.
Meyer, H.: UnterrichtsMethoden II: Praxisband. Frankfurt a.M. 1989.
Niedenhoff, H.-U./Schuh, H.: Argumentieren – Diskutieren. Eine Taktikfibel für die Praxis. Köln 1989.
Pallasch, W./Zopf, D.: Methodix. Bausteine für den Unterricht. Weinheim und Basel 1993.
Piaget, J.: Theorien und Methoden der modernen Erziehung. Frankfurt a.M. 1980.
Reetz, L./Reitmann, Th. (Hrsg.): Schlüsselqualifikationen. Dokumentation des Symposions in Hamburg »Schlüsselqualifikationen – Fachwissen in der Krise?«. Hamburg 1990.
Rosenkranz, H.: Von der Familie zur Gruppe zum Team. Familien- und gruppendynamische Modelle zur Teamentwicklung. Paderborn 1990.
Schuh, H./Watzke, W.: Erfolgreich Reden und Argumentieren. Grundkurs Rhetorik. Ismaning 1994.
Singer, K.: Maßstäbe für eine humane Schule. Mitmenschliche Beziehung und angstfreies Lernen durch partnerschaftlichen Unterricht. Frankfurt a.M. 1981.
Smollich, H.: Leistungsfeststellung und Leistungsbeurteilung aus pädagogischer Sicht. In: Schule in der Praxis. Handbuch für den Lehrer in Rheinland-Pfalz. 6. Ergänzungs-Lieferung. Essen 1985. Rubrik 9.1.
Stanford, G.: Gruppenentwicklung im Klassenraum und anderswo. Praktische Anleitung für Lehrer und Erzieher. Braunschweig 1980.
Vester, F.: Denken, Lernen, Vergessen. München 1978.
Winkel, R.: Das Einzelkind: Beneidenswert? Bedauernswert? In: Pädagogik, Heft 7–8/1991, S. 15ff.
Witzenbacher, K.: Handlungsorientiertes Lernen in der Hauptschule. Anregungen und Beispiele für einen hauptschulgemäßen Unterricht. Ansbach 1985.
Zimmer, M.: Schule und Beruf – Gute Schule, bessere Berufschancen. In: Keim/Wollenweber: Realschule und moderne Arbeitswelt, a.a.O., S. 263ff.

Abbildungsnachweise

S. 83/124: Aus: Evangelischer Werbedienst: Druckfertige grafische Vorlagen 2. Stuttgart und Nürnberg 1981, S. 45.

S. 101: Aus: Kasper, J.: Schreib los! Bild-Impulse für freie Schüler-Texte. Kaleidoskop-Verlag. Köln o.J., S. C9.

S. 103: Aus: Müller, H.: Alltagsbildgeschichten. 5.–8. Schuljahr. Verlag S. Persen. Horneburg/Niederelbe 1994, S. 5.

S. 107: Kath. Nachrichtenagentur Pressebild GmbH, Frankfurt (Bild Nr. 37). SIPA-PRESS, Bild Nr. 46

S. 111: Aus: Photos Symboliques. Editions du Chalet. 36, Rue de Trion, Lyon – 5 (das Foto entstammt der Serie 42 und ist von Jean Pottier fotografiert).

S. 179: Aus: Niedenhoff, H.-U./Schuh, H.: Argumentieren – Diskutieren. Deutscher Instituts-Verlag GmbH. Köln 1989, S. 53 und S. 57.

S. 185: Aus: Koch, J.: Projektwoche konkreter. AOL-Verlag. Lichtenau-Scherzheim, o.J., S. 41.

S. 234: Aus: Künne, M./Kwiran, M.: Impulse. Fotos zur Motivation und Differenzierung. Steinweg-Verlag. Braunschweig 1983ff. (Fotos Nr. 26 und Nr. 170).

S. 236/244/250: Aus: Halbach, U. u.a.: Lernspiele in der Umwelterziehung. Beltz. Weinheim und Basel 1982, S. 40, S. 55, S. 58 und S. 63.

S. 237: R. Löffler, Cartoon-Caricature-Contor, München.

S. 237: J. Wolter, Cartoon-Caricature-Contor, München.